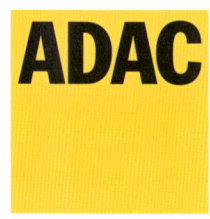

Die 111 schönsten Campingplätze für Familien

Ausgewählte Adressen in Deutschland, Österreich und der Schweiz

Simon P. Hecht

Inhalt

Inhalt

KRISTALL – IMMER EINE REISE WERT!

WELLNESS-RHEINPARK-CAMPING BAD HÖNNINGEN

Breite: 50°30'38.93'' Länge: 7°18'31.864''

Allée St. Pierre les Nemours 1 • 53557 Bad Hönningen
Telefon (026 35) 95 21 14 • Fax (026 35) 95 21 24

info@wellness-rheinpark-camping.de
www.wellness-rheinpark-camping.de

Ganzjährig auf der Sonnenseite des Rheins

Mit direktem Zugang zur Therme bietet der großzügige Campingplatz am Rheinufer ideale Voraussetzungen für einen Individualurlaub, einen Wellness-Urlaub oder eine offene Badekur – auch im Winter. Der Campingplatz hat integrierte Wohnmobilstellplätze, insgesamt 250 Touristenplätze und 220 Dauerstellplätze.

Rad- & Wanderwege sind in unmittelbarer Nähe. Der Stadtkern mit seiner gemütlichen Fußgängerzone, den vielen Cafés, Restaurants und Geschäften ist vom Campingplatz aus bequem zu Fuß erreichbar. Die Rezeption ist von April bis Oktober täglich besetzt. Von November bis März können Sie an der Thermenkasse einchecken.

Die Kristall Rheinpark-Therme ist die ideale Ergänzung zum Campingplatz

Mit vielen Wohlfühl-Inklusiv-Leistungen macht sie den Urlaub perfekt! Genießen Sie das 1,5-prozentige Thermalsole-Wasser, GRANDER Wasser, zahlreich stattfindende Sauna-Spezial-Aufgüsse, mehrmals täglich kostenlose Wassergymnastik und regelmäßige Events (wie romantische Abende, Vollmondschwimmen, Saunafeste, Fit- und Vitalwochen u.v.m.). Das alles ohne Preiszuschläge. In unseren gastronomischen Einrichtungen finden Sie ein hervorragendes und vielseitiges Angebot, das Sie mit oder ohne Thermenbesuch genießen können. Wir freuen uns auf Sie!

WOHNMOBIL-STELLPLATZ AN DER KRISTALL-THERME BAD WILSNACK

Breite: 52°57'49.854'' Länge: 11°57'2.782''

Am Kähling 1 • 19336 Bad Wilsnack
Telefon (03 87 91) 80 88-0 • Fax (03 87 91) 80 88-33

info@kristalltherme-bad-wilsnack.de
www.kristalltherme-bad-wilsnack.de

Es stehen reichlich Stellplätze und 32 Stromanschlüsse für Wohnmobile aller Längen zur Verfügung. Am Platz finden Sie sanitäre Anlagen vor. Servicestationen liefern Frischwasser und ermöglichen eine unkomplizierte Abwasserentsorgung. Die Gastronomie in der Therme steht Ihnen von 9 bis 21.30 Uhr (Freitag und Samstag bis 22.30 Uhr) zur Verfügung, ebenso ein Brötchenservice ab 8 Uhr. Das Ortszentrum mit Läden und Gasthäusern erreichen Sie bequem zu Fuß.

Ein Besuch der nahegelegenen Plattenburg und der Wunderblutkirche St. Nicolai lohnt sich. Ein herrliches Naturerlebnis bietet das Storchendorf Rühstädt und das Biosphärenreservat Elbtalaue. Auf dem Elbtalradweg lässt sich eine der letzten naturnahen Flusslandschaften Europas erkunden. Hier finden sich die letzten Rückzugsräume für viele Tierarten.

Gesundbaden in traumhaftem Ambiente

Entspannen Sie im eigenen, besten Thermal-Soleheilwasser bei Temperaturen von 32°C bis 36°C und einem Solegehalt von 1,5 bis 12 Prozent. Ein echtes Highlight ist der Salzsee. Bei einem Solegehalt von 24 Prozent können Sie auf dem Wasser schweben wie im „Toten Meer". In den acht Themen-Saunen werden täglich bis zu 20 Spezial-Aufgüsse zelebriert. Der Wellness- und Massagebereich überzeugt mit einem vielfältigen Angebot an Massagen, Beauty-Behandlungen und physiotherapeutischen Leistungen (auch auf Rezept).

Ein Platz an der Sonne ist für Sie bereit.

Schwerelos im Salzsee mit 24%-Sole entspannen.

Liebe Leserin, lieber Leser,

Campingplätze gibt es viele. Mehrere Tausend sind es in Deutschland, Österreich und der Schweiz – aber für einen Familienurlaub eignen sich längst nicht alle. Jedes Jahr überprüfen und bewerten erfahrene Inspekteure des ADAC europäische Campingplätze auf Herz und Nieren. Sie wissen, wo die besonderen Bedürfnisse von Familien mit Kindern wunderbar erfüllt und Urlaubern am meisten geboten wird. Dieser Camping-Guide stellt die 100 Campingplätze vor, die bei den ADAC-Inspektionen am besten abgeschnitten haben, darüber hinaus 11 persönliche Empfehlungen (»Lieblingsplatz«) von Inspekteuren.

Bei allen 111 Plätzen sind Lage, Ausstattung und Freizeitangebote für den Familienurlaub hervorragend geeignet. Darunter gibt es große ebenso wie kleine Plätze, ruhig-entspannte und quirlig-aktive, durchorganisierte und naturnahe. Einige Plätze sind für Wohnmobilisten, andere für Zeltcamper besonders empfehlenswert, manche bieten Camping-Mietunterkünfte. Damit Sie beurteilen können, ob ein Campingplatz Ihren persönlichen Vorstellungen und Bedürfnissen entspricht, beschreiben wir

jeweils, was Sie an jedem Platz erwartet, geben Ihnen die genauen Eckdaten an die Hand (s. rechts) und stellen weitere Kontaktinformationen zur Verfügung – einen Online-Platzplan können Sie bequem über QR-Code ansteuern (sofern verfügbar). Die beigefügte Faltkarte erleichtert die geografische Orientierung.

Die Reihe der empfohlenen Campingplätze beginnt im äußersten Nordwesten – an der ostfriesischen Küste – und endet in Südostkärnten. Zu jeder Campingregion geben wir eine Reihe von Tipps, was man mit Kindern rund um den jeweiligen Campingplatz so alles entdecken und erleben kann: lohnenswerte Ausflüge, unterhaltsame Freizeitziele, interessante Spielgelegenheiten, sportliche Unternehmungen, eindrucksvolle Naturerlebnisse oder kulinarische Empfehlungen. Auch in den Vorschlägen zu den Nachbarregionen könnte jeweils Interessantes dabei sein.

Wir wünschen eine unterhaltsame Lektüre und viel Vergnügen beim nächsten Campingurlaub mit der Familie.

Simon P. Hecht

Campingplatz am Meer

 Schwimmgelegenheit an Binnengewässer (See, Teich, Fluss)

 Campingplatz mit Schwimmbad/ Pool (Frei- bzw. Hallenbad)

 Landschaftlich außerordentlich schön gelegen

 Besondere Angebote für Zeltcamper

 Besondere Angebote für Wohnmobilfahrer

 Besonders attraktiv für Familien mit kleineren Kindern (bis 6 Jahre)

 Besonders attraktiv für Familien mit größeren Kindern (6–12 Jahre)

 Besonders attraktiv für Familien mit Teenagern

 Umfassende Wellnessangebote

 Besonders vielfältige Freizeitaktivitäten (Animation und Sportmöglichkeiten)

 Wintercampingplatz im Wintersportgebiet

 Umweltorientierte Betriebsführung

 ADAC Bestwertung 2017: 5 Sterne, »Superplatz«

Mietbare Camping-/Glamping-Unterkünfte, keine Fewo

Eckdaten des Platzes

Wenn Sie den QR-Code mit dem Handy scannen, gelangen Sie zum Platzplan

Zur Mühle 13, 26629 Großefehn OT Timmel, Tel. +49 (0) 49 45/919 70, www.campingplatz-timmel.de, Ende März–Okt.

Fläche .... 7 ha
Standplätze Touristen 85
Dauercamper 95
Mietunterkünfte 6
Hunde .... bedingt erlaubt

Adresse, Website und Öffnungszeiten des Platzes

Hunde ...
... nicht erlaubt: nie, auch nicht an der Leine
... erlaubt: an der Leine
... bedingt erlaubt: Hunde sind nur in manchen Bereichen/ zu bestimmten Zeiten erlaubt
... willkommen: besondere Angebote für Hundebesitzer

Zur Auswahl der Plätze

Aus der (auf akribischen, unangemeldeten Inspektionen beruhenden) Campingplatz-Datenbank des ADAC wurden ausschließlich Plätze des obersten Drittels der Gesamtklassifikation berücksichtigt, die besonders familienfreundlich ausgestattet sind. Die 100 Plätze der Datenbank verfügen sämtlich über Badegelegenheit, Gastronomie, Spielplatz und besondere Freizeitangebote, Kindersanitärbereich oder Babywickelraum sowie eine sehr gute oder gute Lage.

01 **Nordseecamping Schillig**

Der Sandstrand (und nicht nur der) ist hier ein- und ausladend: Fast 4 km erstreckt er sich an der Nordostspitze der ostfriesischen Halbinsel entlang, sanft zum Wattenmeer abfallend. Direkt an diesem Strand liegt auf der Schilliger Düne einer der traditionsreichsten und mit 42 ha größten Campingplätze Deutschlands. Was für eine Lage! Sand und Meer – so weit das Auge reicht. Perfekt zum Baden, Sandburgen bauen, Wattwandern oder Drachen steigen lassen. Das riesige Campinggelände punktet mit einer eigenen »Drachenwiese« sowie einer Kitesurf-Schule. Für Zeltcamper und Hundehalter gibt es auf dem von Dauercampern geprägten Platz eigene Bereiche. Nicht nur für Familien und Kinder ist hier stets viel geboten. Langeweile kommt ganz sicher nicht auf.

Schilliger Düne, 26434 Wangerland
OT Schillig, Tel. +49 (0) 44 26/98 71 70,
www.wangerland.de,
Apr.–Mitte Okt.

Fläche	42 ha
Standplätze Touristen	730
Dauercamper	900
Mietunterkünfte	40
Hunde	bedingt erlaubt

02 Strand- & Familien-campingplatz Bensersiel

Der Name »Strand- und Familiencampingplatz« verspricht nicht zu viel: Man campt vor dem Deich, direkt an – bzw. sogar auf – dem schönen Strand (Grünstrand und aufgeschütteter feiner Sand). Wer mag, kann im Schlafstrandkorb übernachten. Familienbedürfnisse spielen hier wirklich die Hauptrolle! Das Meerwasserfreibad mit gelber Riesenrutsche (80 m!) unterhält (kleine wie große) Wasserratten auch bei Ebbe. Spielspaß bei jedem Wetter garantiert neben dem großzügig angelegten Abenteuerspielplatz am Strand (u. a. mit Burganlage, Sandbagger und Kletterschiff) der liebevoll gestaltete, mehrstöckige Indoor-Spielpark »Bennis Abenteuerland«. An sechs Tagen pro Woche wird ein abwechslungsreiches Kinderanimationsprogramm angeboten, in der Hauptsaison auch für Jugendliche. Der Platz punktet vor allem durch seine Infrastruktur: fünf moderne, geräumige und behindertengerechte Sanitärgebäude, jeweils einschließlich bunten Kinderbädern, sowie Miet- und Badezimmer. Bestens familiengeeignet ist schließlich auch – auf der anderen Seite des Strands – das faszinierende »Weltnaturerbe Wattenmeer«, samt seiner vorgelagerten Inseln.

Am Strand, 26427 Esens OT Bensersiel,
Tel. +49 (0) 49 71/91 71 21,
www.bensersiel.de, Apr.–Mitte Okt.

Fläche	12 ha
Standplätze Touristen	400
Dauercamper	350
Mietunterkünfte	12
Hunde	nicht erlaubt

»In diesem Paradies am Wattenmeer wird es dank Animation für Groß und Klein nicht langweilig.«

ADAC Inspekteur Stefan Steimer

03 Campingplatz Harlesiel

Direkt an der Mündung der Harle ins Wattenmeer liegt dieser charmante, übersichtliche Platz auf der Meerseite des Deichs. Von hier sind es nur ca. 140 m Strand (Gras und aufgeschütteter Sand) bis ins Wasser. Vielfältige Urlaubsaktivitäten bieten sich hier an: vom Faulenzen im Strandkorb über Baden, Schwimmen oder anderes Wasservergnügen bis hin zu diversen Sportangeboten. Wer will, kann Surfen oder Stand-up-Paddeln lernen. Alternativ steht den Campern (nicht nur bei Ebbe) auch ein beheiztes Meerwasserschwimmbad kostenlos zur Verfügung. Vom Deich aus sind die vorgelagerten ostfriesischen Inseln gut zu sehen. Die 10 km bis Wangerooge kann man mit der Fähre bequem in 45 Minuten zurücklegen. Noch schneller und gezeitenunabhängig geht es mit den »Inselfliegern«, die man auf dem Campingplatz immer wieder hört. Die Ausstattung ist nicht luxuriös, aber gepflegt und zweckmäßig, moderne Familienbäder inklusive.

Am Harlesiel 20, 26409 Carolinensiel-Harlesiel,
Tel. +49 (0) 044 64/94 93 98,
www.campingplatz-harlesiel.de,
Mitte Apr.–Mitte Sep.

Fläche	11 ha
Standplätze Touristen	320
Dauercamper	270
Mietunterkünfte	35
Hunde	bedingt erlaubt

Entdecken & erleben

Ostfriesische Inseln

Keinesfalls verpassen sollte man einen Ausflug auf die Ostfriesischen Inseln. Wie Perlen aneinandergereiht liegen sie etwa fünf bis zehn Kilometer vor der Küste in der Nordsee. Die sieben Inseln sind unterschiedlich groß. Jede hat einen eigenen Charakter. Gemeinsam sind ihnen herrlich lange Sandstrände zur Meerseite, Marschland zum Wattenmeer in Richtung Festland und stimmungsvolle Dünen in der Mitte. Stets von einer kühlen Brise begleitet, eröffnet sich dem Blick eine schier unendliche Weite. Wangerooge, die östlichste der Inseln, erreicht man mit der Fähre von Carolinensiel aus, Spiekeroog von Neuharlingersiel, Langeoog von Bensersiel, Baltrum von Neßmersiel, Juist und Norderney von Norddeich (gezeitenabhängig).
www.ostfriesischeinselnfaehren.de

Maritime Meile, Wilhelmshaven

Wilhelmshaven vermittelt die Faszination des Meeres auf einer äußerst sehenswerten Museumsmeile – mit Piraten, Deicharbeitern, Kaisern und Schiffen, mit Rückblicken und Ausblicken und einer eindrucksvollen multimedialen Präsentation. Vom Küstenmuseum geht es vorbei am Bontekai über das Wahrzeichen der Stadt, die Kaiser-Wilhelm-Brücke von 1907. Im Nationalparkzentrum Wattenmeerhaus am Südstrand ist dann das Skelett eines Pottwals zu bestaunen und allerlei lebendes Nordseegetier in den Aquarien.

Gleich nebenan hat sich das Deutsche Marinemuseum zum Publikumsmagneten entwickelt. Auf dem Freigelände beim Ems-Jade-Kanal kann man z. B. über die Decks des erst 2003 außer Dienst gestellten Lenkwaffenzerstörers »Mölders« gehen und sich durch die klaustrophobische Enge des U-Boots U 10 winden. Etwas weiter erreicht man, direkt am Südstrand, das faszinierende Aquarium, einschließlich Urzeitmeer-Museum. Daneben starten die Hafenrundfahrten. Mit MS »Harle Kurier« gelangt man in den Marinehafen, zu den Tankerlöschbrücken und zum Jade-Weser-Port.

Küstenmuseum: Weserstr. 58, 26382 Wilhelmshaven, Feb.–Nov. Di–So 11–17 Uhr; Wattenmeerhaus: Südstrand 110 b, Apr.–Okt. tgl. 10–17, Juli, Aug. bis 18, Nov.–März Di–So 10–17 Uhr; Marinemuseum: Südstrand 125, Apr.–Okt. tgl. 10–18, Nov.–März tgl. 10–17 Uhr; Aquarium: Südstrand 123, tgl. 10–18 Uhr; Hafenrundfahrten: Helgolandkai, Apr.–Okt. 11, 13, 15, 17 Uhr; www.maritimemeile.de

Museum Leben am Meer, Esens

Allein schon der Museumsbau ist einen Besuch wert. Die sorgfältig restaurierte historische Peldemühle ist voller Geschichte(n). Im liebevoll gestalteten Museum erfährt man, wie die gemütliche »Bärenstadt« Esens zu ihrem Spitznamen kam: Im Mittelalter hielt man hier Bären, die zur Abschreckung feindlicher Truppen von den Stadtmauern präsen-

tiert wurden. In der Mühle kann man die Uhrmacherwerkstatt von »Hansi Ticktack« nicht nur sehen, sondern auch hören: Es tickt gewaltig. Das Museum vermittelt anschaulich die dynamische Entwicklung der Landschaft an der ostfriesischen Küste und das spannende Miteinander von Menschen und Meer.

Bensersieler Str. 1, 26427 Esens, Tel. +49 (0) 49 71/52 32, Mitte März–Okt. Di–So 10–17 Uhr u. nach Vereinb., www.leben-am-meer.de

Buddelschiffmuseum, Neuharlingersiel

Mehr als 100 Buddelschiffe in Flaschen von 0,7–60 Litern, mit originalgetreuen Modellen vom Einbaum bis zum Atom-U-Boot werden in diesem Museum ausgestellt. Viele davon stammen von

Auf den Inseln wartet Extravagantes, wie dieser Schlafstrandkorb auf Norderney.

Ihre klagenden Laute haben jungen See-hunden, die ihre Mütter verloren haben, den Namen Heuler eingebracht.

Jonny Reinert, der als Autodidakt völlig neue Techniken entwickelte und den Modellbau in Flaschen perfektionierte. Die Bauzeit reichte von 80 Std. für einfachere Modelle bis hin zu 1 000 Std. für Nelson's Schiff Victory oder 1 200 Std. für das prachtvolle Fünfmastvollschiff Preußen. Was für eine Ausdauer! Am Hafen Westseite 7, 26427 Neuharlingersiel, Tel. +49 (0) 49 74/224, Mitte März–Okt. tgl. 10–13, 13.30–17 Uhr, www.buddelschiffmuseum.de

Phänomania Carolinensiel!

In der pittoresken Kulisse des historischen Bahnhofs von Carolinensiel kann die ganze Familie das »Alltägliche« auf spannende Weise anders erleben: Die interaktive Erlebnisausstellung spielt mit physikalischen Gesetzmäßigkeiten und fordert alle Sinne heraus. Wer sich gern verblüffen lässt, ist hier richtig. Bahnhof Carolinensiel 3, 26434 Wangerland, Tel. +49 (0) 44 64/94 24 94, Ende Dez.–Anf. Jan., Mitte März–Okt. tgl. 10–18 Uhr, www.phaenomania-carolinensiel.de

Spiel, Sport & Action

Klabautermann Spielpark, Esens

Auch wenn draußen »Schietwetter« ist, können sich Kinder in diesem In-door-Spielpark austoben: Die Kleineren haben einen eigenen »Vulkan«, den sie besteigen können. Oder sie nehmen ein kunterbuntes Bällebad, sausen die Riesenrutsche runter und kapern später ein Schiff. Die etwas Größeren können z. B. Kart fahren, Kletterwände erklimmen, Trampolin springen, Tischtennis spielen oder sich im Minigolf messen. Sattlerstr. 5, 26427 Esens, Tel. +49 (0) 49 71/ 92 75 71, aktuelle Öffnungszeiten siehe www.klabautermann-spielpark.de

Nautimo, Wilhelmshaven

Frisch renoviert, bietet die große »Erlebnis- und Wohlfühlwelt«, was sie verspricht – etwa im Badebereich mit Strömungskanal, Nackenmassage-duschen und Geysiren. Warmduscher dürfen sich freuen: Die Wassertemperatur beträgt 32 °C! Außerdem gibt es eine Reifenrutsche, solo oder im Zweisitzer zu befahren. Seriöse Bewegung ist im 25-m-Becken möglich. Die Saunalandschaft bietet eine finnische Variante, eine Mentalsauna und ein Dampfbad. Friedenstr. 99, 26386 Wilhelmshaven, Tel. +49 (0) 44 21/77 35 50, Mo–Fr 10–20.45 Uhr, Sa, So 9–20.45 Uhr, Sauna jeweils bis 22 Uhr, www.nautimo.de

Ostfriesen-Abitur in Wittmund

Die gemütliche Kreisstadt Wittmund lockt mit außergewöhnlichen Fortbildungsmöglichkeiten. Nur hier kann man seit 1978 das Original Ostfriesen-Abitur absolvieren. Diese nordische Reifeprüfung soll Nicht-Ostfriesen den unverfälschten Charakter Ostfrieslands samt Sitten und Gebräuchen vermitteln. Zu den Prüfungsfächern gehören Fertigkeiten wie »Straßenweit- und -zielboßeln«, »Bessensmieten«, »Padstockspringen«, Kuhmelken, Teetrinken und Krabbenpulen. Eine mündliche Prüfung in Plattdeutsch darf natürlich nicht fehlen. Kinder legen das »Lüttje Ostfriesen-Abitur« ab.
Nach vorheriger Anm.,
www.wittmund-tourismus.de

Erlebnispark Norddeich

Mit einem Rätsel-Heckenirrgarten, einem 18-Loch-Minigolfplatz und dem Erzähltheater »Märchenschiff« bietet die Anlage attraktive Familienunterhaltung für alle Altersgruppen.
Dorper Weg 25, 26506 Norden-Norddeich, Tel. +49 (0) 49 31/91 76 83, Mitte Jan.–März Do–So 10.30–17, Apr.–Okt. tgl. ab 10 Uhr, www.erlebnispark-norddeich.de

Natur erleben
Seehundstation Norddeich

Bisweilen kann es ganz schön eng werden in der Seehundepension, wenn gleichzeitig bis zu 80 Tiere auf Station sind. Auf jeden Fall haben sie es gut hier, die Heuler. Sie werden liebevoll aufgepäppelt und erst dann entlassen, wenn sie es am Strand und im Wasser alleine schaffen können. Hilfreich auch zu wissen, wie man sich zu verhalten hat, wenn man auf ein (verletztes) Tier stößt: Abstand halten (100–300 m), denn Seehunde sind Wildtiere. Nicht jedes Tier ist tatsächlich in Not. Daher erst einmal abwarten und beobachten. Vor allem: Nicht anfassen, wenn es verletzt ist, sondern den Fund der Seehundstation melden, die sich um die professionelle Versorgung der Tiere kümmert!
Dörper Weg 24, 26506 Norden-Norddeich, Tel. +49 (0) 49 31/97 33 30, tgl. 10–17 Uhr, www.seehundstation-norddeich.de

Nationalpark-Häuser

In mehreren Häusern des Nationalparks Niedersächsisches Wattenmeer kann man anschaulich die Faszination dieses Unesco-Weltnaturerbes kennenlernen. Das neu gestaltete Nationalpark-Haus Wangerland liegt im Zentrum des idyllischen Küstenbadeorts Minsen. Fische, Krabben, Seesterne und viele weniger bekannte Tierarten aus dem Wattenmeer lassen sich aus nächster Nähe in der 7 000-Liter-Aquarienanlage beobachten. Jeden Donnerstag um 15 Uhr gibt es eine Schaufütterung der Dorsche, Schollen, Katzenhaie, Knurrhähne und Seeskorpione. Direkt am Museumshafen lässt das Nationalpark-Haus in Carolinensiel die Naturgeschichte des Wattemeers lebendig werden, im Sommer auch mit Wattwanderungen, Salzwiesenspaziergängen und Kutterfahrten.
Kirchstr. 9, 26434 Wangerland OT Minsen, Tel. 049 (0) 44 26/90 47 00, Apr.–Okt. Mo–Fr 10–13, 14–17 Sa, So 14–17 Uhr, www.nationalpark haus-wangerland.de; Pumphusen 3; 26409 Carolinensiel-Harlesiel, Tel. 049 (0) 44 64/84 03, Feb.–März Mo–Fr 9.30–13, So 14–18, Apr.–Okt. Mo–Fr 9.30–13, Sa, So 15–18 Uhr, www.nationalparkhaus-carolinensiel.de

04 Camping Timmeler Meer

Mitten in Ostfriesland, auf halbem Weg zwischen Aurich und Leer, liegt ein »Meer«,
das in Wirklichkeit ein recht überschaubarer Binnensee ist. Über die Ems und das
ostfriesische Kanalsystem ist das kleine Timmeler Meer mit der großen Nordsee
verbunden. An seinem Ufer »versteckt sich« ein kleiner, aber sehr geräumiger und
stimmungsvoller Campingplatz. Camper, die Ambitionen als Freizeitkapitäne haben,
können sich Motorboote, Tretboote, Kajaks oder Kanadier ausleihen und damit in
See stechen. Wer es gemächlicher mag, verbringt die Zeit am Badestrand oder nutzt
die (externe) »Strandsauna«. Der parkähnlich gestaltete Campingplatz gruppiert sich
rund um einen idyllischen Teich und verfügt über eine grundlegende Infrastruktur

mit gepflegten Sanitäreinrichtungen. Gastronomie, Einkaufsmöglichkeiten und ostfriesisches Dorfleben findet man, nur wenige Fußminuten entfernt, im Ortszentrum von Timmel.

Zur Mühle 13, 26629 Großefehn OT
Timmel, Tel. +49 (0) 49 45/919 70,
www.campingplatz-timmel.de,
Ende März–Okt.

Fläche	7 ha
Standplätze Touristen	85
Dauercamper	95
Mietunterkünfte	6
Hunde	bedingt erlaubt

05 Comfort-Camping Freizeitpark »Am Emsdeich«

Ostfriesland ist ein Paradies für Fahrradfahrer: Steigungen sind hier (fast) unbekannt. Direkt an der »Deutschen Fehnroute«, dem ostfriesischen Radrundweg, liegt der komfortable Campingplatz an einem schönen Naturbadesee in der grünen, heckengesäumten Wiesenlandschaft zwischen Leer und Papenburg. Der See mit Sandstrand, Nichtschwimmerbereich, Riesenrutsche und großem, fantasievoll ausgestattetem Spielplatz steht als Freizeitpark auch den Einheimischen offen. Kinder können sich hier herrlich austoben, mit Wasser und Matsch spielen, im See planschen und schwimmen, während sich die »Großen« bei einem kühlen Getränk auf der Sonnenterrasse entspannen. In den Osterferien und den Sommermonaten bindet ein abwechslungsreiches Animationsprogramm die ganze Familie mit ein. Gleichzeitig achtet die Campingplatzleitung auf Regeleinhaltung und Ruhezeiten. Zur Anlage gehören außerdem ein Disc-Golf-Parcours sowie ein kleines Museumsdorf mit wiederaufgebauten historischen Bauernhäusern. Das dazugehörige »Gasthuus« sorgt für ein breites gastronomisches Angebot.

Deichstr. 7a, 26810 Westoverledingen OT
Grotegaste, Tel. +49 (0) 49 55/92 00 40,
www.ostfriesland-camping.de,
Ende März–Okt.

Fläche	10 ha
Standplätze Touristen	229
Dauercamper	153
Mietunterkünfte	22
Hunde	nicht erlaubt

06 Ferienpark am Bernsteinsee

Der Bernsteinsee ist Mittelpunkt des gleichnamigen Ferienparks mit beliebtem Campingplatz und Freizeiteinrichtungen. Zwei Uferseiten des 12 ha großen Badesees nimmt der weitläufige Campingplatz ein. Der größere Teil ist für Dauercamper reserviert. Getrennt davon befinden sich die terrassenförmig angelegten Bereiche für Tagesgäste. Der glasklare Baggersee bietet neben Strand- und Badefreuden an mehreren Sandstränden diverse Wassersportaktivitäten wie Surfen, Tauchen oder Wasserski. Für Spiel und Spaß sorgen darüber hinaus Wasserrutsche, Wassertrampolin, Sprungturm und ein über den See gezogenes »Fun Floß«. Spielplätze für Alt und Jung auf festem Boden gibt es natürlich auch – beispielsweise einen Kletterwald.

Dorfstr. 11, 26215 Wiefelstede OT
Conneforde, Tel. +49 (0) 44 58/916 63,
www.ferienpark-bernsteinsee.de,
ganzjährig

Fläche	30 ha
Standplätze Touristen	210
Dauercamper	413
Mietunterkünfte	2
Hunde	erlaubt

Entdecken & erleben

Sehenswert & interessant
Meyer-Werft, Papenburg

Auf die Idee muss man erst mal kommen: eine Schiffswerft mitten im Moor zu bauen! Wilm Rolf Meyer hatte diese Idee, und er hatte viel Glück oder einfach den richtigen Riecher, als er 1795 im damals bettelarmen Emsland, knapp 40 km von der Nordsee entfernt, seine Werft gründete. Was daraus geworden ist, kann man heute am Rand von Papenburg bestaunen. Hier entstehen im größten Trockendock der Welt – 504 m lang, 125 m breit, 75 m hoch – die größten Kreuzfahrtschiffe der Welt,

Luxusliner für mehr als 4 000 Gäste. Es gibt noch ein zweites riesiges Baudock, weitere große und sehr große Hallen für Vorfertigung und Sektionsbau, und es gibt ein eindrucksvolles Besucherzentrum. Neben detaillierten Schiffsmodellen sieht man auf einer interaktiven Seekarte, wo die von Meyer gefertigten Pötte gerade kreuzen; Höhepunkt ist der Blick in die gigantische Schiffbauhalle 6 und auf die laufende Produktion. Rund 3 100 Mitarbeiter, im Schnitt 38 Jahre jung, arbeiten für Familie Meyer, die nun schon seit sieben Generationen Personen- und Frachtschiffe baut, Fähren,

Die Brigg »Friederike von Papenburg« auf dem Papenburger Hauptkanal wurde zum Wahrzeichen der Stadt.

Forschungsschiffe, Gastanker und Tiertransporter. Die Führungen (ca. 2 Std.) finden ganzjährig und nach vorheriger Anmeldung bei Papenburg Tourismus statt. In den Sommerferien (Juli) werden jeden Sonntag um 10 Uhr auch spezielle Familienführungen angeboten. Auf Kinder warten richtige Werftarbeiter-Jacken, kindgerechte Erläuterungen und die ein oder andere Überraschung.
Anm.: Papenburg Tourismus, Tel. +49 (0) 49 61/839 60, www.papenburg-tourismus.de; Ticketabholung/Führungsbeginn: Apr.–Okt. auf Museumsschiff Brigg Friederike, Hauptkanal rechts 68–69, Nov.–März im »Papenburger Zeitspeicher«, Ölmühlenweg 21, 26871 Papenburg

Hauptkanal, Papenburg

Bis 1973 produzierten Meyers direkt in Papenburg mit seinen rund 33 km Kanälen. Mittendrin präsentiert sich der Hauptkanal mit Straßen und Ladenzeilen auf beiden Seiten als eine der schönsten Flaniermeilen Norddeutschlands. Geschäfte, Restaurants und Cafés laden zum Promenieren und Shoppen ein. Außerdem dient der Kanal als Freilichtmuseum: Sechs Schiffsnachbauten liegen hier fest vertäut, darunter die viel fotografierte Brigg »Friederike von Papenburg« mit der Tourist-Information an Bord. Nach Originalplänen hergestellt wurden auch die fünf anderen Traditionsschiffe aus dem 19. Jh.: eine Tjalk, eine Spitzmutte, eine Kuff und zwei Schmacks – sie heißen wirklich so!
Hauptkanal, 26871 Papenburg, www.papenburg-tourismus.de

Leeraner Miniaturland, Leer

Kinderaugen leuchten: Was sich da alles bewegt! Städte, Inseln, Menschen und Attraktionen Ostfrieslands sind lebensnah im Maßstab 1:87 nachgebaut. Zu entdecken gibt es 40 000 Figuren. Etwa 200 Züge rauschen durch die Landschaft. 5 000 Gebäude und Sehenswürdigkeiten sind auf etwa 600 qm zu bewundern. Dazu gesellen sich das Café Leuchtturm, eine Garteneisenbahn und eine Modellausstellung.
Konrad-Zuse-Str. 1, 26789 Leer, Tel. +49 (0) 491/454 15 40, tgl. 10–18 Uhr, www.leeraner-miniaturland.de

Miraculum, Aurich

Dieses Mach-Mit-Museum bietet tolle Möglichkeiten zum Werkeln und Kreativwerden: Ein selbst geknüpfter

Gürtel oder eine gefilzte Tasche? Ketten, Ohrringe, Armbänder, Lesezeichen, Handy-Anhänger und vieles andere mehr, hier lernt man, wie es geht. Wie biege ich eine Öse? Was ist eigentlich eine Quetschperle? Wie mache ich einen Verschluss? Im Miraculum kann man eigene Ideen umsetzen und bekommt Hilfe, wenn es mal nicht weitergeht. Andere kommen zum Zeichnen ins Museum: Ob Mangas oder Donald Duck – ob Tusche oder Bleistift, Aquarell oder Acryl, man darf, nein, soll hier alles ausprobieren.

Burgstr. 25, 26603 Aurich, Tel. +49 (0) 49 41/12 36 00, Di–Fr 13–17, Sa, So 11–17 Uhr, www.miraculum-aurich.de

Energie!, Aurich

Im 2015 eröffneten »Energie-, Bildungs- und Erlebniszentrum« dreht sich auf 1 600 qm alles um das Thema Energie und wie diese in Zukunft erzeugt wird. Highlights sind die zahlreichen Experimentierstationen und der »Energie-Turm« mit einer 360°-Multimediashow, die einen in die Mitte eines Vulkans oder Wasserfalls versetzt. Mit viel Spiel und Spaß werden hier jede Menge »Aha-Erlebnisse« vermittelt.

Osterbusch 2, 26607 Aurich, Tel. +49 (0) 41/ 69 84 60, Mo–Fr 9–17, Sa, So 10–18 Uhr, www.eez-aurich.de

Freilichtmuseum Ammerländer Bauernhaus

Das vor mehr als 100 Jahren gegründete, frei zugängliche Museum am Südufer des Zwischenahner Meeres ist eines der ältesten in Deutschland. Neben dem Lokal »Spieker« stehen hier 14 alte Bauernhäuser und eine Mühle.

Die Windmühle des Freilichtmuseums Ammerländer Bauernhaus, ein sogenannter Galerieholländer, stammt aus dem Jahr 1811.

Am Hogen Hagen, 26160 Bad Zwischenahn, Tel. +49 (0) 44 03/20 71, Apr.–Okt. 11–17, Nov–Feb. Führungen nur nach Anm., www.ammerlaender-bauernhaus.de

Fehnroute

»Fehn«, das sind in Ostfriesland Moorsiedlungen, die entlang eigens gegrabener Entwässerungskanäle angelegt wurden. Lang gestreckte Fehndörfer sind charakteristisch für die 173 km lange »Deutsche Fehnroute«. Mit dem Auto oder dem Fahrrad fährt man entlang der gut ausgeschilderten Rundtour durch ein Ostfriesland wie im Bilderbuch: an schnurgeraden Kanälen entlang, über Klappbrücken, vorbei an pittoresken Schleusen, prächtigen Windmühlen, uralten Backsteinkirchen und großen ostfriesischen Bauernhäusern, die hier Gulfhöfe heißen. Geschützte Moore, Deiche, Wiesen, Wallhecken und immer wieder Wasserläufe prägen diese Fehnlandschaft.

Zwischen Papenburg, Leer und Großefehn, www.deutsche-fehnroute.de

Dat Otto Huus, Emden

Nicht der Blödelbarde selbst, aber seine vielseitigen skurrilen Kunstwerke oder Ottifanten sind in »Dat Otto Huus« zu entdecken. Otto Waalkes, Deutschlands wohl legendärstem Komödianten und vielleicht größtem Sohn der Stadt, ist in Emden ein eigenes Museum gewidmet. Sehr unterhaltsam.

Große Str. 1, 26721 Emden, Tel. +49 (0) 49 21/221 21, Apr.–Dez Mo–Fr 9.30–18, Sa 9.30–14, Apr.–Okt. zusätzl. So 10–16 Uhr, www.emden-touristik.de

Mitte der 1970er-Jahre erstmal gezeichnet, avancierte der »Ottifant« zum Markenzeichen des Komikers – und Aushängeschild des Emdener Otto-Museums.

Kartbahn Rastede

Die wilde Hatz über den schwarzen
Asphalt dürfte bei einigen Teilnehmern
den Puls hoch schlagen lassen, wenn
das grüne Licht das Rennen um enge
Kurven und Schikanen freigibt: 5,5 PS,
die einem Rasenmähermotor ähneln
und neben dem Schalensitz aufheulen,
sobald man das Gaspedal durchtritt und
die flachen Flundern auf bis zu 60 km/h
beschleunigt. Zwar lassen die Wagen
den Eindruck aufkommen, als könnte
sie kein noch so gewagter Drift aus
der Bahn werfen, doch es handelt sich
um Motorsportgeräte, die den großen
und kleinen Fahrern Konzentration
abfordern. Kinder ab 6 Jahre und über
1,28 m dürfen ans Steuer eines Kinder-
karts, wer mindestens 12 Jahre alt ist
und 1,50 m oder mehr misst, darf die
Standard-Karts fahren.
Am Liehtegleis 5–7, 26180 Rastede, Tel. +49 (0)
44 02/59 82 82, Mitte März–Okt. Mo–Do ab 17, Fr
ab 15, Sa, So ab 11, Nov.–Anf. März Di–Do ab 17,
Fr ab 15, Sa, So ab 13 Uhr, www.kart-o-drom.de

Jaderpark

All in one! Der Jaderpark ist sowohl ein
ambitionierter Zoo als auch ein Freizeitpark mit zahlreichen Fahrgeschäften
und wartet auch noch mit einer großen
Indoor-Spiellandschaft auf. Hauptzielgruppe sind Familien mit Kindern bis
etwa 12 Jahren.
Tiergartenstr. 69, 26349 Jaderberg, Tel. +49 (0)
44 54/911 30, Mo–Fr 14–18, Sa, So 10.30–18,
Apr.–Okt. tgl. 9–18 Uhr, www.jaderpark.de

De Baalje

Das Auricher Wohlfühl- und Familienbad ist Ostfrieslands neueste Wasser-

welt, die Badegenuss bei jedem Wetter
garantiert. In der auffällig gestalteten
Halle findet man eine über 5 000 qm
große und gestylte Landschaft: Baden,
Planschen, Schwimmen, Sauna, Wellness – Aktivsein oder Entspannen. Hier
können Familien genussvoll abtauchen.
Am Ellernfeld 2, 26603 Aurich, Tel. +49 (0) 49
41/12 40 00, Mo–Fr 6.30–20, Sa, So 6.30–20,
Sauna tgl. 10–22 Uhr, www.debaalje.de

Zweimal Kletterwald

Von Baum zu Baum über Drahtseile
balancieren, wacklige Hängebrücken
bezwingen oder sich in luftiger Höhe
abenteuerlich durch Holzrohre kämp-
fen: Man muss kein Draufgänger sein,
aber eine Portion Mut ist schon nötig
– drei bis zehn Meter – über der Erde.
Verschiedene Parcours mit insgesamt
über 60 Stationen bieten im Kletterwald
Aurich allen Altersgruppen und Tempe-
ramenten passende Herausforderungen.
Noch größer und höher angelegt ist der
Kletterwald »Forest4Fun« im »Buhl
Activity Park« in Conneforde (120
Elemente, bis 15 m hoch, einschließlich
einer rasanten 100 m langen »Fahrt«
am Stahlseil über einen See). Auch hier
kann man zwischen verschiedenen
Schwierigkeitsgraden wählen, für Kinder ab 6 Jahren gibt es einen angepass-
ten »hellblauen« Parcours. Nicht nur die
Kleinen, sämtliche Kletterwald-Teilneh-
mer sind stets gut geschützt durch ein
ausgeklügeltes Sicherheitssystem.
Hoheberger Weg 165, 26605 Aurich, Tel.
+49 (0) 49 41/974 88 12, Apr.–Okt. tgl. 10–19
Uhr, www.kletterwald-aurich.de; Dorfstr. 8d,
26215 Wiefelstede OT Conneforde, Tel. +49 (0)
44 58/948 78 85, Ende März–Anf. Okt. aktuelle
Öffnungszeiten siehe www.forest4fun.de

Nur selten werden Straßen für Boßel-Wettbewerbe abgesperrt, die Teilnehmer müssen selbst auf den Verkehr achten.

Volkssport Boßeln

»Boßeln« ist so etwas wie der ostfriesische Nationalsport und wird in der ganzen Region sowohl als Breiten- wie als Leistungssport betrieben. Es geht darum, eine Holz- oder Gummi-Kugel auf einer festgelegten Straßen(!)-Strecke mit weniger Versuchen als der/die Gegner ins Ziel zu rollen. Wo man den traditionellen Ostfriesen-Sport beobachten und z. B. in Timmel beim »Schnupperboßeln« auch einmal ausprobieren kann, erfährt man bei der Touristen-Information Großefehn.

Tourist Info: Am Reitsportcentrum 1, 26629 Großefehn, Tel. +49 (0) 49 45/95 96 11, www.grossefehn-touristik.de

Fußballgolf am Bernsteinsee

Wie der Name vermuten lässt, handelt es sich um eine Kombination beider Ballsportarten. Wie beim Golf geht es darum, einen Ball – nacheinander auf 18 Spielbahnen – mit möglichst wenigen »Bewegungen« am Ende der jeweiligen Spielbahn einzulochen. Wie beim Fußballspiel ist allerdings keinerlei Schläger im Spiel. Die Anlage im »Buhl Activity Park« in Conneforde ist die erste in Norddeutschland und umfasst eine Spielfläche von mehr als 40 000 qm, die Spielbahnen erstrecken sich insgesamt über ca. 2 km.

Dorfstr. 8d, 26215 Wiefelstede OT Conneforde, Tel. +49 (0) 44 58/948 78 85, Ende März–Anf. Okt., Öffnungszeiten siehe www.fuss-ball-golf.de

Natur erleben
Das Ewige Meer

Ein Meer – im Moor! Nördlich von Aurich liegt der größte Hochmoorsee Deutschlands. Der 90 ha umfassende tiefbraune Moorsee liegt inmitten einer faszinierenden Landschaft, die mit ihrer vielfältigen Flora und Fauna unter Naturschutz steht. Was dort alles wächst, kreucht und fleucht, lässt sich auf einem knapp 2 km langen Rundwanderweg auf Holzbohlen (mit Schautafeln) erkunden. Besonders stimmungsvoll erlebt man das Moor in der Abenddämmerung oder im Nebel – dann scheint die ostfriesische Mythenwelt lebendig zu werden.

Parkpl.: Parkplatzstr. 3, 26565 Eversmeer-Holtriem; Führungen: Tel. +49 (0) 49 75/295

Ökowerk Emden

»Kein Land der Erde darf auf Kosten der Natur, anderer Länder und Menschen sowie künftiger Generationen leben!« – das ist grob zusammengefasst das, was sich 179 Staaten bei der Agenda 21 auf ihre Fahnen geschrieben haben. Aber: Was kann man tun, um sich verantwortungsbewusst zu zeigen, ohne sich jeden Spaß zu nehmen? Das Ökowerk Emden hat dafür ein eigenes Konzept entwickelt: mit Hexengarten, Libellenteich, Wildbienenlehrpfad und Weidenlabyrinth. Wer erlebt, wie schön das alles ist, sorgt sich auch mehr um dessen Schutz, ist hier feste Überzeugung!

Kaierweg 40a, 26725 Emden, Tel. +49 (0) 49 21/95 40 24, Mo–Do 7–15.30, Fr 7–12.30 Uhr, www.oekowerk-emden.de

Esterwegen: Naturschutzgebiet & Gedenkstätte

Idylle und Grauen liegen manchmal dicht beisammen. Die Esterweger Dose ist ein 5 000 ha großes Hochmoorgebiet, das in dieser Ausdehnung deutschlandweit einzigartig ist und 2005 zum Naturschutzgebiet erklärt wurde. Viele bedrohte Tier- und Pflanzenarten leben hier, darunter Goldregenpfeifer und Bekassinen. Es gibt Sonnentau und Torfmoose – aber auch acht 353 m (!) hohe Längstwellensender der Marine. Der neue, gut 1 km lange »MoorInfoPfad« mit 17 Stationen führt in das Gebiet hinein. Er startet am Parkplatz bzw. dem Besucherzentrum der zentralen Gedenkstätte. Eindringlich wird hier an die Geschichte der 15 Emslandlager aus der Zeit des Nationalsozialismus erinnert. Das KZ Esterwegen entstand als eines der ersten im Sommer 1933, die Gedenkstätte wurde erst im Jahr 2011 eröffnet.

Hinterm Busch 1, 26897 Esterwegen; Gedenkstätte: Tel. +49 (0) 59 55/98 89 50, Apr.–Okt. Di–So 10–18, Nov.–März Di–So 10 bis 17 Uhr, www.gedenkstaette-esterwegen.de; www.moorinfopfad.de

Im Niederdeutschen (und Niederländischen) meint »Meer« einen Binnensee.

»Das Dorado für Pferdeliebhaber unter den Kids und Eltern.«

ADAC Inspekteur Stefan Steimer

07 Freizeit- und Campingpark Geesthof

In einem ehemaligen Schlosspark mit herrlichen alten Bäumen campt man hier ebenso feudal wie naturverbunden. Die weitläufige Anlage bietet Campern viel Platz, gute Ausstattung und großartige Freizeitmöglichkeiten inmitten der Natur. Der Geesthof liegt zwischen einem Badesee und dem Fluss Oste und ist umgeben von zahlreichen (zugehörigen) Angelteichen. Badespaß bietet nicht nur der Sandstrand des Geestsees, sondern auch ein beheizter Pool, ein Hallenbad mit Saunen – und natürlich ein kuschelig warmes Planschbecken für die Kleinsten. Klein und Groß können hier ihre (junge) Liebe zu Pferden ausleben. Anfänger werden behutsam an die Tiere herangeführt, Fortgeschrittene dürfen auf dem Rücken kleiner Ponys oder auf bereits ausgewachsenen Pferden ausreiten. Der hiesige Reiterhof (mit Reithalle) bietet professionellen Unterricht für alle Altersgruppen und Reitmöglichkeiten jeglicher Façon. Die faszinierende Natur der Fluss- und Geestlandschaft ringsum kann man alternativ auch mit dem Fahrrad oder auf dem »Püttenhüpper«, dem campingplatzeigenen Ausflugsboot, erkunden.

Am Ferienpark 1, 21755 Hechthausen
OT Klint, Tel. +49 (0) 47 74/512,
www.geesthof.de/so-wohnen-sie/
campingpark, ganzjährig

Fläche	20 ha
Standplätze Touristen	120
Dauercamper	50
Mietunterkünfte	67
Hunde	erlaubt

Entdecken & erleben

Burg Bederkesa

In einer malerischen Umgebung mit sanften Hügeln, grünen Wäldern und einem glitzernden See treffen einmal im Jahr die Tapfersten der Tapferen bei den mittelalterlichen Ritterspielen vor den Toren der Burg Bederkesa aufeinander. Die Schwerter klirren und die Schilde schlagen krachend aufeinander im Kampf um die Gunst der wunderschönen Prinzessin. Das Schloss beherbergt aber keine Königsfamilie, sondern die Archäologie des Landkreises Cuxhaven und eine Sammlung von mehr als 10 000 Funden aus alten Siedlungshügeln in der Marsch sowie aus Bootsgräbern und Grabbeigaben aus dem 4. und 5. Jh. Wer nicht gerade auf der Flucht vor dem schwarzen Ritter ist, kann hier und in der freien Natur ringsum Eindrucksvolles über die alten Sachsen erfahren. Für das leibliche Wohl sorgt gleich nebenan und ganz stilgerecht die Burgschänke. Amtsstr. 17, 27624 Geestland OT Bad Bederkesa, Tel. +49 (0) 47 45/943 90, Mai–Sep. Di–So 10–18 Uhr, www.burg-bederkesa.de; Burgschänke Bederkesa: Amtsstr. 15, 27624 Geestland, Tel. +49 (0) 47 45/78 17 00, www.burgschaenke-bederkesa.de

Stade

Die Hafen-, Handels- und Hansestadt ist seit mehr als 1 000 Jahren wirtschaftlicher und kultureller Mittelpunkt des »Alten Landes«. Stades lange, wechsel-

Die Burganlage von Bad Bederkesa geht auf das 12. Jahrhundert zurück und wurde im 16. Jahrhundert maßgeblich ausgebaut.

Rund um den alten Stader Hansehafen finden sich etliche empfehlenswerte Cafés und Restaurants.

volle Geschichte (wie der große Stadtbrand, die dänische oder die schwedische Herrschaft) tritt an vielen Stellen zutage. Spannend aufbereitet wird sie im preisgekrönten Museum »Schwedenspeicher« am Hansehafen. Gerade für Kinder und Jugendliche hat man sich viel einfallen lassen, Eintritt müssen sie dafür nicht bezahlen. Eine faszinierende Verbindung zur Jetztzeit schlägt nicht weit davon das »Kunsthaus«: In den prächtigen Fachwerkbau von 1667 sind Spitzenwerke der klassischen Moderne und die Gegenwartskunst eingezogen.
Tourist Info: Hansestr. 16, 21682 Stade, Tel. +49 (0) 41 41/40 91 70, www.stade-tourismus; Schwedenspeicher: Wasser West 39, Tel. +49 (0) 41 41/79 77 30, Di–Fr 10–17, Sa, So 10–18 Uhr; Kunsthaus: Wasser West 7, Tel. +49 (0) 41 41/797 73 20, Di, Do, Fr 10–17, Mi 10–19, Sa, So 10–18 Uhr, www.museen-stade.de

Buxtehude

»Ick bün all hier!« Vor den Toren von Buxtehude haben sich Hase und Igel angeblich ihr legendäres Wettrennen geliefert. Stolz trägt Buxtehude daher den Titel Märchenstadt. Noch stolzer ist man, seit 2014 wieder offiziell als Hansestadt zu firmieren. Bis in die 1960er-Jahre befuhren hölzerne Ewer (die für die Niederelbe typischen plattbodigen Frachtsegler) den grachtenartigen Hansehafen in der Altstadt. Heute ist nur noch die liebevoll restaurierte »Margareta« dauerhaft vertäut. Von der mittelalterlichen Blütezeit der Hanse zeugen indes viele Bauten, wie prachtvolle Fachwerkhäuser, der imposante Marschtorzwinger, das Rathaus und natürlich die eindrucksvolle backsteinerne St. Petri-Kirche.
Tourist Info: Breite Str. 2, 21614 Buxtehude, Tel. +49 (0) 41 61/501 23 45, www.buxtehude.de

Tauchen im Kreidesee

Auch wer nicht tauchen kann (oder will), kann im Kreidesee in die Tiefe gehen – in einem futuristischen Tauchboot (ab 10 Jahren). Spektakulär ist die Unterwasserlandschaft in der ehemaligen Tagebaugrube mit Industrierelikten, Wracks und Karibikfeeling.

Cuxhavener Str. 1, 21745 Hemmoor, Tel +49 (0) 47 71/79 21, tgl. 9–19 Uhr, www.kreideseetaucher.de

Natur erleben

Natur im Kehdinger Land

Im stillen Hinterland zwischen Elbe und Oste bietet die Natur Eindrückliches: traumhafte Marsch- und Moorgebiete,

Rund 300 000 Tonnen Äpfel werden jedes Jahr im Alten Land geerntet.

weite Naturschutzflächen mit einer großen Vielfalt von Tier- und Pflanzenarten (nicht zuletzt eine faszinierende Vogelwelt) oder kilometerlange Sandstrände auf der alten Elbinsel Krautsand. Das flache Elbufer ist für Kinder ideal.

Tourist Info: Stader Str. 139, 21737 Wischhafen, Tel. +49 (0) 47 70/83 11 29, www.tourismus-kehdingen.de

Stader Geest

Die Geest, das sind die höher als die feuchte Marsch gelegenen, sandigen Landschaften Norddeutschlands. In der dünn besiedelten Stader Geest trifft man auf endlose Wälder, stille Hochmoore, romantische Bäche und Teiche. Im Flecken Harsefeld erlebt man in den Überresten des mittelalterlichen Benediktinerklosters und im dazugehörigen weitläufigen, idyllischen Klosterpark ein inspirierendes Zusammenspiel von Natur und Kultur.

Tourist Info: Herrenstr. 25, 21698 Harsefeld, Tel. +49 (0) 41 64/88 71 35, www.harsefeld.de, www.stade-tourismus.de

Essen & Trinken

Obstanbau

Rund 15 Mio. Obstbäume wachsen im Alten Land, Deutschlands größtem zusammenhängenden Obstanbaugebiet. Neben Äpfeln bauen die ca. 450 Obstbauern hier Kirschen, Pflaumen und Beeren an. Als heimliche Hauptstadt des Alten Landes gilt der schmucke Fachwerkort Jork. Zahlreiche Obsthöfe öffnen ihre (oft traditionell prunkvoll gestalteten) Tore gerne für Besucher.

Tourist Info: Osterjork 10, 21635 Jork, Tel. +49 41 62/91 47 55, www.jork.de, www.tourismus-altesland.de

Ferienpark Geesthof ...

... und der Urlaub beginnt.

Urlaub inmitten unberührter Natur

Auf dem Gelände des ehemaligen Schlosses Geesthof, können Sie baden, angeln, Boot fahren, Rad fahren, reiten und herrlich ausspannen.

Perfekt für den Familienurlaub oder zu zweit!
www.geesthof.de

Geesthof
Am Ferienpark 1,
21753 Hechthausen / Klint
Tel.: 04774 512

08 **Fördeferien Bockholmwik**

Was für eine Aussicht! Dank der terrassenartigen Anlage über der Förde genießen fast alle Camper einen weiten Blick auf die Ostsee bis hinüber nach Dänemark. Die Geschwister Petersen verbrachten hier die Ferien ihrer Kindheit und Jugend. Ende 2015 übernahmen sie den Campingplatz, renovierten und modernisierten ihn aufwendig. So können die heutigen Besucher ein umsichtig und äußerst freundlich geführtes Familienidyll mit Meerblick auf Zeit pachten. Wichtiger als die Aussicht ist Kindern vermutlich der Badestrand mit Wasserrutsche, den kleineren unter ihnen der Spielplatz mit dem riesigen Hüpfkissen, den größeren die Spielscheune mit Tischtennisplatten, Kickertischen und diversen Spielangeboten. Einkaufen? Kann man im Minimarkt. Essen gehen? Im sehr guten Restaurant und zu zivilen Preisen!

Bockholmwik 19,
24960 Munkbrarup,
Tel. +49 (0) 46 31/20 88,
www.foerderferien-bockholmwik.de,
Apr.–Okt.

Fläche	7,5 ha
Standplätze Touristen	50
Dauercamper	140
Mietunterkünfte	9
Hunde	erlaubt

Entdecken & erleben

Schifffahrtsmuseum & Museumswerft Flensburg

Flensburg war einst die wichtigste Hafenstadt des dänischen Königreichs und besaß eine bedeutende Handelsflotte. Das Schifffahrtsmuseum, im ehemaligen Zollpackhaus direkt am historischen Hafen, vermittelt die Geschichte der Segelschiffentwicklung, des Schiffbaus sowie der Flensburger Handelshäuser. Verschiedene Mitmachangebote rund um das maritime Handwerk lassen die Faszination und Bedeutung der Seefahrt auch für kleine und große »Landratten« lebendig werden. In der Museumswerft nebenan gibt es nicht nur Nostalgisches zu sehen, hier wird auch richtig gewerkelt: Die Bootsbauer arbeiten nach alten Plänen für Segelschiffe und Arbeitsboote, wie sie vor 100 bis 200 Jahren gebaut wurden, und bilden auch Lehrlinge aus. Museum: Schiffbrücke 39, 24939 Flensburg, Tel. +49 (0) 461/85 29 70, Di–So 10–17 Uhr, www. schifffahrtsmuseum.flensburg.de; Werft: Schiffbrücke 43, Tel. +49 (0) 461/18 22 47, Mo–Fr 8–17, Sa, So 10–17 Uhr, www.museumswerft.de

Flensburg

Flensburg, das ist durchaus mehr als der Hafen. Der kunst- und kulturgeschichtliche »Museumsberg« mit seinen zwei Häusern ist eines der größten Museen Schleswig-Holsteins und zeigt beispielsweise eine eindrucksvolle Jugendstilabteilung oder Werke von Erich Heckel, Ernst Barlach und Emil Nolde. In den Ferien gibt es regelmäßig Kunst-Workshops für Kinder. Aber Flensburg ist auch die Stadt für alle, die Lust auf einen abwechslungreichen Stadtbummel, Kino- oder Theaterbesuch haben. Nicht zuletzt ist das kulinarische Angebot vielfältig, einschließlich einer überregional bekannten Pils-Brauerei. Tourist Info: Rote Str. 15–17, 24937 Flensburg, Tel. +49 (0) 461/909 09 20, www.flensburger-foerde.de; Museumsberg: Museumsberg 1, Tel. +49 (0) 461/85 29 56, Di–So 10–17, Apr.–Sep. Do bis 20 Uhr, www.museumsberg-flensburg.de

Tolk-Schau

Wer hätte gedacht, dass es in der Region Angeln echte Dinosaurier und eiszeitliche Mammuts gibt? Na gut, die Dinos und Eiszeitriesen bewegen sich nicht – aber lebensecht wirken sie schon, die über 100 lebensgroßen Modelle vom Allosaurus bis zum Woll-Mammut im traditionsreichen Freizeit- und Erlebnispark »Tolk-Schau«. Unterhaltsame Bewegung der etwas anderen Art bieten z. B. eine 700 m lange Sommerrodelbahn, eine Familien-Achterbahn, Bootsrutschen, ein Baumwipfelpfad und etliches mehr. Hauptzielgruppe sind Familien mit Kindern bis ca. 12 Jahren. Tolkschau 1, 24894 Tolk, Tel. +49 (0) 46 22/922, Ende Apr.–Ende Okt. unregelmäßige Öffnungstage (Juli–Mitte Aug. tgl.) 10–18 Uhr, www.tolk-schau.de

»Phänomenta«, Flensburg

Anfassen ist erlaubt, Staunen garantiert! Das »Science Center« in der Flensburger Innenstadt ist ein Ziel für alle Neugierigen und Experimentierfreudigen. An 150 Stationen haben kleine und große For-

scher in der »Phänomenta« Gelegenheit, Geschicklichkeit zu beweisen, Geduld, und Lust am Knobeln zu entwickeln, Freude am Herumprobieren. Es macht großen Spaß, so technische und logische Zusammenhänge aufzudecken.
Norderstr. 157, Flensburg, Tel. +49 (0) 4 61/14 44 90, Di–Fr 10–18, Sa, So 12–18, Juni–Sep. zusätzl. Mo 10–18 Uhr, www.phaenomenta-flensburg.de

Unewatt: Dorf & Museum
»Ein Dorf mit Museum – ein Museum mit Dorf«, das ist der treffende Slogan des Landschaftsmuseums Angeln in Unewatt. Mittendrin befinden sich fünf dezentrale Museumsinseln, durch einen Rundgang gut zu entdecken. Sammlungen, Ausstellungen und die Häuser an sich bilden dieses besondere Freilichtmuseum. Die Windmühle mahlt Getreide, ein Wasserrad treibt die

Buttermühle an, in der Räucherei hängen feinste Fleischwaren von der Decke und am Ende kehrt man im behaglichen Dorfkrug ein. Hier fühlt man sich fast wie vor 100 Jahren.
Unewatter Str. 1a, 24997 Langballig OT Unewatt, Tel. +49 (0) 46 36/10 21, www.museum-unewatt.de

Glücksburg
Zum Stadtgebiet von Glücksburg gehören die Halbinsel Holnis mit ihrer Steilküste, der Pugumer See und gleich mehrere Strände – aber die meisten kommen wegen des zauberhaften Renaissanceschlosses hierher. Der strahlend weiße Bau mit dem roten Ziegeldach und den vier Ecktürmen steht direkt im Wasser – und spiegelt sich bei ruhigem Wetter darin. 1583–87 wurde das Wasserschloss im Auftrag

»Begreifen« ist in der Flensburger Phänomenta durchaus wörtlich gemeint, um zu verstehen, wie alltägliche Dinge funktionieren.

Frühherbstliche Stimmung an der Geltinger Birk.

von Herzog Johann dem Jüngeren von Schleswig-Holstein-Sonderburg erbaut. Bis zur Reformation hatte an gleicher Stelle ein mittelalterliches Zisterzienserkloster gestanden. Schönster Raum ist der reich ausgestattete 30 m lange Rote Saal, der als Salon und Wohnzimmer sowie als Festsaal diente. Die namengebenden roten Tapeten sind zwar nicht mehr erhalten, die Stuckornamente des Gewölbes prunken umso mehr.
Tourist Info: Schinderdam 5 (im Rathaus), 24960 Glücksburg, Tel. +49 (0) 46 31/45 11 00, www.flensburger-foerde.de; Schloss: Mai–Okt. tgl. 10–18, sonst Sa, So 11–16 Uhr, www.schloss-gluecksburg.de.

Schiffstour nach Jütland

Von Frühjahr bis Herbst verkehrt zwischen Langballigau und der dänischen Insel Jütland eine kleine Personenfähre, die »Feodora II«. Nach ca. 55 Minuten

stimmungsvoller Überfahrt, rund um die dänische Halbinsel Broager, erreicht sie die charmante Kleinstadt Sonderburg. Das imposante (und besichtigenswerte) Schloss aus dem 13. Jh. grüßt schon von Weitem. Sonderburg hat einen wunderschönen Hafen mit Cafés und Restaurants, nur wenige Minuten sind es in die gemütliche Altstadt mit ihrer alten Windmühle, etlichen weiteren Sehenswürdigkeiten, interessanten Geschäften und Lokalen. Nach einem 3-stündigen Aufenthalt legt die Fähre wieder Richtung Heimathafen ab.
Ab Hafen Langballigau, Tel. +49 (0) 172/451 67 91, Mai–Okt, Fahrplan unter www.nas-feodora.de

Spiel, Sport & Action
Luftsport Flensburg-Schäferhaus

Fliegen, schweben, sich fallen lassen – wer träumt nicht davon! Direkt in und über Flensburg ist das möglich, nur 5 km westlich vom Zentrum liegt der Verkehrslandeplatz Flensburg-Schäferhaus. Auf dem gut 82 ha großen Gelände betreibt der Luftsportverein Flensburg die Sparten Motorflug, Segelflug und Fallschirmsprung. Hier können Erwachsene und Jugendliche Fallschirmspringen nicht nur von der Pike auf lernen, sondern sich auch ohne Vorkenntnisse für einen Tandemsprung anmelden – und dann mit Blick auf Nord- und Ostsee zu Boden zu schweben.
Lecker Chaussee 129, 24941 Flensburg, Tel. +49 (0) 4 61/912 15, www.luftsportverein-flensburg.de

Ostseeküsten-Radweg

Die ganze Schönheit der deutschen Ostseeküste auf zwei Rädern entdecken, das kann man auf den 430 km des Ostseeküsten-Radwegs zwischen

Flensburg und Travemünde. Natürlich muss man nicht die ganze Strecke in Angriff nehmen, aber die Anstrengung jedes Kilometers wird mit wunderschöner Urlaubs»erfahrung« belohnt: Das Meer ist immer dabei, erholsame Pausen am Strand und in den kleinen Buchten lassen sich jederzeit einplanen, ebenso das Ein- und Abtauchen in die Fluten oder Abstecher in Dörfer und Städte. Und wer Wind und wechselndem Wetter trotzen muss, wird faszinierende Naturschauspiele hautnah erleben.

www.ostseekuestenradweg.de

Fördeland-Therme, Glücksburg

Draußen ist es kalt und regnerisch, drinnen entspannt man in der Sauna oder im 32 °C warmen Becken. In der Fördeland-Therme macht auch schlechtes Wetter Spaß.

Sandwigstr. 1a, 24960 Glücksburg, Tel. +49 (0) 46 31/ 44 40 70, So–Do 10–22, Fr, Sa 10–24 Uhr, www.foerdelandtherme.de

Natur erleben

Geltinger Birk

Sie sehen ungezähmt aus und sind es auch: robuste Konik (Wildpferde) und schottische Hochlandrinder, die in freier Wildbahn im Naturschutzgebiet Geltinger Birk leben. Die Landzunge ist mit 773 ha eines der größten Naturschutzgebiete Schleswig-Holsteins, mit Strandwallsystemen, Wäldern, feuchten Weideflächen, Salzwiesen und Brackwasserflächen. Mit dem Rad, aber auch zu Fuß (15 ausgeschilderte Rundwanderwege) lässt sich die Birk umrunden und durchwandern. Das Naturerlebniszentrum bei Maasholm informiert über Geologie und Archäologie, über Pflanzen

und Tiere dieses Raumes, der auch ein wichtiges Rast- und Brutgebiet für Vögel darstellt. Im Juli und August gibt es hier jeweils ein abwechslungsreiches Ferienprogramm rund um den Lebensraum Ostsee für Kinder und Erwachsene.

www.geltinger-birk.de; Naturerlebniszentrum: Exhöft-Seeberg 1, 24404 Maasholm, Tel. +49 (0) 46 42/92 16 80, Ostern–Ende Okt. tgl. 10–17 Uhr, www.naturerlebniszentrum.de

Langballigau

Ein »Tal« in Schleswig-Holstein? Das gibt es wirklich, und es ist ein Naturschutzgebiet: Der Bach Langballigau hat sich auf 5 km Länge zwischen dem Ort Langballig und der Küste ins Gelände gegraben. In diesen geschützten Hanglagen wächst eine relativ üppige Vegetation, hier wohnen jene Tiere, die gern ihre Ruhe haben, wie etwa der Eisvogel oder die Bauchige Windelschnecke. An der Bachmündung liegen ein kleiner Hafen und ein schöner Sandstrand.

Tourist Info: Süderende 1, 24977 Langballig, Tel. +49 (0) 46 36/88 80, www.flensburger-foerde. de, www.langballig.de

Rosarium Glücksburg

In unmittelbarer Nähe zum Schloss Glücksburg liegt ein Kleinod von Garten: Im Rosarium sorgen mehr als 500 verschiedene Rosensorten zwischen grünen Hecken für eine sagenhafte Blütenpracht. Ein Höhepunkt ist die Rosenallee, wo man durch Dutzende hintereinander stehende Rosenbögen unter einem wahren Blütenmeer wandelt, betört von deren Duft.

Am Schloßpark 2b, 24960 Glücksburg, Apr.–Okt. Mo–Sa 10–18, Mai–Sep. auch So 10–18 Uhr, www.seaside-garden.de

09 Damp Ostseecamping

Fast einen Kilometer lang ist der schöne Schubystrand an der Ostseeküste der Halbinsel Schwansen. Gleich hinter der Düne kann man hier campen, auf einer Landzunge zwischen dem Meer und einem Binnensee, dem idyllischen Vogelschutzgebiet des Schwansener Sees. Die Ostseebäder Damp und Schönhagen mit ihren touristischen Angeboten sind in Fußentfernung. Auf dem Platz selbst kann man sich im SB-Markt, dem Imbiss oder im Restaurant »Blockhütte« versorgen. Frischer Fisch: Flundern, Heringe, Makrelen und Dorsch? Die gibt es immer dann, wenn einer der Nebenerwerbsfischer am Campingplatz anlandet. In den Sommermonaten gibt es mit dem »Kids Club«, zusätzlich zu den schönen Spiel- und Sportmöglichkeiten vor Ort, ein Rundum-sorglos-Paket für Kinder. Der lange Badestrand ist im Sommer DLRG-überwacht und mit dem weiträumigen Flachwasser auch für kleinere Kinder gut geeignet.

Schubystrand, 24398 Dörphof,
Tel. +49 (0) 46 44/960 10,
www.damp-ostseecamping.de,
Apr.–Mitte Okt.

Fläche	23 ha
Standplätze Touristen	228
Dauercamper	600
Mietunterkünfte	35
Hunde	willkommen

»Auf den Spielplätzen kommen kleine Kletterkünstler auf ihre Kosten.«

ADAC Inspekteur Uwe Liebig

10 Ostsee-Campingplatz Familie Heide

Der große Campingplatz ist in jeder Hinsicht umfassend ausgestattet. Im gut sortierten Supermarkt gibt es sogar eine Metzgerei und eine Bäckerei sowie, neben einem Imbiss, ein Restaurant und eine Pizzeria. Mehrere Sportplätze, eine große Freizeitwiese und fünf Kinderspielplätze versprechen vielfältige Möglichkeiten. Das Meer und der 500 m lange Strand natürlich auch! Wer will, kann hier tauchen, surfen oder Stand-up-Paddeln lernen. Doch auch auf Schlechtwetter ist man vorbereitet. Gäste können z. B. die kleine Schwimmhalle, die Wellnessoase mit drei unterschiedlichen Saunen, das Fitness-Studio, den Indoor-Spielplatz oder die »Camper Lounge« nutzen. Dort kann man u. a. im Musikraum diverse Instrumente ausprobieren oder ausleihen. In der Hauptsaison halten ausgebildete Kräfte mit einem Animationsprogramm Kinder, Jugendliche (und damit auch die Eltern) bei guter Laune. Während die Kleineren in der »Kinderstube« basteln oder Märchen lauschen, können Größere sich auch (bis 22 Uhr) in der (schallisolierten!) Disco austoben.

Strandweg 31, 24369 Waabs OT Kleinwaabs, Tel. +49 (0) 43 52/25 30, www.waabs.de, ganzjährig

Fläche	22 ha
Standplätze Touristen	226
Dauercamper	565
Mietunterkünfte	36
Hunde	willkommen

Man reist nicht, um anzukommen, sondern um zu reisen.

11 Ostsee-Camping Gut Ludwigsburg

Schön liegt der Platz auf einer Landzunge zwischen dem Meer und einem kleinen Binnensee landeinwärts. Wie die jüngst runderneuerten Sanitärgebäude ist die ganze Anlage sehr gepflegt und wird mit großer Freundlichkeit und zu einem sehr guten Preis-Leistungs-Verhältnis betrieben. Das Spektrum möglicher Sport- und Freizeitaktivitäten – zu Lande wie zu Wasser – ist beachtlich. Angesichts des recht steinigen Sandstrands leisten Badeschuhe dabei manchmal gute Dienste. In der Hauptsaison werden v. a. kleinere Kinder von ausgebildeten Animateuren abwechslungsreich unterhalten. Aber auch unanimiert haben zwei Spielplätze für unterschiedliche Altersstufen und ein Bolzplatz im Wald dem Nachwuchs viel zu bieten.

Ludwigsburg 4, 24369 Waabs,
Tel. +49 (0) 43 58/370,
www.ostseecamping-ludwigsburg.de,
Apr.–Sep.

Fläche	10 ha
Standplätze Touristen	250
Dauercamper	350
Mietunterkünfte	7
Hunde	erlaubt

Entdecken & erleben

Kappeln an der Schlei

»Amanda« ist nicht zu übersehen, und mit ihr sollte man seinen Besuch in Kappeln beginnen. »Sie« ist eine strahlend weiße 130 Jahre alte Holländer-Windmühle und das Wahrzeichen der Stadt. Mit einer Höhe von 32 m ist sie die höchste Windmühle in ganz Schleswig-Holstein. Von ihrer Galerie hat man einen wunderbaren Überblick über die idyllische Lage Kappelns an der Schlei, dem 40 km langen, fjordartigen Meeresarm der Ostsee. »Amanda« beherbergt außerdem noch die städtische Tourist-Iinformation, die gute Tipps parat hat. Zum Beispiel ein Besuch des schönen Museumshafens: Es macht Spaß, zwischen den Segeln und Masten der alten Schiffe auf den Stegen entlangzuschlendern und das historische Hafenflair zu spüren. Viele Schiffseigner freuen sich über Interesse und Fragen zu den von ihnen liebevoll gepflegten Gaffelseglern, Yachten und Slups. Die Schlei wird in Kappeln von einer Klappbrücke gequert, die so die Landschaften Schwansen und Angeln auf beiden Ufern miteinander verbindet und täglich mehrmals für den Schiffsverkehr geöffnet wird. Alljährlich am Himmelfahrtstag rückt der mehr als 500-jährige »Heringszaun« in der Schlei ins Zentrum des Aufmerksamkeit: Auf dem Weg zu ihren Laichplätzen in der Schlei haben sich darin Heringe gefangen. Kappeln feiert dies über vier Tage mit einem traditionellen Volksfest. Sehenswert ist auch die spätbarocke St.-Nikolai-Kirche mit ihrem geschnitzten Altar aus dem Jahr 1641.

Tourist Info: Schleswiger Str. 1, 24376 Kappeln, Tel. +49 (0) 46 42/40 27, www.ostseefjord schlei.de, www.heringstage-kappeln.de

Landesmuseen Schloss Gottorf

Acht Minuten dauert die Rundfahrt, das ganze weite Himmelszelt samt »mythologischem Personal« dreht sich über den Köpfen, mittendrin im Gottorfer Globus fühlt man sich fortgetragen in ferne Welten. Das »erste Planetarium der Welt« war im 17. Jh. in der Tat ein Ereignis von Welt. Auch die heutige Rekonstruktion im modernen Globushaus ist ein Wunderwerk. Zusammen mit dem wiedererstandenen Gottorfer Barockgarten ist es eine der größten Attraktionen von Schloss Gottorf, das mit dem Landesmuseum für Kunst und Kulturgeschichte und dem Archäologischen Landesmuseum die zwei bedeutendsten Museen Schleswig-Holsteins beherbergt.

Schloßinsel 1, 24837 Schleswig, Tel. +49 (0) 46 21/8132 22, Apr.–Okt. Mo–Fr 10–17, Sa, So 10–18, Nov.–März Di–Fr 10–16, Sa, So 10–17 Uhr, www.schloss-gottorf.de

Bei seiner Fertigstellung, 1665, war der Gottorfer Himmelsglobus eine Weltsensation. Zar Peter der Große sicherte sich 1713 das Original.

In Haithabu erfährt man, wie Wikinger-schiffe wirklich beschaffen waren.

Fischersiedlung Holm

Sie bringen noch ihre Netze aus und hängen die Reusen zum Trocknen in den Wind, sie braten die Schlei-Heringe »knackig« nach überliefertem Rezept und feiern wie einst die Vorväter: Die Fischer auf dem Holm pflegen ihre Traditionen seit Generationen. Der Holm, einst eine Insel, wirkt idyllisch. Gassen mit rosengeschmückten Häuslein führen direkt an die Schlei, die den Fischern Beute von Aal bis Zander in die Netze lockt. Auch das Holm-Museum ist besuchenswert. Süderholmstr. 2, 24837 Schleswig, Tel. +49 (0) 46 21/93 68 20, Di–So 10–17 Uhr, www.stadtmuseum-schleswig.de

Wikingermuseum Haithabu

Hey, hey Wicki ... Vor 1 000 Jahren war Haithabu, umschlossen von einem mächtigen Halbkreiswall, einer der wichtigsten Siedlungs- und Handelsplätze Nordeuropas. Ausgrabungen an der historischen Stätte geben ein getreues Bild vom Leben der Wikinger. Im Museum und in der nahe gelegenen rekonstruierten Wikingersiedlung (mit originalgetreu nachgebauten Holzhäuschen, Bohlenwegen, einer Landebrücke und einer Mole) kann man in die bewegte Zeit von damals eintauchen und erfahren, wie es in einem Wikingerdorf seinerzeit zuging. Am Haddebyer Noor 5, 24866 Busdorf, Tel. +49 (0) 46 21/81 32 22, Apr.–Okt. tgl. 9–17 Uhr, www.haithabu.de

Spiel, Sport & Action
Familien-Golf

Das ehemalige landwirtschaftliche Gut Sophienhof auf der Halbinsel Schwansen hat sich drei Arten des alternativen, familienfreundlichen Golfspiels verschrieben. »SwinGolf« funktioniert im Prinzip wie klassisches Golf, doch kann es mit einem gestellten Universalschläger, größeren (Gummi-)Bällen und größeren Löchern ohne Vorkenntnisse von jedermann gespielt werden (ab ca. 8 Jahren). »Fußballgolf« kommt ganz ohne Schläger aus und wird mit den Füßen gespielt. Indoor-Minigolf schließlich kann auf Sophienhof entspannt bei wirklich jedem Wetter gespielt werden. Gut Sophienhof 1, 24369 Waabs, Tel. +49 (0) 43 58/10 25, Mitte März–Okt. Mi–So 11–20 Uhr, www.gut-sophienhof.de

Ostseebad Damp

Unterhaltung, Sport und Spiel, See und Sand – dafür steht das Ferienzentrum Ostseebad Damp. Es winken 3,5 km Ostseestrand, ein großer Yachthafen sowie jede Menge Freizeitaktivitäten:

Wasserski, Wakeboard, Indoorsport im »Fun- & Sport-Center« mit Skaterpark, Beauty- und Wohlfühlangebote im »Vital- & Wellness-Center«, eine Wikingersauna und vieles mehr.

Tourist Info: Seeuferweg 10, 24351 Damp, Tel. +49 (0) 43 52/806 66, www.ostsee-resort-damp.de, www.ostsee-damp.de

Natur erleben
Schwedeneck

Naturfreunde und Badeenthusiasten lieben das Gebiet zwischen Eckernförder Bucht und Kieler Förde gleichermaßen: kilometerlange feinkörnige Sand- und Kiesstrände in vielseitiger Landschaft. An der Küste ragt ein bis zu 30 m hohes Steilufer auf, bewaldet mit lichten Buchenwäldern; prächtige Gutshöfe und Hügelgräber tragen zum landschaftlichen Reiz der Gegend bei. Die Strände hier führen ganz sachte ins lange flache Wasser und sind für Kinder bestens geeignet.

Tourist Info: Zum Kurstrand, 24229 Schwedeneck, Tel. +49 (0) 43 08/331, www.schwedeneck.de

Tierpark Gettorf

Von A wie Affen und Antilopen bis Z wie Zebras, Zimttauben und Zwergesel – im Tierpark Gettorf kriecht und springt, fliegt und flattert ein ganzes Tieralphabet. 150 Arten leben in Freigehegen und begehbaren Räumen, wie der großen Tropenhalle. Neugierigen und spielfreudigen kleinen Besuchern wird viel geboten – als junge Wasserforscher, beim Füttern der zahmen Kattas und Kängurus oder im Streichelzoo. Und die Pfleger erzählen zu alledem lustige Tiergeschichten.

Süderstr. 33, 24214 Gettorf, Tel. +49 (0) 43 46/ 416 00, März–Okt. tgl. 9–18, Nov.–Mitte Jan.

10–16, Ende Jan.–März 10–17 Uhr, www.tierparkgettorf.de

Arche Warder

Schon mal ein Schwein gesehen, das nach Muscheln taucht? Die »Arche Warder« ist das größte Zentrum Europas zum Schutz bedrohter Haus- und Nutztierrassen. Im Streichelgehege des faszinierenden Landschaftstierparks können die Kleinen »Exmoor-Ponys« oder wuschelige »Girgentana-Ziegen« kraulen. Das ganze Jahr hindurch finden hier auch Familien-Events statt, die spannende Freizeit- und Abenteuer-Angebote geschickt mit beiläufigen Lernerlebnissen verknüpfen.

Langwedeler Weg 11, 24646 Warder, Tel. +49 (0) 43 29/913 40, Einlass März–Okt. tgl. 10–20, Nov.–Feb. 10–16 Uhr, www.arche-warder.de

Essen & Trinken
Bonbonkocherei Eckernförde

Auf offenem Feuer dampft der Kupferkessel, drin kocht, schmilzt und bräunt Zucker, heraus kommt eine heiße klebrige Masse. Die Bonbonkocherei von Hermann Hinrichs ist eine Attraktion. Mit einer alten Bonbonstanze, Motivwalzen, Kegelroller und Eisenkühltisch zaubert er die köstlichsten Süßigkeiten. Naschkatzen haben die Qual der Wahl aus Dutzenden von süßen Verlockungen. Und man kann dem Meister des süßen Handwerks in der Schauküche auf die Finger schauen. Früher roch es in dem Haus übrigens ganz anders – denn einst wurden hier »Kieler Sprotten« geräuchert.

Frau-Clara-Str. 22, 24340 Eckernförde, Tel. +49 (0) 43 51/88 99 86, Mo–Fr 10–18, Sa 10–18, So 11–17 Uhr, www.bonbonkocherei.de

12 Naturcamping Spitzenort

Nomen est omen. Gemeint ist zwar die Lage an der Spitze einer Landzunge, doch spitze ist auch, was Campern hier geboten wird. So kosten die (zahlreichen) Standplätze mit Panoramaseeblick keinen Cent extra und sind nicht Dauercampern vorbehalten – denn die gibt es auf Spitzenort kaum. Also: Hinein ins klare Nass! Sei es über den Grünstrand, mehrere Sandbuchten, einen der beiden Badestege oder die Badeplattform. Oder einige Schritte weiter beim Wassersportzentrum Plön ein Wassersportgerät ausleihen (bzw. den Umgang damit lernen). Wem der See zu kalt ist, kann sich im beheizbaren Pool vergnügen; Kinder freut da vor allem die Wasserrutsche. Doch (fast) an allen Ecken und Enden gibt es unterhaltsame Spiel-und Sportgelegenheiten. Im Sommer kommt ein aufwendiges Animationsprogramm für Groß und Klein dazu. Nicht weniger aufwendig sind die mit Fußbodenheizung ausgestatteten Sanitäranlagen (inklusive Familienbädern und Kinderbad »Badefix«). Mit Restaurant und gut sortiertem Campingshop ist auch die Versorgung für Leib und Seele auf hohem Niveau.

Ascheberger Str. 76, 24306 Plön,
Tel. +49 (0) 45 22/27 69,
www.spitzenort.de,
Apr.–Okt.

Fläche	5,5 ha
Standplätze Touristen	228
Dauercamper	4
Mietunterkünfte	28
Hunde	willkommen

13 Campingpark Augstfelde

Es muss nicht unbedingt die Ostsee sein. Auch holsteinische Seen können mit Sandstränden und vielfältigen Wassersportmöglichkeiten aufwarten. Mitten im Grünen liegt der »Campingpark Augstfelde« auf einem sanften Hügel am Ufer des klaren Vierer Sees. Gleich drei schöne Badestellen mit Sandstrand und eine Badeplattform laden zum Planschen, Schwimmen oder Sonnenbaden ein. Wer will, kann sich auch mit geliehenem Kanu oder Ruderboot auf den See begeben. Zu Lande haben Kinder aller Altersgruppen auf vier Spiel- bzw. Jugendplätzen, einem großen Indoor-Spielplatz und diversen Sporteinrichtungen viele Betätigungsmöglichkeiten. In der Hauptsaison gibt es darüber hinaus eine professionelle Kinder- und Jugendanimation mit Piratenschatzsuche, Ponyreiten oder Kinderdisco. Zwei- bis Siebenjährige kommen sogar in den Genuss eines Campingkindergartens. Auch wenn nicht alle Sanitäranlagen auf dem allerneuesten Stand sind, bietet der preiswerte Platz eigene Familienbäder, Kinderwaschräume, Babybäder sowie schöne Wellnesseinrichtungen.

Augstfelde 1, 24306 Bösdorf OT
Augstfelde, Tel. +49 (0) 45 22/81 28,
www.augstfelde.de,
Apr.–Ende Okt.

Fläche	23 ha
Standplätze Touristen	236
Dauercamper	298
Mietunterkünfte	10
Hunde	willkommen

Entdecken & erleben

Plön

Lange bevor die Dächer der Stadt Plön auftauchen, sieht man die leuchtendweißen Mauern und die Zwiebeltürmchen des Plöner Schlosses. Das im Stil der Spätrenaissance gehaltene Gebäude, einst Sitz von Grafen, Herzögen und Königen, thront sichtbar über der Stadt am Ufer des Großen Plöner See. Die rekonstruierten herzoglichen Prunkräume mit Stuckdecken und Barockmöbeln, Rittersaal und Schlosskapelle kann man im Rahmen von Führungen besichtigen. Zum Schloss gehört eine ausgedehnte Parklandschaft, die zu den schönsten in der Holsteinischen Schweiz zählt. Darin steht westlich des Schlosses ein kleines Rokoko-Schlösschen. In diesem »Prinzenhaus« residierten die Söhne Kaiser Wilhelms II. während ihrer Kadettenzeit. Ihnen ist auch die Prinzeninsel weiter südlich gewidmet: eine waldreiche Halbinsel mit dem beliebten Prinzenbad und

Die leuchtend weißen Mauern und die Zwiebeltürmchen des Schlosses dominieren die Plöner Stadtsilhouette aus (fast) allen Richtungen.

seinem etwa 100 m langen Sandstrand, wo einst den Hohenzollern-Sprösslingen das Schwimmen beigebracht worden war. In der Altstadt lohnt sich ein Bummel durch die»Twieten«, schmale von Fachwerk- und Backsteinhäusern gesäumte Gassen, die von der zentralen Einkaufsmeile, der »Langen Straße«, in Richtung Seeufer führen. Die Ursprunge Plöns gehen auf eine slawische Besiedelung Anfang des 8. Jh. zurück; nach Eroberung durch Holsteiner Grafen entstand im 13. Jh. eine befestigte Stadt, die zum Herzogsitz wurde und dann knapp 100 Jahre (bis 1864) unter dänischer Herrschaft stand. Mehr über die wechselvolle Geschichte von Stadt und Region erfährt man im »Museum des Kreises Plön« in der »Alten Apotheke« oder bei einer Stadtführung. Im Juli und August gibt es jeden Mittwoch besondere Kinderführungen (für ca. 5- bis 10-Jährige).
Tourist Info: Bahnhofstr. 5, 24306 Plön, Tel. +49 (0) 45 22/509 50, www.holsteinischeschweiz.de;

Museum: Johannisstr. 1, +49 (0) 45 22/74 43 91, Mai–Sep. Di–So 10–12, 14–17, Okt.–Apr. Di–So 14–17 Uhr, www.kreismuseum-ploen.de

Bad Malente

In Bad Malente trägt nicht nur die schöne Landschaft zum Wohlbefinden bei. Im nördlichsten deutschen Kneippbad kann man auf einer Führung unter fachkundiger Anleitung das richtige Wassertreten in den Malenter Kneipp-Anlagen ausprobieren. Wie eng Malente mit der natürlichen Wasserlandschaft der Seen verbunden ist, lässt sich in der Malenter Au auf dem sehenswerten Naturlehrpfad »WunderWeltWasser« erleben. Kindgerechte Modelle, Schautafeln und Installationen laden zum spielerischen Entdecken des Lebensraums Wasser ein.
Tourist Info: Bahnhofstr. 3, 23714 Bad Malente, Tel. +49 (0) 45 23/959 01 20, www.malentetourismus.de; Naturlehrpfad: Beginn am Schiffsanleger Janusallee, Apr.–Nov. 8–18 Uhr

Irrgarten Probsteierhagen

Ein Irrgarten übt nicht nur auf Kinder eine besondere Faszination aus. Zumal wenn er so stimmungsvoll ist wie in Probsteierhagen. Schon 1914 wurden die heute wunderbar dichten Hecken des Labyrinths auf über 2 000 qm angelegt, seit 1927 verirrt man sich hier lustvoll: Abzweigungen, Kreuzungen, Umwege, Sackgassen – wo ist der Ausgang? Die Aussichtsplattform in der Mitte hilft, den Überblick zu bewahren, aber hinausfinden muss man schließlich doch selber. Belohnung verspricht am Ende das zugehörige Landgasthaus mit schöner Kaffeeterrasse, Minigolf-Anlage und Spielplatz.

Alte Dorfstr. 100, 24253 Probsteierhagen, Tel. +49 (0) 4348 230, Mai– Okt. Do–Di, www.irrgarten-probsteierhagen.de

Fünf Seen der Holsteinischen Schweiz

Die Schwentine verbindet etliche der vielen Seen des Naturparks Holsteinische Schweiz. Auf einer Bootsfahrt kann man gleich fünf davon gemütlich erkunden. Vom Schiff aus entdeckt man die faszinierende, von der Eiszeit geprägte Landschaft, verträumte Buchten und kleine Inseln, Schilfbänke und Wasserwälder. Mit etwas Glück sieht man einen Seeadler, 25 Brutpaare ziehen hier jedes Jahr ihre Jungen auf – so viele wie kaum irgendwo anders. Die unterbrechbare Rundfahrt dauert zwei Stunden.

Anlegestellen: Malente-Gremsmühlen, Niederkleveez, Timmdorf, Fegetasche, Tel. +49 (0) 45 23/22 01, Mai–Sep. tgl. 10–17 Uhr, stdl., Mitte Apr.–Ende Apr., Okt tgl. 11–15 Uhr, 3 Fahrten; Fahrplan siehe www.5-seen-fahrt.de

Fünf auf einen Streich: Dieksee, Langensee, Behlersee, Höftsee und Edebergsee werden auf der »5-Seen-Fahrt« absolviert.

14 Camping Walkyrien

Hier passt einfach alles. Mit viel Enthusiasmus und Engagement sorgt die Betreiberfamilie seit fast sechs Jahrzehnten dafür, dass sich alle Familienmitglieder, egal welchen Alters, rundum wohlfühlen können. Vielfältig, durchdacht und auf dem allerneuesten Stand sind Einrichtungen und Angebote. Die enorm abwechslungsreiche Kinderanimation in der Hauptsaison (Juli, August) ist auf drei verschiedene Altersgruppen zugeschnitten; für die Kleinsten gibt es auch außerhalb der Ferien ein Programm. Reichhaltig ausgestattete Spielplätze (drinnen und draußen), diverse Sportmöglichkeiten und ein herrlicher Streichelzoo lassen beim Nachwuchs keine Langeweile aufkommen. Auch die außergewöhnlich komfortablen Sanitär- und Wellnessanlagen (alles im Preis inklusive) werden allen Generationen gerecht: von der fantasievoll ausgestatteten Kinder-Badewelt bis zur opulenten Spa-Landschaft »über dem Meer«. Zur Ostseeteilküste sind es knapp 250 m. Der naturbelassene Sandstrand wartet auch mit einigen Kieseln auf und bietet ideale Bedingungen zum Baden, für Wassersport oder einen Strandspaziergang.

Strandweg, 23730 Schashagen OT Bliesdorf-Strand, Tel. +49 (0) 45 62/67 87, www.camping-walkyrien.de, Ende März–Ende. Okt.

Fläche	7 ha
Standplätze Touristen	80
Dauercamper	255
Mietunterkünfte	37
Hunde	willkommen

15 Ostsee-Campingplatz Kagelbusch

Ein Platz im Grünen, inmitten der ostholsteinischen Hügellandschaft. Man campt zwischen (sorgfältig gepflegten) Hecken, Büschen und Bäumen, direkt an der Steilküste – und dem schönen Strand unterhalb, den man über zwei Treppen erreicht. Ein paar wenige Kiesel stören das Sandstrandvergnügen am Meer nicht. Ein Vergnügen sind auch die vielen, unterschiedlich gestalteten Sanitärhäuser des Platzes, insbesondere die ideenreich und liebevoll ausgestatteten Kindersanitärbereiche; Mietbäder für Familien gibt es ebenfalls. Die stete Notwendigkeit von Warmwassermünzen trübt das Vergnügen ein wenig. Für Spiel, Spaß und Sport gibt es auf dem Platz viel Raum sowie abwechslungsreiche Angebote für Groß und Klein. Jüngere Kinder werden im Haus »Toskana« außerdem stundenweise beim Spielen und Basteln betreut. Hier hören sie auch (Gute-Nacht-)Geschichten, während die größeren in der Kinderdisco »rocken«. Noch schöner ist es nur draußen, wenn Lagerfeuerromantik mit Stockbrotbacken auf dem Programm steht.

Scharberg, 23730 Schashagen OT
Bliesdorf-Strand, Tel. +49 (0) 45 62/71 22,
www.ostseecamping.de,
Ende März–Anf. Okt.

Fläche	18 ha
Standplätze Touristen	78
Dauercamper	580
Mietunterkünfte	24
Hunde	bedingt erlaubt

16 Rosenfelder Strand Ostsee-Camping

Von Feldern und Wäldchen umgeben, am Ende einer Sackgasse, auf einer Anhöhe direkt an der Ostsee: Ruhiger kann ein Campingplatz kaum liegen. Der eigentliche Rosenfelder Strand ist recht schmal und wird vom Meer regelmäßig »umgestaltet« – mal sandiger, mal steiniger, Badeschuhe sind von Vorteil. Der Campingplatz ist aufs Beste ausgestattet und bietet in der Hauptferienzeit ein großes, meist kostenloses Animationsprogramm. Aber auch ohne Animation haben Kinder großartige Möglichkeiten. Neben zahlreichen Sportangeboten und diversen kleineren, über das Gelände verteilten Spielplätzen begeistern ein großer, uriger Abenteuerspielplatz in einem angrenzenden Waldstück und ein außergewöhnlicher Wasserspielplatz am Waldrand.

Rosenfelder Strand 1, 23749 Grube,
Tel. +49 (0) 43 65/97 97 22,
www.rosenfelder-strand.de,
Apr.–Mitte Okt.

Fläche	24 ha
Standplätze Touristen	350
Dauercamper	450
Mietunterkünfte	42
Hunde	bedingt erlaubt

Entdecken & erleben

Sehenswert & interessant

Lübeck

Das Holstentor kennt jeder und die markante Stadtsilhouette mit den sieben Türmen prangt auf manchem Marmeladenglas. Die Stadt an der Trave muss man gesehen haben. Lübecks einzigartiges Altstadt-Ensemble mit seinen rund 1 800 denkmalgeschützten Gebäuden, den verwinkelten Gängevierteln und ihren historischen Gassen wurde 1987 als erste deutsche Stadt zum Unesco-Weltkulturerbe erklärt. Vom Turm der Petrikirche kann man sich einen guten Überblick über das Meer aus roten Dachziegeln und Backstein verschaffen, bei schönem Wetter bis nach Travemünde und zur Ostsee. Die »Königin der Hanse« fasziniert mit Backsteingotik, großbürgerlicher Pracht, lebendigem Kulturleben und einer Vielzahl kulinarischer Attraktionen.
Tourist Info: Holstentorpl. 1, 23552 Lübeck,
Tel. +49 (0) 4 51/889 97 00,
www.luebeck-tourismus.de

Europäisches Hansemuseum

Das Museum, das größte seiner Art, erzählt von der Karriere eines Städtebundes, der zur schwerreichen

Handels-Weltmacht wurde. Von der Entstehung der Hanse über die Abläufe und Wagnisse des Seehandels bis hin zu den zugrunde liegenden Glaubens- und Wertvorstellungen wird anschaulich vermittelt, was hinter dem Schlagwort »Hanse« steht. Passende Kulisse für diese spannende(n) Geschichte(n) ist der Museumskomplex aus dem gotischen Burgkloster, einer der bedeutendsten mittelalterlichen Klosteranlagen, und dem modern gestalteten Neubau.

An der Untertrave 1, 23552 Lübeck, Tel. +49 (0) 451/ 809 09 90, tgl. 10–18 Uhr, www.hansemuseum.de

Wallmuseum Oldenburg

Der »Oldenburger Wall« ist der Rest einer zunächst slawischen – später holsteinischen – Befestigungsanlage und Ursprung der Stadt Oldenburg in Holstein. Als »Starigard« war der Ort um 700 westlichster Fürstensitz der Slawen und über Jahrhunderte wichtiges Siedlungszentrum. Wer Lust hat, die einstigen slawischen Lebensweisen kennenzulernen, Wallbrot zu backen, stilecht mittelalterlich zu töpfern oder mit dem Floß zu segeln, der muss ins Wallmuseum. Die stimmungsvolle archäologische Anlage mit vielen Hütten auf der Slaweninsel und am See lädt nicht nur an den »Slawentagen« zum begeisternden Mitmachen ein.

Professor-Struve-Weg 1, 23758 Oldenburg in Holstein, Tel. +49 (0) 43 61/62 31 42, Apr.–Juni, Sep., Okt. Di–So 10–17, Juli, Aug. tgl. 10–18 Uhr, www.oldenburger-wallmuseum.de

Museumshof Lensahn

Erleben, wie es früher einmal war – das ist auch Programm auf dem Museumshof Lensahn, einem 200 Jahre alten landwirtschaftlichen Betrieb an der Ostseeküste. Den ganzen Sommer sind die alten Maschinen und Fahrzeuge in Betrieb, es wird gepflügt und gepflanzt, gedroschen und geerntet, Göpel und Webstuhl in Gang gebracht. Traditionen werden wiederbelebt, Feste gefeiert. Man ist mit dem Trecker-»Oldie« unterwegs und nimmt die Sense zur Hand. Land- und Hauswirtschaft wie einst.

Bäderstr. 18, 23738 Lensahn, Tel. +49 (0) 63/911 22, tgl. 10–18 Uhr, www.museumshof-lensahn.de

Turmhügelburg & Eiszeitmuseum

Gaukler und Barden, Handwerker und Ritter treffen sich im hügeligen Nienthal bei Lütjenburg regelmäßig zu sommerlichen Spektakeln. Sie alle machen in der rekonstruierten mittelalterlichen Burganlage mit dem hölzernen Turm Geschichte lebendig. Freunde mittelalterlichen Treibens backen, spinnen und schustern wie anno dazumal und festigen so spielerisch ihr Wissen über ferne Zeiten. Ganz in der Nähe dieses lebendigen Freilichtmuseums wird auch viel weiter Zurückliegendes anschaulich erläutert: Das benachbarte Eiszeitmuseum widmet sich den vielen Eiszeiten, die Norddeutschland geformt haben, und erklärt die Vorgänge, die zur Entstehung der Landschaft führten.

Burg: Nienthal, 24321 Lütjenburg, Tel. +49 (0) 43 81/91 88 47, Apr.–Okt. Di–So 10–17 Uhr, www.turmhuegelburg.de;
Eiszeitmuseum: Nienthal 7, Tel. +49 (0) 43 81/ 41 52 10, Mai–Sep. Mo–So 10–18, Okt.–Apr. Di–So 11–17 Uhr, www.eiszeitmuseum.de

Spiel, Sport & Action

Ferienpark Weissenhäuser Strand

Ein wahres Wunderland für aktive Familien, die einen besonderen Kick

suchen. Was hier nicht alles möglich ist: Beach-Volleyball, Badminton, Bogen-schießen, Squash, Radeln, Reiten, Indoor-Spielplatz mit Kinderbetreuung ... Im »Subtropischen Badeparadies« sind Regentage kein Problem, denn hier war-tet eine der größten und schönsten Was-serspiellandschaften Europas mit zahlrei-chen Turborutschen, darunter eine 214 m lange Reifenrutsche. Auch der exotische Urwald des »Abenteuer Dschungelland« mit Schildkröten, Kaimanen, Schlangen und Echsen kann erobert werden.
Seestr. 1, 23758 Weissenhäuser Strand, Tel. +49 (0) 43 61/55 40, www.weissenhaeuserstrand.de

Wasserski- und Wakeboardpark Süsel

In Süsel am Süseler See findet man das einzige Wasserskizentrum Norddeutsch-lands mit zwei Wasserskianlagen.

Ob Wakeboard oder Wasserski, hier kommen Anfänger genauso zum Zuge wie Profis, diesen Riesenspaß sollte jeder einmal ausprobieren. Allein schon das Zuschauen macht Laune: der Start von der Schanze, das Gleiten auf dem Wasser, der Rausch der Geschwindig-keit, elegante Sprünge und waghalsige Kunstritte über Wasserhindernisse. Erfahrene Lehrer helfen beim Üben. Zu-schauer und Fans machen es sich auf der Liegewiese bequem, lassen die Kinder auf dem Spielplatz toben oder steigen in der schönen Badebucht ins Wasser.
Süseler Moor 2, 23701 Süsel, Tel. +49 (0) 45 24/17 77, Öffnungszeiten siehe www.wasserski-suesel.de

Hansa-Park

Direkt an der Ostsee in Sierksdorf liegt Deutschlands einziger Freizeitpark am

Immer wieder messen auf der Lütjenburger Turmhügelburg »Wikinger« ihre Kräfte. Auch anderes mittelalterliches Volk trifft hier stilecht aufeinander.

Meer, der u. a. mit zwei Achterbahnen aufwartet, die sich im Looping begegnen. Eine 70 m hohe Wasser-Bobbahn, ein Dschungel-Spieleparadies und elf Themenwelten gehören auch dazu.

Am Fahrenkrog 1, 23730 Sierksdorf, Tel. +49 (0) 45 63/47 40, Anf. Apr.–Okt. tgl. 9–18 Uhr, www.hansapark.de

Natur erleben

Grömitz

Die Seebrücke ist eine der längsten an Deutschlands Küsten – 398 m ragen in die Ostsee hinein. Gigantisch, das ist eben Grömitz, das älteste Seebad an der schleswig-holsteinischen Ostseeküste. Als »Bad an der Sonne« am Nordrand der Lübecker Bucht ist Grömitz der wohl erfolgreichste Ferienort der Küste. Wenn das Wetter stimmt, kann man hier Strandleben und Sport von Surfen bis zum Golfen genießen. Für Badefreuden bei jedem Wetter sorgt das Erlebnis-Meerwasser-Brandungsbad »Grömitzer Welle«, das Wasserratten und Wellnessfans gleichermaßen begeistert. Etwas ganz anderes erfreut in Grömitz die Tierfreunde, nämlich der Zoo »Arche Noah«: In rund 30 Gehegen leben etwa 300 Tiere, darunter Exoten wie Schwarze Panther und Kängurus, Löwen und Tiger, Lamas und Schimpansen. Kinder lieben vor allem den Streichelzoo.

Tourist Info: Neuer Markt 1, 23743 Grömitz, Tel. +49 (0) 45 62/ 25 60, www.groemitz.de; Bad: Kurpromenade 58, Tel. +49 (0) 45 62/25 62 47, tgl. 7–22 Uhr, www.groemitzer-welle.de; Zoo: Mühlenstr. 32, 23743 Grömitz, Tel. +49 (0) 45 62/ 56 60, März–Okt. 9–18 Uhr, Nov.–Feb. bis zum Einbruch der Dunkelheit geöffnet, www.zoo-arche-noah.de

Vogelpark Niendorf

In nächster Nähe zum touristischen Getümmel der Urlaubshochburgen findet sich bei Niendorf ganz im Grünen Deutschlands natürlichster Vogelpark. Vom Geheimtipp für Kenner hat sich die wunderschöne Anlage zum populären Ausflugsziel entwickelt. In malerischen begehbaren Gehegen und reetgedeckten Tierhäusern sind rund 250 verschiedene Vogelarten zu sehen, darunter viele zoologische Raritäten: Kraniche, Pelikane, Papageien, Geier, Kondore u. a. Allein 38 verschiedene Eulen-Arten leben hier.

An der Aalbeek, 23669 Timmendorfer Strand OT Niendorf, Tel. +49 (0) 45 03/47 40, Apr.–Okt. 9–19.30, Nov.–März 10 Uhr bis Einbruch der Dämmerung, www.vogelpark-niendorf.de

Essen & Trinken

Marzipanland

Hier dreht sich alles um Lübecks Exportschlager Nr. 1. Marzipan kann man im Stammhaus des »Lübecker Marzipan-Speichers« natürlich kaufen (und übrigens kostenlos probieren), doch die köstliche Spezialität wird hier nicht nur feilgeboten, sondern lustvoll zelebriert: in einem kleinen Museum, einem stimmungsvollen Spezialitäten-Café und nicht zuletzt bei regelmäßigen »Marzipan-Shows«. Dabei enthüllen Marzipanmeister Burkhard Leu und seine Konditoren die Geheimnisse der Köstlichkeit und lehren große und kleine Marzipanfans, wie man aus der süßen Mandelmasse kunstvolle Figuren formt.

An der Untertrave 97/98, 23552 Lübeck, Tel. +49 (0) 4 51/897 39 39, tgl. 10–18 Uhr; Marzipan-Show: März–Okt. Di–Do 11 u. 14 Uhr, Juli, Aug. tgl., www.marzipanland.eu

»Wenn hier im Sommer der Tag beim Stockbrot-backen ausklingt, freuen sich die Kinder schon auf den nächsten.«

ADAC Inspekteur Uwe Liebig

17 Camping Strukkamphuk

An der Südwestküste Fehmarns bietet der Campingplatz auf der Landseite des Deichs großzügige Stellplätze für Familien. Die drei großen
Kinderspielplätze sind nicht nur geräumig und üppig ausgestattet. Für
kleinere Kinder gibt es von April bis Oktober ein Animationsprogramm.
Zu den Ferienaktivitäten gehören auch gemeinsame Lagerfeuer direkt am
naturbelassenen, übersichtlichen Sandstrand. Neben vielfältigen Sportangeboten zu Lande (von diversen Ballspielen über Bogenschießen bis
zur Skater-Anlage) sind es vor allem die Wassersportmöglichkeiten, die
zahlreiche Camper anziehen: Vor Ort kann man tauchen, surfen, kiten und
stehpaddeln lernen! Auf dem quirligen Platz ist immer etwas los. Mit zum
Teil neu gestalteten Sanitäranlagen, gut sortiertem Supermarkt, leckerem
Restaurant und Strandbar ist für alles Wesentliche gesorgt.

Strukkamp, 23769 Fehmarn,
Tel. +49 (0) 43 71/21 94,
www.strukkamphuk.de,
ganzjährig

Fläche	25 ha
Standplätze Touristen	329
Dauercamper	350
Mietunterkünfte	20
Hunde	erlaubt

18 Belt-Camping Fehmarn

An der Nordwestspitze der Insel Fehmarn campt man hier in einmaliger, natur-
naher Lage: Lang gestreckt liegt der Platz zwischen dem Naturschutzgebiet der
nördlichen Binnenseen und der Ostsee. Vom breiten kiesigen Sandstrand ist er
nur durch den Deich und einen schmalen Nadelbaumgürtel getrennt, die den
Campingplatz gleichzeitig vor Wind schützen. Weit »vom Schuss« touristischer
Hotspots ist die Atmosphäre angenehm unaufgeregt. Naturgenuss und Ruhe sind
garantiert. So sind Versorgungseinrichtungen (Laden, Pizzeria), das Sportgelände
(Fußball, Volleyball und Minigolf) und der große, geschickt gestaltete Kinderspielplatz ganz am äußersten Ende des Platzes angesiedelt. In den Sommerferien
gibt es hier auch eine Kinderanimation. Zwei blitzsaubere Sanitärgebäude (ein neu
gebautes und ein sehr gepflegtes älteres) verteilen sich über die Platzlänge. Zwischen Natur und Wellen lässt sich hier sowohl mit Kindern als auch mit Hund sehr
entspannt Urlaub machen.

Altenteil 24, 23769 Fehmarn,
Tel. +49 (0) 43 72/391,
www.belt-camping-fehmarn.de,
Apr.–Anf. Okt.

Fläche	9 ha
Standplätze Touristen	158
Dauercamper	100
Mietunterkünfte	7
Hunde	willkommen

19 Camping Wulfener Hals

Die Halbinsel »Wulfener Hals« an der Fehmarner Südküste trennt die Flachwasser-
bucht des Burger Binnensees vom offenen Meer. Hier entstand 1957 der erste Campingplatz der Insel. Urlauber haben die Wahl zwischen zwei Gewässern und drei Stränden: Steilküstenstrand zur Ostsee, Grünstrand zum beliebten Surfrevier des Burger
Binnensees und der helle Sandstrand der Landzunge. Heute bietet der Platz Komfort
und ferienclubähnliche Atmosphäre mit ausgefeilter Infrastruktur: drei Restaurants,
Bistro, Eiscafé, Bierbar, Disco, zwei Läden sowie eine Wellnessoase, einen beheizten
Pool und eigene Sportschulen, in denen man Surfen, Kiten, Kanufahren, Stehpaddeln,
Reiten oder Tauchen erlernen kann. Sogar ein 9-Loch-Golfplatz für jedermann ist hier
zu finden. Ein vielköpfiges Animationsteam stellt ganzjährig auf der Eventterrasse
oder im Showzelt große Abendunterhaltung auf die Beine (z. B. Live-Musik, Comedy,
Quizshows), macht zahllose Sport-, Kreativ- und »Fun«-Angebote und lockt Kinder
mit vielfältigen Unterhaltungs- und Mitmachprogrammen an.

Wulfener-Hals-Weg 100, 23769 Fehmarn,
Tel. +49 (0) 43 71/862 80,
www.wulfenerhals.de,
ganzjährig

Fläche	34 ha
Standplätze Touristen	448
Dauercamper	280
Mietunterkünfte	161
Hunde	erlaubt

20 Insel-Camp Fehmarn

Ein Campingplatz der Luxusklasse! Das Insel-Camp im Südosten Fehmarns liegt direkt an einem weitläufigen, feinsandigen Strand, der ganz sanft in die Ostsee abfällt. Für kleine Wasserratten ist das flache Wasser ideal, passionierten Schwimmern bietet ein breiter Steg mit Badetreppe beste Startbedingungen. Für gute Laune sorgt auch der großzügig angelegte Platz selbst, der sich malerisch um einen kleinen Naturteich herum ausbreitet und über komfortable Einrichtungen verfügt. Die beiden fußbodenbeheizten, tageslichtdurchfluteten Sanitärhäuser sind für Familienbedürfnisse bestens ausgestattet. Im großen Wellnessbereich gibt es drei Saunavarianten mit diversen Anwendungen. Von den Ruheräumen oder dem Fitnessbereich aus genießt man entspannt den Blick aufs Meer. Wer aktiv werden will, sei es sportlich oder spielerisch, findet beste Voraussetzungen und (in der Hauptsaison umfangreiche) Animationsangebote. In den Sommermonaten lockt ein eigenes Veranstaltungszelt mit wechselndem Erlebnisprogramm für Alt und Jung. Und natürlich gibt es auch einen Minimarkt, ein Restaurant und einen Imbiss.

Meeschendorf, 23769 Fehmarn,
Tel. +49 (0) 43 71/503 00,
www.inselcamp.de,
Anf. Apr.–Anf. Okt.

Fläche	8 ha
Standplätze Touristen	330
Dauercamper	70
Mietunterkünfte	nein
Hunde	erlaubt

»Erwachsene und Kinder können hier gemeinsam lustige Gleichgewichtsspiele spielen.«

ADAC Inspekteur Uwe Liebig

21 Camping Südstrand

Unkompliziert und entspannt geht es auf diesem Platz zu. Alles, was man braucht, ist da: familiengerechte Sanitäranlagen ohne Schnickschnack, SB-Markt, Bistro-Restaurant. Viel Raum (über 30 000 qm) widmet die engagierte Betreiberfamilie den Freizeitmöglichkeiten: mehrere Sport- und Spielplätze (v. a. der riesige Abenteuer-Naturspielplatz begeistert), Veranstaltungsorte wie Weidenpavillon und »Hexenhaus«, ein Hochseilklettergarten, eine Surf-, Katamaran- und Tauchschule. Nicht zu vergessen, der Meeschendorfer Strand liegt direkt vor der Tür. Während der Hauptsaison (Ende Juni–Anfang September) sorgt eine kreative Kinder- und Familienanimation für Urlaubsstimmung. Dann wird jeden Samstagabend gegrillt und es spielen Livebands.

Meeschendorf, 23769 Fehmarn,
Tel. +49 (0) 43 71/21 89,
www.camping-suedstrand.de,
Apr.–Anf. Okt.

Fläche	17 ha
Standplätze Touristen	220
Dauercamper	240
Mietunterkünfte	27
Hunde	erlaubt

22 Strandcamping Wallnau

Reiten in den Sonnenuntergang, Wellnesswohltaten, Aktivprogramme und ein mehrere Kilometer langer Strand – hier wird wahrlich viel geboten! Der Platz liegt an der Fehmarner Westküste oberhalb des Wasservogelreservats Wallnau. Nicht genug, dass es ein »Kurhaus« (Sauna, Wellness, Badekuren), einen Pony- und Reiterhof (Reitunterricht, Ausritte) sowie zwei Wassersportschulen (Surfen und Kiten, Tauchen) gibt. Für Kinder, Jugendliche und Erwachsene feilt man an einem ausgeklügelten Sport- und Animationsprogramm, am umfangreichsten natürlich in der Hauptsaison: Bogenschießen und Slackline, Puppenbühnen, Kino und Kinderdisco, Strandspiele und Lagerfeuerabende gehören dazu. Für die Grundbedürfnisse ist mit einem gut sortierten SB-Markt, dem urigen Restaurant »Wallnauer Hof« und einer Strandbar gesorgt.

Wallnau 1, 23769 Fehmarn,
Tel. +49 (0) 43 72/456,
www.strandcamping.de,
Apr.–Okt.

Fläche	27 ha
Standplätze Touristen	370
Dauercamper	400
Mietunterkünfte	37
Hunde	erlaubt

Entdecken & erleben

Leuchtturm Flügge

Fünf Leuchttürme gibt es auf Fehmarn, nur der Flügger an der Südwestspitze ist für Besucher offen (wer will, kann darin sogar heiraten). Die Lage mitten im Naturschutzgebiet ist umwerfend. Mit 37 m handelt es auch um Fehmarns höchsten Leuchtturm. 162 Stufen muss erklimmen, wer den einmaligen Ausblick genießen will. Zuvor sind allerdings auch noch 1,5 km Fußmarsch zu absolvieren, um den Leuchtturm vom Parkplatz am Rande des Naturschutzgebiets aus zu erreichen. Aber der Weg lohnt sich. Flügger Leuchtturm 2, 23769 Fehmarn OT Flügge, Tel. +49 (0) 43 72/961, Apr.–Okt. Di–So 10–17 Uhr, www.leuchtturm-fluegge.de

Die Aussicht vom Flügger Leuchtturm ist das eine oder andere Foto wert.

U-Boot & Museum

Mehr als nur Kino oder TV: Auf Fehmarn kann man in ein echtes U-Boot steigen, durch das Periskop schauen, in den engen Mannschaftskojen probeliegen, die Torpedorohre inspizieren oder den Maschinenraum unter die Lupe nehmen. 2003 wurde »U 11« von der Bundesmarine ausgemustert und ist nun faszinierender Teil des U-Boot-Museums Fehmarn am Hafen Burgstaaken. U-Boot: Hafen Burgstaaken, 23769 Fehmarn OT Burg, Tel. +49 (0) 43 71/50 11 42; Museum: Burgstaaken 89, Tel. +49 (0) 43 71/889 10 55, Apr.–Okt. tgl. 10–18, Nov. tgl. 10–16, Dez.–Feb. Fr–So 10–16 Uhr, www.ostsee-u-boot.de

Galileo Wissenswelt

Schon die meterhohe Ameise und der Saurier mit weit aufgerissenem Maul vor dem Eingang machen deutlich, dass »Wissen« hier Spaß macht. Gleich drei Museen haben sich zusammengetan, um jungen (und erwachsenen) Besuchern Naturkunde, Technik und Kultur im wahrsten Sinn des Wortes begreifbar zu machen. Hier wartet eine interaktive Entdeckungsreise. Die drei Museen kann man einzeln besuchen oder per Kombiticket (auch an unterschiedlichen Tagen). Am Ortseingang von Burg informiert das »Museum Naturkunde« über die Entwicklungsgeschichte vom Urknall über die Saurier bis in die Moderne. Und das »Museum Technik« bietet über 200 Experimente zum selbst Ausprobieren, am Hafen Burgstaaken beschäftigt sich das »Museum Übersee« mit Seefahrt, Entdeckungen und Urvölkern.

»U 11« der Bundesmarine lief 1968 in Kiel vom Stapel und landete 2005 auf Fehmarn. In der NATO firmierte das Boot, wie immer noch am Turm zu lesen, unter »S 190«.

Naturkunde/Technik: Landkirchener Weg 48, 23769 Fehmarn OT Burg, Tel. +49 (0) 43 71/86 44 46, Ende März–Anf. Nov. tgl. 10–18, Anf. Nov. bis Ende März Sa, So 10-16, Ende Dez.–Anf. Jan. tgl. 10-17 Uhr; Übersee: Hafenstr. 69, Tel. +49 (0) 43 71/87 92 47, Ende März–Anf. Nov. tgl. 11–16, www.galileo-fehmarn.de

Spiel, Sport & Action

Fischkutterfahrt

Im Winterhalbjahr betreibt Fischwirtschaftsmeister Gunnar Gerth-Hansen das harte Geschäft der Dorschfischerei; bis zu 100 Tonnen Fisch gehen ihm jährlich ins Netz. Im Sommerhalbjahr haben große und kleine »Landratten« die spannende Möglichkeit, ihn auf seinem 15-Meter-Kutter »Tümmler« beim (etwa einstündigen) Schaufischen zu begleiten. Je nach Wetterlage kommen Schleppnetz-, Stellnetz- oder Reusenfischerei zum Einsatz, vom Meister jeweils fachkundig erläutert. Für Kinder gibt es an Deck sogar einen eigenen Steuerstand.

Hafen Burgstaaken, Fischeisteg, 23769 Fehmarn OT Burg, Tel. +49 (0) 171/991 68 22, Apr.–Okt. Mo–Sa 4–5 Touren, Abfahrtzeiten siehe www.gerth-hansen.de

Adventure Golf

Wem Minigolf zu langweilig ist, der sollte es einmal mit »Adventure Golf« probieren. Auf 18 abwechslungsreichen Bahnen mit Meerblick sind in Meeschendorf total verrückte Hindernisse zu bewältigen, beispielsweise muss man den Ball auf einem schwimmenden Boot einlochen ... Für kleinere Kinder sind die Bahnen vielleicht etwas zu schwierig, dafür gibt hier ja einen großen Piratenspielplatz.

Auge in Auge mit dem Hai: Mehr als 20 der großen Meeressäugetiere schwimmen in Deutschlands größtem Haibecken im Meereszentrum Fehmarn.

Meeschendorf 37, 23769 Fehmarn, Tel. +49 (0) 171/888 85 74, Apr.–Juni, Sep., Okt. Di–So 10–18.30, Juli, Aug. tgl. 9–21 Uhr, www.adventure-golf-fehmarn.de

Natur erleben

Meereszentrum

Hier schwimmt die Hai-Society: In Deutschlands größtem Haifischbecken, dem Viermillionen-Liter-Aquarium des Meereszentrums, ziehen Ammenhaie, Schwarzspitzenriffhaie, ein Zitronenhai und eine Sandtigerhai-Dame majestätisch ihre Kreise. Im »Korallengarten«, dem begehbaren gläsernen »Rochentunnel« und Dutzenden weiterer Schauaquarien kann man z. B. echte Korallen, Seesterne, geheimnisvolle Muränen, majestätische Rochen, lustige Nemo-Clownfische und Schwärme diverser farbenfroher Tropenfische bestaunen.

Gertrudenthaler Str. 12, 23769 Fehmarn OT Burg, Tel. +49 (0) 43 71/44 16, tgl. 11–18 Uhr, www. meereszentrum.de

Schmetterlingspark

Auch über Wasser kommt auf Fehmarn gelegentlich Tropenstimmung auf – selbst bei Schmuddelwetter. Auf knapp 1 000 qm begegnet man tropischer Vegetation, Zebrafinken und Zwergwachteln, Wasserschildkröten, Koikarpfen sowie dem Leguan »Herkules«. Vor allem jedoch bewegt man sich unter Aberhunderten frei fliegender Schmetterlinge, über 50 Arten sind es, die hier flattern.

Mummendorfer Weg 11b, 23769 Fehmarn OT Burg, Tel. +49 (0) 43 71/889 33 63, Mitte März bis Juni tgl. 10.30–17, Juli, Aug. 10–18, Okt.–Anf. Nov. 10–16.30 Uhr, www.schmetterlingspark-fehmarn.de

23 Ostseecamping Ferienpark Zierow

Nur wenige Kilometer von der Hansestadt Wismar entfernt liegt der Campingplatz ländlich-ruhig zwischen Feldern und Wäldern direkt an der Steilküste. Mit seinem weithin sehr flachen Uferbereich bietet der schmale, mit Kieselsteinen durchsetzte Sandstrand gerade kleineren Kindern gute Badebedingungen. Auch auf dem Platz kann der Nachwuchs einiges erleben. Sei es im beliebten Streichelzoo, in »Willy's Watthaus«, dem großen Indoor-Spielplatz oder bei den (in Hauptsaison und Ferienzeiten) täglich wechselnden Angeboten der Kinderanimation – von A wie Ausmalen bis Z wie Zaubern. Die ganze Familie kann sich im kleinen Hallenbad und der Saunalandschaft (jeweils gesonderter Eintritt) entspannen. Oder auf dem Platz aktiv werden, etwa an den Fitnessgeräten für jedes Alter (indoor und outdoor) oder beim fröhlichen Familienspiel (z.B. Boccia, Tischtennis, Kegeln). Gesorgt ist auch für eine familiengerechte Sanitäreinrichtung – das Kinderbad kommt sogar ohne Duschmünzen aus. Restaurant, Imbiss und ein Campingmarkt komplettieren das Angebot.

Strandstr. 19c, 23968 Zierow,
Tel. +49 (0) 384 28/638 20,
www.ostsee-camping.de,
ganzjährig

Fläche	15 ha
Standplätze Touristen	300
Dauercamper	165
Mietunterkünfte	13
Hunde	bedingt erlaubt

ADAC Inspekteur Wolfgang A. Rapl:
»Ein absoluter Vorzeigeplatz mit
extra für Kinder gestalteter Erlebnis-
welt im Sanitärbereich.«

24 Campingpark Kühlungsborn

Am westlichen Stadtrand des Osteebades liegt der Platz idyllisch inmitten
des Dünen- und Küstenwaldgürtels. Nur einige Schritte sind es durch den
Schutzwaldstreifen zum weitläufigen feinsandigen Badestrand. Und in fünf
Minuten ist man auf Deutschlands längster Flaniermeile – der lebhaften
Kühlungsborner Strandpromenade. Auf dem Campingplatz breitet sich neben Ostseestimmung auch mediterranes Flair aus: »Poseidons Reich« heißen
die drei Sanitärgebäude, die nicht nur mit modernstem Komfort, sondern
auch mit Palmen und antiken Götterstatuen aufwarten. Familien können sich
darin über eigene Mietbäder und fantasievoll gestaltete Kinderbäder freuen.
Kinder kommen auch in den Animations- und Freizeitprogrammen voll auf
ihre Kosten.

Waldstr. 1b, 18225 Kühlungsborn,
Tel. +49 (0) 382 93/71 95, www.top
camping.de, Ende März–Mitte Nov.,
Mitte Dez.–Anf. Jan.

Fläche	12 ha
Standplätze Touristen	550
Dauercamper	105
Mietunterkünfte	3
Hunde	erlaubt

Entdecken & erleben

Alter Hafen Wismar

Seine geschützte Lage am Ende der Wismarer Bucht gab Anfang des 13. Jh. den Ausschlag zur Stadtgründung: Über Jahrhunderte war der malerische Alte Hafen das wirtschaftliche Herz der Stadt. Auch wenn hier heute nur noch die Kutter der Fischer (auf der Westseite) sowie Ausflugsschiffe der Weißen Flotte und private Yachten (auf der Ostseite) anlegen, bleibt der Glanz der Hansezeit spürbar. Das unverwechselbare maritime Flair sowieso. Wismars eindrucksvolle Backstein-Silhouette sieht man übrigens am besten vom Schiff aus.

Tourist Info: Lübsche Str. 23a, 23966 Wismar, Tel. +49 (0) 38 41/194 33, www.wismar.de; Hafenrundfahrten: Adler-Schiffe, Alter Hafen 7, 23966 Wismar, Tel. +49 (0) 38 41/22 46 46, www.adler-schiffe.de

»phanTECHNIKUM«

Fantastische Erfindungen aus Wissenschaft und Technik gibt es auf 2 500 qm im Technischen Landesmuseum zu bestaunen. Gemeinsam mit der Hansestadt Wismar wird die spannende Welt der Technikgeschichte Mecklenburg-Vorpommerns erzählt. Das Spektrum der Präsentationen ist riesig – vom Feuertunnel, durch den man ein Versuchslabor betritt, bis zur Lufthalle, die Einblicke in die spannende Geschichte der Fliegerei gibt.

Festpl. 3, 23966 Wismar, Tel. +49 (0) 38 41/30 45 70, Di–So 10–17, Juli, Aug. tgl. 10–18 Uhr, www.phantechnikum.de

Kussow

In dem winzigen Weiler, 4 km südlich von Damshagen, wurde ein Steinzeitdorf rekonstruiert. Die errichteten Häuser gehen auf archäologische Befunde aus der ersten Hälfte des 4. Jts. v. Chr. zurück. Leben und Arbeiten in der Jungsteinzeit werden hier anschaulich. Einige steinzeitliche Handwerkstechniken, wie Töpfern und Weben, kann man selbst ausprobieren. Der Steinzeitgarten zeigt, welche Pflanzen, Getreide und Kräuter die Menschen vor etwa 6 000 Jahren anbauten und nutzten.

Kussower Weg 9, 23948 Kussow, Tel. +49 (0) 38 81/71 50 55, Apr.–Okt. tgl. 10–17, Nov.–März Mo bis Do 9–15 Uhr, www.steinzeitdorf-kussow.de

Boltenhagen

Die Wurzeln des drittältesten Seebads an der Ostsee (2 400 Einw.) reichen mehr als zwei Jahrhunderte zurück. Die Grafenfamilie Bothmer aus dem benachbarten Klütz soll es gewesen sein, die hier an der Küste um 1803 den ersten Badekarren ins Meer schob und so zum Wegbereiter des beliebten Seebads wurde. Der 4 km lange, flache Sandstrand lockte immer mehr Gäste an. Besonders reizvoll ist die nahe, wildromantische Steilküste am Kleinklützhöved mit fantastischem Meerblick. Mehr Komfort brachte die Strandpromenade, die dann um Kurhaus, Trinkhalle, Parks und Gästehäuser, später mit Warmwasserbad und 290 m langer Seebrücke ergänzt wurde. Von dort pendeln die Schiffe zur Insel Poel. Das Kur- und Freizeitangebot kann sich sehen lassen: Beachvolley-

Natur pur: die Strände der Insel Poel.

ball, Yoga am Strand, Nordic Walking, Minigolf, ein 18-Loch-Golfplatz, Kurkonzerte und Reha-Kliniken erwarten die Besucher. Die Ortsteile Tarnewitz und Redewisch strahlen mit einigen reetgedeckten Häusern eher dörflichen Charme aus. Östlich vom Strand bietet Boltenhagen auf der einst militärisch genutzten Halbinsel Tarnewitz die 2008 eingeweihte Marina »Weiße Wiek« für Skipper, Wasserwanderer und Fischerkähne.

Tourist Info: Ostseeallee 4, 23946 Boltenhagen, Tel. +49 (0) 388 25/36 00, www.boltenhagen.de

Spiel, Sport & Action

Nordic Cross Skating Boltenhagen

Gelenkschonend und dynamisch: Die neue Trendsportart ist ein effizientes Ganzkörpertraining und erinnert an Skilanglauf auf Rädern. Das weitgehend flache Revier rund um die Wismarer Bucht eignet sich perfekt dafür.

Darüber hinaus ist Nordic Cross Skating lebhafter als Nordic Walking und gesünder als Jogging. Am besten einfach mal ausprobieren! Schnupper- oder Einsteigerkurse kann man beispielsweise im Raum Boltenhagen oder Wismar buchen.

www.ostsee-skating.de

Mumpitz Wismar

Schuhe aus und rein ins Abenteuer! Mecklenburg-Vorpommerns erster Hallenspielplatz-Neubau ist nicht nur bei Schlechtwetter ein Paradies zum Spielen, Klettern, Rutschen und Toben. Sogar von einem riesigen Vulkan kann gerutscht werden. Wer sich zu alt fürs Mitspielen fühlt, kann derweil vom Bistro aus zusehen und sich mit Kaffee und Kuchen vergnügen.

An der Westtangente 12, 23966 Wismar OT Dammhusen, Tel. +49 (0) 38 41/22 96 67, Mo–Fr 13–19, Sa, So u. Ferien 10–19 Uhr, www.mumpitz-wismar.de

Natur erleben

Insel Poel

Naturbelassene Strände, eine reiche Tier- und Pflanzenwelt und herrliche Fahrradstrecken zeichnen die (auch über einen Damm erreichbare) Insel in der Wismarer Bucht aus. Hauptort ist Kirchdorf, mit der namensgebenden, wuchtigen Backstein-Inselkirche im romanisch-gotischen Stil.

Tourist Info: Wismarsche Str. 2, 23999 Insel Poel, Tel. +49 (0) 384 25/203 47, www.insel-poel.de

Seevogelinsel Langenwerder

Einheimische nennen Langenwerder auch die Vogelinsel. Sie ist Mecklenburgs erstes Seevogelschutzgebiet und liegt nordöstlich vor der Küste von Poel bei Gollwitz. Auf einem Gebiet von rund 22 ha brüten mehrere Tausend Seevögel. Unter ihnen Austernfischer, Lach- und Sturmmöwen sowie eine Reihe weiterer See- und Watvogelarten. Selbst der Kranich ist hier inzwischen wieder heimisch geworden. Langenwerder ist für Besucher normalerweise gesperrt. Von Ende Juli bis in den Oktober hinein finden jedoch naturkundliche Führungen auf der Insel statt.

Ende Juli–Okt., www.langenwerder.de

Schmetterlingspark Klütz

In einer Freiflughalle mit tropischen Pflanzen kann man etwa 100 verschiedene Arten in allen Lebensstadien vom Ei über die Raupe und Puppe bis hin zum schönen Schmetterling beobachten. Auch der größte Falter der Welt, der Atlasseidenspinner mit gut 30 cm Flügelspannweite, ist hier zu bewundern.

An der Festwiese 2, 23948 Klütz, Tel. +49 (0) 388 25/26 39 87, Apr.–Okt. tgl. 9.30–17.30 Uhr, www.schmetterlingsgarten.de

Tigerpark Dassow

Seit 2003 betreibt die Familie Farell in Dassow den Erlebnis- und Tigerpark. Zu sehen sind gut ein Dutzend Tiger, darunter einige seltene goldene Tiger sowie eine weiße Löwin. Kinder mögen besonders den Mitmachzirkus.

Gewerbestr. 35, 23942 Dassow, Tel. +49 (0) 388 26/881 80, Apr.–Okt. tgl. 10–18 Uhr, www.tigerpark.de

Tierpark Wismar

Auf dem weitläufigen Gelände südwestlich vom Zentrum gibt es sowohl Wisente, Strauße und Nasenbären als auch Waschbären, diverse Huftiere sowie Kattas zu sehen. Die Luchse kann man von einem Hochstand aus beobachten. Im Streichelgehege kommt man Ziegen und Schafen ganz nah.

Zum Festpl. 4, 23966 Wismar, Tel. +49 (0) 38 41/70 70 70, März–Okt. tgl. 9–18, Nov.–Feb. Sa, So 10–17 Uhr, www.tierparkwismar.de

Wohlenberger Wiek

Die halbkreisförmige Bucht – benannt nach dem kleinen Ort Wohlenberg – bildet den Südwestteil der Wismarer Bucht. In der Wiek erstreckt sich ein langer Sandstrand, der in eine Flachwasserzone übergeht und deshalb ideal für Familien mit Kindern ist. Zudem erwärmt sich das Wasser wegen der geringen Tiefe schneller als andere Teile der Ostsee. Den Westteil bildet ein fast 3 km langes durchgehendes Kliff mit schmalem, vorgelagertem Strand. Auch an der Ostküste gibt es ein, wenn auch niedrigeres und nicht durchgehendes Steilufer. Doch an diesen meist steinigen und mit Salzröhricht bewachsenen Stellen ist Baden keine Freude. Umso wohler fühlen sich rastende Zugvögel hier. Viele Artgenossen wie Singschwäne und Brachvögel sind ganzjährig an der Wohlenberger Wiek anzutreffen.

www.naturschutz-wismarbucht.de

Essen & Trinken
Baumhaus

Kinderfreundliches Ausflugslokal in einem Blockhaus, umgeben von einem großen Garten mit Spielplatz, im Sommer einladender Biergarten.

Klützerstr. 7, 23948 Klein Pravtshagen, Tel. +49 (0) 388 27/264, www.restaurant-hotel-baumhaus.de

25 Ferienpark Seehof

Naturnah, kreativ, inspirierend: Familien können hier mit gutem Umweltgewissen komfortabel campen – und sich auf neue Freizeitideen bringen lassen. Von den grünen Wiesen am Westufer des Schweriner Außensees bis in die Mecklenburger Landeshauptstadt sind es nur einige Kilometer. Es gibt einen täglichen Shuttle-Service, aber man kann Schwerin natürlich auch per Boot ansteuern – und sich vor Ort ein Kanu, Tret-, Motor- oder Segelboot ausleihen. Auch 200 Leihfahrräder stehen bereit. Oder man lässt es sich einfach am Grünstrand mit seinen sandigen Badebuchten gut gehen. Mit Streichelzoo und schönen Spielplätzen, drinnen wie draußen, wird Kindern nicht so schnell langweilig. Zumal sie in den Sommermonaten auch noch ein buntes Programm aus Basteln, Kochen, Sport und Spiel erwartet. Herzstück des Ferienparks ist ein großes »Kreativ-Zentrum«, in dem nicht nur Kindern entspannte Gestaltungsmöglichkeiten geboten werden, z. B. Töpfern, Filzen, Schneidern, Kupfertreiben, Specksteinschnitzen oder Kerzenziehen. In der gut ausgestatteten »Camperküche« darf jeder, der will, kulinarisch kreativ sein. Oder man lässt sich im platzeigenen Strandcafé oder dem Restaurant bedienen.

Am Zeltplatz 1, 19069 Seehof,
Tel. +49 (0) 385/51 25 40,
www.ferienpark-seehof.de,
Apr.–Okt.

Fläche	18 ha
Standplätze Touristen	246
Dauercamper	88
Mietunterkünfte	9
Hunde	bedingt erlaubt

MIROKOKOKO

SCHLOSS
MIROW

Schräge Herzöge, mächtige Witwen und
Prinzessinnen, die zu Königinnen wurden...

Mehr erfahren unter mv-schloesser.de

26 Camping Sternberger Seenland

Idyllisch liegt der Platz auf einer kleinen terrassierten Anhöhe, die am Rande des Landstädtchens Sternberg in den Luckower See ragt. Für alles ist hier unaufgeregt und blitzsauber gesorgt, familiär und ausnehmend freundlich geht es zu. Den See hat man (fast) immer im Blick – und natürlich spielt er eine entscheidende Rolle: beim Baden am Sandstrand mit Badesteg, beim Angeln, in einem der hier vermieteten Boote oder bei geführten Kanutouren. Sogar mehrere Tage lang kann man mit »Fluss-Rangern« die von Wasserläufen verbundene Sternberger Seenwelt erkunden.

Maikamp 11, 19406 Sternberg,
Tel. +49 (0) 38 47/25 34,
www.camping-sternberg.de,
Apr.–Okt.

Fläche	7,5 ha
Standplätze Touristen	145
Dauercamper	5
Mietunterkünfte	48
Hunde	erlaubt

Entdecken & erleben

Schweriner Schloss

Eine vergoldete Prunkkuppel, Türmchen und Erker – das Schweriner Schloss scheint direkt einem Märchen entsprungen. Die ehemalige Residenz der Herzöge und Großherzöge Mecklenburgs liegt mitten im Stadtzentrum, auf einer kleinen Insel, die nur über eine steinerne Bogenbrücke zu erreichen ist. Gut vorstellbar, wie hier in früheren Zeiten prächtige Pferdegespanne vorfuhren.

Im Gebäude gilt es, die großherzoglichen Räumlichkeiten zu besichtigen, die noch bis zur Abdankung der Regenten im Jahr 1918 bewohnt wurden. Höhepunkte sind die Ahnengalerie – diese durchschreitet man unter den gestrengen Blicken von 31 Fürstenporträts – und der Thronsaal. Letzterer ist mit glänzendem Marmor, kostbaren Intarsien und vergoldeten Stuckdecken verziert – und mittendrin steht der baldachinüberspannte Thron. Die 1536 erbaute Schlosskirche mit dem wunderschönen spätgotischen Sternengewölbe in leuchtendem Blau ist Mecklenburgs ältester protestantischer Kirchenbau und damit um einiges älter als das Schloss in seiner heutigen Form, das sein märchenhaft-romantisches Aussehen erst nach umfangreichen Umbauten der alten Burg im Stil des Historismus Mitte des 19. Jh. erhielt.

Vom Schloss führt eine Brücke in den Schlossgarten – eine der schönsten Barockanlagen Norddeutschlands. Ein Blick zurück von hier aufs Schloss beschert eine wahrhafte Postkartenidylle und das perfekte Fotomotiv.

Lennéstr. 1, 19053 Schwerin, Tel. +49 (0) 385/ 525 29 20, Mitte Apr.–Mitte Okt. Di–So 10–18, Ende Okt.–Anf. Apr. bis 17 Uhr, www.museum-schwerin.de

Schleifmühle Schwerin

Seit 1705 dreht sich das Rad der wassergetriebenen Schleifmühle am südlichen Ende des Schweriner Schlossgartens. Heute ist sie Technikmuseum und Schauanlage zugleich. Interessierte erfahren, wie Granit im 18. Jh. verarbeitet wurde und mit welcher Kraft das Wasser aus großen Steinblöcken kleine Steinchen schliff. Regelmäßig wird die Technik des Steinschneidens live gezeigt. Schleifmühlenweg 1, 19061 Schwerin, Tel. +49 (0) 385/56 27 51, Mitte März–Okt. tgl. 10–17 Uhr, www.schleifmuehle-schwerin.de

Freilichtmuseum Schwerin-Mueß

Hier lebt das entschleunigte, bäuerliche Leben von anno dazumal wieder auf. In der 5,5 ha umfassenden Dorfanlage können 13 historische Gebäude aus drei Jahrhunderten – vom 17. bis zum 19. Jh. – besichtigt werden. Doch so beschaulich es scheint, war das dörfliche Leben häufig beschwerlich und von harter körperlicher Arbeit gekennzeichnet. Das Museum führt den anstrengenden Alltag vor. Alte Crivitzer Landstr. 13, 19063 Schwerin, Tel. 385 20841-14, Mitte Apr.–Sep. Di–So 10–18, Okt. Di–So 11–17 Uhr, www.schwerin.de/freilichtmuseum

Freilichtmuseum Groß Raden

Hölzerne Tempel, Palisadenzäune, Häuser mit geflochtenen Wänden ...

Im Archäologischen Freilichtmuseum Groß Raden, wenige Kilometer nördlich von Sternberg, wandelt man auf den Spuren der Slawen, die die Region vor rund 1 000 Jahren besiedelten. Groß Raden war das Heiligtum des slawischen Stammes der Warnower; die Burganlage wurde anhand umfangreicher Ausgrabungsarbeiten rekonstruiert. Immer wieder gibt es Aktionstage mit Vorträgen, Koch- und Bastelaktionen.
Kastanienallee 49, 19406 Sternberg OT Groß Raden, Tel. +49 (0) 38 47/22 52, Apr.–Okt. Mo–So 10–17.30, Nov.–März Di–So 10–16.30 Uhr, www.freilichtmuseum-grossraden.de

Krakow am See

Der schmucke Luftkurort am Krakower See ist für viele ein Geheimtipp in der Seenplatte. Seit jeher lebt man in Krakow von der Fischerei, Landwirtschaft und Wollweberei. Eine lange Tradition hatte auch die jüdische Gemeinde, deren Synagoge von 1866 (am Schulplatz) heute für Kulturevents genutzt wird. Da sie schon seit 1920 als Turnhalle diente, wurde sie bei den Novemberpogromen 1938 nur leicht beschädigt. Bemerkenswert sind die romanisch-gotische Stadtkirche aus dem 13. Jh., das neogotische Rathaus von 1875 mit dem Fisch-Springbrunnen gegenüber und die Seepromenade samt Bootshäusern.
Tourist Info: Markt 21, 18292 Krakow am See, Tel. +49 (0) 384 57/222 58, www.krakow-am-see.de

Güstrow

Stufengiebel und Zunftzeichen der schmucken alten Häuser prägen Güstrows historischen Stadtkern. Und natürlich Schloss und Dom! Das gewaltige Renaissance-Schloss wurde ab 1558 errichtet, im Dreißigjährigen Krieg residierte Wallenstein hier. Heute sieht man prachtvolle Wohn- und Empfangsräume im Stil der Renaissance und des Barock mit wertvollen Möbeln, Skulpturen und hochklassigen Gemälden, darunter Meisterwerke von Cranach und Tintoretto.

Der Dom ist ein Meisterwerk der Backsteingotik, aber nicht zuletzt berühmt wegen eines expressionistischen Bildhauers: Ernst Barlach schuf 1927 den monumentalen, im Kirchenschiff schwebenden Bronze-Engel – als Erinnerung an die Opfer des Ersten Weltkriegs und Mahnung zum Frieden. Gleich drei Museen in der Stadt widmen sich heute Leben und Arbeit des Wahl-Güstrowers.
Schloss: Franz-Parr-Pl. 1, 18273 Güstrow, Tel. +49 (0) 38 43/75 20, Di–So 11–17 Uhr, www.guestrow-tourismus.de, www.guestrow.de

Ludwigslust

Der Name der ehemaligen Residenzstadt (12 000 Einw.) erinnert an Herzog Christian II. Ludwig von Mecklenburg-Schwerin. 1724 ließ Durchlaucht ein Jagdschloss in die »Griese Gegend« setzen und sorgte für etwas mehr Farbe in einer Landschaft voller dunkler Wälder und Torfmoore. Friedrich der Fromme vollendete das Werk und verlegte 1756 seine Residenz von Schwerin in den weltabgewandten Winkel. Unter Federführung des Baumeisters Johann Joachim Busch entstand 1772–1776 ein Klein-Versailles mit barocken und klassizistischen Gebäuden.

Das Ensemble von Schloss, Park und Stadtanlage ist einmalig in Norddeutschland und spiegelt die höfische

Kunst und Wohnkultur des 18. und 19. Jh. Das Barockschloss ist ein Juwel aus Sandstein, Gold und Pappmaché. Richtig gelesen! Es sind tatsächlich Ornamente und Dekorationen aus Pappmaché, die im Innern für den festlichen Rahmen sorgen – und von »echten« Stuckarbeiten kaum zu unterscheiden sind. Besonders beeindruckend ist im Mitteltrakt der zweigeschossige Goldene Saal, dem Lüster und Spiegel zusätzlich Glanz verleihen. Im ehemaligen Jagdsaal ist das Schlosscafé untergebracht.

Jederzeit zugänglich ist der Schlosspark. Der einst streng geometrisch angelegte Barockgarten wurde im 19. Jh. von Peter Joseph Lenné zum Landschaftspark umgestaltet und erweitert. Seitdem laden Wasserspiele und Kaskaden, Mammutbaum, Perückenstrauch und Kaukasische Flügelnuss zum Lustwandeln ein. Zeitgleich mit dem Schloss entstand als Fachwerkbau die Orangerie, in der Melonen, Feigen, Pfirsiche und sogar Ananas gediehen. Heute ist hier im Nordosten des Parks die Sanddornmanufaktur untergebracht, in der die gesunden Beeren aus den 120 ha Ludwigsluster Sanddornplantagen, die das größte Anbaugebiet Europas darstellen, verarbeitet werden. Im Café wird natürlich Sanddornkuchen serviert und im Hofladen werden Sanddornprodukte verkauft.

Die ebenfalls von Johann Joachim Busch im 18. Jh errichtete Stadtkirche gegenüber vom Schloss wirkt eher wie ein monumentaler Tempel. Hier und im Goldenen Saal des Schlosses lebt die Tradition barocker Musikabende in den regelmäßig stattfindenden Ludwigsluster Schlosskonzerten fort.

Es ist das Ensemble von Schloss, Park und Stadt, das den besonderen Reiz von Ludwigslust ausmacht.

Wer sich schon immer gefragt hat, was der Unterschied zwischen Kamel und Dromedar ist, kann auf dem Sternberger Kamelhof Anschauungsunterricht bekommen.

Tourist Info: Schlossstr. 36, 19288 Ludwigslust, Tel. +49 (0) 38 74/52 62 51, www.stadtludwigslust.de; Schlosscafé: Mitte Apr.–Mitte Okt. Di–So 10–18, sonst 10–17 Uhr; Hofladen: Mi–So 14–17 Uhr, www.museum-schwerin.de; Schlosskonzerte: Tel. +49 (0) 38 74/571 90, www. ludwigsluster-schlosskonzerte.de

Spiel, Sport & Action
Schweriner See

Vor den Toren der Stadt liegt das schöne Naherholungsgebiet des Schweriner Sees, das zum Spazierengehen, Wandern und Radfahren einlädt. Mehrere Touren führen durch die abwechslungsreiche Landschaft um den Innen- und Außensee. Im Sommer geht es zum Baden an den Sandstrand von Zippendorf. Rundfahrten über den See kann man mit den Schiffen der Weißen Flotte unternehmen (Abfahrt vom Schloss Schwerin).

www.schwerinersee.de, Schifffahrt: Werderstr. 140, 19055 Schwerin, Tel. +49 (0) 385/55 77 70, Apr.–Okt., www.weisseflotteschwerin.de

Natur erleben
Zoo Schwerin

Er ist naturnah, großzügig und sehr atmosphärisch angelegt; mit seinen 154 repräsentativen Arten bietet der Schweriner Zoo umfassende Einblicke in die Tierwelt. Gerade kleinen Besuchern wird beim Rundgang viel geboten: zahlreiche (Wasser-)Spielplätze, das Streichelgehege auf »Bauer Lehmanns Hof« und verschiedene spannende didaktische Angebote, wie das »Forschercamp« oder die »Waldschule«. Höhepunkte eines jeden Zoobesuchs sind natürlich die täglichen, von den Zootierpflegern kommentierten Schaufütterungen – z. B. im Bärenwald oder auf dem Tigerberg.

An der Crivitzer Chaussee 1, 19061 Schwerin, Tel. +49 (0) 385/39 55 10, Apr.–Mitte Okt. Mo–Fr 9–18, Sa, So 9–19, Mitte–Ende Okt. Mo–Fr 9–17, Sa, So 9–18, Nov.–Jan. tgl. 10–16, Feb.–März tgl. 10–17 Uhr, www.zoo-schwerin.de

Naturpark Sternberger Seenland

Östlich des Schweriner Sees schließt sich ein weiteres Seenland an, mit malerischen Hügeln, ausgedehnten Wäldern und zahlreichen sauberen Seen. Die Landschaft ist von der letzten Eiszeit vor ca. 16 000–18 000 Jahren geprägt: Zwischen zwei Endmoränenzügen erstrecken sich Schotterflächen und Schmelzwasserseen, durchzogen von den Durchbruchs- und Erosionstälern der Warnow und ihrer Nebenflüsse. Der Naturpark hat eine Fläche von 540 qkm, davon gut ein Viertel Wald, knapp die Hälfte Felder und Wiesen. Eine Landschaft zum Verlieben, ideal zum Wandern und Radfahren. Das Naturparkzentrum in Warin informiert über besonders schöne Routen und Ziele.

Tourist Info: Am Markt 1, 19417 Warin, Tel. +49 (0) 384 82/23 52 70, Mai–Sep. tgl. 10–18, Okt.–Apr. Mo–Fr 10–16 Uhr, www.np-sternberger-seenland.de

Wildpark-MV

Wirklich wild geht es im Wildpark-MV in Güstrow zu – wilder als im Zoo. Es sind überwiegend einheimische Wilde, die hier wohnen: Neben Wildschweinen, Rehen, Damhirschen, Fasanen, Rebhühnern und Eichhörnchen sind deren natürliche Fressfeinde versammelt – ein ganzes Wolfsrudel, Wildkatzen, Luchse und sogar zwei Braunbären. Zusammen bilden sie die »Raubtier-WG«. Zu ihren Gehegen gelangt man über Kletterpfade und durch Höhlengänge – da kann man schnell das Gruseln lernen! Ruhiger, doch nicht minder aufregend ist es im zugehörigen Umweltbildungszentrum. Durch eine 30 m lange Sichtwand sowie im »Aquatunnel« kann man heimische Fischarten beobachten. Interaktive Ausstellungen zu verschiedensten Naturthemen laden zum Mitmachen und Experimentieren ein.

Primerburg, 18273 Güstrow, Tel. +49 (0) 38 43/ 246 80, tgl. 9–16 Uhr, www.wildpark-mv.de

Kamele und Elefanten

In Mecklenburg begegnen einem Tiere, die man hier nun wirklich nicht erwartet. So trifft man bei Sternberg im weitläufigen familiengeführten »Kamelhof Sternberger Burg« auf Kamele, Alpakas, Lamas, Bisons, Elche, Rentiere, Strauße und andere. Täglich finden »Kamelhofsafaris« statt, bei denen im Planwagen die Weiden und Gehege der Tiere – mit Streichelmöglicheiten – erkundet werden. Auch Kamelreiten und Wanderungen mit Kamelen, Lamas, Rentieren, ja sogar Wölfen werden angeboten. Im Dörfchen Platschow sind neben Kamelen und Lamas auch Elefanten und Seelöwen zu Hause – wenn sie nicht gerade mit der Zirkusfamilie Frankello auf internationaler Tour unterwegs sind. Mehrmals am Tag gibt es Vorführungen mit den Dickhäutern, gegen Aufpreis ist sogar ein Elefantenritt drin.

Kamelhof: Dorfstr. 1, 19406 Sternberg OT Sternberger Burg, Tel. +49 (0) 38 47/31 10 71, www.kamelhof-sternbergerburg.de; Elefantenhof: Am Dorfpl. 2, 19372 Platschow, Tel.+49 (0) 151/19 42 68 17, Apr.–Nov. Di–Do, Sa, So 11–18, Juli, Aug. ab 10.30 Uhr, www.elefantenhof-platschow.de

»Hier können Kinder ihre Strandburgen um den eigenen Wohnwagen bauen.«

ADAC Inspekteur Wolfgang Rapl

27 **Regenbogen Prerow**

Man kann dem Meer kaum näher sein: An der Darßer Nordspitze campt man nicht am Strand, sondern mitten in den Stranddünen. Autos müssen »draußen« bleiben: Zeltcamper erreichen ihre Plätze mit dem Bollerwagen, Wohnwagen werden von platzeigenen Traktoren geschleppt (Wohnmobilplätze gibt es im Küstenwald). Über zweieinhalb Kilometer erstrecken sich die Campingdünen am feinsandigen Traumstrand nördlich von Prerow auf der Halbinsel Fischland-Darß-Zingst. Auf Sport- und Freizeitangebote muss man hier dennoch nicht verzichten. Die professionellen Kinderferienprogramme richten sich an alle Altersgruppen (ab 3): »Minis«, »Kids« und »Teens«. Aber auch Erwachsenen wird in der Hochsaison eine bunte Abendunterhaltung auf der »Regenbogenbühne« geboten. Gastronomische Einrichtungen wie auch Einkaufsmöglichkeiten sind umfassend und der Ortskern von Prerow ist nicht weit, die sanitären Einrichtungen erfüllen ihren Zweck.

Bernsteinweg 4–8, 18375 Prerow,
Tel. +49 (0) 382 33/331, www.regen
bogen.ag/ferienanlagen/prerow,
Ende Dez.–Anf. Nov.

Fläche	44 ha
Standplätze Touristen	788
Dauercamper	426
Mietunterkünfte	38
Hunde	erlaubt

28 Ostseecamp Rostocker Heide

Lichter Buchenwald bestimmt das Bild der weitläufigen, naturnahen Anlage direkt
hinter der Küstendüne und dem breiten, tiefsandigen Strand. Wer die Ostsee schmecken möchte, dem bietet die platzeigene Fischräucherei mehrmals täglich frisch
geräucherten Ostseefisch. Für Leib und Seele ist mit Restaurant, Supermarkt, Bäckerei und Eiscafé gesorgt; für familiengerechte Sanitäranlagen ebenso. Abenteuerspielplatz, Kinderzelt, Sportgelegenheiten und Ferienanimationsprogramm. »Mir ist so
langweilig« bekommt man hier nicht zu hören. Jugendliche schätzen nicht zuletzt die
sehr lebendige und lockere Atmosphäre des Platzes, vor allem weil für sie am Rand,
direkt am Strand, ein eigener Platzteil reserviert ist. Dort riecht es nach Freiheit.

Wiedortschneise 1, 18181 Graal OT
Müritz, Tel. +49 (0) 382 06/775 80,
www.ostseecamp-ferienpark.de,
Ende März–Okt.

Fläche .... 24 ha
Standplätze Touristen 500
Dauercamper 500
Mietunterkünfte .... von privat
Hunde .... erlaubt

Entdecken & erleben

Sehenswert & interessant
Kapitäne auf kleiner Fahrt

Das Rostocker »Schiffbau- und
Schifffahrtsmuseums« ist nicht nur
ein Museum *über* Schiffe, sondern
auch *auf* einem Schiff. An Bord lernt
man eine Menge über die Schiffbau-
geschichte in der Ostseeküstenregion
vom originalen altslawischen Einbaum
bis hin zum modernen Containerschiff.
Große und kleine Kapitäne können in
der Miniportanlage Schiffsmodelle per
Fernsteuerung selbst über das Wasser
kurven lassen.
IGA-Park, Liegepl. Schmarl Dorf 40, 18106
Rostock, Tel. +49 (0) 381/12 83 13 64, Apr.–Okt.
Di–So 10–18 (Juli, Aug. tgl.), Nov.–März Di–So
10–16 Uhr, www.schifffahrtsmuseum-rostock.de

Experimentarium

Im »Experimentarium« auf der Halbinsel Zingst gibt es für Kinder viel zu
entdecken: Hier kann man eine Solar-
eisenbahn konstruieren, einen Blick
in die Unendlichkeit wagen oder die
raffinierte Hindernisbahn für Traktoren bewältigen.
Seestr. 76, 18374 Zingst, Tel. +49 (0) 382 32/846
78, Jan.–März, Sep–Dez. Di–So 10–16, Apr.–Juni
Di–So 10–17, Juli–Aug. tgl. 10–18 Uhr,
www.experimentarium-zingst.de

Deutsches Bernsteinmuseum

Wer Freude an fossilen Harzen hat,
der kommt in Ribnitz-Damgarten
voll auf seine Kosten. Das Gold des
Meeres schimmert in all seinen Farben

– von milchig-gelb über braunrot bis zu honiggelb, rau und unbearbeitet, geschliffen und poliert. Hier erfährt man alles Wissenswertes zu Herkunft, Fund und Abbau, Verwendung, Bearbeitung sowie den darüber verbreiteten Aberglauben. Dass Bernstein relativ weich und leicht zu bearbeiten ist, zeigt sich an fein geschnitzten Tieramuletten oder Rosenkränzen, Schiffsmodellen, Schatullen und Schachfiguren. In der Schauwerkstatt wird das Bearbeiten von Bernstein vorgeführt, man kann auch selbst Hand anlegen. Wer ein Mitbringsel sucht, kann im Museumsshop schöne Stücke finden.

Im Kloster 1–3, 18311 Ribnitz-Damgarten,
Tel. +49 (0) 38 21/46 22,
Apr.–Okt. tgl. 9.30–18,
Nov.–März Di–So 9.30–17 Uhr,
www.deutsches-bernsteinmuseum.de

Prerow

Das größte Seebad auf dem Darß ist Prerow (1 500 Einw.) und wegen seines besonders breiten Sandstrands berühmt. Die Richtung Zingst gelegene Seemannskirche (18. Jh.) war einst ein wichtiges Orientierungzeichen für die Seefahrt. Im spätbarocken Inneren hängen neben Kristallleuchtern uralte Schiffsmodelle von der Decke. Es sind Votivgaben der Seefahrer zum Dank für die Rettung aus der Seenot. Die Seefahrerfamilien der Halbinsel sind in dem mächtigen Backsteinbau inmitten des alten Prerower Friedhofs begraben. Die spannenden Geschichten von Meer, Land und Leuten hebt das Darß-Museum aus dem Dunkel der Geschichte – natürlich steht auch hier die Schifffahrt im Mittelpunkt. Vom Prerower Hafen kann man selbst zu Boddenrundfahrten »in See stechen«.

In der spätbarocken Prerower Seemannskirche sind die Geschichten der lokalen Seefahrerfamilien noch heute lebendig.

Der Leuchtturm Darßer Ort mit seinem charakteristischen kuppelförmigen Kupferdach wurde 1848 fertiggestellt.

Kirche: Kirchenort 1, 18375 Prerow, Mo–Sa 10–18, So 13–18 Uhr; Museum: Waldstr. 48, Tel. +49 (0) 382 33/697 50, Apr. Mi–So 10–17, Mai–Okt. Di–So 10–18, Nov.–März Fr–So 13–17 Uhr, www.foerderverein-darss-museum.de; Tourist Info: Gemeindepl. 1, Tel. +49 (0) 382 33, www.ostseebad-prerow.de

Spiel, Sport & Action

Strände Darßer Ort & Pramort

Die schönsten Stellen der Halbinsel Fischland-Darß-Zingst erreicht man nicht mit dem Auto, sondern zu Fuß oder mit dem Fahrrad. Besonders beliebt und ungemein lohnend ist die Wanderung bzw. Radtour von Prerow zum 170 Jahre alten Leuchtturm am Darßer Ort (hin und zurück etwa 10 km). Hier hat auch das »Natureum« seinen Sitz, eine Außenstelle des Meeresmuseums in Stralsund. Man sollte den Turm unbedingt besteigen: Von der Aussichtsplattform hat man einen spektakulären Panoramablick.

Ein schöner Rundweg durch die Dünenlandschaft ist ausgeschildert. Der unberührte Darßer Weststrand erstreckt sich vom Leuchtturm noch viele Kilometer nach Süden, zum Land hin geschützt durch den Darßer Urwald. Sehr lohnend ist auch die Radtour von Zingst über die Sundische Wiese (Einkehrmöglichkeit im Restaurant des Hotels) bis zum Ende der Insel bei Pramort. Hier ist eine eindrucksvolle Dünenlandschaft zu bestaunen. Hin und zurück ist man hier 43 km unterwegs.

Tourist Info: Barther Str. 31, 18314 Löbnitz, Tel. +49 (0) 383 24/64 00, www.fischland-darss-zingst.de; Natureum: Darßer Ort 1–3, 18375 Born am Darß, Tel. +49 (0) 382 33/304, Mai, Sep., Okt. tgl. 10–17, Juni–Aug. tgl. 10–18, Nov.–Apr. Mi–So 11–16 Uhr, www.natureum-darss.de

Bodden-Therme

Selbst wenn es draußen stürmt oder regnet, die Bodden-Therme in Ribnitz-Damgarten bietet ungetrübten Badespaß. Es gibt Innen- und Außenbecken, neben dem Schwimm- auch ein Wellen- sowie ein Planschbecken für die Kleinsten. 60-m-Wasserrutsche, Strömungskanal und Wasserfall machen gute Laune. Die Saunalandschaft (von Sanarium über Dampfbad bis Blockhaussauna) ist abwechslungsreich.

Körkwitzer Weg 15, +49 (0) 38 21/390 99 61, Mo bis Mi 14–22 (Mo nur Sauna), Do–So 10–22, in MV-Ferien tgl. 10–22 Uhr, www. bodden-therme.de

Natur erleben

Darwineum

Der Zoo Rostock ist ein Kindermagnet. Im neu errichteten »Darwineum« können große und kleine Menschen ebensolche Menschenaffen bestaunen oder in der 4 000 qm großen Tropenhalle Orang-Utans, Gorillas, Gibbons und Zwergseidenäffchen beim Turnen und Spielen zusehen. Und dabei viel über Evolution und evolutionäre Verwandtschaft lernen. Schmale Dschungelpfade führen zu Terrarien bedrohter Tierarten, in denen Schlammspringer leben, Schnabeligel und andere Fossilien, die es vorgezogen haben, auf weitere Entwicklungsschritte zu verzichten.

Barnstorfer Ring 1, 18059 Rostock, Tel. +49 (0) 381/208 20, März, Apr., Sep., Okt. 9–17, Mai–Aug. 9–18, Nov.–Feb. 9–16 Uhr, www. zoo-rostock.de

Erlebnis-Aquarium

Ostsee-Unterwasserwelt einmal ganz anders: Das poppig-kreative Erlebnis-Aquarium »Fietes Schuppen-Schup-

pen« ist Teil des Freizeitparks »Karls Erlebnis-Dorf« in Rövershagen bei Rostock. Hier tummeln sich heimische Fischarten nicht in simulierter Natur, sondern in den möblierten Wohnräumen des verschrobenen Fischers Fiete, der sein Haus geflutet hat … Besonderheiten über Zander, Karpfen und Seehasen werden an Tablet-PCs erklärt, es gibt moderierte Fütterungen und Tauchshows. Kinder können sogar ein »Fisch-Diplom« ablegen. Wem all das nicht genügt, der findet ringsherum noch eine Vielzahl von Freizeitpark-Angeboten.

Karls Erlebnis-Dorf, Purkshof 2, 18182 Rövershagen, Tel. +49 (0) 382 02/40 50, tgl. 8–19 Uhr, www.karls.de

Im Rostocker Darwineum kommt man der Welt der Primaten sehr nah.

29 Regenbogen Nonnevitz

Natur wie aus dem Bilderbuch: Wohnwagen und Zelte stehen unter hohen Kiefern und Laubbäumen auf dem bewaldeten Hochufer über der Ostsee, kilometerlang ist der weiße, feinsandige Strand an Rügens Nordküste. Da Autos hier draußen bleiben müssen, können Kinder unbeschwert herumtollen. Neben dem Spaß in der Natur bietet ein professionelles Animationsprogramm abwechslungsreiche Kinderunterhaltung. Die Surf- und Wassersportangebote sind für Jung und Alt interessant. Am Platz gibt es Gastronomie und Einkaufsmöglichkeit, die Sanitäranlagen sind zum Teil frisch renoviert. Zur Sommerausstattung sollten in jedem Fall auch Anti-Mückenmittel gehören.

Nonnevitz 13, 18556 Dranske,
Tel. +49 (0) 383 91/890 32,
www.regenbogen.ag/ferienanlagen/
nonnevitz, Ende März–Ende Okt.

Fläche	21 ha
Standplätze Touristen	535
Dauercamper	220
Mietunterkünfte	22
Hunde	bedingt erlaubt

30 **Ostseecamp Suhrendorf**

Zwischen Feldern, Wiesen und Wäldchen liegt der Platz in idyllischer Abgeschiedenheit auf der kleinen Rügeninsel Ummanz. Hier erstreckt sich eine faszinierende Flachwasserlandschaft, die Zugvögel, Windsurfer und Kinder gleichermaßen erfreut. Während die Vögel Rastplätze finden und Surfer vom großen »Stehrevier« des Westrügener Boddens angezogen werden, können Kinder herrlich flaches Badegewässer genießen. Der sandige Naturstrand ist sogar DLRG-bewacht. In der Hauptsaison werden passionierte Schwimmer mit dem Boot zu geeigneteren Stränden gefahren. Auf dem Platz ist mit Imbiss-Gaststätte, kleinem Shop und grundlegenden Sanitäreinrichtungen für das Nötige gesorgt, wie auch für zahlreiche Spiel-, Spaß- und Sportangebote. Wie auch anderswo auf Rügen steigern effiziente Mittel gegen Mücken den Genuss deutlich.

Suhrendorf 4, 18569 Ummanz,
Tel. +49 (0) 383 05/822 34,
www.ostseecamp-suhrendorf.de,
Apr.–Okt.

Fläche	10 ha
Standplätze Touristen	250
Dauercamper	120
Mietunterkünfte	36
Hunde	bedingt erlaubt

Entdecken & erleben

Sehenswert & interessant

Störtebeker-Festspiele

Die Piraten kommen! Auf der Naturbühne am Großen Jasmunder Bodden (einer der größten Freilichtbühnen Europas) kämpft der legendäre Seeräuber Klaus Störtebeker alljährlich gegen habgierige Kaufleute und verschlagene Adelige des Mittelalters. Ein fantastisches Spektakel für Jung und Alt mit echten Schiffen, wilden Reitern und einem allabendlichen Feuerwerk.
Am Bodden 100, 18528 Ralswiek, Tel. +49 (0) 38 38/311 00, Ende Juni–Anf. Sep. Mo–Sa 20 Uhr, www.stoertebeker.de

Rügenpark

Große Welt ganz klein – 1:25 lautet die Zauberformel, die im Inselwesten die größten Attraktionen der Welt schrumpfen lässt. Ganz entspannt spaziert man vom Berliner Reichstagsgebäude zur Chinesischen Mauer, weiter zu Notre Dame in Paris, der Moskauer Basilius-Kathedrale, der Oper von Sydney oder Schloss Neuschwanstein. Es sind aber auch 15 Rügener Bauten unter den 100 Miniaturen, die trotz Verkleinerungsmaßstab bis zu 9 m hoch sind. Nach der Bau- und Landeskunde wartet der Spaß: Riesenrutsche, Autoscooter,

Wildwasserrondell und Pferdereitbahn gehören ebenfalls zum Freizeitpark. 7 m hoch ist die Wellenrutsche, eine Schiffschaukel lässt bei Eltern Erinnerungen wach werden, während die Knirpse auf der elektrischen Reitbahn mit den Pferdchen um die Wette wiehern.

Mühlenstr. 22b, 18569 Gingst, Tel. +49 (0) 383 05/550 55, Mitte Apr.–Juni Di–So 10–18, Juli, Aug. tgl. 10–19, Sep., Okt. Di–So 10–17 Uhr, www.ruegenpark.de

Experimenta

Ein Museum zum Anfassen oder eine Naturwissenschafts-Show zum Ausprobieren und Mitmachen – mit optischen Täuschungen und 3D-Illusionen: Kleine Nachwuchs-Wissenschaftler ab 5 Jahren kommen hier voll auf ihre Kosten. Was ist ein Schallreflektor? Was erlebt man in einer Seifenblase und wie fühlt sich ein Erdbeben an? Kann man Boote mit Wasserantrieb fahren lassen? Wer nicht gewusst hat, wie Fische tauchen, kann auch das hier erfahren.

Prorarer Chaussee/Gewerbepark, 18609 Prora, Tel. +49 (0) 383 93/13 13 18, Juni tgl. 10–17, Juli, Aug. tgl. 10–18 Uhr, www.experimenta-ruegen.de

Dinosaurierland

Eine schmale Abzweigung führt in Glowe in das Land der Giganten, die man schon auf dem Parkplatz rufen hört: Wer sich schon immer neugierig fragte, wie hoch ein Brachiosaurus war, findet hier die Antwort. Die Entstehung der ersten Lebewesen im Wasser wird simuliert, die Evolution der Wirbeltiere, die Eroberung der Luft durch Flugsaurier und Vögel. Einen guten Kilometer lang führt ein Rundweg zu 120 lebensgroßen Modellen und in die Vergangenheit.

Es ist zum Glück nicht allzu schwer, den fleischfressenden Exemplaren des Rügener Dinosaurierlands davonzulaufen.

Am Spyker See 2a, 18551 Glowe, Tel. +49 (0) 383 02/71 98 74, März Sa–Do 10–15, Apr., Mai, Sep., Okt. 10–17, Juni–Aug. 10–18, Nov. Sa–Di 10–15 Uhr, www.dinosaurierland-ruegen.de

U-Boot Museum

Im ehemaligen Fährhafen von Sassnitz ist »Her Majesty's Submarine Otus« aufgetaucht. 28 Jahre lang war es im Dienst, bis es 1991 ausgemustert wurde. Die Einrichtung des britischen U-Boots ist fast vollständig erhalten, sodass die Lebens- und Arbeitsbedingungen der sechs Offiziers- und 62 Mannschafts-grade nachvollziehbar sind. Besucher können die beiden funktionstüchtigen Periskope bedienen, abenteuerlich für viele sind die Geräusche, die sie hören: das Hämmern der Dieselmotoren im Maschinenraum, das Klappern von Kochgeschirr in der Kombüse und den Gefechtsalarm im Torpedoraum.
Hafenstr. 12, 18546 Sassnitz, Tel. +49 (0) 383 92/67 78 88, Mai–Okt. tgl. 10–18, Nov.–Apr. 10–16 Uhr, www.hms-otus.com

Historische Handwerkerstuben

Nicht weit vom Gingster Marktplatz entfernt (Nähe südl. Ortsende) stehen zwei sorgfältig restaurierte, schilfge-deckte Fachwerkhäuser aus dem 18. Jh., die fast 200 Jahre von Handwerkern bewohnt waren. Heute vermittelt ein liebevoll gestaltetes Museum inter-essante Einblicke in die Geschichte des lokalen Handwerks. So kann man im 1730 erbauten Weberhaus (1997 stilecht mit handgepressten Steinen aus Stroh-Lehm-Gemisch restauriert) in der Werkstatt am Webstuhl Pro-be sitzen. Die hiesige Damast- und Leinenweberei war einst weit über die Grenzen Pommerns hinaus bekannt. In anderen Räumen sind weitere authen-tische Werkstätten eingerichtet: eine alte Schneiderei, eine Schuhmacher-Werkstatt und eine Schmiede. Lohnend ist auch das Museumscafé mit wunder-barem selbst gebackenem Kuchen.
Karl-Marx-Str. 19/20, 18569 Gingst, Tel. +49 (0) 383 05/304, Mai–Okt. tgl. 10–17 Uhr, www. historische-handwerkerstuben-gingst.de

Kreidemuseum Gummanz

Kreideweiß sind die Villen der Bäderar-chitektur. Ein Kreidemännchen – mehr ein Zwerg, ein bisschen kitschig auch – wurde vor einigen Jahren als rügentypi-sches Souvenir erfunden. Kreide als Na-turheilmittel ist auch nicht jedermanns Sache. Doch jeder kennt Schreibkreide, weiß, dass sie als natürlicher Rohstoff in der Industrie verwendet wird und dass die Kreideküste das Wahrzeichen Rügens ist, seit die Romantiker vor mehr als 200 Jahren Gefallen an ihr fanden. Sie gehört zur Geschichte Rügens, zu ihrer Entstehung und zu ihrer Verände-rung in der Gegenwart durch Küsten-erosion. Wer mehr darüber erfahren möchte, findet dort, wo sie von 1854 bis 1962 abgebaut wurde, üppige Informati-onen dazu.
Gummanz 3a, 18551 Sagard, Tel. +49 (0) 383 02/562 29, Di–So 10–16, Ostern–Okt. tgl. 10 bis 17 Uhr, www.kreidemuseum.de

Rügenhof

Der restaurierte Gutshof direkt an der Putgartener Dorfstraße ist, wie im Zeitraffer, wieder zu neuem/alten Leben erwacht. Zahlreiche Werkstätten und Läden haben sich auf dem Hof angesie-delt. Hier findet man Töpferwerkstatt

Die Rügensche Bäderbahn saust mit 30 km/h durch die Landschaft.

phones zücken, um den »Rasenden Roland« aufs Foto zu bannen, pfeift er besonders kräftig und schickt außerdem noch eine kräftige schwarze Rauchwolke in den blauen Himmel. Die Rügensche Schmalspurbahn mit 750 mm Spurweite ist ein technisches Denkmal und verbindet zwischen Putbus und Göhren die Ostseebäder miteinander – und das bei rasanter Höchstgeschwindigkeit von 30 km/h. Ein besonders schöner Abschnitt ist die 24,4 km lange Strecke von Binz über das Jagdschloss Granitz und Baabe nach Göhren, dafür braucht die Bahn eine Stunde. Bei Kälte wärmt ein Öfchen den Waggon. Wer nicht friert, sitzt im Cabrio-Abteil und lässt sich Dampf und Wind um die Nase wehen. Tel. +49 (0) 383 01/88 40 12, www.ruegensche-baederbahn.de

»Gorch Fock«

Sie ist ein deutscher Mythos: 1933 für die Reichsmarine gebaut, bei Kriegsende 1945 im Strelasund versenkt, 1947 wieder gehoben, nach vielen Hochsee-Einsätzen unter dem russischen Namen »Towarischtsch« im Jahr 2003 vom Verein »Tall Ship Friends« erworben und in den alten Heimathafen Stralsund zurückgeholt. 82 m lang und 37 m hoch, gilt die Dreimastbark bis heute als eines der schönsten Segelschiffe, die je gebaut wurden – wovon man sich ganzjährig an Bord überzeugen kann. An der Fährbrücke, 18439 Stralsund, Tel. +49 (0) 38 31/66 65 20, Mitte März–Okt. tgl. 10–18, Nov.–Anf. März 10–16 Uhr, www.gorchfock1.de

Skurrileum

In Stralsund bekommen Besucher nicht nur viel Maritimes und eine einzigar-

und Steinschleiferei, Näherei, Korbflechterei, Porzellanmalerei, Kerzenladen, Mode und Waren aus aller Welt, Druckwerkstatt und einen »Rügenladen« mit heimischen Produkten. Auch landwirtschaftliches Gerät des Gutshofs aus der Zeit von 1920 bis 1950 ist zu sehen, Traktoren, Raupenschlepper, Eggen und Pflüge. Das ganze Jahr über gibt es ein Kulturprogramm: Handwerker- und Bauernmärkte, Kinder- und Erntefest, Reitturniere. Dorfstr. 22, 18556 Putgarten, Tel. +49 (0) 383 91/130 37, www.kap-arkona.de

Rügensche Bäderbahn

Er ist nicht mehr der Jüngste (Jahrgang 1895), schnauft seit Jahrzehnten durch die Wälder der Granitz, durchquert Wiesen und Felder, pfeift und bimmelt – und scheint eitel zu sein. Denn wenn Wanderer die Kameras und Smart-

tige Altstadt mit Weltkulturerbe-Status geboten; das Museum für komische Kunst hat die Mission, gute Laune zu verbreiten. Jährlich wechselnde Karikaturen, witzige Cartoons und Bilder sollten noch dem letzten Griesgram ein Schmunzeln entlocken.

Hafenstr. 7, 18439 Stralsund, Tel. +49 (0) 160/96 26 26 23, tgl. 11–18 Uhr, www.skurrileum.de

Spiel, Sport & Action

Waldseilpark

Rügens Anlaufstelle für Klettermaxe im Seebad Altefähr, am Wasser mit schönem Blick über den Strelasund nach Stralsund – und mit der Fähre gut auch von dort zu erreichen. Der »Waldseilpark« verbindet einen Hochseilgarten mit einem Kletterwald und bietet acht Baum-zu-Baum-Parcours in unterschiedlichen Schwierigkeitsgraden. Für kleine Besucher, mindestens 1,10 m sollten sie schon sein, gibt es einen gelben »Bambini-Parcours« (und einen Spielplatz an der Hafenpromenade). Routiniertere Kletterer gehen den blauen Parcours, die Mutigen können eine schwarze »Kamikazeroute« mit Seilrutsche in Angriff nehmen.

Klingenberg 25, 18573 Altefähr, Tel. +49 (0) 383 06/23 97 58, Juli, Aug. tgl. 10–19 Uhr, ansonsten siehe www.waldseilpark-ruegen.de

Rügen-Kartbahn

Die outdoor Gokart- und Quad-Bahn bei Bergen sorgt für Nervenkitzel bei Klein (ab 3 Jahren) und Groß. Jugendliche Rennfahrer ohne Führerschein erwarten recht anspruchsvolle Rennstrecken, kleinere Kinder geben in sicheren E-Mobilen Gas.

18528 Buschvitz OT Zittvitz, Tel. +49 (0) 38 38/ 20 94 85, aktuelle Öffnungszeiten siehe www.ruegenkartbahn.de

»HanseDom« Stralsund

Bei Regenwetter kann der »HanseDom« betrübten Wasserratten den Tag retten. Denn in der »SeesternTherme« herrscht das ganze Jahr über Sommer. In den subtropischen Badelandschaften gibt es Schwimmbecken für drinnen und draußen, dazu kommen Wildwasserkanäle, Whirlpools, Wellenbecken und Erlebnisrutschen (mit tollen Namen wie Turbo-, Riesenwasser- oder die rasante »Black-Hole«-Rutsche). Auf 120 000 qm kommen Actionfans und Ruhesuchende gleichermaßen zu ihrem Recht.

Grünhufer Bogen 18–20, 18437 Stralsund, Tel. +49 (0) 38 31/37 330, So–Do 9.30–21, Fr, Sa 9.30–22 Uhr, www.hansedom.de

Kopfüberhaus & Pirateninsel

Verkehrte Welt: In Putbus steht ein Haus auf dem Kopf! Unten ist oben, waagerecht ist schief. Da das komplett möblierte Haus auf seinem Spitzdach steht, kann die Bodenplatte als Aussichtsplattform dienen. Gleich nebenan können sich Kinder (bis ca. 12 Jahren) auf der »Pirateninsel« , Rügens größtem Indoor-Spielpark, so richtig austoben.

Lauterbacher Str. 10, 18581 Putbus, Tel. +49 (0) 383 01/89 83 66, »Haus kopfüber«: Apr.–Okt. tgl. 10–19, Nov.–März 12–16 Uhr; »Pirateninsel«: Juni–Aug., MV-Ferien tgl. 10–19, Sep.–Mai Mo–Fr 13–19, Sa, So 10–19 Uhr, www.pirateninsel-ruegen.de

Spielzeugmuseum

Ursprünglich war dies ein Affenhaus (!) im Schlosspark von Putbus. Nun befindet sich in dem Haus eine illustre Sammlung von Puppenstuben, Teddybären und Spieluhren. Fernab von digitaler Unterhaltung lassen sich hier alte Spielsachen neu entdecken.

Kastanienallee, 18581 Putbus, Tel. +49 (0) 383 01/609 59, www.puppenmuseum-putbus.de

Natur erleben

Bernsteinsuche

Von der Bernsteinsuche auf eigene Faust sollte man auf Rügen Abstand nehmen: Ahnungslose Sammler können gefährlichen weißen Phosphor mit Bernstein verwechseln. Im Zweiten Weltkrieg fand dieser Gefahrstoff Verwendung bei Brandbomben und landete bei verfehlten Luftangriffen oft im Meer. Daher Fundstücke besser liegen lassen, denn getrockneter weißer Phosphor kann sich in der Hosentasche entzünden! Stattdessen kann man sich am Bernsteinschmuck in den Boutiquen der Insel erfreuen – oder unter Anleitung Bernstein selbst schleifen in der Bernsteinwerkstatt.

Norderende 142, 18565 Vitte, Tel. +49 (0) 383 00/07 30, Mo–Sa 10–13, 14.30–18 Uhr; Bernsteinschleifen Di, Do ab 15 Uhr, www.bernsteinwerkstatt-vitte.de

Ozeaneum Stralsund

Als es 2008 eröffnet wurde, war es eine Sensation. Zwei Jahre später wurde es zum Europäischen Museum des Jahres gekürt, und heute ist es eine der meistbesuchten Sehenswürdigkeiten an der Ostseeküste. Auf denkbar spektakuläre Weise widmet sich das Ozeaneum dem Lebensraum Meer. Das ist informativ, ökologisch korrekt und darüber hinaus auch ein Augenschmaus. Grandios sind die Aquarien, allen voran das 2,6 Mio. l fassende Bassin »Offener Atlantik« mit Thunfischen, Rochen – und mit Niki, einer fast 3 m langen Sandtigerhaidame. Grandios sind auch das Schwarmfischbecken, in dem Heringe dicht an dicht ihre meditativen Kreise ziehen, und das Tunnelaquarium, das die Unterwasserwelt vor Helgoland darstellt: Katzenhaie, Dorsche und Seelachse schwimmen über den Köpfen der Besucher hinweg. Seinen jüngsten Besuchern bietet das Ozeanum eine eigene Ausstellung: »Meer für Kinder«. Auf der Dachterrasse haben 10 Humboldt-Pinguine ein neues Zuhause gefunden – wo sie sich unter Wasser beobachten lassen und tgl. um 11.30 Uhr gefüttert werden.

Hafenstr. 11, 18439 Stralsund, Tel. +49 (0) 38 31/ 265 06 10, Juni–Sep. tgl. 9.30–20 Uhr, Okt.–Mai tgl. 9.30–18 Uhr, www.ozeaneum.de

Deutsches Meeresmuseum

Auch wenn ihm das Ozeaneum ein bisschen die Schau stiehlt, sollte man das Meeresmuseum in Stralsund wirklich nicht verpassen (Kombiticket kaufen!). Schon die Modelle und Präparate sind beeindruckend, wie das 15 m lange Skelett eines Finnwals, das Modell einer Japanischen Riesenkrabbe oder die präparierte Lederschildkröte, die zu Lebzeiten 450 kg wog. Und in 36 schönen Aquarien sieht man verschiedene Haie, Rochen und Muränen, Tintenfische und Seepferdchen, eine Vielzahl Meeresschildkröten – und im tropischen Aquarium mit dem fast 10 m hohen Korallenriff die bunte Vielfalt der Evolution.

Katharinenberg 14–20, 18439 Stralsund, Tel. +49 (0) 38 31/265 02 10, tgl. 10–17 Uhr, Nov.–März Mo geschl., www.meeresmuseum.de

Hoch über dem Proraer Naturerbe-Zentrum bietet der »Adlerhorst« eine sensationelle Aussicht über Rügen und die Ostsee. Auch die Architektur ist spektakulär.

Kap Arkona

Nicht alles an Rügens nördlichem Kap ist offensichtlich. Spektakulär ist die berühmte, bis zu 45 m hohe Kreide-Steilküste, unübersehbar sind die beiden Leuchttürme. Unspektakulär erscheint dagegen die kahle Fläche auf dem Kap. Zwar markieren Erhebungen, hölzerne Stufen und angelegte Wege einen einstigen slawischen Burgwall, doch von dem ist kaum noch etwas auszumachen. Dabei hatte eben hier der Stamm der Ranen im frühen Mittelalter (6.– 9. Jh.) die Jaromarsburg errichtet, mit dem Haupttheiligtum für ihren vierköpfigen Gott Svantevit. 1168 zerstückelten und verbrannten dänische Wikinger das hölzerne Standbild Svantevits. Da der Slawengott daraufhin die Angreifer nicht strafte, ergaben sich die Burgbewohner, heißt es, und ließen sich christianisieren. Kap Arkona ist nicht nur malerische Natur, sondern auch bedeutsame archäologische Stätte.
www.kap-arkona.de

Naturerbe-Zentrum

Das Naturerlebniszentrum in Prora ist ein Besuchermagnet. Neben Ausstellungen, Führungen und Veranstaltungen ist es der spektakuläre 1 250 m lange Baumwipfelpfad, der begeistert. Er führt in bis zu 17 m Höhe durch die Baumkronen, unterhält mit Erlebnisstationen und bietet vom »Adlerhorst«, dem höchsten Punkt in 82 m Höhe über dem Meer, eine umwerfende Aussicht.
Forsthaus Prora 1, 18609 Binz, Tel. +49 (0) 383 93/66 22 00, Jan.–März, Nov., Dez. 9.30–16, Apr., Okt. 9.30–17.30, Mai–Sep. 9.30–19.30 Uhr, www.nezr.de

Essen & Trinken

Nautilus

Das originelle Restaurant ist Jules Vernes literarischem U-Boot nachempfunden, durch Bullaugen sieht man die Tiefsee, das Essen kommt aus Kapitän Nemos Kombüse.
Neukamp 17, 18581 Putbus, Tel. +49 (0) 383 01/ 830, tgl. ab 11.30 Uhr, www.ruegen-nautilus.de

31 Camping Stubbenfelde

Über 42 km erstrecken sich die weißen Usedomer Ostseestrände – und sind über die im engen Takt fahrende »Usedomer Bäderbahn« auch ohne Auto gut zu erreichen. So auch Camping Stubbenfelde. Man campt direkt am Steilufer, im Küstenwald zwischen mehrhundertjährigen Eichen und Buchen; 50 Stufen sind es hinunter zum herrlichen, breiten Sandstrand. Der gut besuchte Campingplatz kann mit komfortabler Infrastruktur und umfassendem Service aufwarten. Sanitär- und Wellnesseinrichtungen sind familienfreundlich und modern (wenn man vom Duschmarkensystem absieht), Kindereinrichtungen wie der Abenteuerspielplatz sind ideenreich und liebevoll gestaltet (in den Sommermonaten gibt es auch Kinderanimation) und die Sport-, Freizeit- und Veranstaltungsangebote sind vielfältig und abwechslungsreich.

Waldstr. 12, 17459 Loddin OT Stubbenfelde, Tel. +49 (0) 383 75/206 06,
www.stubbenfelde.de,
Apr.–Okt.

Fläche	5 ha
Standplätze Touristen	306
Dauercamper	19
Mietunterkünfte	10
Hunde	erlaubt

Entdecken & erleben

Spielzeugmuseum Peenemünde

Teddybären, Puppen, Dampfmaschinen, Autos, Eisenbahnen, historische Klassenzimmer und mehr kann man hier sehen: ganze 25 000 Ausstellungsstücke aus drei Jahrhunderten. Besonders viel Raum wird den 40 Jahren DDR-Existenz gewidmet. Anschaulich, aber nicht belehrend, zeigt die Sammlung z. B. anhand von Militärspielzeug, wie Spielideen früher ideologisiert wurden.

Museumsstr. 14, 17449 Peenemünde, Tel. +49 (0) 383 71/256 57, tgl. 10–16 Uhr, in der Saison auch länger, www.usedom-spielzeugmuseum.de

Museumsschiff »Stralsund«

Im Museumshafen Wolgast dürfen kleine und große Kapitäne das älteste erhaltene Eisendampffährschiff der Welt bestaunen. 1890 wurde die Fähre in Betrieb genommen, seit 1986 steht das Schiff unter Denkmalschutz. Noch heute verfügt der Maschinenraum über eine eindrucksvolle Dampfmaschine. Auch die Kajüte des Kapitäns ist im Originalzustand erhalten. Nur gekocht wird nicht mehr an Bord.

Hafenstr. 6, 17438 Wolgast, Tel. +49 (0) 38 36/20 30 41, Juni–Aug. Di–Fr 11–18, Sa, So 11–16 Uhr, Apr., Mai, Sep., Okt. n. Vereinb., www.museum.wolgast.de

Familientag Mölschowhof

Die »Alte Gutsanlage« in Mölschow bietet ein facettenreiches Angebot für Familien, darunter landwirtschaftliche Präsentationen im Kulturhof, Schauwerkstätten, Mitmachprogramme im Handwerkerhof, Indoor-Aktivitäten in der Kulturscheune sowie eine zweispurige digitale Carrerabahn und eine Modelleisenbahn.

Trassenheider Str. 7, 17449 Mölschow, Tel. +49 (0) 383 77/399 25, Juni–Sep. tgl. 10–18, Mai, Okt. Mo–Sa 10–16, Nov.–Apr. Di–Fr 10 bis 16 Uhr, www.usedom-aktiv.de

U 461

Es ist wirklich nicht zu übersehen: Direkt am Eingang des Haupthafens von Peenemünde liegt im Hafenbecken ein gewaltiges U-Boot. Es handelt sich um die sowjetische U 461, ein Boot der von der Nato so benannten »Juliett«-Klasse, Baujahr 1961. Im Dezember 1998 wurde es nach Peenemünde geschleppt – wo es seitdem Urlauber fasziniert. Mit 86 m Länge sind die »Julietts« die längsten konventionellen U-Boote der Welt. Wer sich durch die Schotte und Gänge zwängt – vom Torpedoraum im Bug über den Turmfahrstand und die verschiedenen Aggregate und Maschinen bis zum Heck-Torpedoraum –, fühlt sich in die heißen Jahre des Kalten Krieges zurückversetzt.

Haupthafen, 17449 Peenemünde, Tel. +49 (0) 383 71/890 54, Juli–Mitte Sep. 9–19, Mai, Juni 10–17, Mitte Sep.–Mitte Okt. 10–16, Mitte Okt. bis Apr. 10–15 Uhr, www.u-461.de

Historisch-Technisches Museum

Das dunkle Erbe des Ortes am Nordwestende der Insel Usedom hat die Gestalt einer 14 m hohen Rakete und einen kurzen Namen: »V2«. In Peenemünde wurde die »Vergeltungswaffe 2«

Die »V2« im Peenemünder Historisch-Technischen Museum.

der Deutschen Wehrmacht entwickelt, die Tausende von Zwangsarbeitern und KZ-Häftlingen in unterirdischen Stollen produzieren mussten. Es ist die hässliche Seite der wissenschaftlich-technischen Pionierarbeit, die hier geleistet wurde – aufs Engste verknüpft mit dem Namen Wernher von Braun. Der spätere NASA-Manager konstruierte ab 1937 mit seinem Team in Peenemünde die erste mit Flüssigtreibstoff getriebene Rakete der Welt, die mehr als 100 km Höhe erreichte und damit die Grenze zum Weltraum durchstieß. Als ballistische Boden-Boden-Rakete wurde sie ab 1944 auf Ziele in England, Frankreich und Belgien abgefeuert.

Im ehemaligen Kraftwerk der Peenemünder Raketenversuchsanstalt ist die hochinterissante Dauerausstellung des Historisch-Technischen Museums untergebracht. Auf dem insgesamt 25 qkm

großen Gebiet liegen noch weitere historische Bauten. »Denkmal-Landschaft« heißt der 25 km lange Rundweg, der die 20 wichtigsten Stationen miteinander verbindet.

Im Kraftwerk, 17449 Peenemünde, Tel. +49 (0) 383 71/50 50, Apr.–Sep. tgl. 10–18 Uhr, Okt. bis März tgl. 10–16 Uhr, Nov.–März Mo geschl., www.museum-peenemuende.de

Spiel, Sport & Action
»Rückenwind« für Kinder

In Wolgast bringt die »Segelschule Rückenwind« Kindern im sogenannten »Opti«, einer speziell für die Altersgruppe zwischen acht und zwölf Jahren entworfenen kleinen Jolle, auf spielerische Weise die Grundlagen des Segelns bei. Geübt wird im sehr sicheren Flachwasserrevier der geschützten Spitzenhörnbucht. Am Ende einer Urlaubswoche (5 mal 3 Unterrichtsstunden) kann in den Sommerferien der »Junior-Segelschein« erworben werden.

Hafenstr. 32, 17438 Wolgast, Tel. +49 (0) 38 36/60 00 13, www.segelschule-rueckenwind.de

Promenadenhalle Zinnowitz

Diese Indoor-Welt bietet Spaß und Abenteuer für die ganze Familie, darunter eine »Unterwasserreise« in einem 5D-Kino mit Wind- und Wassereffekten, eine Piratenwelt mit 4D-Simulation, Kletterburgen, Hängebrücken oder eine Kindereisenbahn zum Mitfahren. Der Clou für Kinder und Erwachsene ist ein ausfahrbarer Aussichtsturm mit Café (in Form eines Planetariums), der sich bis auf 25 m Höhe hochschraubt.

Neue Strandstr. 30a, 17454 Zinnowitz, Tel. +49 (0) 383 77/373 36, tgl. 10–17, Kinos 11–17 Uhr, www.promenadenhalle.de

»Piraten der Ostsee«

Nein, kein Kino-Abenteuer, sondern eine moderne, wirklich fantasievoll gestaltete Minigolfanlage, die sich über 3 500 qm erstreckt. Auf klassischen 18 Bahnen kann man hier inmitten ganz ungewöhnlicher Attraktionen wie einem Vulkan, einem reißenden Wildwasserbach oder einem schwimmenden Piraten-Floß den Schläger schwingen.
Wiesenweg 1, 17449 Trassenheide, Tel. +49 (0) 177/319 26 80, Apr.–Okt. tgl. 9.30–20 Uhr (auch bei Regen, letzter Einlass 18.30 Uhr), www.piraten-der-ostsee.de

Kletterwald Usedom

Wie Tarzan von Baum zu Baum schwingen, über schwankende Bohlen balancieren, sich über eine Netzbrücke hangeln und an Seilen Hindernisse überwinden – im Usedomer Kletterpark gibt es fünf verschiedene, nach Alter und Schwierigkeitsgrad unterteilte Parcours (ab 6 Jahren). Ein Betreuer passt auf, dass die Kinder mit Klettergurten, Karabinerhaken und Seilen bestens gesichert sind.
Kletterwald Usedom, 17459 Ückeritz, Tel. +49 (0) 383 75/226 77, Apr., Okt. Di–So 10–17, Juli, Aug. tgl. 10–19, Mai, Juni, Sep. Di–So 10–18, www.kletterwaldusedom.de

Natur erleben

Tauchgondel Zinnowitz

Trockenen Fußes auf den Grund der Ostsee gelangen? In Zinnowitz, einem der malerischsten und traditionsreichsten Seebäder auf Usedom, kann man das. An der Strandpromenade, genauer gesagt, am Ende der schönen, 315 m langen »Vineta«-Seebrücke. Mit Hilfe einer faszinierenden Tauchgondel. Wie im Fahrstuhl geht es hinunter auf den Grund der Ostsee. Bis zu 24 Unterseetouristen teilen sich den Platz in der Druckkabine. Hinter den großen Fenstern ziehen Quallen und Fische vorbei, und wenn sich da draußen mal nichts tut, sieht man drinnen einen eigens für die Gondel produzierten 3D-Film. Der versetzt die »Taucher« in die Algenwälder des größten Brackwassermeers der Erde, in den Lebensraum der Kegelrobben, Dorsche, Heringe, Ohrenquallen und Garnelen. Willkommen in der Unterwasserwelt der Ostsee.
Strandpromenade, 17454 Zinnowitz, Tel. +49 (0) 383 77/378 61, tgl. 11–16, Juni–Aug. 10–21, Apr., Mai, Sep., Okt. 10–19 Uhr, www.tauchgondel.de

Tropenhaus Bansin

In »Deutschlands kleinstem echten Zoo« flattern farbenprächtige Papageien durch die großzügigen Volieren, in den Terrarienlandschaften tummeln sich Agutis, Baumwarane, Chamäleons, Schlangen und exotische Frösche. Bei Kindern besonders beliebt sind die Gehege mit den frechen Weißbüscheläffchen sowie, nicht zu vergessen, der Dschungelspielplatz.
Goethestr. 10, 17429 Heringsdorf OT Bansin, Tel. +49 (0) 383 78/47 20 80, Apr., Okt. 10–17, Mai–Sep. 10–18, Nov.–März 10–16 Uhr, www.tropenhaus-bansin.eu

Familientierpark Wolgast

Nicht spektakulär, aber umso sympathischer und landschaftlich wunderschön: In einem Waldstück im Norden von Wolgast (rund 22 km vor Peenemünde und somit direkt auf dem Anfahrts- bzw. Rückweg gelegen) lassen sich vor allem heimische Tiere in ihrer natürlichen

Umgebung beobachten. Auch Tiere mit Migrationshintergrund sind zu sehen: Nasenbären, Erdmännchen und Lemuren. Es gibt mehrere Spielplätze und eine Scooterbahn, Eltern können den Nachwuchs im Bollerwagen zu den Streichelgehegen transportieren.

Am Tierpark 1–2, 17438 Wolgast, Tel. +49 (0) 38 36/60 24 31, März, Apr. tgl. 10–16, Mai–Sep. 10–18, Okt. 9.30–16.30, Nov.–Feb. 10–15 Uhr, www.tierparkwolgast.de

Essen & Trinken

Forsthaus Fangel

Radfahrer und Wanderer pilgern schon seit Jahrzehnten auf einem unbefestigten Weg zum traditionsreichen »Café Forsthaus Fangel«. Es liegt idyllisch mitten im Buchenwald zwischen Neu-Sallenthin und Sellin im Hinterland von Bansin. Hier serviert die Familie Menges hausgemachte Kuchen-Delikatessen, die einfach himmlisch munden. Telefon gibt es keines. Wer (zu) spät kommt, geht daher schon mal leer aus.

Fangel 15, 17429 Heringsdorf, Mai–Okt. Di–So, 14–18 Uhr

Rund um die Erdbeere

Alles dreht sich in »Karls Erlebnis-Dorf« um die Erdbeere. Dabei beobachtet man, wie Marmelade hergestellt wird oder wie Bonbons gemacht werden. Aber auch einen Bauernmarkt gibt es hier zu sehen und in den Manufakturen können die Erwachsenen ausgiebig bummeln. Außerdem locken Attraktionen zum Spielen und Mitmachen wie das Hüpfkissen oder eine Traktorbahn.

Zum Erlebnis-Dorf 1, 17459 Koserow, Tel. +49 (0) 382 02/40 50, tgl. 8–19 Uhr, www.karls.de

Die Tauchgondel am Ende der Zinnowitzer Seebrücke war weltweit die erste ihrer Art. Viereinhalb Meter taucht sie in die Tiefe.

★ ★ ★ ★
CAMPINGPLATZ DREWOLDKE

- ruhiger, naturbelassener Campingplatz -
- direkt an der Ostsee gelegen -
- moderne 4-Sterne-Sanitäranlagen -
- freundlicher, hilfsbereiter Service -
- großer Naturspielplatz -
- besonders für Familien geeignet -

Campingplatz Drewoldke
Zittkower Weg 27 - 18556 Altenkirchen
038391 - 12965
www.camping-auf-ruegen.de

32 Camping- und Ferienpark Havelberge

Hier ist viel los! Erwachsenen und Kindern jeden Alters (ja sogar Hunden!) wird ein vielfältiges Freizeit- und Unterhaltungsprogramm geboten. Der Woblitzsee lädt mit Strand, Steg und Badeinsel zum Schwimmvergnügen. Für kleine Nichtschwimmer gibt es außerdem noch einen Naturbadeteich mit Piratenspielschiff. Zum Platz gehört auch ein Kanuzentrum mit vielfältigen Wassersportangeboten, vom Kajak über Flößer bis zum Motorboot. Anfänger bekommen Einführungskurse.

An den Havelbergen 1, 17237 Userin OT Groß Quassow, Tel. +49 (0) 39 81/247 90, www.haveltourist.de/camping_ferienpark_havelberge.html, Mitte Apr.–Okt.

Fläche	24 ha
Standplätze Touristen	330
Dauercamper	70
Mietunterkünfte	57
Hunde	willkommen

»Der Chef des Animationsteams sorgt mit immer neuen Ideen für eine Überfülle an Unterhaltung!«

ADAC Inspekteur Wolfgang Rapl

33 Camping Am Dreetzsee

Der gepflegte Campingplatz im lichten Birken- und Kiefernwald liegt direkt auf der Landesgrenze: Man campt zum Teil in Mecklenburg-Vorpommern, zum Teil in Brandenburg. Das Gelände direkt am (gänzlich mecklenburgischen) Dreetzsee ist weitgehend naturbelassen. Am grünen Seestrand sorgen Badeinsel und Wasserrutsche für extra Badespaß. Geeignete Fahrzeuge zum Erkunden von See und Umgebung bietet ein Boots- und Fahrradverleih. In der Hauptsaison kommen See und umgebende Wälder auch auf den Tisch, wenn Fischermeister Krempig am Wochenende frischen Fisch auf dem Platz räuchert oder erjagtes Wildschwein am Spieß gebraten wird. Für Kinder gibt es im Sommer Puppentheater und andere Spiel- und Spaßaktivitäten.

Am Dreetzsee 1, 17268 Boitzenburger
Land OT Thomsdorf, Tel. +49 (0) 398 89/
746, www.dreetzseecamping.de,
Apr.–Okt.

Fläche	10,5 ha
Standplätze Touristen	150
Dauercamper	150
Mietunterkünfte	11
Hunde	bedingt erlaubt

34 CampingPlatz Ecktannen

Ausnehmend freundlich, gut gelaunt und unkompliziert geht es hier zu, am Orts-rand von Waren und am Rande des Müritz-Nationalparks. Das baumbestandene Campinggelände direkt an der Binnenmüritz ist weitläufig und unparzelliert, die Platzwahl völlig frei. Dem See kann man sich auf verschiedene Weise nähern, etwa am schönen, kleinen Badestrand, mit der Angel in der Hand (und Touristen-An-gelschein in der Tasche), auf einem Schiff der hier anlegenden »Blau-Weißen-Flot-te« oder auf einem Leih-Ruderboot. Auch Fahrräder kann sich leihen, wer so die reizvolle Umgebung erkunden möchte. Zeitvertreib am Platz bietet u.a. eine gepflegte Minigolfanlage mit Streichelzoo. Wer nicht alle Basics eingepackt hat, vesorgt sich vor Ort im Minimarkt oder im Bistro.

Fontanestr. 66, 17192 Waren
(Müritz), Tel. +49 (0) 39 91/66 85 13,
www.camping-ecktannen.de,
ganzjährig

Fläche	17 ha
Standplätze Touristen	400
Dauercamper	50
Mietunterkünfte	4
Hunde	willkommen

Entdecken & erleben

Slawendorf Neustrelitz

Vom 7. bis 12. Jh. siedelten slawische Stämme im heutigen Mecklenburg-Vorpommern, woran zahlreiche Ortsnamen erinnern. Bei Neustrelitz kann man eine Zeitreise ins Frühmittelalter unternehmen und erfährt, wie hier einst die Slawen lebten. Direkt am Zierker See wurde ein ganzes Slawendorf mit rohrgedeckten Hütten authentisch nachgebaut. Zum See hin ist es mit einem Flechtzaun, zur Landseite mit einem Palisadenzaun umgeben. In der Kulthalle des Dorfs informiert eine kleine Ausstellung über die Kultur der Slawen. Verschiedene Handwerker zeigen hier ihre traditionellen Fertigkeiten. Es wird geschmiedet, Holz bearbeitet und geflochten, man sieht Töpfer und Kerzenmacher. Zur Stärkung gibt es Brot aus dem Lehmofen, Gegrilltes und eine kräftige Suppe. Beliebt ist auch die Fahrt über den See mit »Nakon«, dem Nachbau eines Slawenboots.

Franzosensteg, 17235 Neustrelitz, Tel. +49 (0) 39 81/23 75 45, Mai–Sep. Mo–Fr 10–17, Okt. bis 16 Uhr, www.slawendorf-neustrelitz.de

Agroneum

Landwirtschaft und Agrarwesen prägten das Dorf Alt Schwerin im Landkreis Mecklenburgische Seenplatte. Davon zeugt die weitläufige Anlage eines ritterschaftlichen Gutes mit Herrenhaus, Park und Wirtschaftsgebäuden. 1963 wurde daraus ein agrarhistorisches Freilichtmuseum, das die »Errungenschaften

der sozialistischen Landwirtschaft nach jahrhundertelanger feudalistischer Unterdrückung« demonstrieren sollte. Dabei hat man die »Selbstdarstellung« der DDR beibehalten, und so wirkt dieser Teil der Aussstllung wie »ein Museum im Museum«. Ansonsten präsentiert das Agroneum Landwirtschaftsgeschichte zum Erleben, Anfassen und Mitmachen. Kinder-Spielbereiche sind über das ganze Gelände verteilt.

Achter de Isenbahn 1, 17214 Alt Schwerin, Tel. +49 (0) 399 32/474 50, Apr.–Okt. tgl. 10–18 Uhr, www.agroneum-altschwerin.de

Landeszentrum für erneuerbare Energien (»Leea«)

In der Schau »Erneuerbare Energien« ist neben »EnergieLab« und einer XXL-Carrera-Bahn die Replik eines vor 4 400 Jahren durch eine Steinzeit-OP geöffneten Schädels der Hingucker. Es ist die Hirnschale des sog. »Müritz-Ötzi« – das Skelett des Steinzeitmenschen war 2007 am südlichen Müritzufer gefunden worden. Übrigens lebte dieser Ötzi auf ziemlich kleinem Fuß: Der etwa 30-Jährige hatte Schuhgröße 37.

Am Kiefernwald 1, 17235 Neustrelitz, Tel. +49 (0) 39 81/449 01 00, Mi–So 11–14, Anf. Okt–Anf. Nov. tgl. 10–17 Uhr, www.leea-mv.de

Schloss Mirow

Der »Ort des Friedens« (so die slawische Bedeutung des Namens) ging vor 790 Jahren aus einer Niederlassung des Johanniterordens hervor. Später ließen sich die Herzöge von Mecklenburg-Strelitz hier nieder und schufen ein herrliches Schloss-Idyll. Man betritt die malerische Schlossinsel im Mirower See durch ein Renaissance-Torhaus (16. Jh.). Um einen barocken Hof stehen sich das eigentliche Schloss und das sog. Kavaliershaus gegenüber (beide frisch renoviert). Das Innere des Schlosses bezaubert mit prachtvollen Raumausstattungen aus italienischem Barock und friderizianischem Rokoko. Eine moderne Ausstellung erzählt vom Schicksal des Schlosses, seiner Bewohner und des Herzogtums Mecklenburg-Strelitz.

Im nun als »3-Königinnen-Palais« bezeichneten Kavaliershaus widmet sich eine Multimedia-Ausstellung drei berühmten Herzogstöchtern, die zu Königinnen wurden, wie etwa Prinzessin Charlotte, die 1761 von Mirow verließ, um Königin von England zu werden. Kinder werden per Audioguide von Mas-

kottchen »Carl der Frosch« durchs Haus gelotst. Dazu gibt es eine Wissensrallye und Programme für Schulklassen. Im Café zaubert Bäcker Reinhold feine Luisen-, Charlotten- und Friederikentorten.

Sehenswert ist auch die auf die Johanniter zurückgehende Schlosskirche (14. Jh.), zu der auch die Familiengruft des Strelitzer Herzogshauses gehört. Beschaulich ist der hübsche Park mit See, in dem es sich herrlich lustwandeln lässt. Über eine Brücke erreicht man die lauschige Liebesinsel. Die hatte der letzte Strelitzer so ins Herz geschlossen, dass er sich hier bestatten ließ.

Schloss: Schlossinsel 2a, 17252 Mirow, Tel. +49 (0) 398 33/27 51 18 76 64, Apr., Okt. Di–So 10–17, Mai–Aug. tgl. 10–18, Sep. Di–So 10–18 Uhr, www.schlossmirow.de; 3-Königinnen-Palais: Tel. +49 (0) 3 98 33/26 99 55, Apr.–Okt. tgl. 10–18, Nov.–März Fr–Mo 10–16 Uhr, www.3koeniginnen.de

Um etwa 1900 begann der Traktor Pferde und Ochsen abzulösen. Im Agroneum in Alt Schwerin sieht man auch früheste Dampf-Exemplare.

Die Scheune

25 km südlich von Waren, kurz hinter Röbel an der Müritz, steht ein gewaltiges Bauwerk: 125 x 35 m, zwei Etagen hoch. Was der Baron von Langermann zu Dambeck und Spitzkuhn im Jahr 1881 am Ortsrand von Bollewick (Betonung auf dem »e«!) auf die grüne Wiese setzen ließ, ist die größte Feldsteinscheune Deutschlands. Noch um 1990 lebten hier 650 Kühe. Später drohte das imposante Bauwerk zu verfallen – und wurde gerettet. Längst ist es als Veranstaltungs- und regionaler Messeort, als Einkaufs- und Infozentrum oder einfach nur als Ausflugsziel eine der meistbesuchten Adressen rund um die Müritz. Einheimische Erzeuger bieten hier Lebensmittel, Textilien, Kosmetik und Kunsthandwerk an. Es gibt Mecklenburger Traditionswerkstätten, eine

Ein gewaltiger Ziegelbau: »Die Scheune« von Bollewick.

Leinenweberei und einen Kürschnerbetrieb, eine Tischlerei, eine Schokoladenwerkstatt, einen Bauernladen und Gastronomie. Der sehenswerten Regionalausstellung im Obergeschoss ist ein Welcome Center der Mecklenburgischen Seenplatte angegliedert, in der Tenne werden Konzerte und Ausstellungen veranstaltet.

Dudel 2, 17207 Bollewick, Tel. +49 (0) 39 93 17/ 520 09, Apr.–Okt. tgl. 10–18 Uhr, Nov.–März tgl. 10–17 Uhr, www.diescheune.de

Spiel, Sport & Action

Mecklenburger Draisinenbahn

Strampeln ist angesagt auf der Fahrt durch die wunderschöne und hügelige Landschaft von Nossentiner/Schwinzer Heide. Bis zu vier Personen finden auf den besonders leisen gummibereiften Alu-Fahrraddraisinen Platz. Unterwegs gibt es schöne Rastplätze und Badegelegenheiten. Angeboten werden auch E-Draisinen mit Tretunterstützung. Ausleihstationen gibt es beispielsweise in Waren (Müritz).

Reservierung erforderlich, Tel. +49 (0) 172/ 326 06 94, www.draisine-mecklenburg.de

»TrabiTrip«

Autofahrten mit DDR-Feeling – nirgendwo ist das schöner als auf den Alleenstraßen der Mecklenburgischen Seenplatte. Die knatternden Gefährte von »Trabitrip« sind natürlich etwas schicker aufgemacht als seinerzeit die durchschnittliche »Rennpappe« aus Zwickau, aber Originale sind sie allesamt. Vom 601 Deluxe bis hin zum umgebauten quietschblauen Trabant Cabrio ist alles dabei.

Liepener Str. 4, 17194 Hohen Wangelin, Tel. +49 (0) 399 33/738 69, www.trabitrip.de

Cowboys und Indianer in der Uckermark: Im Templiner »El Dorado« wird der Wilde Westen lebendig.

Malchow

Die pittoreske »Perle an der Seenplatte« lockt Familien nicht nur (aber natürlich auch!) mit seiner malerischen Insel-Altstadt inmitten des Malchower Sees. Zwei spannende Attraktionen kommen in der »Neustadt« hinzu: An der Karower Chaussee (Richtung Alt Schwerin) saust man auf einem individuell steuerbaren Rodel durch sieben Steilkurven und sechs Schikanen 800 m durch die Landschaft (ab 3 Jahren). Gleich neben der Sommerrodelbahn kann man danach im »Affenwald« freche Berberaffen besuchen, die in ihrem 3,5 ha großen Freigehege so ziemlich jeden Unsinn anstellen. Die tierische Großfamilie mit ihren Affenkindern ist einfach eine Wucht.
Tourist Info: Kirchenstr. 11, 17213 Malchow, Tel. +49 (0) 399 32/831 86, Mai–Okt. tgl, Nov.–Apr. Mo-Fr, www.inselstadt-malchow.de; Rodel-bahn/Affenwald: Karower Chaussee 6, 17213 Malchow, Tel. +49 (0) 399 32/184 22, Apr.–Okt. tgl. 9–18 Uhr, www.sommerrodelbahn-malchow.de

El Dorado Templin

In der Westernstadt unmittelbar am Südufer des Röddelinsees gibt's Wildwestromantik mit allem Drum und Dran: Saloon, Bank, Sheriffbüro, Postkutschen, Indianerdorf und natürlich kostümiertes Personal, das Stunts vorführt. Goldschürfen, Postkutsche fahren, Reiten oder Hufeisenwerfen kosten allerdings extra.
Am Röddelinsee 1, 17268 Templin, Tel. +49 (0) 39 87/208 40, Ostern–Okt., Öffnungszeiten siehe www.eldorado-templin.de

Irrgarten

Neben der großen »Scheune« hat Bollewick (der Name bedeutet übrigens »Runddorf«) auch ein wunderbares

(und ganz und gar eckiges) Hecken-labyrinth zu bieten.
Röbeler Str. 48a, 17207 Bollewick, Tel. +49 (0) 152/29 69 72 72, Mitte Mai–Juni, Sep., Okt. Do–So 10–18, Juli, Aug. tgl. 10–18 Uhr, www.irrgarten-bollewiek.de

Sommerrodelbahn Stargard

Rodelspaß ganz ohne Schnee gibt es in Burg Stargard. Groß und Klein sausen mit viel Karacho und Begeisterung die rund 720 m lange Rodelbahn hinunter. Kleinere Kinder können die Abfahrt auf einem gemeinsamen Rodelschlitten mit ihren Eltern genießen. Die größeren, denen das zu langweilig ist, düsen lieber allein ins Tal. Acht Steilkurven, zwei Brückenüberfahrten und sogar ein kleiner Sprung sind auf der Strecke zu absolvieren und 30 m Höhenunterschied zu überwinden. Damit es nicht gar zu schnell wird, haben die Rodel auch einen Bremshebel. Unten angekommen, bietet ein großes Trampolin weitere dynamische Betätigungsmöglichkeiten.
Rosenstr. 1a, 17094 Burg Stargard, Tel. +49 (0) 396 03/232 26, Apr., Sep., Okt. tgl. 11–18, Mai–Aug. tgl. 10–18, www.rodelbahn-burgstargard.de

Wald-Hochseilgarten Havelberge

Vier Parcours gibt es im Hochseilgarten am Woblitzsee, dazu einen für Kinder ab 6 Jahren und den Hochseil-Parcours »schwarz plus« für Schwindelfreie.
An den Havelbergen 1, 17237 Userin, Tel. +49 (0) 39 81/24 79 33, Apr.–Okt. tgl. 10–18 Uhr, www.haveltourist.de/waldseilgarten.html

Kanu-Mühle

Die Kanu-Institution am Woblitzsee hat ein riesiges Kinderangebot. Kein Wunder, gehören doch sechs Kids, dazu die

»Was ist das denn für ein Vogel?« Im Müritzeum kann man unter anderem lernen, welcher Vogel sich wie »kleidet« und wie er klingt.

Katzen Karl und Atze sowie der Hund Whisky zum Team. Verliehen werden Kanadier und Kajaks. Auch Kanukurse und geführte Ausflüge gibt es.
Havelmühle 1, 17255 Wesenberg, Tel. +49 (0) 398 32/203 50, Apr., Okt. tgl. 10–18, Mai, Juni, Sep. 9–18, Juli, Aug. 9–19 Uhr, Nov.–März n. Vereinb., www.kanu-muehle.de

MüritzTherme

Die Therme ist nicht übergroß und bietet auch keine Sensationen, aber gerade für Familien mit Kindern viel wettersicheres Badevergnügen. Es gibt ein großes zentrales Becken mit diversen Massage- bzw. Wirbeldüsen und einer längeren, auch für kleinere Kinder geeigneten Wasserrutsche, einen schön gestalteten Kleinkinderbereich, einen Whirlpool, ein gesondertes 25-m-Schwimmbecken und einen attraktiven Saunabereich
Am Gotthunskamp 14, 17207 Röbel (Müritz), Tel. +49 (0) 399 31/878 19, tgl. 9–21, Sauna ab 9.30 Uhr, www.mueritztherme.de

Natur erleben
Wandern mit Huskys

Im Ruppiner Land können Familien mit verspielten Siberian Huskys wandern gehen. Start ist der Huskyhof in Frankendorf. Zum Reinschnuppern empfiehlt sich die 2,5-stündige Familienwanderung (ab 5 Jahren), Fortgeschrittene buchen die Tour durch das Naturreservat Kunstertal (ab 12 Jahren). Ältere Kinder dürfen sogar selbst einen Hundeschlitten lenken.
Neudorf 34, 16818 Storbeck-Frankendorf, Tel. +49 (0) 339 24/799 46, www.freizeit-mit-huskies.de

Müritzeum und Müritz-Nationalpark

Über dem kleinen Herrensee in Waren an der Müritz ragt ein beeindruckendes Bauwerk empor – rund, futuristisch-expressiv, mit verkohlten Lärchenschindeln verkleidet: das »Müritzeum«.

Dieses »Haus der 1000 Seen« ist ein Naturerlebniszentrum, das u. a. mit 24 Aquarien begeistert, darunter das über zwei Etagen reichende, größte deutsche Aquarium für einheimische Süßwasserfische. Man staunt über 500-köpfige Maränen-Schwärme, weiße Störe und einen tollen (goldenen) Hecht.

Und man genießt den tollen Mix aus Ästhetik, Naturwissenschaft und Umweltbildung. Hier wird die Entstehungsgeschichte der faszinierenden Landschaft des Müritz-Nationalparks erläutert. Erklärt wird, wie am Ende der letzten Eiszeit, vor etwa 12 000 Jahren, zurückweichendes Eisrinnen und Becken schuf sowie zahllose Findlinge und Toteislöcher hinterließ. So entstand eine in Deutschland einmalige Landschaftskomposition – Seen, Moore, ausgedehnte (Buchen-)Wälder –, die man ringsum (gut erschlossen) mit allen Sinnen erleben kann.
Zur Steinmole 1, 17192 Waren (Müritz), Tel. +49 (0) 39 91/63 36 80, tgl. 10–18, Apr. bis Okt. tgl. 10–19 Uhr, www.mueritzeum.de

Bärenwald Müritz

Sie hatten es nicht leicht in ihrem früheren Leben: In Westeuropas größtem Bärenschutzzentrum haben derzeit 16 Braunbären ihr Glück gefunden, in einem paradiesischen Mischwald mit Lichtungen, Wiesen, Hängen und einem natürlichen Wasserlauf zum Planschen.

Balou, Ida, Mascha und ihre neuen Freunde stammen allesamt aus schlechter privater Haltung oder aus Zirkusbetrieben und freuen sich nun über ein behütetes Zuhause im Bärenwald Müritz. Seit 2006 gibt es dieses Projekt der Tierschutzorganisation »Vier Pfoten«. Man sieht hier Szenen aus dem ganz normalen Bärenleben, die Tiere haben in dem großen Park aber auch genügend Rückzugsmöglichkeiten. Den Weg von Waren zum Bärenwald (35 km) kann man dreimal in der Woche sehr pittoresk mit Bus und Schiff zurücklegen.
Am Bärenwald 1, 17209 Stuer,
Tel. +49 (0) 399 24/791 18, Nov.–Mitte März tgl. 10–16, Mitte März–Okt. tgl. 9–18 Uhr,
www.baerenwald-mueritz.de;
Rundtour ab Waren mit 5-Seen-Schifffahrt und Bus zum Bärenpark: Di, Mi, Fr jeweils 10 Uhr,
www.baerenwald-mueritz-ticket.de

Schäferei Hullerbusch

Der Ökohof mit 350 rauwolligen Pommerschen Landschafen und 50 Edelziegen beliefert den zugehörigen Schäferladen mit Lamm-, Schaf- und Ziegenwurst, Ziegenkäse, Brot, Honig, Strickwolle, Wollwesten und Filzpantoffeln. Das Ziegenmilcheis schmeckt prima. Schäfer Heino Hermühlen lädt auch zu Touren mit den Schafen ein (3 Std.).
Hullerbusch 2, 17258 Feldberger Seenlandschaft,
Tel. +49 (0) 398 31/200 06; Hofladen: Mi–So 11–18 Uhr, www.schaeferei-hullerbusch.de

Naturlehrpfad Hullerbusch

Er zählt zu einem der schönsten Lehrpfade der Region und führt in zwei bis drei Stunden auch auf den 120 m hohen Hausmannsberg, einen wunderschönen Picknickplatz mit Blick über die Seenlandschaft. Den Weg erreicht man am besten von Wittenhagen aus oder über den Schmalen Luzin mit einer der letzten handbetriebenen Seilfähren in Deutschland.
An der Fähre 1, 17258 Feldberger Seenlandschaft, Tel. +49 (0) 1 70/307 01 28; Fähre: Mai, Juni, Sep. Fr–Di ab 10, Juli, Aug. tgl. ab 10, Okt. Fr–Di ab 12 Uhr, www.luzinfaehre.de

Tiergarten Neustrelitz

Der Tiergarten geht auf das Jahr 1721 zurück. 60 Stück Damwild waren es damals. Heute tummeln sich auf dem wunderschönen Gelände am Zierker See ca. 450 Tiere aus 40 verschiedenen Arten. Sehr beliebt sind die Stachelschweine, Berberaffen, Mufflons, Zwergziegen und das Shetland-Pony Mia. Angesagt sind auch der Abenteuerspielplatz mit Sandbagger und Klettergerüst. Auch einen Bollerwagen- und Laufradverleih gibt es.
Am Tiergarten 14, 17235 Neustrelitz,
Tel. +49 (0) 39 81/20 44 90, Apr., Okt. 9–17, Mai, Sep. bis 18, Juni–Aug. bis 19, Nov.–März bis 16 Uhr,
www.tiergarten-neustrelitz.de

»Kratzeburger Flatterhus«

Faszinierend sind sie, die lautlosen Jäger der Nacht, und immer ein bisschen geheimnisvoll. Wie schläft es sich eigentlich so kopfüber? Eine interessante Ausstellung in der Nationalparkinformation Kratzeburg klärt auf und vermittelt auf spielerische Art und Weise viel Neues über das Leben der Fledermäuse. Nicht nur Batman-Fans kommen hier auf ihre Kosten.
Dorfstr. 31, 17237 Kratzeburg, Tel. +49 (0) 398 22/ 296 65, Ostern, Mai–Okt. tgl. 10–17 Uhr, www.mueritz-nationalpark.de

Camping und Ferienhäuser in der
Mecklenburgischen Seenplatte

Camping- und Ferienpark
Havelberge ★★★★★

Member of Leading Campings of Europe · am Woblitzsee

www.havelberge.de

Haveltourist

Direkt
„Suchen & Buchen"
www.havelberge.de

Neuer Wohnmobilpark
mit VIP-Karte für
24 Std. An- u. Abfahrt

Camping · Ferienhäuser · Mietwohnwagen · Mobilheime · Gruppenreisen
Kanuzentrum · Kanu-Camping-Card · Abend-Entertainment · Animation
für alle Altersgruppen · WLAN auf allen Plätzen · Internetraum
Kabel-TV · Komfortplätze mit Wasser- und Abwasseranschluss
Tipidorf · Waldseilgarten · Trampolinanlage (8 Plätze)

Haveltourist GmbH & Co. KG · Campingpark Havelberge · 17237 Userin OT Groß Quassow
Tel. (03981) 2479-0 · Fax (03981) 2479-99 · info@haveltourist.de

35 Campingpark Buntspecht

Dank des natürlich dunklen Nachthimmels sieht man hier, im brandenburgischen Naturpark Westhavelland (Deutschlands erstem »Sternenpark«), mehr Sterne als anderswo. Aber auch bei Tag überzeugt die Lage des Platzes inmitten der märkischen Wälder, auf einer Lichtung oberhalb des Ferchesarer Sees. Naturnähe und Abgeschiedenheit verbinden sich mit durchdachtem, modernem Camping-Komfort. Die Sandbadebucht ist relativ klein, der fjordartige See mit fast 9 km Ausdehnung umso länger. Wer mag, erkundet ihn mit geliehenem Boot; Kinderfavorit sind sicher die Tretboote mit Wasserrutsche. Aber für Kinderunterhaltung ist ohnehin gesorgt, etwa mit großem Abenteuerspielplatz einschließlich Goldwaschanlage, Streichelzoo und Hüpfburg, in der Hauptsaison ergänzt durch das tägliche Animationsprogramm. Bestens durchdacht ist auch die Ausstattung für vierbeinige Gäste, bis hin zum HundeFön.

Weg zum Zeltplatz 1, 14715 Stechow-
Ferchesar, Tel. +49 (0) 338 74/900 72,
www.campingpark-buntspecht.de,
Mitte Apr.–Mitte Okt.

Fläche	6 ha
Standplätze Touristen	200
Dauercamper	65
Mietunterkünfte	29
Hunde	willkommen

36 Campingplatz Rathenow »am Steggel«

Der übersichtliche, parkähnlich angelegte Campingplatz liegt am Ufer des kleinen Steckelsdorfer Sees, etwa 3 km westlich von Rathenow. Sehr ruhig und freundlich-familiär geht es hier zu, sehr gepflegt ist die moderne Infrastruktur (allerdings mit Duschmünzen). Am Platz gibt es ein Imbisslokal mit Seeterrasse, außerdem Brötchenservice (auf Vorbestellung), aber keine Einkaufsmöglichkeit. Rathenow-Zentrum mit weiteren Geschäften kann man dafür auch per Bus erreichen (Haltestelle direkt am Campingplatzeingang). Doch lieber bleibt man am schönen Strand des »Steggel«, wie die Einheimischen ihren See nennen, mit der großen Sandbadebucht und Liegewiese.

Hauptstr. 72, 14712 Rathenow OT Steckelsdorf,
Tel. +49 (0) 33 85/49 95 10,
www.campingplatz-rathenow.de,
Mitte Apr.–Mitte Okt.

Fläche	5,3 ha
Standplätze Touristen	100
Dauercamper	50
Mietunterkünfte	22
Hunde	erlaubt

Entdecken & erleben

Potsdam

Stadt der Schlösser, Kunstschätze und herrlichen Gärten. Sanssouci ist das größte Park- und Schlossensemble nördlich der Alpen und das touristische Highlight der Landeshauptstadt (167 500 Einw.). Die Unesco erklärte Sanssouci zum Weltkulturerbe.

Tourist Info: Humboldtstr. 1–2, 14467 Potsdam, Tel. +49 (0) 3 31/27 55 88 99, www.potsdamtourismus.de

»Extavium«, Potsdam

Wie machten die alten Römer Speiseeis? Wie finden Mäuse ihren Weg durch ein Lego-Labyrinth? Derlei Wissenswertes mit naturwissenschaftlichem Hintergrund erfahren Kinder auf spielerische Weise in stets wechselnden Themenblöcken im »Extavium«. Im Urania-Planetarium verfolgt man unter einer Kuppel mit 8 m Durchmesser den Weg der Sterne am künstlichen Himmel.

Extavium: Am Kanal 57, 14467 Potsdam OT Babelsberg, Tel. 03 31/60 12 79 59, Di, Mi 9–14, Do, Fr 9–17, Sa, So 10–17 Uhr, www.extavium.de; Planetarium: Gutenbergstr. 71/72, 14467 Potsdam, Tel. 03 31/270 27 21, Veranstaltungen siehe www.urania-planetarium.de

Ritter Kahlbutz

Makaber und doch faszinierend ist, was dem märkischen Ritter Christian Friedrich von Kahlbutz (1651–1702) widerfuhr – nach seinem Tod. Denn vor mehr als 200 Jahren wurde festgestellt, dass sein Leichnam in der Gruft nicht verwest war, sondern sich in eine Mumie verwandelt hatte. Seitdem sprießen die Spekulationen über eine göttliche Strafe für Mord und Meineid, denn selbst renommierte Mediziner konnten die Mumifizierung nicht wissenschaftlich erklären. Für einen Obolus in die Kirchenkasse kann die ledrig-lebensechte Mumie besichtigt werden.

Dorfkirche Kampehl, Kampehl 29c, 16845 Neustadt (Dosse), Tel. +49 (0) 339 70/132 65, März, Apr., Okt., Nov. Fr–So, Mai Do–So, Juni–Sep. Mi–So 11–16 Uhr, www.kalebuz.de

Spielzeugmuseum im Havelland

Das liebevoll gestaltete Museum ist Teil des sehenswerten Gutshausensembles Kleßen mit Schloss, Stallungen, Orangerie und der alten Dorfschule. Gezeigt wird die Vielfalt von 200 Jahren deutscher Spielzeugindustrie – Holz- und Blechspielzeug, Puppen (darunter die kleinste der Welt), Teddybären, Dreiräder, Tretautos ... Den ersten Stock nimmt eine funktionstüchtige historische Märklin-Modelleisenbahn (Spur 0) ein. Jeden zweiten Samstag im Monat dürfen auch Besucher an die Regler.

Museum: Schulweg 1, 14728 Kleßen, Tel. +49 (0) 332 35/293 11, Mi–So 11–17 Uhr, www.spielzeugmuseum-havelland.de

Altstadt Tangermünde

Mit seinem geschlossenen mittelalterlichen Stadtbild gehört Tangermünde, dem weder Krieg noch DDR-Vernachlässigung viel anhaben konnten, sicherlich zu den schönsten Städten Norddeutschlands. Spektakulär sind das spätgotische Rathaus mit seiner Backsteinfassade und die fast vollständig erhaltene Stadtmauer mit all ihren Toren und Türmen.

Tourist Info: Markt 2, 39590 Tangermünde, Tel. +49 (0) 393 22/223 93, www.tangermuende.de

Rathenow

Rathenow ist als Wiege der optischen Industrie in Deutschland bekannt. Besonders sehenswert sind der Optikpark, der Weinberg mit dem monumentalen Bismarckturm sowie der weiträumige Familien- und Landschaftspark, dem zentralen Gelände der Bundesgartenschau 2005 in Rathenow.

Tourist Info: Freier Hof 5 (Kirchberg), 14712 Rathenow, Tel. +49 (0) 33 85/51 49 91, Apr.–Sep. tgl. 10–18, Okt.–März Mo–Fr 10–18, Sa, So 12–16 Uhr, www.rathenow.de

Spiel, Sport & Action
Floßtour auf der Havel

Die Havel ist zwar nicht der Mississippi, Spaß macht eine Floßfahrt á la Huckleberry Finn aber allemal. Die Flöße werden mit Außenbordmotor betrieben. Trockentoilette, Gaskocher und Campinggeschirr gehören zur Ausstattung.

Floßverleih TreibGut: Wassersportzentrum Franz-Ziegler-Str. 28, 14776 Brandenburg an der Havel, Tagescharter: 11–20 Uhr, www.flossverleih-treibgut.de; Huckleberry Tours: Floßstation Schiffbauergasse 9, 14467 Potsdam, Tel. +49 (0) 331/96 00 10, Tages- u. Stunden-Charter: 10–19 Uhr, www.huckleberrys-tour.de

Natur erleben
NaturparkZentrum Westhavelland

Viele bedrohte und gefährdete Tier- und Pflanzenarten haben in diesem Feuchtgebiet ihren Lebensraum: Wat- und Was-

Rathenows neogotischer Bismarckturm wurde im Sommer 1914 eingeweiht.

servögel, Biber und Fischotter, Seeadler und Rotmilan sind hier ebenso anzutreffen wie die letzten Großtrappen Deutschlands. Das Naturparkzentrum informiert unterhaltsam über die Region.

Stremmestr. 10, 14715 Milower Land OT Milow, Tel. +49 (0) 33 86/21 12 27, Apr–Okt. Do–Di 10–17, Nov.–März Do–So 10–16 Uhr, www.westhavelland-naturpark.de

Straußenhof Großderschau

Steckt der Vogel Strauß wirklich den Kopf in den Sand? Das und viel mehr kann man hier herausfinden. Was man mit Straußeneiern anfangen kann, erfährt man ebenfalls – frische Eier gibt's zum Mitnehmen.

Kleinderschauer Str. 7, 16845 Großderschau, Tel. +49 (0) 338 75/90 01 10, www.der-straussenhof

37 Südsee-Camp

Diese(r) Südsee liegt mitten in der Lüneburger Heide – und ist zunächst einmal ein 3,5 ha großer Badesee mit weitläufigen Sandstränden. Dazu kommen wettersicheres tropisches Flair im »Südsee-Badeparadies«, ein Erlebnishallenbad mit Tropenlandschaft, Wellenbecken und Wildwasserkanal. Draußen gliedert sich der enorm große Campingplatz in verschieden ausgestattete Bereiche zwischen Wald und Heide. Kinderfreundlichkeit und »Erlebnischarakter« werden großgeschrieben. So gibt es eine extreme Vielfalt an z. T. außergewöhnlichen Spiel- und Sportangeboten: von der Skater-Bahn über »Dschungel-Golf« bis zum Reitstall oder dem Hochseilgarten. Die meisten Attraktionen sind dabei kostenpflichtig. Ganzjährig sorgt ein vielköpfiges Team für abwechslungsreiche Kinderanimation sowie Veranstaltungs- und Show-Programme für die ganze Familie. Langeweile ist definitiv ein Fremdwort. Eher hat man die Qual der Wahl aus einer Vielzahl an Möglichkeiten. Auch für alles Notwendige (Sanitär, Gastronomie, Einkauf) ist jeweils in großer, kinderfreundlicher Vielfalt gesorgt.

Südsee-Camp 1, 29649 Wietzendorf,
Tel. +49 (0) 51 96/98 01 16,
www.suedsee-camp.de/camping,
ganzjährig

Fläche	90 ha
Standplätze Touristen	726
Dauercamper	579
Mietunterkünfte	203
Hunde	willkommen

ADAC Inspekteur Stefan Steimer:
»Klein, aber vom Feinsten: ein Platz
mit Wohlfühlatmosphäre und Flair,
eine unglaublich ruhige und ent-
spannte Atmosphäre.«

38 Camping-Park Lüneburger Heide

Wenige Campingplätze werden mit so viel Herzblut und Sorgfalt betrieben. So ist nicht nur für alles großzügig gesorgt, sondern auch stets mit Geschmack und Kreativität gestaltet. Die opulente Parklandschaft des Platzes ist durchzogen von liebevoll angelegten Themengärten. Großer Wert wurde auf hochwertige Sanitäranlagen gelegt – einschließlich moderner, kostenloser Familienbäder und eigenem »Kinderland«-Bereich. Kinder haben auch sonst beste Möglichkeiten: Neben den Spielplätzen für verschiedene Altersgruppen sind besonders die Ziegen, Kaninchen und Meerschweinchen des Streichelzoos beliebt, aber auch die kostenlosen kleinen Ruderboote und das Floß auf dem Badeweiher. Für Hunde gibt es einen Agilityplatz.

Badeweg 3, 29640 Schneeverdingen
OT Heber, Tel. +49 (0) 51 99/275,
www.camping-lh.de,
Anf. März–Anf. Nov.

Fläche	7,2 ha
Standplätze Touristen	118
Dauercamper	80
Mietunterkünfte	14
Hunde	willkommen

39 Ferienpark Heidesee

Wald, Wasser, Heidelandschaft: ein unaufgeregter Campingplatz inmitten weiter, erholsamer Natur. Das terrassierte Gelände zieht sich rund um den namensgebenden Badesee. Im Sommer stehen zum Baden außerdem ein Freibad und für die Kleinsten ein beheiztes Planschbecken zur Verfügung. Kinder finden große Spielplätze (draußen und drinnen), einen Streichelzoo sowie eine Skater-Anlage vor. Im Sommer steht tägliche Kinderanimation auf dem Programm. Die Sanitäranlagen sind zweckmäßig, Einkaufsmöglichkeiten und Nebensaison-Gastronomie gibt es im etwa 7 km entfernten Ortszentrum von Faßberg.

Oberohe 25, 29328 Faßberg,
Tel. +49 (0) 58 27/97 05 46,
www.campingheidesee.com,
ganzjährig

Fläche .... 17,5 ha
Standplätze Touristen 190
Dauercamper 140
Mietunterkünfte 39
Hunde .... erlaubt

Entdecken & erleben

Sehenswert & interessant
Celle
Über 500 unter Denkmalschutz stehende Fachwerkhäuser, imposante Bauwerke wie das Alte und Neue Rathaus, die Stadtkirche und natürlich das prachtvolle Schloss prägen das malerische Ambiente der einstigen herzoglichen Residenzstadt. Das Celler Schloss ist eine Zeitreise vom frühen 14. bis in die Mitte des 19. Jh.: Man erkennt, wie aus der mittelalterlichen Ritterburg ein Renaissancepalast wurde und schließlich das nun dominierende vierflügelige Barockschloss mit seinen prächtigen Staatsgemächern, dem sehenswerten Residenzmuseum und dem Schlosstheater, Europas ältestem regelmäßig bespielten Barocktheater.

Tourist Info: Markt 14–16, 29221 Celle, Tel. 051 41/90 90 80, www.celle-tourismus.de; Schloss: Schlosspl. 1, 29221 Celle, Tel. 051 41/909 08 50, www.schloss-celle.de

Spiel, Sport & Action
Heide-Park, Soltau
Norddeutschlands größter Vergnügungspark lockt mit einem Füllhorn laufend aktualisierter Anlagen und Shows für (fast) jeden Geschmack. Das Angebot reicht von adrenalinsteigernden Vergnügungen wie Achterbahnen mit wilden Loopings und Schrauben über den 103 m hohen Freifallturm bis hin zu fantasievollen Erlebniswelten wie der auf Kinder ab 3 bzw. 4 Jahren zugeschnittenen Drachenzähm-Herausforderung oder der Western-Eisenbahn.

Heide Park 1, 29614 Soltau, Tel. +49 (0) 18 06/
91 91 01, Ende März–Ende Okt. tgl. 10–19 Uhr,
mit Ausnahmen siehe www.heide-park.de

Das verrückte Haus, Bispingen

Einfach verrückt: Da dieses komplett
eingerichtete zweistöckige Haus »ver-
kehrtherum« auf der Dachspitze
balanciert, steht wirklich alles auf dem
Kopf, sogar die Modelleisenbahn fährt
kopfüber. Das verwirrt Wahrnehmung
und Gleichgewichtssinn ganz gehörig.
Weitere Herausforderungen gibt es im
Außenbereich, etwa ein Fahrrad mit
spiegelverkehrter Lenkung.
Horstfeldweg 1, 29646 Bispingen, Tel. +49 (0)
160/92 19 26 76, März–Okt. tgl. 11–19, Nov.–Feb.
11–17 Uhr, www.dasverrueckehaus-bispingen.de

Natur erleben
Spaziergang durch die Heide

Der »Naturpark Lüneburger Heide«
ist ein Paradies für Spaziergänger und
Wanderer. Zahlreiche Touren führen
durch die Heidelandschaften, Moore
und Wälder. Besonders schön ist der
Spaziergang zum Totengrund, wenn im
August die ganze Pracht der Heideblüte
zu bewundern ist. Der Ausgangsparkplatz liegt am Rande der Ortschaft
Behringen, am Sellhorner Weg. Im
Norden verspricht dann der Brunsberg
mit seinen gerade einmal 129 m über
Meereshöhe ein einzigartiges Panorama.
Ausgangspunkt: Parkpl.
am Sellhorner Weg, 29646 Behringen;
www.erlebniswelt-lueneburger-heide.de

*Spaziergänge durch die Lüneburger Heide sind natürlich besonders reizvoll,
wenn die Heide ab Mitte August zu blühen beginnt.*

40 Campingplatz Wilsumer Berge Ost

Abends quaken die Frösche, morgens zwitschern die Vögel. Inmitten der abwechslungsreichen Hügellandschaft der Wilsumer Berge mit ihren Wald- und Heideflächen, Wiesen und Sandverwehungen bietet der weitläufige Platz viel Raum für Mensch und Natur. Im Zentrum liegt ein großer Badesee mit langem Sandstrand, Nichtschwimmerbereich und 60 m langer Wasserrutsche. Unter dem Motto »aktiv sein« entwickelten die neuen niederländischen Betreiber umfangreiche Sport- und Spielmöglichkeiten für die ganze Familie. Für Kinder und Jugendliche organisiert ein Animationsteam viele Aktivitäten in der Natur – von der Schnitzeljagd bis zum Baumhausbau. Bei schlechtem Wetter kann man in die große »Adventure Halle« (mit Kletterwand) ausweichen. Die gepflegten Sanitäranlagen sind kindgerecht ausgestattet. Für die Versorgung stehen Restaurant, Bistro und Kiosk zur Verfügung.

Zum Feriengebiet 1, 49849 Wilsum,
Tel. +49 (0) 59 45/99 55 80,
www.wilsumerberge.de,
Ende März–Ende Okt.

Fläche	32 ha
Standplätze Touristen	405
Dauercamper	32
Mietunterkünfte	4
Hunde	erlaubt

Entdecken & erleben

Bronzezeithof Uelsen

Das archäologische Freilichtmuseum zeigt den Nachbau eines 3 000 Jahre alten Wohnstallhauses, einschließlich Nebengebäuden, Gerätschaften, Anbauflächen und Nutztieren (Rinder und Schafe). Hier kann man live miterleben, wie vor 100 Generationen gelebt, gearbeitet und gewirtschaftet wurde.

Am Feriengebiet 7, 49843 Uelsen, Tel. +49 (0) 59 42/14 11, Apr.–Okt. So 13–17, Juli, Aug. auch Di–Fr 14–17 Uhr, www.bronzezeithof.de

Burg Bentheim

Die erstmals 1050 erwähnte Burg gilt als eine der ältesten und eindrucksvollsten Anlagen Nordwestdeutschlands. Seit fünf Jahrhunderten befindet sich das Gemäuer im Besitz der gräflichen Familie von Bentheim und Steinfurt, kann aber besichtigt werden. Auch spezielle Führungen für Kinder werden angeboten.

Schlossstr., 48455 Bad Bentheim, Tel. +49 (0) 59 22/50 11, März–Okt. tgl. 10–18, Nov.–Feb. Di, Mi, Fr–So 10–17 Uhr, www.burg-bentheim.de

Emsland Moormuseum

Einst war die gesamte Region zwischen Weser und Ems »vermoort«. Über Moorentstehung und Torfabbau im Emsland informiert das Museum sehr anschaulich. Per Feldbahn kann man das Moor hautnah erkunden.

Geestmoor 6, 49744 Geeste OT Groß Hesepe, Tel. +49(0) 59 37/70 99 90, Ende Feb.–Anf. Nov. Di–So 10–18 Uhr, www.moormuseum.de

BadePark Bentheim

Sowohl sportliche Schwimmer als auch verspielte Wasserratten jeden Alters kommen im »Erlebnisbad« auf ihre Kosten, im Sommer auch im Naturfreibad. Die Saunalandschaft mit Garten und Naturbadeteich bietet komfortable Entspannung.

Zum Ferienpark 1, 48455 Bad Bentheim, Tel. +49 (0) 59 22/99 94 50, www.badepark-bentheim.de

Tierpark Nordhorn

Damit Besucher den Tieren so nah wie möglich kommen können, sind viele Gehege begehbar, sodass man z. B. Alpakas und Kängurus in ihren naturnah gestalteten Anlagen ohne Barriere begegnet. Absoluter Besuchermagnet ist der Streichelzoo am historischen Vechtebauernhof mit Ferkeln der Bunten Bentheimer Schweine.

Heseper Weg 140, 48531 Nordhorn, Tel. +49 (0) 59 21/71 20 00, März–Okt. tgl. 9–19, Nov., Feb. bis 18, Dez., Jan. bis 17 Uhr, www.tierpark-nordhorn.de

Arnolds Bauernhofcafé

Der denkmalgeschützte Hof von 1863 wurde aufwendig restauriert und originalgetreu eingerichtet. Die hausgebackenen Kuchen werden weit gerühmt, aber auch Herzhaftes kommt auf den Tisch.

Am Esch 11, 48465 Schüttorf OT Samern, Tel.+49 (0) 59 23/99 57 99, Mi–Fr 14–22, Sa ab 11, So ab 9.30 Uhr, www.arnolds-cafe.de

41 Ferien- und Campingpark Wisseler See

Ein Platz mit Tradition und Anspruch: Seit mehr als 50 Jahren sorgt man hier für zeitgemäß ausgestattete, gut organisierte Familienerholung am See. Neuestes Angebot für Glamping-Interessierte sind vier Schlaffässer mit Wikingerflair, die auf die Namen Faxe, Ilvy, Snoerre und Halver getauft wurden. Drachenschiffe gibt es auf dem Wisseler See nicht, aber Treetboot kann man fahren. Oder am Strandbad mit der weitläufigen Sandbadebucht schwimmen, surfen oder schnorcheln. Der von Dauercampern geprägte Platz kann mit sehr gepflegten, modernen Sanitäranlagen punkten und bietet in den nordrhein-westfälischen Ferien ein Animationsprogramm für Aktivitäten aller Altersgruppen; außerhalb der Saison sind die Aktivitäten aufs Wochenende beschränkt. Auf die Einhaltung von Ruhezeiten wird geachtet.

Zum Wisseler See 15, 47546 Kalkar
OT Wissel, Tel. +49 (0) 28 24/963 10,
www.wisseler-see.de,
ganzjährig

Fläche	35 ha
Standplätze Touristen	200
Dauercamper	600
Mietunterkünfte	22
Hunde .... bedingt erlaubt	

Entdecken & erleben

Sehenswert & interessant
Archäologischer Park Xanten

Am Rande des heutigen Xantner Stadtzentrums hatte der römische Kaiser Trajan vor 1 900 Jahren den Hauptort der Provinz Germania Inferior errichten lassen. Die mit Forum, Tempel, Amphitheater, Thermen, Wasserleitungen, Abwasserkanälen und Verteidigungsanlagen planmäßig ausgebaue Siedlung wurde zur damals drittgrößten Stadt (10 000 Einw.) nördlich der Alpen. Auf dem historischen Gelände vermitteln heute ausgegrabene und teilweise rekonstruierte Bauwerke sowie ein gut gemachtes Museum einen lebendigen Eindruck vom Alltag der einstigen römischen Stadt. Für Kinder gibt es neben spannenden Informationen zu den Spielen der alten Römer auf dem Gelände auch mehrere große (Abenteuer- und Wasser-)Spielplätze.

Eingang Stadtzentrum: Am Amphitheater, 46509 Xanten; Eingang Hafentempel: Am Rheintor, 46509 Xanten; Eingang Museum: Siegfriedstr. 39, Tel. +49 (0) 28 01/71 20, März–Okt. 9–18, Nov. bis 17, Dez.–Feb. 10–16 Uhr, www.apx.de

Kleve

Die weithin sichtbare, imposante Schwanenburg prägt die Silhouette der alten Herzogstadt. Der größere der beiden Türme, der Schwanenturm, soll einst von Julius Caesar begründet worden sein. Der Aufstieg lohnt sich, von oben hat eine wunderbare Aussicht auf die Stadt und einen weiten Blick über das Kleverland. Lohnend ist auch ein Besuch der berühmten barocken Gartenanlagen Kleves.

Tourist Info: Minoritenpl. 2, 47533 Kleve, Tel. +49 (0) 28 21/848 06, Juni–Aug. Mo–Fr 10–18, Sa 10–15, Sep.–Mai Mo–Fr bis 17, Sa bis 14 Uhr, www.kleve-tourismus.de

Nimwegen

Die älteste Stadt der Niederlande ist ein charmantes Shopping-Paradies. Zentrum ist der »Grote Markt« (Große Markt), wo samstags und montags Wochenmarkt stattfindet. Gehandelt wird mit frischen Lebensmitteln und Blumen, mit Stoffen, Kleidung, Souvenirs und etlichem mehr. Besonders schön bummeln lässt sich durch die für Nimwegen typischen kleinen Sträßchen mit ihren vielen ausgefallenen Geschäften. Die »Lange Hezelstraat« gilt als älteste Einkaufsstraße der Niederlande. Zahlreiche (Freiluft-)Cafés und gemütliche Restaurants laden zur Einkehr ein.

Tourist Info: Keizer Karelplein 32h (Stadsschouwburg), NL-6511 Nijmegen, Tel. +31 (0) 900/112 23 44, Di–Fr 9.30–17.30, Sa 10–16 Uhr, www.regionarnheimnimwegen.de

Kalkar

Architektur, Kunst und Städtebau des Mittelalters bilden in Kalkar eine eindrucksvolle Einheit. Unverwechselbar ist der historische Marktplatz mit seinen Treppengiebelhäusern, der alten Gerichtslinde und dem gotischen Rathaus. Einzigartig die St.-Nicolai-Kirche mit ihren berühmten Eichenschnitzaltären, Skulpturen und Gemälde; sehenswert auch das Städtische Museum und die Stadtwindmühle. Aber auch Gelegenheiten zum gemütlichen kulinarischen Genuss kommen in Kalkar nicht zu kurz.

Tourist Info: Grabenstr. 66, 47546 Kalkar, Tel. +49 (0) 28 24/131 20, Apr.–Okt. Mo 10–13, Di–So 10–17, Nov.–März Mo ab 11, Di–So ab 11 Uhr, www.kalkar.de

Spiel, Sport & Action
Wunderland Kalkar & Kernies Familienpark

Das weltweit einmalige »Wunderland« war einst ein Kernkraftwerk. 1985 nach jahrzehntelangen Auseinandersetzungen fertiggestellt, ging der »Schnelle Brüter« nie in Betrieb und wurde ab 1995 zum Kongresszentrum und Freizeitpark. Der Kühlturm dient nun u. a. als Kletterwand und ist mit 40 weiteren Attraktionen (Achterbahnen, Riesenräder, Karussels, Kartbahnen, Zirkus, Comedy etc.) Teil von »Kernies Familienpark«. Kernie ist das sehr präsente, orangefarbene Maskottchen des Parks. Im Eintrittspreis inbegriffen sind für Kinder die unbegrenzte Versorgung mit Pommes frites, Eis und Softdrinks. Wissbegierige können sich vor Ort aber auch ernsthaft in einem »Brütermuseum« über Atomenergie informieren.

Griether Str. 110–120, 47546 Kalkar, Tel. +49 (0) 28 24/91 00, Öffnungszeiten siehe www. wunderlandkalkar.eu

Grenzland-Draisine

Von Kleve kann man auf der stillgelegten Bahnstrecke Richtung Nimwegen ganz spektakulär in die Niederlande »radeln« – mit familiengeeigneten Fahrrad-Draisinen für 2 bis 4 Personen. Die Strecke durch die niederrheinische Landschaft ist äußerst pittoresk, vorbei an den Klever historischen Gartenanlagen, an Amphitheater,

Wahrhaft ein Wunderland: Im ehemaligen Kalkarer Kühlturm schraubt sich ein Kettenkarussell 58 m in die Höhe – bis man eine herrliche Aussicht über die Rheinebene hat.

Tierpark, Schloss Gnadenthal und der Mühle Donsbrüggen. Nach ca. 10 km gelangt man in das historische Grenzstädtchen Kranenburg, nach weiteren 5 km und fast unmerklicher Überquerung der deutsch-niederländischen Grenze erreicht man das Städtchen Groesbeek mit seinem romantischen Charme.
Tel. +49 (0) 28 26/91 99 00, Mitte Apr.–Mitte Sep., www.grenzland-draisine.eu

Kleoland
Indoor-Vergnügen auf über 1 000 qm: Auf vier Ebenen können Kinder klettern, springen, rutschen, spielen und sich austoben. Für die Kleinsten gibt es einen separaten Bereich. Während der Nachwuchs beschäftigt ist, können sich die Erwachsenen in Café oder Restaurant entspannen. Wer stattdessen unbedingt bügeln will, bekommt auch Bügelbrett und Bügeleisen.
Pannofenstr. 11, 47533 Kleve, Tel. +49 (0) 28 21/97 54 46, Mo–Sa 14–19, So u. Ferien ab 11 Uhr, www.kleoland.de

Hochseilgarten Kleve
Der Klettergarten bietet Herausforderungen für alle Altersgruppen und Ambitionen. Während die Stationen der verschiedenen hohen Parcours 4 bis 10 m hoch sind, gibt es für weniger Ambitionierte (Kinder ab 10 Jahren) daneben auch einen Niedrigseilgarten. Dieser »Abenteuerparcours« ist nur knie- bis maximal schulterhoch.
St.-Annaberg 2, 47533 Kleve OT Materborn, Tel. +49 (0) 28 21/97 09 59, www.elan-training.de

»Alpentour«
Alpentour am Niederrhein? Aber ja, mit dem Fahrrad auf lauschigen Wegen vorbei an mehr als 30 Sehenswürdigkeiten rund um die schöne niederrheinische Flachlandgemeine Alpen. Über die Strecken informiert die Gemeindeverwaltung. Auch von iyllisch gelegenen Bauernhofcafés und Raststationen weiß man dort.
Rathaus (Frau Romba): Rathausstr. 5, 46519 Alpen, Tel. +49 (0) 28 02/91 20, Mo–Fr 8–12, Di 14–18, Do 14–17 Uhr, www.alpen.de

Natur erleben
Tiergarten Kleve
Hier sieht man andere Tiere als in anderen Zoos, denn in Kleve legt man den Schwerpunkt auf alte Haustierrassen aus aller Welt. So sieht man etwa urige Wollschweine, Zackelschafe und Steppenrinder aus Ungarn, Owambo-Hängeohrziegen, Zwergziegen oder Somali-Fettsteißschafe aus Afrika, Trampeltiere aus Asien, südamerikanische Lamas und Bennettkängurus aus Australien. Aber auch diverse Wildtiere sind zu sehen. Besonders beliebt ist die tägliche Seehund-Fütterung.
Tiergartenstr. 74, 47533 Kleve. Tel. +49 (0) 28 21/267 85, Mitte März–Mitte Okt. tgl. 9–18, sonst tgl. 10–17 Uhr, www.tiergarten-kleve.de

Essen & Trinken
Ratskeller Kalkar
Im Keller des Kalkarer Rathauses genießt man unter dem imposanten gotischen Backsteingewölbe nicht nur ein faszinierendes historisches Ambiente, sondern zuvorkommende niederrheinische Gastlichkeit und hervorragende regionale Küche.
Markt 20, 47546 Kalkar, Tel. +49 (0) 28 24/24 60, Di–Sa 12–14, 17–22.30, So 11.30–22.30 Uhr, www.ratskeller-kalkar.com

42 Campingplatz Hertha-See

Hier im Münsterland geht es in jeder Hinsicht rund – aber ganz tiefenentspannt! Rundherum um einen lang gestreckten Badeteich kann sich jeder ein unparzelliertes Plätzchen nach seinem Geschmack suchen, am Strand, auf der Wiese oder unter Kiefern und Birken. Rund kann es dann auch mit verschieden großen Bällen gehen, beim Beach-volleyball, Fußball, Tennis, Minigolf oder Tischtennis. Der etwa 1 km lange, breite Sandstrand rund um den »See« verspricht weiträumi-ges Strandvergnügen – das Wasser ist kinderfreundlich flach und höchstens 1,60 m tief. Wenn genug geplanscht, geschwommen und Bur-gen gebaut wurden oder das Wetter nicht mitspielt, bietet ein dem Platz angeschlossenes Indoor-»Spielpara-dies« (3 400 qm, gesonderter Eintritt) zahlreiche attraktive Spielideen für unterschiedliche Altersgruppen. Die Sanitäranlagen sind nicht neuester Bauart, aber kunstvoll-kreativ reno-viert und sehr gepflegt (allerdings mit Münzduschen).

Herthaseestr. 70, 48477 Hörstel, Tel. +49 (0) 54 59/10 08, www.hertha-see.de/campingplatz, Anf. Apr.–Anf. Okt.

Fläche	25 ha
Standplätze Touristen	150
Dauercamper	370
Mietunterkünfte	nein
Hunde	nicht erlaubt

43 Campingpark Sonnensee

Hundertfünfzigjährige Eichen begrenzen und gliedern das westfälische Landidyll. Camper haben hier wirklich viel Raum: Die Standplätze sind im Schnitt über 120 qm groß und die Parzellierung ist sehr aufgelockert. Parkartig angelegt, ist der Platz äußerst gepflegt und mit großem Komfort ausgestattet. Glamping-Luxus bieten Blockhaus-Tipis, »Butterfässer« oder Western-Cottages. Besonderen Wert legt die engagierte Betreiberfamilie auf erstklassige, stilvoll gestaltete Sanitär-anlagen. Familienbäder und ein eigenes »Kinderwaschland« gehören dazu. Für diverse Spiel- und Sportmöglichkeiten ist natürlich auch gesorgt. Badespaß und Strandvergnügen bietet der namensgebende kleine Sonnensee mit einem schönen großen Sandstrand. Eine Gaststätte mit Biergarten, ein Backshop sowie ein kleiner Kiosk decken kulinarische Bedürfnisse.

Seenstr. 25, 33775 Versmold,
Tel. +49 (0) 54 23/64 71,
www.campingpark-sonnensee.de,
ganzjährig

Fläche	15,5 ha
Standplätze Touristen	95
Dauercamper	340
Mietunterkünfte	6
Hunde	bedingt erlaubt

44 Alfsee Ferien- und Erholungspark

Der namensgebende Alfsee und seine Wasservögel stehen unter Naturschutz und lassen sich nur von der Seeterrasse aus bewundern. Bade- und Wasserskifreuden (zwei Seilzug-Anlagen für Wakeboard und Wasserski, mit Sprungschanzen) bietet stattdessen ein kleinerer Freizeitsee nebenan. Vor allem kann der Campingplatz mit einer Vielzahl unterschiedlicher Freizeiteinrichtungen punkten, die ihn umgeben (gesonderter Eintritt): das »Bullermeck«, ein riesiger Indoor-Spielplatz für alle Altersstufen (einschließlich Hochseilgarten), die Kart-Bahn »Alfseering« mit »Kinderautoland«, ein rekordverdächtiger runder Irrgarten oder der Haustierpark der »Arche Alfsee« mit Streichelgehege. Das neu eröffnete, großzügige »Alfen Saunaland« inszeniert sich im Stil eines altgermanischen Dorfes; zu den gepflegten Sanitäranlagen des Platzes gehört auch ein altersgerecht gestaltetes »Kinderland«. Ansonsten wird der Nachwuchs vom beliebten Clown Ati und seinem Animationsteam bei Laune gehalten.

Am Campingpark 10, 49597 Rieste,
Tel. +49 (0) 54 64/9 21 20,
www.alfsee.de,
ganzjährig

Fläche	15,5 ha
Standplätze Touristen	420
Dauercamper	348
Mietunterkünfte	106
Hunde	erlaubt

LIEBLINGS-
PLATZ

45 Campotel

»Aktiv entspannen« heißt das Motto des Campotel am Rande des Teutoburger Waldes. Viel wird hier getan, um allen Mitgliedern der Familie
entsprechende Angebote zu machen: sportliche und spielerische Aktivitäten
(von Aerobic über Fitness bis Tennis) genauso wie Erholsames (von Kosmetik über Sauna bis Wellness). Kindern werden mehrere Spielplätze und nicht
zuletzt die heiß begehrte »Hüpfburgenhalle« geboten. Und alle zusammen
können einen schön angelegten Badeteich (mit Kiesstrand) genießen. Ausgebildete Animateure tüfteln an Veranstaltungen für die ganze Familie. Mit
Restaurant, Imbiss und SB-Markt sowie gepflegten Sanitäreinrichtungen ist
auch für die Grundbedürfnisse gut und umfassend gesorgt.

Heidland 65, 49214 Bad Rothenfelde,
Tel. +49 (0) 54 24/21 06 00,
www.campotel.de,
ganzjährig

Fläche	14 ha
Standplätze Touristen	250
Dauercamper	250
Mietunterkünfte	13
Hunde	erlaubt

Entdecken & erleben

Flughafen Münster/Osnabrück

Der Flughafen Münster/Osnabrück lässt tiefer hinter die Kulissen blicken als andere Flughäfen. Im Rahmen von Führungen können Besucher Handgepäck- und Personenkontrolle durchlaufen, die Gepäck-Verarbeitung besichtigen und die Arbeit auf dem Vorfeld hautnah beobachten.

Airportallee 1, 48268 Greven, Anm. unter +49 (0) 25 71/13 00, www.fmo.de

Museum und Park Kalkriese

Der »deutsche« Nationalheld hieß erst viel später Hermann, tatsächlich war sein Name Arminius. Der Fürst vom Stamm der Cherusker besaß das römische Bürgerrecht, leistete dem Imperium Militärdienste und stand dann anno 9 n. Chr. auf der Seite der Germanen. Unter seiner Führung metzelten die aufständischen Germanen im nördlichen Teutoburger Wald die drei Legionen des römischen Statthalters Publius Quinctilius Varus nieder. Später wurde diese »Varusschlacht« zum deutschen Nationalmythos umgedeutet. Am mutmaßlichen Ort des Geschehens zeigt heute ein eindrucksvolles archäologisches Museum rund 3 000 hier ausgegrabene Fundstücke aus dieser Zeit. Spannend ist auch der Spaziergang über die 20 ha des antiken Schachtfelds, den heutigen Park.

Venner Str. 69, 49565 Bramsche OT Kalkriese, Tel. 054 68/92 042 00, Apr.–Okt. tgl. 10–18, Nov.–März Di–So 10–17 Uhr, www.kalkriese-varusschlacht.de

Auch ohne abzuheben, lassen sich auf dem Flughafen Münster/Osnabrück interessante Einblicke gewinnen.

Osnabrück

Karl der Große gründete die Stadt im Jahr 780. Das Ende des Dreißigjährigen Krieges wurde 1648 im Osnabrücker (und dem Münsteraner) Rathaus besiegelt. So bezeichnet sich Osnabrück stolz als »Friedensstadt«. Die kopfsteingepflasterten Gassen der Altstadt sind schmal und verwinkelt. Mittelalterliche Fachwerk- oder Steinhäuser (die sog. »Steinwerke«), Kirchen und natürlich das Rathaus des hier geschlossenen Westfälischen Friedens sind zu entdecken sowie viele prächtige Bauten aus Klassizismus und Rokoko. Zahlreiche Cafés und Kneipen laden zur gemütlichen Einkehr.
Tourist Info: Bierstr. 22/23, 49074 Osnabrück, Tel. +49 (0) 541/323 22 02, www.osnabrueck.de

Industriekultur am Piesberg

Noch vor anderthalb Jahrzehnten wurde am Piesberg, dem Osnabrücker Hausberg, Kohle und Stein abgebaut, heute erobert dort die Natur die aufgelassenen Steinbrüche, Stollen und Halden zurück. Das weitläufige Museum Industriekultur vermittelt hier die Entwicklung Osnabrücks vom Bauernstädtchen des 19. zum Industriestandort des 20. Jh. und Wirtschaftsraum der Gegenwart auf sehr anschauliche Weise. Für Kinder gibt es zahlreiche spannende Mitmachangebote. Vom Museum aus führen Rundwege durch die Natur, die langsam verwildert, und zu schönen Aussichtspunkten.
Fürstenauer Weg 171, 49090 Osnabrück, Tel. 05 41/12 24 47, März–Okt. Mi–So 10–18, Nov.–Feb. Mi–Fr 11–17, Sa, So 10–18 Uhr, www.industriekultur-museumos.de

Spiel, Sport & Action

Teuto-Express

Das ist Nostalgie: Mit dem Teuto-Express lässt sich das Bahnfahrgefühl

Am Osnabrücker Piesberg lässt sich die Industriegeschichte der Stadt eindrucksvoll nachverfolgen und beobachten, wie die Natur wieder zum Zuge kommt.

der Fünfzigerjahre nacherleben. Der Name »Express« sollte dabei großzügig interpretiert werden. Von einer Dampflok gezogen, schlängelt sich der Zug in gemäßigtem Tempo durchs Tecklenburger Land, durchs Münster- und durchs Osnabrücker Land.

»Eisenbahn-Tradition e. V.«, Lienener Str. 100, 49525 Lengerich, Tel. 054 81/8 29 14, Strecken und Termine siehe www.eisenbahn-tradition.de

Ibbenbüren: Dörenther Klippen & Sommerrodelbahn

Das lebhafte Ibbenbüren ist das Tor zur pittoresken Natur des Teutoburger Walds. Südlich der Stadt wartet die Felslandschaft der Dörenther Klippen mit bizarren Sandstein-Formationen (wie dem sagenumwobenen »Hockenden Weib«) und atemberaubenden Aussichten auf. Vom Wanderparkplatz an der B 219 gehen gut beschilderte Rundwanderwege und Kraxelpfade ab, die z. T. weit in den Teutoburger Wald führen. Unweit des Parkplatzes lohnt sich ein Abstecher zu Deutschlands ältester Sommerrodelbahn. Seit über 90 Jahren geht es da für Alt und Jung auf echten Holzschlitten die Hügel hinunter (120 m). Der herrlich nostalgische kleine Freizeitpark (nur Einzeleintritte) macht Kindern (bis ca. 8–10 Jahre) auch weitere Angebote: ein liebevoll gestalteter, animierter Märchenwald (aus den 1950er-Jahren), stimmungsvolle Fahrgeschäfte und ein Abenteuerspielplatz.

Wanderparkpl.: »Dörenther Klippen«, B 219 (Münsterstr.), Höhe Brumleyweg, www.muensterland-tourismus.de; Sommerrodelbahn: Münsterstr. 265, 49479 Ibbenbüren, Tel. +49 (0) 54 51/32 26, Apr.–Nov., Öffnungszeiten siehe www.sommerrodelbahn.de

Natur erleben

»TERRA.park« am Schölerberg

Als Teil des weltweiten Unesco-Geoparks und des lokalen Natur- und Geoparks »TERRA.vita« bringt der Park am Osnabrücker Schölerberg auf ansprechende Weise Laien die Themen Geologie und Bodennutzung näher. »Tiefgründig« wird über den Aufbau des Osnabrücker Landes informiert, ein Landschaftsgarten demonstriert regionaltypische Bodennutzungen und für die ganz unwissenschaftliche Bodenkunde gibt es einen schönen Naturspielplatz. Ergänzende Einblicke bietet unmittelbar daneben das sehr sehenswerte Naturkundemuseum.

Park: Am Schölerberg 1, 49082 Osnabrück, Tel. 05 41/501 42 17, Di 9–20, Mi–Fr 9–18, Sa 14–18, So 10–18 Uhr, www.geopark-terravita.de; Museum: Klaus-Strick-Weg 10, Tel. +49 (0) 05 41/56 00 30, Di 9–20, Mi–Fr 9–18, Sa 14–18, So 10–18 Uhr, www.osnabrueck.de/mas

Zoo Osnabrück

Über 3 000 Tiere aus 276 tierischen Arten sind im schönen Osnabrücker »Waldzoo« am Schölerberg zu bewundern. Ein deutlicher Schwerpunkt liegt auf Afrika: Elefanten und Nashörner, Giraffen, Zebras, Strauße u. a. bevölkern gemeinsam afrikanische Landschaften. Aber auch Tiere anderer Kontinente leben hier. Im »Unterirdischen Zoo« bekommt man sogar Exemplare zu sehen, die sonst gern unsichtbar bleiben. Zwei Streichelgehege und drei große, aufregende Spielplätze erfreuen Kinder.

Klaus-Strick-Weg 12, 49082 Osnabrück, Tel. +49 (0) 541/95 10 50, Ende März–Ende Okt. 8–18.30, Ende Okt.–Ende März 9–17 Uhr, www.zoo-osnabrueck.de

46 Campingpark Kalletal

Malerisch ist die Landschaft zwischen Weserbergland und Teutoburger Wald, idyllisch liegt der Campingpark zwischen Weserschleifen und mehreren Seen. Nur wenige Schritte sind es vom Stellplatz zum gepflegten Sandstrand des Stemmer Sees. In dem schönen Badesee – der Nichtschwimmerbereich ist abgegrenzt – gibt es neben einem »Eisberg« auch eine kleine »Pirateninsel«. Junge Nachwuchspiraten erreichen sie mit einer abenteuerlichen Seilfähre. Auf dem Festland warten darüber hinaus drei abwechslungsreiche Spielplätze (u. a. mit Riesen-Hüpfkissen und Matschanlage) und ein Bolzplatz. Zwei wetterunabhängige Spielzimmer gibt es auch noch, z. B. das »Zwergennest« mit Kindereinkaufsladen. Verspielt wirken auch das Baby- und Dschungel-Kinderbad der großzügigen und modernen Sanitäranlagen. Alles im Preis inbegriffen, wie auch die stimmungsvolle »Wellness-Oase«. Sportlich Aktive können sich vor Ort auf der großen Wasserski- und Wakeboard-Seilzuganlage des kleineren Nachbarsees austoben, beim Stand-up-Paddeln oder Tretbootfahren. Unmittelbar angrenzend kann man SwinGolf oder Fußballgolf spielen. Im Kalletal kommen Aktivurlauber ebenso auf ihre Kosten wie Entspannungssuchende und Naturliebhaber.

Seeweg 1, 32689 Kalletal OT Stemmen,
Tel. +49 (0) 57 55/444,
www.campingpark-kalletal.de,
Mitte März–Ende Okt.

Fläche	12 ha
Standplätze Touristen	250
Dauercamper	360
Mietunterkünfte	26
Hunde	erlaubt

Entdecken & erleben

Freilichtmuseum Detmold

Mit mehr als 120 historischen Gebäuden aus Dörfern und Städten der Region ist dieses Freilichtmuseum auf über 90 ha das größte in Deutschland. Auf dem Museumsgelände verkehren Pferdewagen und wird echte Landwirtschaft betrieben; alte Pflanzensorten und Haustierrassen, wie Lippegänse oder Bentheimer Landschweine, werden hier gezüchtet. Vor allem aber wird das vergangene Leben und Wirtschaften auf dem Land und in den Kleinstädten Westfalen-Lippes auf faszinierend authentische Weise anschaulich gemacht.
Krummes Haus (Parkpl.: Paderborner Str.), 32760 Detmold, Tel. +49 (0) 52 31/70 60, Apr.–Okt. Di–So 9–18 Uhr, www.lwl-freilichtmuseum-detmold.de/

Kurpark Bad Oeynhausen

Den prachtvollen Kurpark umweht der Hauch einer großen Schlossanlage, über Generationen mondän gebaut: ein barockes Prunkschloss, ein Rokoko-Theater, eine gotische Kirche, ein Badehaus im Stil der Renaissance oder eine auf klassizistischen Säulen ruhende Wandelhalle, all das geschmückt von blühenden Rabatten, Hecken und Springbrunnen. Doch die märchenhafte Augenweide entstand erst mit Errichtung der Kurstadt zwischen 1830 und 1930 – als anderswo längst die nüchterne Moderne eingesetzt hatte.
Tourist Info: Im Kurpark, 32545 Bad Oeynhausen, Tel. +49 (0) 57 31/13 00, www.staatsbad-oeynhausen.de

Deutsches Märchen- und Wesersagenmuseum

Dass in der prunkvollen, malerischen Gründerzeitvilla nicht alles mit normalen Dingen zugeht, sticht sofort ins Auge, denn auf dem Balkon fliegt eine dunkelgewandete Hexe auf einem Besen ... Drinnen sind alte Bücher, Illustrationen und Figuren zu sehen. Man begegnet nicht nur den bekannten Märchengestalten, etwa der Brüder Grimm, sondern erfährt auch viel über Märchen und Sagen im Allgemeinen. Kinder werden spielerisch an Hintergrundinformationen herangeführt, immer wieder auch durch Lesungen und spezielle Programme.
Am Kurpark 3, 32543 Bad Oeynhausen, Tel. +49 (0) 57 31/14 34 10, Mi–So 10–12, 14–17 Uhr, www.maerchenmuseum.blogspot.de/

Hubschraubermuseum

Das ist weltweit einzigartig: In dem denkmalgeschützten historischen Bau gleich neben dem Rathaus Bückeburgs und den angrenzenden Museumshallen wird erklärt, wie die Drehflügler-Technik entstand und wie sie funktioniert. Darüber hinaus sind 50 Fluggeräte in Originalgröße aus nächster Nähe zu betrachten. Wer will, kann sogar selbst einen Hubschrauber über Bückeburg fliegen – am Steuerknüppel eines professionellen Bundeswehr-Simulators.
Sablépl. 6, 31675 Bückeburg, Tel. +49 (0) 57 22/55 33, tgl. 10–17 Uhr, www.hubschraubermuseum.de

Lemgo

Die alte Hansestadt hat ihr historisches Erscheinungsbild mit zahllosen prächtigen Bauten der Spätgotik und Renaissance bewahrt. Besonders die aufwendig gestalteten Giebel der Patrizierhäuser im Stil der Weserrenaissance geben Lemgo einen unverwechselbaren Charakter. Kulturelle Schätze finden sich im »Hexenbürgermeisterhaus« (Stadtmuseum) oder im idyllisch gelegenen Wasserschloss Brake (Weserrenaissance-Museum).

Tourist Info: Tel. +49 (0) 52 61/988 70, www.lemgo-marketing.de; Stadtmuseum: Breite Str. 19, 32657 Lemgo, Tel. +49 (0) 52 61/21 32 76, tgl. Di–So 10–17 Uhr, www.hexenbuergermeister haus.de; Schloss Brake: Schlossstr. 18, 32657 Lemgo OT Brake, Tel. +49 (0) 52 61/945 00, tgl. Di–So 10–18 Uhr, www.museum-schloss-brake.de

Spiel, Sport & Action
Draisinentour durchs Extertal

Auf der Strecke der historischen Extertalbahn kann man die 18 km zwischen Rinteln und Alverdissen (mit mehreren Haltepunkten und Verpflegungsstationen) vergnüglich mit Muskelkraft zurücklegen: je zwei Personen betreiben das Schienenfahrrad, zwei Kinder können mitfahren. Ein unterstützender E-Motor lässt sich dazubuchen.

Bhf. Rinteln-Süd, Extertalstr. 35, 31737 Rinteln, Tel. +49 (0) 57 51/40 39 88, Ende März–Anf. Nov., tgl. 9–17, Mitte Mai–Mitte Aug. auch 18–21 Uhr, www.draisinen.de

Natur erleben
Hexenholz, Bad Nenndorf

In Bad Nenndorf findet man einen sehr schönen Kurpark, den einst Wilhelm IX., Landgraf von Hessen-Kassel, hier anlegen ließ. Märchenhaft verzaubert wirkt hier die Süntelbuchenallee. Hierbei handelt es sich um eine seltene Form der Rotbuche, die knorrig und krumm in alle Richtungen wächst, was der 500 m langen Allee den Namen Hexenholz eingebracht hat. Auffällig sind auch die drei Mammutbäume des Parks, dessen größter einen Durchmesser von fast 5 m besitzt.

Tourist Info: Hauptstr. 4, 31542 Bad Nenndorf, Tel. +49 (0) 57 23/74 85 60, www.badnenndorf.de

Adlerwarte Berlebeck

Landschaftlich schön und für den Vogelflug günstig liegt die Adlerwarte auf einem Bergrücken. Der Aufstieg zu den 200 großen und kleinen Greifvögeln lohnt sich. Atemberaubend ist es, wenn die Adler mit unglaublicher Körperkontrolle aus steilem Sturzflug hautnah über die Köpfe der Zuseher hinweg auf der Faust des Falkners landen.

Hangsteinstr., 32760 Detmold OT Berlebeck, Tel. +49 (0) 5 231/471 71, Mitte März–Anf. Nov. tgl. 9.30–17.30 Uhr, www.detmold-adlerwarte.de

Vogelpark Heiligenkirchen

Von einer ganz anderen Seite kann man Vögel im Detmolder Stadtteil Heiligenkirchen kennenlernen. So nahe kommt man exotischen Vögeln anderswo kaum: Man wird in begehbaren Volieren von Sittichschwärmen umflattert, kann in der Aufzuchtstation die Küken hautnah beobachten und auf der großen Papageien-Streichelwiese (!) sogar zahme Aras, Amazonen und Kakadus auf den Arm nehmen, auf die Schulter setzen oder ihnen die Federn kraulen.

Ostertalstr. 1, 32760 Detmold OT Heiligenkirchen, Tel. +49 (0) 52 31/474 39, Mitte März–Anf. Nov. tgl. 9–18 Uhr, www.vogelpark-heiligenkirchen.de

47 Ferienpark Plötzky: Campingplatz Kleiner Waldsee

In den Elbauen erwartet man nicht unbedingt, auf Lamas zu treffen. Doch wer südöstlich von Magdeburg die richtige Waldlichtung findet (Abzweigung zwischen Plötzky und Gommern), begegnet gleich dreien ihrer Art! Nahe der Camping-Rezeption warten sie – mit den Ponys, Ziegen, Kaninchen, Meerschweinchen und Vögeln des Streichel- und Kleintierzoos – auf Besucher. Vielfältige Freizeitaktivitäten bieten sich Campern vor Ort: zwei lauschige Badeseen mit Sandstränden, Badestegen und Badeinsel sowie Aktiv-Angebote des umgebenden Ferienparks (meist gegen Gebühr). Dort findet man ein mehrstöckiges Indoor Spiel- & Kletterhaus, eine Adventure-Minigolf-Anlage, ein Bowlingcenter, Wellness-Center und einen Fitnessraum. Man kann Fußball, Volleyball, Basketball und Badminton spielen, ab 2018 auch unter dem Dach einer neuen Sport- und Eventhalle. Mitten im Wald liegt es nahe, dass regelmäßig der Jäger vorbeikommt, unterhaltsam über die heimische Tier- und Pflanzenwelt informiert und Exkursionen durch Wälder und Wiesen anbietet. Sein Wildbret kommt – äußerst schmackhaft – auch im Restaurant »Am Kleinen Waldsee« auf den Tisch.

Kleiner Waldsee 1, 39217 Schönebeck
OT Plötzky, Tel. +49 (0) 392 00/501 55,
www.ferienpark-ploetzky.de,
ganzjährig

Fläche	12 ha
Standplätze Touristen	170
Dauercamper	200
Mietunterkünfte	26
Hunde	erlaubt

Entdecken & erleben

Grüne Zitadelle

Eine »Oase für Menschlichkeit und für die Natur in einem Meer von rationellen Häusern« – das war der Anspruch Friedensreich Hundertwassers (1928–2000), als er die »Grüne Zitadelle« im Zentrum von Magdeburg plante. Die Eröffnung seines letzten Bauprojekts im Jahr 2005 erlebte der Universalkünstler nicht mehr. Fest steht, dass es sich um ein Beispiel moderner Architektur handelt, das den größten denkbaren Kontrast zur Bauhaus-Ästhetik (50 km elbeaufwärts in Dessau) verkörpert. Die »Zitadelle« ist in erster Linie ein Wohnhaus, beherbergt aber auch Geschäfte und ein Café, einen Kindergarten und ein Restaurant sowie ein Hotel und ein Theater. Und »grün« ist sie nicht (allenfalls nur auf der begrünten und bepflanzten Dachlandschaft), sondern rosa, mit unregelmäßigen bunten Längsstreifen, mit Türmen und goldenen Kugeln auf den Türmen – und mit allem, was eine einheitliche Fassade uneinheitlich macht. Egal, wie man dazu steht, die bunte und ganz und gar unkriegerische Zitadelle lässt einen lächeln. Um diesen architektonischen Tagtraum besser zu verstehen, sollte man sich einer Führung anschließen.

Breiter Weg 9, 39104 Magdeburg, Führungen: Tel. +49 (0) 391/620 86 55, Apr.–Okt. Mo–Fr 11, 15, 17, Sa, So 11–17 Uhr stdl., Nov–März Mo–Fr 11, 15, Sa, So 11, 13, 15 Uhr, www.gruene-zitadelle.de, www.hundertwasser-magdeburg.de

»Staun' Dich schlau!« ist das Motto des Magdeburger Jahrtausendturms.

Jahrtausendturm

Die Bundesgartenschau 1999 ließ ihn zurück, und so steht der Jahrtausendturm noch heute im schönen Elbauenpark – das höchste (60 m) Holzgebäude Deutschlands. Der leicht schief gestellte Kegel mit begehbarer Spiralrampe auf der Außenseite hat innen genug Platz, um auf sieben Etagen zu zeigen, was Menschen in den letzten 6000 Jahren so alles erfunden haben. Die Technikausstellung mit ihren Experimenten und Schautafeln (und einem astronomischen Fernrohr, um die Uhr des Magdeburger Domes abzulesen) bietet auch ein Foucaultsches Pendel; in der Turmspitze aufgehängt, beweist es, dass die Erde sich dreht.

Elbauenpark/Herrenkrugstr., 39114 Magdeburg, Tel. +49 (0) 3 91/593 42 63, Apr.–Okt. Di–So 10 bis 18 Uhr, www.jahrtausendturm-magdeburg.de

Wasserstraßenkreuz Magdeburg

Nördlich von Magdeburg, direkt an der A2 Hannover–Berlin, kreuzt der Mittellandkanal die Elbe. Damit auch große Flussschiffe auf dem Weg zwischen Rhein und Oder bzw. zwischen Hannover und Berlin keinen Umweg machen müssen, hat man eine 918 m lange Trogbrücke über den Strom gespannt. Sie wurde 2003 eröffnet. Große Schleusen und Verbindungskanäle erlauben den Schiffen das »Abbiegen«. Die Brücke ist für Fußgänger und Radfahrer offen. Auch Rundfahrten mit Fahrgastschiffen von Magdeburg sind möglich.

Am Schiffshebewerk 1, 39126 Magdeburg, Tel. +49 (0) 3 91/662 84 82, www.wasserstrassenkreuz-magdeburg.de

Spiel, Sport & Erholung

Solepark Bad Salzelmen

Wasser und Salz sind in Deutschlands ältestem Soleheilbad seit mehr als 800 Jahren der Quell des Wohlbefindens. Am historischen »Gradierwerk« kann man bei der Freiluftinhalation befreit durchatmen (oder sich im »Kunsthof« daneben über die lokale Salzgewinnung informieren), in der »Totes-Meer-Salzgrotte« tiefenentspannen und im »Solequell«-Erholungsbad alle Annehmlichkeiten einer großzügigen und modernen Bade-, Sauna- und Wellnesslandschaft genießen – natürlich in und am Salzwasser.

Gradierhalle: Badepark 1, 39218 Schönebeck OT Bad Salzelmen, Freiluftinhalation tgl. bis 21 Uhr; Kunsthof: Badepark 1, Tel. +49 (0) 39 28/70 55 55, Apr.–Sep. Di–So 13.30–18, Nov.–März bis 17 Uhr; Solequell: Dr.-Tolberg-Str. 33, Tel. +49 (0) 39 28/70 55 66; Mo–Do 9–21, Fr, Sa 9–22, So 9–20 Uhr, www.solepark.de

Natur erleben

Colbitzer Lindenwald

Nah der Gemeinde Colbitz befindet sich der größte geschlossene Lindenwald Europas (ca. 220 ha). Alle Jahre, Ende Juni, Anfang Juli, ist dort Hochsaison. Die alten Linden stehen dann in voller Blüte und laden zu ausgedehnten Waldspaziergängen ein. Aber auch außerhalb der Lindenblüte kann man auf den schönen Rundwegen einen einzigartigen Lebensraum für Pflanzen und Tiere entdecken.

www.elbe-ohre-heide.de/colbitzer-lindenwald/

Gruson Gewächshäuser

Im Klosterbergegarten an der Elbe sind die Tropen in ihrer ganzen Schönheit zu sehen. Schon 1896 hatte der Unternehmer Hermann Gruson seine Sammlung exotischer Pflanzen in zehn Gewächshäusern ausgestellt, die 1945 weitgehend zerstört und in den letzten Jahrzehnten bis 2010 im ursprünglichen Umfang wiederaufgebaut wurden. Absoluter Blickfang ist das Palmenhaus mit seinem Baumkronenpfad. Urzeitlich anmutende Baum- und Palmfarne zeigt das Farnhaus. Im Großen und im Kleinen Tropenhaus sind neben der typischen Regenwaldflora Asiens, Afrikas und Amerikas auch Nutzpflanzen wie Bananenstauden, Kaffeesträucher und ein Kakaobaum zu sehen, dazu im »Großen« zwei Glattstirnkaimane und im »Kleinen« eine beeindruckende Riesenseerose. Am Ende des Rundgangs befindet sich das Kakteenhaus mit einer Fülle von sukkulenten Pflanzen.

Schönebecker Str. 129b, 39104 Magdeburg, Tel. +49 (0) 391/404 29 10, Di–So 9–17 Uhr, www.gruson-gewaechshaeuser.de

48 Familienpark Senftenberger See

Wer sich vor blauen Fröschen und Seeschlangen nicht fürchtet, kann hier inmitten des Lausitzer Seenlands vergnügliche Familienferien machen: Die »Seeschlange« ist eine Bimmelbahn auf Rädern, die die Seenplatte auf Fahrradwegen erkundet, und der zweibeinige blaue Frosch »Froggi« ist das Maskottchen der umfangreichen Kinder- und Freizeitangebote des Familienparks. Der Campingplatz ist dabei Teil einer größeren Ferienanlage im lichten Kiefernwald mit Hotel und zahlreichen Bungalows. So ist das Versorgungsangebot außergewöhnlich, allein vier verschiedene Imbisse – griechisch, asiatisch, italienisch, deutsch – werben hier um Gäste. »Froggis« Gästebetreuungsteam sorgt von April bis Oktober für ein abwechslungsreiches Programm – von Bastelvormittagen bis zum Lagerfeuerabend. Trampolin, Kletterwand, Wasserrutsche, Freiluftkegelbahn und viele andere Spiel- und Sportgelegenheiten bietet der »Spielgarten«. Nicht zu vergessen der fast 1 km lange Sandstrand am See. Und im Sommer gibt es einmal pro Woche Kino (Familien- und Kinderfilme) – natürlich mit Popcorn.

Str. zur Südsee 1, 01968 Senftenberg
OT Großkoschen, Tel. +49 (0) 35 73/80 00,
www.senftenberger-see.de/de/familienpark/
camping, Apr.–Okt.

Fläche	14 ha
Standplätze Touristen	165
Dauercamper	350
Mietunterkünfte	209
Hunde	nicht erlaubt

49 Camping Kiebitz

Der »Kiebitz« ist ein glasklarer Baggersee nicht weit vom schmucken Backstein-
städtchen Falkenberg. An seinem Ufer, umgeben von Wiesen, Feldern, Kiefern- und
Laubwäldern, betreibt die Stadt einen attraktiven Campingplatz mit Strandbad. Über
1 km lang ist der städtische Sandstrand mit bewachtem, abgegrenztem Nichtschwimmerbereich. Hier wie auf dem Platz hat man an Kinderbedürfnisse gedacht: von der
Wasserrutsche am See über Spielgelegenheiten für jedes Wetter bis zum eigenen
Kinderbad. Alle Basics, die man für das alltägliche Leben auf dem Platz braucht, gibt
es zu kaufen. Für die Erfüllung süßer Extra-Wünsche sorgt ein Eiscafé. Das Falken-
berger Zentrum mit seinen Läden und Lokalen ist zu Fuß in einer Viertelstunde zu
erreichen. Aber man kann sich am Kiebitz natürlich auch ein Fahrrad leihen.

Hörsteweg 2, 04895 Falkenberg
(Elster), Tel. +49 (0) 353 65/21 35,
www.erholungsgebiet-kiebitz.de,
Apr.–Okt.

Fläche	5 ha
Standplätze Touristen	68
Dauercamper	82
Mietunterkünfte	18
Hunde	bedingt erlaubt

Entdecken & erleben

Sehenswert & interessant

Flugplatzmuseum Cottbus

Fliegen kann man die alten sowjeti-
schen MiGs und Antonows natürlich
nicht mehr, die hier neben jeder Menge
weiterer Fluggeräte und Militärgerät-
schaften ausgestellt sind. Aber es muss
nicht beim bewundernden Anschauen
bleiben: Flugbegeisterte dürfen sich
(nach Absprache) in einige Cockpits
hineinsetzen und können so das (fast)
volle Pilotengefühl genießen.
Fichtestr. 1, 03046 Cottbus, Tel. +49 (0) 355/320
04, März–Okt. Di–Fr 10–16, Sa, So 10–17,
Nov.–Feb. Di–Sa 10–16 Uhr, www.flugplatz
museumcottbus.de (Auf der Website gibt es
einen Ermäßigungsgutschein für den Eintritt.)

Die kleine Lausitz

Im Erlebnis- und Miniaturenpark
Elsterwerda kann man über 120 im
Maßstab 1:25 nachgebaute Burgen,
Schlösser und Kirchen, aber auch
Fabriken und Infrastruktur aus der
näheren Umgebung bestaunen: die
Lausitz in klein. Auf dem Mini-Lausitz-
ring werden sogar Modellautorennen
ausgetragen. Neben einer Eisenbahnan-
lage gibt es auch noch eine Parkeisen-
bahn (Spurweite 7¼"), mit der kleinere
Menschen stilecht durch die kleine
Lausitz fahren können.
Furtbrückwiese 1, 04910 Elsterwerda,
Tel. 035 33/48 77 97, Ostern–Okt. tgl. 10–18 Uhr,
www.erlebnis-miniaturenpark-elsterwerda.de

Helm ist Pflicht auf dem »liegenden Eiffelturm« der Förderbrücke F60.

Förderbrücke F60

Man nehme einen Eiffelturm, setze oben noch mal 182 m drauf, kippe ihn um, bringe vorne und hinten ein Fahrwerk an und setze das Ganze auf Schienen. So etwa kann man sich die Abraumförderbrücke F60 vorstellen, die über dem 1991 stillgelegten Tagebau Klettwitz-Nord (heute voller Wasser und zum Bergheider See umbenannt) im Niederlausitzer Braunkohlerevier schwebt. Etwa 11 000 t schwer, 502 m lang, bis zu 80 m hoch und 240 m breit gilt sie als größte bewegliche Arbeitsmaschine der Welt. Nachdem das technische Megabauwerk nur von März 1991 bis Juni 1992 in Betrieb war, sollte es ursprünglich gesprengt werden – doch der industrielle Dinosaurier steht und ist heute ein faszinierendes Besichtigungs- und Aussichtsobjekt. Die Führung über das Ungetüm ist atemberaubend. Jeden

Samstag in der Hauptsaison (Mai–September) wird die F60 bei Dunkelheit zur Licht- und Klangskulptur: Über dem gigantischen Stahlskelett der F60 steigen Feuerbälle und Lichtfontänen auf. Der nächtliche Rundgang bis auf 74 m Höhe wird zur Performance.
Bergheider Str. 4, 03238 Lichterfeld-Schacksdorf, Tel. 035 31/608 00, Mitte März–Ende Okt. tgl. 10–18 Uhr, Nov.–Mitte März Mi–So 11–16 Uhr, www.f60.de

Biotürme Lauchhammer

Wer das bizarre Ensemble aus 24 hohen, schlanken Türmen besucht – alle 22 m hoch und zu sechs Gruppen mit jeweils vier Türmen zusammengefasst –, muss sich heute nicht mehr die Nase zuhalten, sondern kann beide Hände zum Fotografieren verwenden. Seit 1952 war in Lauchhammer aus Braunkohle Koks hergestellt worden, der Treibstoff für die Schwerindustrie der DDR. Und in den 24 Türmen waren die phenolhaltigen Abwässer der Kokerei biologisch gereinigt worden, mithilfe von Bakterien. Der Gestank muss bestialisch gewesen sein. 1991 legte man die Kokerei still und riss sie ab; die Türme blieben zum Glück stehen. 2008 wurde das einmalige Baudenkmal mit EU-Mitteln saniert und, ergänzt durch zwei gläserne Aussichtskanzeln, für Besucher geöffnet.
Finsterwalder Str. 57, 01979 Lauchhammer, Tel. +49 (0) 1 72/411 42 14, Ostern–Okt. So 10–18 Uhr u. nach Vereinb., www.biotuerme.de

Spiel, Sport & Action

Offroad durch den Tagebau

Auf zur großen Tagebau-Safari! Wer sich nicht in Pseudo-SUVs, sondern in echten Geländewagen durch den 1991 stillgelegten Tagebau Welzow-Süd fahren lässt oder dort selbst ein Fahrertraining absolviert, erlebt eine Landschaft, die mit »bizarr« nur unzureichend beschrieben ist: Erosionsflanken, Canyons, Sanddünen, Steppenwildnis und grüne Biotope, wie man sie in Deutschland kein zweites Mal zu Gesicht bekommt. Brieske Str. 30a, 01968 Brieske/Lausitz, Tel. +49 (0) 1 72/660 26 07, www.allradtouren.de

Natur erleben

Tierpark Cottbus

Er ist der größte Zoo in Brandenburg. Kinder mögen besonders die Katta-Affen, Erdmännchen und Pinguine. Die Kleinsten freuen sich im Streichelgehege über Shetland-Ponys und andere Schmusetiere. Großgetier gibt es aber auch. Kiekebuscher Str. 5, 03042 Cottbus, Tel. +49 (0) 3 55/355 53 60, März 9–17.30, Apr. 9–18.30, Mai–Sep. 9–19, Okt. 9–18, Nov.–Feb. 9–17 Uhr, www.tierparkcottbus.de

Lausitzer Seenland

Es war nicht weniger als die größte Landschaftsbaustelle Europas, die aus aufgelassenen Braunkohlegruben die größte künstliche Seenlandschaft des Kontinents schuf – das durch 13 Kanäle verbundene Lausitzer Seenland, mit einer Gesamtwasserfläche von 140 qkm. In Großräschen kann man sich auf den IBA-Terrassen am neuen »Ilse-See« über die Dimensionen des Projekts ins Bild setzen und über die schon verwirklichten bzw. noch entstehenden Erholungslandschaften informieren. Besucherzentrum: Seestr. 100 (Haus 2), 01983 Großräschen, Tel. 03 57 53/261 11, März–Okt. Mi–Fr 12–16 Uhr, Sa, So 10–16 Uhr, www.iba-terrassen.de, www.lausitzerseenland.de

Wie eine gigantische Skulptur moderner Kunst stehen die 24 Biotürme bei Lauchhammer heute in der Landschaft.

50 Camping Trixi Ferienpark

Täglich grüßt das freundliche Walross »Trixi« mit seinem gestreiften Badedress. Man fragt sich zwar, wie das maritime Maskottchen im Dreiländereck des Zittauer Gebirges gelandet ist, aber an schönen und verspielten (Süß-)Wasserrevieren mangelt es nicht: Da ist im Sommer das Waldstrandbad mit langem Sandstrand, Walross-Wasserrutsche und wunderbarem Wasser-Matsch-Spielplatz. Außerdem ein gesonderter »Gondelteich« mit Ruderbootverleih. Ganzjährig steht ein Erlebnishallenbad mit Röhrenrutsche zur Verfügung (gesonderter Eintritt). Von Schwimmbahnen über Whirlpools oder perfekt temperierten Babybecken bis zur großzügigen Sauna- und Wellnesslandschaft reicht hier das Spektrum. Zu den Freizeitangeboten gehören außerdem ein

Hochseilklettergarten, eine Sommerrodelbahn sowie in der Hochsaison ein engagiertes Animationsprogramm, bei dem natürlich Trixi eine Hauptrolle spielt. Zu dem Ferienpark gehören neben dem Campingplatz auch ein Bungalow-Feriendorf und ein Hotel.

Jonsdorfer Str. 40, 02779 Großschönau,
Tel. +49 (0) 358 41/63 14 20,
www.trixi-park.de/de/Camping,
ganzjährig

Fläche	2,5 ha
Standplätze Touristen	80
Dauercamper	4
Mietunterkünfte	96
Hunde	willkommen

Entdecken & erleben

Sehenswert & interessant

Zittauer Gebirge & Schmalspurbahn

82 Gipfel, 1 170 Kletterwege und 300 km markierte Wanderwege durchziehen das kleinste deutsche Mittelgebirge. Dafür reicht ein Urlaub kaum aus, also heißt es: wiederkommen! Von Frühjahr bis Herbst fährt eine historische Schmalspurbahn in knapp 1 Std. von Zittau »täglich mit Dampf ins Gebirge« (so der Wahlspruch), hinauf bis an den bekanntesten Berg, den Oybin. Oben stößt man auf Fabelwesen aus Stein, fantastisch ist auch die Fernsicht.

Tourist Info: Tel. +49 (0) 35 83/75 22 00, www.zittauer-gebirge.com; Bahn: Tel. +49 (0) 35 83/54 05 40, Hauptsaison: Ende März–Anf. Nov., www.zittauer-schmalspurbahn.de

Görlitz

Es hat sich herumgesprochen, dass Görlitz, das im Zweiten Weltkrieg fast unzerstört blieb, eine der schönsten Städte Deutschlands ist. Kaum irgendwo sonst findet man ein so geschlossenes Bauensemble aus Gotik, Renaissance, Barock, Gründerzeit und Jugendstil. Von Braunkohlestaub zerfressene Fassaden gibt es kaum noch, heute erstrahlen die historischen Gebäude in Gelb und Rosa. Die Görlitzer Stadtteile östlich der Elbe wurden 1945 polnisch und sind seit 2004 wieder durch eine Fußgängerbrücke mit der Altstadt verbunden.

Tourist Info: Obermarkt 32, 02826 Görlitz, Tel. +49 (0) 35 81/475 70, Mo–Fr 9–18, Mai–Okt., Sa 9–17, So 9–16, Nov.–Apr. Sa, So 9.30 bis 14.30 Uhr, www.goerlitz.de

König-Friedrich-August-Turm

Der 1854 errichtete und dem damaligen sächsischen König gewidmete Turm ist der einzige noch erhaltene gusseiserne Aussichtsturm in Europa. Die 28 m hohe achteckige Konstruktion besteht aus kunstvoll gestalteten Gusseisen-Elementen, über und über mit filigranen Ornamenten und Figuren im neobyzantinischen bzw. neo-gotischen Stil verziert.

Löbauer Berg, 02708 Löbau, Mai–Sep. Mo–Fr 9–20, Sa, So 9–22, Okt.–Apr. Mo–Fr 10–18, Sa, So 10–20 Uhr, www.loebau.de, www.loebauer-berg.de

Spiel, Sport & Action

Oberoderwitzer Rodelpark

Das ganze Jahr hindurch bietet der sehr schön angelegte Rodelpark eine 587 m lange Abfahrt – und Rodelspaß für jedes Alter: Die bisher älteste Rodlerin war 100 Jahre jung!

Spitzbergstr. 4a/b, 02791 Oderwitz OT Oberoderwitz, Tel.+49 (0) 358 42/262 73, Juni–Aug. 10–20, Sep.–Nov. 10–18 Uhr, www.rodelbahn-oberoderwitz.de.

Natur erleben

Jonsdorfer Schmetterlingshaus

Es sind keineswegs nur Schmetterlinge, die tropisches Flair vermitteln, auch verschiedene Reptilien und Schlangen, Spinnen und Insekten – nicht zu vergessen niedliche Weißbüscheläffchen und Korallenfische.

Zittauer Str. 24, 02796 Jonsdorf, Tel. +49 (0) 358 44/764 20, tgl. 10–18 Uhr, www.schmetterlingshaus.info

51 Caravan-Camping Sächsische Schweiz

Auf einem Hochplateau über der Elbe, am Rand eines kleinen Luftkurorts und doch mitten in der Natur – die Lage des Campingplatzes mit seiner Aussicht auf die faszinierenden Felsformationen des Elbsandsteingebirges ist unnachahmlich. Der kleine, familiengeführte Platz wurde erst 2008 eröffnet und wird mit großer Herzlichkeit und viel Elan betrieben. Baulich auf dem neuesten Stand ist für alles großzügig gesorgt: Dazu gehören im Sommer ein Freibad (mit Planschbecken und Wasserrutsche), ganzjährig eine finnische Familiensauna und fußbodengeheizte Sanitäranlagen (mit geräumigen Einzelwaschkabinen und Familienbädern). Kostenlos bieten die Betreiber selbst geführte Wanderungen und einen Fahrrad-Shuttle-Service an.

Dorfplatz 181d, 01824 Gohrisch,
Tel. +49 (0) 350 21/591 07, www.caravan-camping-saechsischeschweiz.de,
ganzjährig

Fläche	1,5 ha
Standplätze Touristen	70
Dauercamper	5
Mietunterkünfte	nein
Hunde	erlaubt

52 Campingpark LuxOase

Der Platz könnte auch »Luxus-Oase« heißen. Denn das Betreiberehepaar Lux verbindet hohen Komfort mit umfassendem Service – und das zu moderaten Preisen. Modern und mit Liebe zum Detail gestaltet sind anspruchsvolle Sanitäranlagen (z.B. das Kinderwaschland mit Waschbecken-Seifenblasendampfer und Dusch-Ritterburg) ebenso wie die großzügige Wellness-Abteilung (mit Saunen, Erlebnisduschen und einem Gegenstrom-Schwimmbecken). Sogar eine eigene Hundedusche gibt es. Kinder können sich über mehrere opulente, kreativ gestaltete Abenteuerspielplätze freuen; auch drinnen gibt es eine mehrstöckige Spiel- und Kletterlandschaft im Ritterdesign. Der angrenzende Stausee ist ein Naturerlebnis, aber kein ausgesprochenes Badegewässer.

Arnsdorfer Str. 1, 01900 Großröhrsdorf
OT Kleinröhrsdorf, Tel. +49 (0) 359 52/566 66,
www.luxoase.de,
März–Mitte Dez.

Fläche	7,3 ha
Standplätze Touristen	237
Dauercamper	40
Mietunterkünfte	2
Hunde	willkommen

Entdecken & erleben

Dresden

Es schien fast so, als sei das viel gerühmte »Elbflorenz« im Feuersturm des Februar 1945 untergegangen, doch wie Phönix aus der Asche ist viel der historischen Pracht wiedererstanden, sind einzigartige Kunstschätze zurückgekehrt. Die Dresdner Altstadt glänzt in historischer Pracht. Entlang des linken Elbufer reihen sich die Kultur-Highlights: von der Semperoper über den barocken Zwinger (mit der »Gemäldegalerie Alte Meister«, einschließlich Raffaels berühmter »Sixtinischer Madonna«), den Renaissancebau des Residenzschlosses (mit der Schatzkammer der sächsischen Herrscher, dem »Grünen Gewölbe«) bis zur Brühlschen Terrasse. Dominiert wird die Stadtsilhouette (wieder) vom prachtvollen Kuppelbau der Frauenkirche. Doch die Altstadt ist nicht nur Kultursammlung, sondern auch Zentrum des Stadtlebens, um Altmarkt und Prager Straße lässt sich sowohl shoppen als auch kulinarisch genießen. Aber auch ein Abstecher zum anderen Elbufer lohnt sich, allein schon wegen des famosen Blicks auf das Altstadtpanorama, aber durchaus auch, um in der Dresdner Neustadt vielfältige Unterhaltungsangebote zu entdecken.

Tourist Info: Prager Str. 2b, 01069 Dresden, Tel. +49 351/50 15 01, Mo–Sa 9–18 Uhr, www.dresden.de

Erlebniswelt Mathematik

Über 100 Spiel- und Experimentierstationen – darunter begehbare Musikinstrumente, eine Kletterskulptur und eine Riesenseifenblase – verführen im »Erlebnisland Mathematik« zum Probieren, Tüfteln und Staunen. Schon die kleinsten Besucher (3–8 Jahre) entdecken die Welt der Zahlen, Formen und Muster im »Epsilon – Erlebnisland für Kleine«.

Junghansstr. 1–3, 01277 Dresden, Tel. +49 (0) 3 51/488 72 72, Di–Fr 9–17, Sa, So 10–18 Uhr, www.erlebnisland-mathematik.de

Junges (Puppen-)Theater

Das »Theater Junge Generation« (»tjg«) ist Dresdens eigenständiges Kinder- und Jugendtheater, das im ehemaligen Kraftwerk Mitte Stücke für Kinder ab 4 Jahren und Jugendliche aufführt. Im Rundkino in der Prager Str. inszeniert das hauseigene Puppentheater modernisierte Märchenklassiker.

Theater: Wettiner Pl. 1, 01067 Dresden; Puppentheater: Prager Str. 6, Tel. +49 (0) 351/ 32 04 27 77, www.tjg-dresden.de

Deutsches Hygienemuseum

Der höchst eindrucksvolle Bau am Rand der Güntzwiesen wurde 1930 eröffnet, 1945 zerstört, zu DDR-Zeiten wiedererrichtet und erstrahlt seit der Generalrenovierung Anfang der 2000er-Jahre in neuem Glanz. »Abenteuer Mensch« heißt die Dauerausstellung, die als spannende Erlebnisreise zum eigenen Körper konzipiert ist. Gut gelungen ist auch die Exposition »Unsere fünf Sinne« im Kinder-Museum. Sonderausstellungen beschäftigen sich laufend mit Themen zu Körperwissen und Körperpraktiken im Alltag.

Lingnerpl. 1, 01069 Dresden, Tel. +49 (0) 3 51/ 484 60, Di–So 10–18 Uhr, www.dhmd.de

Erich-Kästner-Museum

Generationen von Kindern haben mit seinen Figuren gelebt – mit dem »Doppelten Lottchen«, mit »Emil und die Detektive« oder mit »Pünktchen und Anton«. Ihr Erfinder, Erich Kästner, ist in Dresden geboren. In der Villa seines Onkels wurde dem Kinderbuchautor, Gebrauchslyriker und Journalisten ein Museum gewidmet.

Antonstr. 1, 01097 Dresden, Tel. +49 (0) 3 51/804 50 86, So–Mi, Fr 10–18 Uhr, www.erich-kaestner-museum.de

1001 Märchen

Die Aufführungen des Erzähl-Ensembles »1001 Märchen« verzaubern schon aufgrund ihrer exotischen Spielstätte, der 1909 im Stil einer Moschee erbauten ehemaligen Zigarettenfabrik Yenidze. Direkt unter der orientalischen Glaskuppel lauschen Kinder begeistert den Geschichten vom kleinen Muck, von Aladdin und der Wunderlampe oder von Sindbad dem Seefahrer. Für erwachsene Zuhörer werden auch frivolere Erzählungen aus 1001 Nacht dargeboten, z. T. auch mit Musik und (Bauch-)Tanz.

Weißeritzstr. 3, 01067 Dresden, Tel. +49 (0) 3 51/ 495 10 01, Di–Do; Kindervorstellungen: Sep.–Apr. Sa, So 16 Uhr, Spielplan unter www.1001maerchen.de

Saurierpark, Kleinwelka

Nicht nur Kinder werden begeistert sein, wenn man ihnen einen Trip in den »Jurassic Park« verspricht. Was im Film nur Computeranimationen sind, ist hier alles (beinahe) echt: lebensgroße

Dinosaurierfiguren, 200 an der Zahl. Okay, sie bewegen sich nicht und sie brüllen auch nicht. Wenn man sich aber vorstellt, dass der Bildhauer Franz Gruß Ende der 1970er-Jahre die ersten 25 Urviecher in nur zwei Jahren und in Handarbeit geschaffen hat, kommt man schon ins Staunen. Seitdem ist der Park immer weiter gewachsen und bietet heute einen Kletterurwald, ein Saurierskelett zum Selbstausgraben, »Galaktischen Nebel« – direkt aus dem All, versteht sich – und eine verlassene Forscherstation, die man ganz vorsichtig erkunden kann. Denn wer weiß, was in den Laboren gewachsen ist. Da stellt sie sich dann schon ein, die Spannung!

Saurierpark 1, 02625 Kleinwelka/Bautzen, Tel. +49 (0) 3 59 35/30 36, Anf. Apr.–Anf. Nov. tgl. 9–18, Juli, Aug. bis 19 Uhr, www.saurierpark.de

Sorbisches Museum, Bautzen

Auf 830 qm widmet sich das Museum der Geschichte und Kultur der Sorben vom Mittelalter bis in die Gegenwart. Besonders sehenswert sind die vielen ausgestellten Trachten mit ihren z. T. aufwendigen Stickereien. Auch Werke sorbischer Künstler werden ausgestellt.

Ortenburg 3, 02625 Bautzen, Tel. +49 (0) 35 91/270 87 00, Di–So 10–18 Uhr, www.sorbisches-museum.de

Historischer Aufzug, Bad Schandau

Ein 50 m hoher Turm, als frei stehende Stahlgerüst-Konstruktion mit hölzernem Spitzgiebel – hinter der exzentrischen Konstruktion verbirgt sich ein Aufzug. 1904 wurde er nach Schweizer Vorbild errichtet, um den Höhenunterschied von Bad Schandau im Elbtal zur

Ostrauer Hochfläche zu überwinden. Von der Aussichtsplattform bietet sich ein weiter Blick über das Elbtal, vom Großen Winterberg bis zum majestätischen Tafelberg Lilienstein, dem Wahrzeichen der Sächsischen Schweiz. Über eine Brücke ist der Aufzugturm mit einem Waldweg verbunden, von dem aus eine Reihe schöner Spaziergänge möglich sind. Kinoliebhaber kennen den Aufzug aus dem oscarprämierten Film »Grand Budapest Hotel«.

Rudolf-Sendig-Str., 01814 Bad Schandau, tgl. Apr., Okt. 9–18, Mai–Sep. 9–20, Nov.–März 9–17 Uhr, www.bad-schandau.de

Karl-May-Museum, Radebeul

Während die (Ur)Großeltern Karl May wahrscheinlich gelesen haben, kennen Jüngere den deutschen Großschriftsteller wohl eher vom Hörensagen und von Winnetou als Film- und Fernsehfigur. Im Radebeuler Museum in Mays letztem Domizil, der »Villa Shatterhand«, können alle Generationen spannende Einblicke in Leben und Werk eines genialen Hochstapler gewinnen. Den Kleinsten bietet ein Erlebnisspielplatz mit Schatzsuche, Goldwaschanlage und echtem Tipi (Ostern–Oktober) auch ganz unliterarische Unterhaltung.

Karl-May-Str. 5, 01445 Radebeul, Tel. +49 (0) 351/837 30 10, Di–So, März–Okt. 9–18, Nov.–Feb. 10–17 Uhr, www.karl-may-museum.de

Uhrenmuseum Glashütte

Ticken die noch richtig? Das tun sie hier garantiert. Denn Genauigkeit in der Produktion ist ein entscheidendes Merkmal bei den handgefertigten Qualitätsuhren. Der Dresdner Ferdinand Adolph Lange gründete 1845 hier eine Fabrik.

Keine Angst! Die Saurier von Kleinwelka sind alle sehr friedlich.

Nach der Wende wurde daraus eine neue Firma, welche sich weltweit unter dem Label A. Lange & Söhne als Luxusmarke einen Namen machte. Offenbar hat der Ort einen goldenen Boden für das Uhrmacherhandwerk, denn auch Glashütte Original, Nomos und Wempe haben hier ihren Sitz. Im Museum selbst sind mehr als 400 Exponate erlebbar: Taschen-, Armband- und Pendeluhren, Marinechronometer u. a. m.

Schillerstr. 3a, 01768 Glashütte, Tel. +49 (0) 3 50 53/461 21 02, tgl. 10–17 Uhr, www.uhrenmuseum-glashuette.com

Spiel, Sport & Action

Kletterwald Dresdner Heide

Hier schwingen Kinder ab sechs Jahren unter Anleitung wie Tarzan von Baum zu Baum oder balancieren wie Indiana Jones in luftiger Höhe über Bohlen und Netzbrücken. Auch für Verpflegung ist gesorgt.

Nesselgrundweg 80, 01109 Dresden, Tel. +49 (0)
3 51/795 87 09, Di–Fr 14–18, Sa, So 10–18 Uhr, im
Sommer u. während Schulferien länger,
www.kletterwald-dresdner-heide.de

Felsenlabyrinth

Das in einem Wäldchen 5 km vom
Königstein entfernt gelegene »Felsen-
labyrinth Langenhennersdorf« ist eine
geheimnisvoll zerklüftete steinerne Welt.
Für Kinder (ab ca. 4 Jahren) ist das Klettern durch die Felsspalten, Höhlen und
Durchgänge ein großes Vergnügen, für
Erwachsene kann es an manchen Stellen
eng werden. Der Durchstieg durch das
nur wenige Meter hohe Labyrinth ist
mit Zahlen markiert, verlaufen kann
man sich also nicht. Kindern eröffnet
sich hier einer der größten natürlich
gewachsenen Abenteuerspielplätze der
Sächsischen Schweiz. Man findet das
Labyrinth ganz einfach, indem man vom
Parkplatz aus 500 m dem mit einem
grünen Punkt gekennzeichneten Forst-
weg folgt.

01816 Bad Gottleuba-Berggießhübel OT Langenhennersdorf, Parkpl. »Labyrinth« auf der S
169 zwischen Pirna (B 172) und Langenhenners-
dorf-Forsthaus, www.saechsische-schweiz.de

»Toskana Therme«

Sachsens Heilbäder besitzen eine lange
Tradition. Doch längst kann man hier
nicht nur die Gesundheit pflegen,
sondern auch wohlige Entspannung
genießen. Wie in Bad Schandau, das
sich vom traditionellen Kurort zum
Wellnesszentrum entwickelt hat. In der
Toskana Therme heißt das Konzept
Baden in Licht und Musik, abgerundet
von italienischer Küche

Rudolf-Sendig-Str. 8a, 01814 Bad Schandau,
So–Do 10–22, Fr, Sa 10–24 Uhr,
www.toskanaworld.de

*Kein Geheimtipp, aber ein unnachahmliches Naturschauspiel:
die Felsformation der »Bastei« über dem Elbtal.*

Raddampferfahrt

Sehr schmuck sehen sie aus, die stilecht restaurierten Schiffe mit den roten Schaufelrädern. Selbst der jüngste der neun Dampfer ist weit über 80 und somit längst im Rentenalter, der älteste stammt aus dem Jahr 1879 und heißt »Stadt Wehlen«. Das leise Rauschen der Schaufelräder, das Schnaufen ihrer Dampfmaschinen und die gemächliche Geschwindigkeit wirken beruhigend. Auf ihrem Fahrtgebiet zwischen Seußlitz bei Meißen und Bad Schandau durchquert die traditionsreiche Flotte eine der schönsten Flusslandschaften Europas und natürlich das Dresdner Elbtal. Tel. +49 (0) 3 51/86 60 90, www.saechsische-dampfschifffahrt.de

Natur erleben

Sächsische Schweiz & Bastei-Felsen

Es waren tatsächlich zwei Schweizer, denen die Region ihren Name zu verdanken hat: Die beiden Maler Adrian Zingg und Anton Graff wurden 1776 aus ihrer Schweizer Heimat an die Kunstakademie in Dresden berufen. Es wird Heimweh gewesen sein, dass sie beim Blick auf die merkwürdige Berglandschaft ohne eigentliche Gipfel an nichts anderes als die Schweiz denken konnten. Der Name »Sächsische Schweiz« bürgerte sich ein und blieb! Nur wenige Jahre später (1798) wurde ihr berühmtester Felsen erstmals in der Reiseliteratur empfohlen: Der Panorama-Felsen der »Bastei« ist wahrlich kein Geheimtipp mehr, aber immer noch und mit Recht eine Attraktion ersten Ranges. (Wer einsamere Felstürme und bizarre Schluchten sucht, muss nur tiefer hinein ins Elbsandstein-

gebirge.) 194 m fällt hier das schmale Felsriff steil zur Elbe ab. Seit 1851 verbindet eine siebenbogige Sandsteinbrücke die exponiertesten Felsen – und bietet die vielleicht markanteste, weil spektakuläre Aussicht ins Elbtal und über das Elbsandsteingebirge. Die zuletzt wegen Felserosion nötige Sperrung eines Teilstücks einer Aussichtsplattform soll nun durch die Errichtung einer 20 m langen »schwebenden« Plattform behoben werden,
01847 Lohmen, Parkpl. Bastei (Verkehrsleitsystem), www.saechsische-schweiz.de

Felsenbühne Rathen

Die Kulisse ist der Held in diesem grandiosen Naturtheater. Die Dresdner selbst halten es für das schönste dieser Art überhaupt: Die Bühne liegt in einem Felsenkessel der Sächsischen Schweiz und bietet 2 000 Gästen Platz in gut klimatisiertem Ambiente. Das Programm reicht vom Aschenbrödel über Old Shurehand und Carmina Burana, von Wagner und Verdi bis zu »Pucks Sommernachtsträumen«, die Shakespeare hier recht frei interpretieren. Applaus!
Amselgrund 17, 01824 Rathen, Tel. +49 (0) 350 24/77 70, www.felsenbuehne-rathen.de

»Hobbit Hikes«

Diese Touren zweier studierter Nationalparkführerinnen finden Kinder garantiert nicht langweilig. Da geht es zum Beispiel im Elbsandsteingebirge mit einer Biologin auf die Suche nach Bibern, Feuersalamandern und Fledermausquartieren. Oder es werden Höhlen erkundet und sichere Klettersteige erklommen.
Fichtenstr. 1, 01097 Dresden, Tel. +49 (0) 173/380 06 75, www.hobbit-hikes.de

LIEBLINGS-
PLATZ

ADAC Inspekteur Ulrich Menn:
»Ein kleiner, familiengeführter Campingplatz:
herrlich ruhig gelegen, mit einem Streichelzoo
für Kinder, frei laufenden Hühnern und
verschmustem ›Hofhund‹.«

53 Waldcamping Erzgebirge

Es ist nicht die überbordende Ausstattung oder Animation, die den Waldcampingplatz für Familien attraktiv macht. Die Sanitäranlagen sind modern und gepflegt, aber Babywickelraum oder Schwimmgelegenheit gibt
es hier nicht. Stattdessen genießt man – in außergewöhnlicher Lage – eine
unglaublich entspannte, urig-rustikale Familienatmosphäre. Der Platz ist
eine Art Mini-Bauernhof auf einer vom Fichtenwald umgebenen Lichtung.
Die Zwergziegen, Kaninchen, Meerschweinchen, Hunde, Katzen und das
Federvieh sind zum einen Streichelzoo. Zum anderen liefern die glücklichen
Hühner täglich frische Frühstückseier. Brot und Kuchen werden im großen
Holzbackofen gebacken. Was man darüber hinaus braucht, bekommt man
in den benachbarten Orten.

An der Dittersdorfer Höhe 1,
09439 Amtsberg OT Dittersdorf,
Tel. +49 (0) 371/775 08 33,
www.waldcamping-erzgebirge.de,
Dez.–Jan., Apr.–Okt.

Fläche	2 ha
Standplätze Touristen	99
Dauercamper	keine
Mietunterkünfte	7
Hunde	willkommen

Entdecken & erleben

Chemnitz

Kaiser Barbarossa wird 1170 die Gründung der Stadt zugeschrieben, die schon im Mittelalter ein Zentrum der Textilproduktion war und im 19. Jh. zur Industriemetropole aufstieg. Nach den großflächigen Zerstörungen des Jahres 1945 erfolgte der Wiederaufbau als sozialistische Musterstadt mit neuem Namen: Karl-Marx-Stadt.1990 erhielt Chemnitz nach einem Referendum seinen alten Namen zurück, in der Altstadt entstand einst Zerstörtes neu. Ein spannender Dialog zwischen Tradition und Moderne macht die Stadt heute aus. Chemitz ist gleichermaßen fröhliche Kultur- (Kabarett, Schauspielhaus, Oper, Kunst) wie entspannte Einkaufsstadt (keine andere Großstadt bietet so viel Verkaufsfläche pro Einwohner).

Tourist Info: Markt 1, 09111 Chemnitz, Tel. +49 (0) 371/69 06 80, Mo–Fr 9-18, Sa 9-16 Uhr, www.chemnitz-tourismus.de

Kulturkaufhaus DAStietz, Chemnitz

Als es 1913 seine Tore öffnete, war »das Tietz« das schickste Warenhaus in Sachsen. Nach Nazi-Terror, Kriegszerstörung, realsozialistischen Jahren als HO-Warenhaus und Übernahme durch die Kaufhof AG zog im Jahr 2004 »die Kultur« in das aufwendig sanierte Kaufhaus. Neben Geschäften und Cafés sind das Volkshochschule und Stadtbibliothek, das städtische Naturkundemuseum und die Neue Sächsische Galerie mit ihrer äußerst sehenswerten Kunstsammlung.

Und dann ist da im Lichthof noch der »Steinerne Wald« – nicht Kunst, aber als bizarres Naturphänomen ein Hingucker, für den woanders extra Eintritt verlangt würde: Es handelt sich um eine Gruppe von ungefähr 290 Mio. Jahre alten versteinerten Holzstämmen, die man vor bald 300 Jahren in Hilbersdorf, heute ein Chemnitzer Stadtteil, gefunden hat.

Moritzstr. 20, 09111 Chemnitz, Tel. +49 (0) 371/488 43 66, Mo–Fr 8.30–21, Sa 9.30–18, So 9.45–18 Uhr, www.dastietz.de; Naturkunde-Museum: Mo–Di, Do–Fr 9–17, Sa, So 10–18 Uhr, www.naturkundemuseum-chemnitz.de; Neue Sächsische Galerie: Do–Mo 11–17 Uhr, Di 11–19 Uhr, www.neue-saechsische-galerie.de

Industriemuseum

»Sächsisches Manchester« nannte man Chemnitz im 19. Jh., die Stadt war das Zentrum des sächsischen Maschinenbaus. Was 1945 unter Bombenschutt zu verschwinden drohte, ist Thema der neuen Dauerausstellung, die man seit 2015 im neu gestalteten Sächsischen Industriemuseum besichtigen kann. Schon der architektonische Rahmen in der Fabrik-»Kathedrale« der ehemaligen Gießerei Escher beeindruckt. Hier erfährt man, wie die Automobilindustrie (Horch, Audi) sowie der Werkzeug-, Büro- und Textilmaschinenbau das Land Sachsen und eine Region geprägt haben, die vor 100 Jahren die am stärksten industrialisierte Gegend Deutschlands war.

Zwickauer Str. 119, 09112 Chemnitz, Tel. +49 (0) 3 71/367 61 40, Di–Fr 9–17 Uhr, Sa, So 10–17 Uhr, web.saechsisches-industriemuseum.com

Bergwerkserlebnisse in 150 m Tiefe: Freibergs »Reiche Zeche«.

Schloss Augustusburg

Östlich von Chemnitz steht das gewaltige Jagdschloss Augustusburg mit seinen Museen: dem Schlossmuseum (schöne Renaissanceräume), den Sammlungen zu Jagd und Vogelkunde und dem Motorradmuseum, das keineswegs nur die heimischen Gefährte der Marken DKW, Auto Union und MZ zeigt.

Schloss 1, 09573 Augustusburg, Tel. +49 (0) 372 91/38 00, Apr.–Okt. tgl. 9.30–18, Nov.–März 10–17 Uhr, www.die-sehenswerten-drei.de

Freiberg

Über der großartigen Altstadt mit ihren engen Gassen erhebt sich der spätgotische Dom mit seiner Silbermannorgel und der »Tulpenkanzel«. Sehenswert sind außerdem das Stadt- und Bergbaumuseum beim Dom sowie die Mineraliensammlung der Bergakademie – die

größte der Welt! – im prächtigen, frisch sanierten Schloss Freudenstein.

Tourist Info: Schloßpl. 6, 09599 Freiberg, Tel. +49 (0) 37 31/27 36 64, www.freiberg-service.de; Museum: Am Dom 1, Tel. +49 (0) 37 31/202 50, Di–So 10–17 Uhr, www.museum-freiberg.de; Mineralienausstellung: Schloßpl. 4, Tel. +49 (0) 37 31/39 46 54, Mo–Fr 10–17, Sa, So 10–18 Uhr, www.terra-mineralia. de

Silberstraße

Im 12. Jh. wurden die ersten Silberadern im Erzgebirge gefunden, 1765 gründete man die berühmte Bergakademie, und erst 1913 wurde der Silberbergbau eingestellt. »Bergkgeschrey« nannte man das, was geschah, wenn früher im Erzgebirge mal wieder jemand Silber gefunden hatte. Der Silberrausch ist längst vorbei, doch der jahrhundertelange Abbau von Kupfer und Zinn, Wismut und später Uran hat die beliebte Erholungsregion bis in die jüngste Vergangenheit geprägt – wie sehr, das erfährt man auf der rund 275 km langen, grenzüberschreitenden Sächsisch-Böhmischen Silberstraße. Sie verbindet alle lohnenden Ziele in der reizvollen Natur- und überaus reichen Kulturlandschaft des Erzgebirges.

Tourismusverband Erzgebirge: Tel. +49 (0) 37 33/188 00 88, www.silberstrasse.de

Wolkenstein

Sachsen zur Napoleonzeit – im romantisch hoch über dem Zschopautal gelegenen Wolkenstein kann man Geschichte nachempfinden. Im Schloss (16. Jh.) erinnert das Militärhistorische Museum an die Befreiungskriege. In der Erlebnisgaststätte »Zum Grenadier« ist man von Puppen in Uniformen und Ausstellungsstücken aus der Epoche umgeben. Schönster Wellnesstempel der Gegend ist die Silbertherme im Kurort.

Tourist Info: Schlosspl. 1, 09429 Wolkenstein, Tel. +49 (0) 3 73 69/871 23, www.stadt-wolkenstein.de, www.warmbad.de

Annaberg-Buchholz

Verschiedenen Seiten des Wirtschaftens im Osterzgebirge kann man hier nachspüren: Zum Erzgebirgsmuseum gehört auch ein Besucherbergwerk. Die »Manufaktur der Träume« ist eine große private Spielzeugsammlung, die heimische Holzkunst erlebbar macht. Einen Besuch lohnt auf jeden Fall das Adam-Ries(e)-Museum in dem Haus, das der Rechenmeister von 1492 bis 1559 bewohnte.

Erzgebirgsmuseum: Große Kirchgasse 16, Tel. +49 (0) 37 33/234 97, tgl. 10–7 Uhr, www.annaberg-buchholz.de; Manufaktur der Träume: Buchholzer Str. 2, Tel. +49 (0) 37 33/194 33, tgl. 10–18 Uhr, Di–Fr 10–16, Sa, So 12–16 Uhr; Ries-Museum: Johannisgasse 23, Tel. +49 (0) 37 33/221 86, www.adam-ries-museum.de

Spiel, Sport & Action

Sachsenring

20 km westlich von Chemnitz liegt der Sachsenring, eine der traditionsreichsten Rennstrecken Deutschlands. 1927 fand hier das erste Rennen statt, 1995 wurde am Start-Ziel-Bereich ein Verkehrssicherheitszentrum eröffnet: Auf dem nun 3,7 km langen Kurs (früher war er 8,7 km lang) veranstaltet der ADAC Autorennen und Fahrertrainings. Etwas kleiner dimensioniert, aber für junge und ältere Motorsportfreunde, die hier selbst ans Steuer dürfen, nicht weniger spannend ist die Indoor-Kartbahn. Die

Jüngsten können sich ab 6 Jahren (mind. 130 cm groß) an 4 PS wagen.

Am Sachsenring 2, 09353 Oberlungwitz, Tel. +49 (0) 37 23/653 30, tgl. 8–17 Uhr, Kartbahn: Tel. +49 (0) 37 23/653 30, Mo–Fr 16–22, Sa, So, sächsische Ferien 14–22 Uhr, www.sachsenring.de

»Reiche Zeche«

Die Bergbaugeschichte Freibergs lässt sich außerhalb des Stadtzentrums in den ehemaligen Schachtanlagen erkunden. 1913 stillgelegt, werden sie seither von der Bergakademie als Lehrschächte genutzt. Über Tag ist die original erhaltene Technik der Anlage aus der Mitte des 19. Jh. zu sehen. Die Fahrt untertage ist ein Erlebnis! Mit dem Förderkorb geht es 150 m in die Tiefe in das zwischen dem 14. und 20. Jh. betriebene Stollensystem. Unterschiedlich lange Touren (45 Min. bis 5 Std.) werden angeboten (Alterbeschränkung: 6–75 Jahre). Da unter Tage ganzjährig Temperaturen von ca. 10 °C herrschen, empfielt sich warme Kleidung; Schutzkleidung, Helm und Leuchten werden gestellt.

Fuchsmühlenweg 3 & 9, 09599 Freiberg, Tel. +49 (0) 37 31/39 45 71, www.silberbergwerk-freiberg.de

Natur erleben

Natur- u. Wildpark Waschleithe

Die Tierwelt der erzgebirgischen Wälder, aber auch traditionelle Haustierrassen lassen sich in dem schönen ausgedehnten Parkgelände bewundern. Gleich nebenan der liebevoll gestaltete Miniaturenpark »Heimatecke« im Maßstab 1:40.

Mühlberg 56, 08344 Grünhain-Beierfeld OT Waschleite, Tel. +49 (0) 37 74/17 77 35, tgl. ab 9 Uhr, www.tierpark-waschleithe.de; www.heimatecke.de

ADAC Inspekteur Ulrich Menn:
»Hier gibt's einen Streichelzoo mit
Alpakas, Hängebauchschweinen,
Meerschweinchen und Kaninchen.«

54 Campingplatz Paulfeld

Eine märchenhafte Lage – tief, tief im (Thüringer) Wald. Ringsherum
rauschen die Nadelwälder und mittendrin können Alt und Jung naturnahe
Erholung genießen. Ein Badeteich, ein Angelweiher und eine Sauna stehen
bereit. Auch einen Laden und eine richtig gute Gaststätte gibt es. Die Sanitäranlagen sind komfortabel und haben einen schönen Kinderbereich. Draußen
können die Kleinen mit etwas Glück Fuchs und Hase erspähen oder einfach
auch exotische Tiere kennenlernen (und streicheln). Sie können sich sogar
mit Alpakas auf einen Waldspaziergang begeben.

Am Steinbühl 3, 99894 Leinatal OT
Catterfeld, Tel. +49 (0) 362 53/251 71,
www.paulfeld-camping.de,
ganzjährig

Fläche	7 ha
Standplätze Touristen	100
Dauercamper	140
Mietunterkünfte	4
Hunde	erlaubt

Entdecken & erleben

Handbemalte Wichtel

Gartenzwerge gab es zwar schon im Barock, doch in Thüringen wurde der heimelige Wichtel ab 1872 erstmals in Serie gefertigt, und zwar in Gräfenroda am Rande des Thüringer Walds. Genau dort werden in Reinhard Griebels Gartenzwergmanufaktur die Tonwichtel schon in vierter Generation noch genauso wie vor hundert Jahren in Gipsformen gegossen und von Hand bemalt. Auch das angeschlossene Zwergenmuseum sollte man besuchen.

Ohrdrufer Str. 1, 99330 Gräfenroda, Tel. +49 (0) 3 62 05/764 70, März–Okt. Di–Fr 10–17, Sa 10–14 Uhr, www.zwergen-griebel.de

»Explorata«, Zella-Mehlis

Zahlreiche Experimentierstationen, optische Täuschungen und physikalische Phänomene wecken in der »Mitmachwelt« die Lust an der Naturwissenschaft. Kann man in einem Spiegel fliegen, mit einem Paukenschlag eine Kerze löschen? Kann ein Schatten gefrieren? Sogar die Eltern lernen hier noch was!

Kirchstr. 1, 98544 Zella-Mehlis, Tel. +49 (0) 36 82/478 74 51, tgl. 10–18 Uhr, www.explorata.de

Wartburg Eisenach

Der bekannteste Raum befindet sich im Fachwerkbau der Vogtei. Seine Berühmtheit verdankt sich dessen zeitweiligem Bewohner: Der einstige Augustinermönch Martin Luther hatte es im Jahr 1521 auf dem Wormser Reichstag vor Kaiser Karl V. abgelehnt, seine Thesen zu widerrufen. Daraufhin für »vogelfrei« erklärt, trat er die Heimreise nach Wittenberg an, freies Geleit wurde ihm zugesichert. Vorsichtshalber ließ ihn unterwegs sein Protegé, Sachsens Friedrich der Weise, »entführen«. Als »Junker Jörg« bis zum März 1522 inkognito auf der Wartburg, übersetzte Luther das Neue Testament binnen elf Wochen ins Deutsche. Das Ergebnis war ein Meilenstein der Reformation und gilt als Quantensprung für das, was wir heute als »Hochdeutsch« verstehen.

Auf der Wartburg 1, 99817 Eisenach, Tel. +49 (0) 36 91/25 00, tgl. 8.30–17.30 Uhr, www.wartburg-eisenach.de

Rennsteigbahn Ilmenau

Technisch ist die 1904 eröffnete Rennsteigbahn zwischen Ilmenau und Schleusingen eine Meisterleistung, eine der schönsten Bahnstrecken ist sie zudem. In der Kaiserzeit sollte sie der Glas- und Porzellanindustrie helfen. Das gelang zwar nicht, aber der Tourismus florierte. Seit der Reaktivierung der Strecke 2003 verkehren hier wieder altehrwürdige Dieselloks vom Typ V 100 aus den 1960er-Jahren sowie eine Dampflokomotive der Baureihe 94 aus dem Jahr 1922.

Rennsteig 3, 98711 Schmiedefeld, Tel. +49 (0) 3 67 82/706 66, So–Mi 11–17 Uhr, www.rennsteigbahn.de

Gradierwerk Bad Salzungen

Gradierwerke gibt es zwar in Deutschland nicht selten. Doch nirgendwo ist der Salzgehalt so hoch wie in Bad

Salzungen (bis 27 %). Das kann nicht mal die Nordsee bieten, allenfalls das Tote Meer. Die Luft um die Gradierwerke herum ist sehr gesund. Salz bindet frei schwebende Partikel, was Allergiker zu schätzen wissen. Auch gegen Asthma und andere Bronchialkrankheiten ist die salzhaltige Luft ein bewährtes Mittel, sie lässt die Schleimhäute abschwellen und reinigt die Atemwege von Bakterien. Selbst wer keine Beschwerden hat, atmet nach einem Besuch im Gradierwerk freier durch.

An den Gradierhäusern 4, 36433 Bad Salzungen, Tel. +49 (0) 36 95/693 40, tgl. 8–19 Uhr, www.gradierwerkbadsalzungen.de

Bad Langensalza

Eingebettet in die waldigen Höhen des nördlichen Thüringens liegt Bad Langensalza mit seiner fast vollständig erhaltenen Stadtmauer. Wer Spaziergänge mag, wird diese Stadt mit ihren vielen Gärten lieben: sei es das Arboretum und der Botanische Garten, der Japanische Garten »Kofuku no niwa« oder der Rosengarten. Von kriegerischer Zerstörung und Industrialisierung verschont, bildet das Städtchen ein eindrucksvolles Panorama für seine gärtnerischen Highlights.

Tourist Info: Bei der Marktkirche 11, 99947 Bad Langensalza, Tel. +49 (0) 36 03/83 44 24, www.badlangensalza.de

Spiel, Sport & Action

Kletterwald Hohenfelden

Der am Stausee im gleichnamigen Aktivpark gelegene Kletterwald verspricht Adrenalinschübe in den Baumkronen. Über 100 Kletterelemente zählen die verschiedenen Parcours.

Die Kleinsten fangen mit dem Parcours »Spaß« in ein bis zwei Meter Höhe an.

Am Stausee, 99448 Hohenfelden, Tel. +49 (0) 3 64 50/286 66, aktuelle Öffnungszeiten siehe www.aktivpark-hohenfelden.de

Miniaturpark Ruhla

Die Welt im Kleinen erwartet den Besucher im Miniaturpark »mini-a-thür«. Das schon an sich nicht große Bundesland ist hier wie eingedampft (Maßstab 1:25) und daher noch beschaulicher. Nahezu jede touristische Attraktivität Thüringens wurde bis zur letzten Dachrinne kopiert und über 80 Bauwerke präsentiert. Kinder dürften nicht leicht wegzubekommen sein: harren im Park doch zudem ferngesteuerte Modellboote, eine Kleineisenbahn, ein Abenteuerspielplatz und vieles mehr der Entdeckung.

Karolinenstr. 46, 99842 Ruhla, Tel. +49 (0) 3 69 29/800 08, Apr.–Sep. 10–18, Okt. 10–17 Uhr, www.mini-a-thuer.de

Rennsteiggarten, Oberhof

Im Oberhofer Rennsteiggarten können Botanikfreunde eine Weltreise machen. Am und auf dem Pfanntalskopf befindet sich der Garten mit nicht weniger als 4 000 Arten Gebirgsflora von allen Kontinenten. Reichlich Niederschlag, Temperaturen im Jahresmittel um die 4 °C und fünf Monate geschlossene Schneedecke sorgen für das optimale Klimamilieu nicht nur bekannter Bergpflanzen wie Edelweiß, Primeln oder Enzian. Je nach Jahreszeit sind auch Gletschernelken, Fleischroter Mannsschild, Frauenschuh und Schachblume zu bewundern. Die seit 1972 bepflanzte Anlage wurde beständig ausgebaut und besonders in den 1990er-Jahren zu einem schönen und auch barrierefreien Landschaftspark erweitert.

Am Pfanntalskopf 3, 98559 Oberhof,
Tel. +49 (0) 3 68 42/222 45,
Apr.–Sep. 9–18, Okt.–Nov. 9–17 Uhr,
www.rennsteiggartenoberhof.de

Mitspieltheater »Die Schotte«

Daran hat sich seit Jahrhunderten nichts geändert. (Fast) alle Mädchen möchten einmal Prinzessin sein. Und die Jungs verwandeln sich nur zu gerne in Ritter mit allem Drum und Dran. Doch die Verkleidung alleine reicht nicht. Spannend wird es erst, wenn man mitspielt, hier eine Prinzessin befreit, dort einen Drachen besiegt oder einen Schatz findet. Gemeinsam mit erfahrenen Schauspielern werden die Kinder in die Szenerie einbezogen. Das ist jedes Mal wieder neu und aufregend – für beide Seiten.

Schottenstr. 7, 99084 Erfurt, Tel. +49 (0) 3 61/643 17 22, www.theater-die-schotte.de

»Filonkucy«, Erfurt

Seit 2006 wird hier gefilzt. Ob Frösche oder Blumen, Vögel, Elefanten oder Täschchen – in der »Filonkucy Ladenwerkstatt« basteln Kinder kleine Kunstwerke. Die Kurse finden immer dienstags statt, dann kann nach Lust und Laune gewerkelt werden. Eltern dürfen derweil eigene Wege gehen, um danach die kreativen Ergebnisse ihres Nachwuches zu bestaunen. Es gibt aber auch Filz-Kurse für Erwachsene – ein sehr kreativer und äußerst entspannender Zeitvertreib.

Paulstr. 29–30, 99084 Erfurt,
Tel. +49 (0) 3 61/7 89 27 27

Fernöstliche Gartenkunst in Bad Langensalza: Der japanische Name »Kofuku no niwa« steht für »Garten der Glückseligkeit«.

Keltenbad Bad Salzungen

Auf den Spuren der Geschichte wandelt der Gast in diesem Heilbad, das durch sein Gradierwerk von 1801 und als Soleheilbad für Atemwegserkrankungen bekannt wurde. Das Keltenbad führt diese langjährige Badetradition fort. Hauptattraktion ist der Salztopf mit 15-prozentiger Sole, in der man zu keltischer Unterwassermusik wie im Toten Meer schwerelos treibt.

Am Solbad 4, 36433 Bad Salzungen, Tel. +49 (0) 36 95/ 693 40, Aktivbad und Saunaland tgl. 10.30–22, Gradierwerk tgl. 8–19 Uhr, www.solewelt.de

Natur erleben
Wildkatzendorf Hütscheroda

Die Wildkatzen sind die heimlichen Königinnen des Unesco-Welterbes

Wilde Katzen auf sanften Pfoten in Hütscheroda.

Nationalpark Hainich. Wer die scheuen Tiere in freier Wildbahn zu Gesicht bekommt, darf sich wahrlich glücklich schätzen. Einfacher ist das schon im »Wildkatzendorf Hütscheroda«. Im Schaugehege »Wildkatzenlichtung« kann man das Leben der Wildkatzen naturnah beobachten. Wie ihre häuslichen Artgenossen kommen sie auf sanften Pfoten daher, können aber – je nach Verhalten des Gegenübers – eben auch ganz schön wild werden.

99820 Hütscheroda, Tel. +49 (0) 362 54/86 51 80, Apr.–Okt. tgl. 9–18, Nov.–März 10–16 Uhr, www.wildkatzendorf.de

Thüringer Zoopark

In den Naturanlagen des Erfurter Zoos gibt es viele Tiere aus aller Welt zu sehen, die durch die Löwensavanne streifen oder im »KangarooLand« herumhopsen, auf dem Berberaffenberg herumtoben oder in der Flamingolagune stolzieren. Abkühlung an heißen Tagen verspricht der Wasserspielplatz.

Am Zoopark 1, 99087 Erfurt, Tel. +49 (0) 3 61/655 41 51, März–Okt. tgl. 9–18, Nov.–Feb. 9–16 Uhr, www.zoopark-erfurt.de

Meeresaquarium, Zella-Mehlis

Auch in Thüringen kann man Unterwasserwelten erleben. Im »Erlebnispark Meeresaquarium« gibt es Raubmuränen, Rochen, Schildkröten, Korallen, Seeanemonen und bunte Koi-Fische zu bestaunen. Wenn die Haie in ihren Riesenbecken gefüttert werden (jeden Sonntag, 15 Uhr), drücken sich Kinder die Nasen am Trennglas platt. Nicht minder dramatisch verläuft die Fütterung im großen Krokodilhaus (Samstag, 14 Uhr, April–September).

Beethovenstr. 16, 98544 Zella-Mehlis,
Tel. +49 (0) 36 82/410 78, tgl. 10–18 Uhr,
www.meeresaquarium-zella-mehlis.de

Baumkronenpfad, Nationalpark Hainich

Wipfel auf Augenhöhe! Schwindel-
freiheit vorausgesetzt, erwartet den
Besucher ein eindrucksvolles Erlebnis. Ausgangs- und Endpunkt des ca.
530 m langen Rundweges ist der 44 m
hohe, weithin sichtbare »Baumturm«,
der den überwiegend aus Rotbuchen
bestehenden Nationalpark Hainich
(mit 16 000 ha Deutschlands größter
Laubwald) überragt und der, neben
Informationen zur Waldgeschichte,
erstklassige Blicke über das Thüringer
Becken bis ins Eichsfeld und zum Thüringer Wald bietet.
Thiemsburg 1, 99947 Schönstedt, Tel. +49 (0) 3 61/
573 91 40 00, Apr.–Okt. tgl. 10–19, Nov.–März
tgl. 10–16 Uhr, www.nationalpark-hainich.de

Seenlandschaft Breitungen

Reich von Schilf gesäumt und mit See-
und Teichrosen bedeckt, lassen der Vor-
dere und der Hintere See (18 ha Fläche,
bis zu 4 m tief) nicht mehr erkennen,
dass sie beinahe unter den Aschehalden
des im Jahr 1913 errichteten Kohlekraft-
werks verschwunden wären. Bürgerini-
tiativen gelang es, die Zuschüttungen zu
stoppen und das Biotop zu rekultivieren.
Seit 1967 sind die Seen als Naturschutzgebiet ausgewiesen. Zu den heimischen
Vogelarten zählen u. a. Blesshuhn,
Teich- und Wasserrallen. Oberhalb der
Gewässer lockt das Jagdschlösschen
»Seeblick« zur Einkehr.
Tourist Info: Rathausstr. 22, 98597 Breitungen,
Tel. +49 (0) 3 68 48/882 21, www.breitungen.de

*Faszinierende neue Perspektiven:
der Baumkronenpfad im Hainich.*

Exotarium Oberhof

Was den einen gruselt, ist dem anderen Pläsier: Netzphyton, Bindenwaran,
Reptilien, Spinnen, Stechrochen – für
die einen die große Attraktion, halten
die anderen respektvoll Abstand, auch
wenn die großen und kleinen Tiere –
durch die dicke Glaswand des Aqua-
riums geschützt – völlig ungefährlich
sind. Wer es weniger exotisch mag,
findet vielleicht an den 70 Fischarten
oder Teichmuscheln, an Lurchen oder
Schildkröten seinen Gefallen.
Crawinkler Str. 1, 98559 Oberhof,
Tel. +49 (0) 3 68 42/214 04, tgl. 10–18 Uhr,
www.exotarium-oberhof.de

Mommelsteinradweg Schmalkalden

Der geteerte Mommelsteinradweg hat eine Länge von 12,5 km und steigt 260 Höhenmeter an. Er beginnt in der Mühlenstraße in Schmalkalden und führt nach Floh-Seligenthal. Noch in Schmalkalden wird die »Neue Hütte« passiert, der Hochofen aus dem Jahr 1835 ist heute ein sehenswertes Technikmuseum. Hinter Floh-Seligenthal geht es in den Hundsrücktunnel, dem ein Viadukt über das den Weg begleitende Flüsschen Schmalkalde folgt. Hinter Hohleborn ist bald der frühere Kopfbahnhof Kleinschmalkaldens erreicht. Mit einer Spitzkehre führt nun der Weg hinauf zum einstigen Haltepunkt Auwallenburg. Nur bis hierhin ist die alte Bahnstrecke geteert. Nun rollt man auf demselben Weg bequem, weil nur bergab, zurück.

www.bahntrassenradwege.de

Naturschutzlehrstätte Fuchsfarm

Füchse gibt es hier zwar nur noch aus Holz und zum Draufklettern, aber dazu jede Menge weitere Erlebnisse in der Natur des Erfurter Steigerwalds. Dazu gehören beispielsweise Tastpfade, Duft- und Klangorgeln, ein Hochstand und ein Lehmofen zum Backen. Gesteinsarten aus dem Thüringer Becken sind hier zu sehen; es gibt Einblicke ins Bienenhaus oder in das artenreiche Leben am und im Teich. In der Kreativwerkstatt kann man aus Naturmaterialien Flöße, Flöten oder andere Kunstwerke basteln.

Krummer Weg 101, 99094 Erfurt, Mo–Fr 8–16, Apr.–Okt auch Sa, So 14–16 Uhr, www.fuchsfarm-erfurt.de

Inselberg bei Brotterode

Die höchste Erhebung des westlichen Thüringer Waldes beschert dem Wanderer auf 916 m eine wunderschöne 360°-Panoramaaussicht – bei klarer Sicht bis zum Brocken im Harz und zur Wasserkuppe in der Rhön. Doch auch wenn das Vorland des Thüringer Waldes im Nebel liegt, ist es auf dem Großen Inselberg meist wolkenlos und man blickt wie vom griechischen Olymp hinab auf das Wolkenmeer. Im Aussichtsturm lernt man etwas über die originale Übertragungstechnik des ehemaligen Fernmeldeturms. Spaß macht auch die Sommerrodelbahn.

Kleiner Inselsberg 3, 98596 Brotterode-Trusetal, Tel. +49 (0) 3 68 40/323 70, Apr.–Okt. tgl. 10–17, Nov.–März Sa, So 13–16 Uhr (nur bei sonnigem, trockenem Wetter), www.sommerrodelbahn-inselsberg.de

Essen & Trinken

Lutherstuben, Eisenach

»Warum rülpset und furzet ihr nicht? Hat es euch nicht geschmacket?« – Ob dieser Ausspruch nun von Luther stammt oder nicht, was heute unanständig, war damals gute Sitte. So täuschend echt muss es ja in der Lutherstuben nicht zugehen. Aber so echt wie möglich: Mundkoch Kunibert bereitet in der Schauküche deftige Speisen zu; der Met wird aus dem Trinkhorn kredenzt. Spielmann Halodri sorgt für die Musik. Mahlzeit!

Katharinenstr. 13, 99817 Eisenach, Tel. +49 (0) 36 91/734 00, Mo–Fr ab 18, Sa ab 17, So 11–15 u. ab 18 Uhr, www.lutherstuben.de

Viba Nougat-Welt

Schleckermäuler halten in der Viba-Erlebniswelt in Schmalkalden, wo man in der gläsernen Confiserie bei der professionellen Herstellung von Pralinen und deren filigraner Verzierung zusehen kann. In verschiedenen Kursen kann man sich Nougat-Pralinen, Schokoladenfiguren, Marzipan-Pralinen und Trüffel-Pralinés kreieren. Wem läuft da nicht schon beim Lesen das Wasser im Munde zusammen?

Nougat-Allee 1, 98574 Schmalkalden,
Tel. +49 (0) 36 83/692 15 56 00, tgl. 9–18 Uhr,
Kurse nach Anm., www.viba-sweets.de

Goldhelm Schokolade, Erfurt

»Eine gute Schokolade braucht zuallererst einmal eine gute Bohne.« – Für Chocolatier Alexander Kühn muss bei der Zubereitung alles stimmen: das Grundprodukt, die Bohne, ausreichend Zeit fürs Conchieren und nicht zu viele dominierende Gewürze, die das Hauptprodukt überdecken. Es geht also um die Bohne und darum, wie man diese möglichst sanft behandelt. Schon auf den Geschmack gekommen? Wer den Meistern ihres Fachs – in stilechtem französischem Ambiente – über die Schulter schauen möchte, ist in der Schokoladenmanufaktur an der Krämerbrücke goldrichtig. Ein Paradies für süße Sünden. Aber danach bitte keine Beschwerden über anhängliches Hüftgold!

Krämerbrücke 15, 99084 Erfurt,
Tel. +49 (0) 3 61/660 98 51, Mo–So 12–19 Uhr,
www.goldhelm-schokolade.de

Die Vielfalt der süßen Versuchungen ist schier unendlich in der Erfurter Schokoladenmanufaktur Goldhelm.

55 Campingplatz Neuenhainer See

Aus einem ehemaligen Braunkohlentagebau ist hier in den letzten fünf Jahrzehnten eine idyllische Naturlandschaft mit 5 ha großem See und attraktivem Campingplatz entstanden. Mit langem Sandstrand, abgegrenzten Nichtschwimmerzonen mit Wasserrutsche und DLRG-Aufsicht (in der Saison) bietet der See beste Badevoraussetzungen. Für die Kleinsten gibt es zusätzlich noch ein eigenes Planschbecken, für Teilzeit-Kapitäne einen Tretbootverleih. Während der hessischen Ferien wird wochentags auch eine abwechslungsreiche Kinderanimation angeboten. Der Campingplatz verfügt über Gaststätte und Imbiss, aber keine Einkaufsmöglichkeit. Drei Sanitärgebäude unterschiedlichen Baujahrs zählt man hier, in zum Teil sehr ansprechendem Zustand.

Seeblick 14, 34599 Neuental OT
Neuenhain, Tel. +49 (0) 66 93/12 87,
www.neuenhainer-see.de,
Ende März–Ende Nov.

Fläche	4 ha
Standplätze Touristen	145
Dauercamper	306
Mietunterkünfte	4
Hunde	erlaubt

Entdecken & erleben

Sehenswert & interessant

»Grimmwelt«, Kassel

Seit dem Jahr 2005 stehen sie auf der Liste des Unesco-Weltdokumentenerbes – die Kinder- und Hausmärchen der Brüder Jacob und Wilhelm Grimm. Ihre Exemplare mit handschriftlichen Anmerkungen sind in der »Grimmwelt« zu sehen. In dem kantigen Bau mit breiter Außentreppe und aussichtsreicher Dachterrasse auf dem Kasseler Weinberg zeigt eine multimediale Ausstellung aber noch viel mehr über das Werk der beiden großen Germanisten, die in Kassel am größten Wörterbuch der deutschen Sprache gearbeitet hatten.

Weinbergstr. 21, 34117 Kassel,
Tel. +49 (0) 561/598 61 90, Di–So 10–18,
Fr bis 20 Uhr, www.grimmwelt.de

Männerspielplatz, Großalmerode

Zuletzt hat Charlize Theron in »Mad Max – Fury Road« gezeigt, dass Frauen genauso viel Spaß an dicken Reifen, durstigen Motoren und dekorativem Dreck haben können wie Männer. Auf dem 7 ha großen Gelände bei Großalmerode, 27 km östlich von Kassel, spielen dennoch mehr Männer, die hier ihren Traumberuf aus Kindertagen ausüben: Baggerfahrer. Daneben steht ihnen weiteres Baustelleninventar wie

Radlader oder Bulldozer zur Verfügung, und sie dürfen auch Unimogs, Quads und Offroader fahren. Insgesamt bietet das Gelände 19 Stationen, die man mit der Baustellen-Flatrate von 199 € bis zu 7 Std. lang nutzen kann. Und wem der Kettenbagger nicht genügt, der kann auch noch Panzer fahren. Dafür muss er sich aber zum Offroadpark Böser Wolf zwischen Kassel und Fulda begeben, direkt an der Ausfahrt Homberg/Efze der A7. Dort stehen Mini-Tanks, aber auch ein Sauer Spz A1 mit Lenkradsteuerung und der Nachbau des knapp 7 m langen deutschen Jagdpanzers StuG III aus dem Zweiten Weltkrieg zur Verfügung.

Am Ballenpeter, 37247 Großalmerode, Tel. +49 (0) 7 11/98 14 94 27, 10–17 Uhr, www.maennerspielplatz.de

Buga-See, Kassel

Zur Bundesgartenschau 1981 wandelte die Stadt ehemalige Baggerseen in ein Naherholungsgebiet, die Fuldaaue, um. Kernstück ist der 40 ha große Buga-See, der im Sommer zum Baden, Schnorcheln und Surfen einlädt. Das Ufer ist weitgehend naturbelassen und an einigen Stellen mit Sand zu einem Strand aufgeschüttet. Kinder können sich auf einem Abenteuerspielplatz vergnügen. Ein Bereich des Ufers ist für FKK ausgewiesen, der nördliche Teil des Sees als Naturschutzgebiet. Eine Brücke verbindet das Gelände mit der Karlsaue.

Damaschkestr., 34121 Kassel, Tram/Bus Messehallen

Stollenführung Kassel

Kassel ist mit einem weiträumigen Bunkersystem unterkellert. Die Stollen unter dem Weinberg stammen von

Die Kasseler »Grimmwelt« gestattet tiefe Einblicke in die Welt der Märchen.

1825 und dienten als Bier- und Eislager. Später wurden dort dank der konstanten Temperaturen sogar Champignons gezüchtet. Der Feuerwehrverein öffnet nach Anmeldung zwei der neun unterirdischen Bunker. Neben dem Weinberg führt er auch in den Atomschutzbunker unter dem Hauptbahnhof. Dieser misst 3 000 qm, verfügt über einen Notbrunnen und ist mit zwei Küchen ausgestattet. Für die Tour (2 Std.) sollte man sich warm anziehen.

Nur nach Anm., Tel. +49 (0) 1 75/28 65 617

Spiel, Sport & Action
E-Bike-Tour

Die Wandelhalle Reinhardshausen bietet eine Movelo-Station, von der aus man

hinausradelt oder -saust. Der nächste Info-Point befindet sich in Affoldern, am Bruder des Edersees. Grüne Hügel schieben sich ins Blickfeld, dann führt die Strecke am Fluss entlang nach Gifflitz, durch das Wesertal über Kleinern nach Gellershausen, wo der Akku bergauf kräftig unterstützt. Oben lockt ein Panoramablick am Tannendriesch. Hier ist die Einfahrt in den Nationalpark mit den typischen Buchenwäldern, von denen viele 150 Jahresringe tragen.
www.edersee.com, www.badwildungen.de, www.nationalpark-kellerwald-edersee.de

Märchenstunde

Das Brauhaus Knallhütte verknüpft die Herstellung von Bier mit dem Zauber von Märchen. Die erstaunliche Kombination ist leicht zu erklären: Dorothea Viehmann (1755–1815) wuchs in Rengershausen auf. Hier hörte die junge Frau viele Märchen und merkte sie sich genau. Im Jahr 1813 lernte sie die Brüder Grimm kennen. In Dorothea Viehmann fanden sie eine sprudelnde Quelle, aus der sich schöpfen ließ. Im Gasthof ihres Vaters schlüpft heute jeden 1. und 3. Samstag eine Schauspie-

Faszinierende Momente: Im Wildtierpark Edersee lassen sich Damhirsche und andere heimische Wildtiere in ihrer natürlichen Umgebung beobachten.

lerin in die Rolle der Viehmännin und erzählt den Zuhörern, wie es einmal war.

Knallhütte, 34225 Baunatal, Tel. +49 (0) 5 61/49 20 76, jeden 1. u. 3. Sa im Monat ab 17.30 Uhr, www.brauhaus-knallhuette.de

Natur erleben

Baumkronenweg Bad Emstal

Die Kraft der Natur kommt in Bad Emstal als Quelle tief aus der Erde, sie entsteht aber auch in der klaren, reinen Luft des Naturparks Habichtswald, die der Kurort mit dem Luftkurort Niedenstein teilt. Wie genau eine so klare Luft im Wald entsteht, studiert man am besten bei einem Ausflug zum »Tree-TopWalk« am Südufer des Edersees, Hessens erstem Baumkronenweg. Dort führt der Eichhörnchenpfad die Besucher barrierefrei zum 250 m langen Weg in den Wipfeln. In der dichten Buchenkrone, rund 30 m über dem Waldboden, kann der Besucher die Urkräfte der Natur förmlich spüren: das Ringen der Bäume um Licht, Wasser und Nährstoffe.

Brühlfeld 3, 34549 Edertal, Tel. +49 (0) 56 23/973 79 77, Apr. tgl. 10–18, Mai–Sep. 10–19, Nov.–März 11–17 Uhr, www.baumkronenweg.de

Habichtswaldsteig Bad Emstal

Rund 85 km führt der Habichtswaldsteig von Zierenberg zum Edersee und durch den Naturpark Habichtswald. Das Gelände verbindet die größten hessischen Wacholderheiden am Dörnberg mit den urwaldähnlichen Steilhängen des Edersees und dem Kasseler Bergpark mit den Buchenwäldern im Nationalpark Kellerwald-Edersee.

www.habichtswaldsteig.de

Wildtierpark Edersee

Heimische Wildtiere ganz nah, faszinierende Ausblicke auf den Edersee sowie eine Greifvogel-Flugschau in unvergleichlicher Umgebung – das alles bietet der Wildtierpark. Das ca. 80 ha große Gelände gehört zum Nationalpark Kellerwald-Edersee. Dort trifft man in großen Gehegen auf Tierarten wie Wolf, Luchs und Wisent. Rotwild, Damwild und Muffelwild bewegen sich hier völlig frei.

Am Bericher Holz 1. 34549 Edertal, Tel. +49 (0) 56 23/97 30 30, Mai–Okt. tgl. 10–18, Nov.–Feb. 11–16, März, Apr. 10–18 Uhr, www.wildtierpark-edersee.eu

Nationalpark Zentrum Kellerwald

Der südlich des Edersees gelegene Nationalpark Kellerwald-Edersee wurde 2004 eingeweiht. Weite Teile, darunter die »Alten Buchenwälder Deutschlands« und die wenigen noch vorhandenen Urwaldreste, wurden 2011 in die Liste des Unesco-Weltnaturerbes aufgenommen. 30 Wanderwege und fünf Radrouten durchziehen den rund 57 qkm großen Nationalpark. Viel zu erleben gibt es im NationalparkZentrum: In der interaktiven Ausstellung WaldWerk ist mehr über die Geheimnisse der Buchenwälder zu erfahren, ein 4D-Sinne-Kino nimmt kleine und große Besucher mit auf einen Streifzug durch die Wildnis. Im Gastraum laden regionale Gerichte zu einer Rast ein. Man kann auch E-Bikes ausleihen.

Weg zur Wildnis 1, 34516 Vöhl-Herzhausen, Tel. +49 (0) 56 35/99 27 81, Apr.–Okt. tgl. 10–18, Nov.–März Di–So 10 bis 16.30 Uhr, www.nationalparkzentrumkellerwald.de

ADAC Inspekteur Kai Wentz:
»Ein Animateur macht mit den Kindern richtig
tolle Programme, zum Beispiel Indianerspiele
mit großem Marterpfahl, Tipis bauen im
Wald und alles, was dazugehört.«

56 Eifel-Camp Freilinger See

Auch wenn es ihn erst seit 1976 gibt, hat der Freilinger See alles zu bieten, wofür Eifelseen gerühmt werden: kristallklares Wasser inmitten prächtiger Wald- und Hügelkulisse. Ein Stück unterhalb des Staudamms sorgt das »Eifel-Camp« für perfekte Camping- und Freizeitmöglichkeiten. Als Unterkünfte können auch Mobilheime, Lodges und Campinghütten gemietet werden. Für alle Altersgruppen ist das Freizeitangebot umfangreich, besonderes Augenmerk gilt dabei den Bedürfnissen von Kindern und Jugendlichen – nicht nur im sommerlichen Ferienprogramm »Miniclub«. Zu den komfortablen neuen Sanitäranlagen gehört auch eine durchdachte Kinderabteilung.

Am Freilinger See 1, 53945
Blankenheim OT Freilingen,
Tel. +49 (0) 26 97/282,
www.eifel-camp.de, ganzjährig

Fläche .... 11 ha
Standplätze Touristen 177
Dauercamper 170
Mietunterkünfte 25
Hunde .... erlaubt

57 Prümtal-Camping Oberweis

Am Rande des Deutsch-Luxemburgischen Naturparks schlängelt sich die Prüm äußerst reizvoll durch Felder und Wiesen. Der Campingplatz liegt ganz im Grünen, direkt am Ufer des Flüsschens und doch nicht weit vom Oberweiser Ortszentrum mit Bäckerei und Gastronomie entfernt. Zum Baden lädt aber nicht die Prüm ein, sondern (täglich von Mitte Mai bis September) das schöne öffentliche Freibad – für Campinggäste kostenlos. Hier können Schwimmer ihre Bahnen ziehen und junge Gäste sich im eigenen Bereich an Wasserrutsche, Wasserpilz oder Wasserfontänen erfreuen. Eltern können das Treiben ihrer Sprösslinge ganz entspannt von der Terrasse des Restaurants verfolgen. Es gibt außerdem eine Pizzeria am Platz. Sowohl Schwimmbad als auch Campingplatz sind angenehm übersichtlich dimensioniert, sehr sauber und gepflegt. Die große Herzlichkeit und Kundenorientierung der Betreiberfamilie sind bemerkenswert. Im Sommer (Anfang Juli–Ende August) gibt es am Platz neben diversen Spiel- und Sportmöglichkeiten auch ein Animationsprogramm für Kinder und Jugendliche. Dazu gehören Sport- und Wasserspiele genauso wie Basteln und Theater. Aufgrund der Grenznähe finden einige Unternehmungen auf Niederländisch statt.

In der Klaus 17, 54636 Oberweis,
Tel. +49 (0) 65 27/9 29 20,
www.pruemtal.de, ganzjährig

Fläche	3,7 ha
Standplätze Touristen	170
Dauercamper	70
Mietunterkünfte	11
Hunde	erlaubt

58 Landal Wirfttal

Achtung, hier ist »Bollo« los! Der freundliche Bär ist das Maskottchen der (in den Sommermonaten) täglichen Kinder- und Sportanimation. Der »Bollo-Club« hat vom Basteln und Malen bis zum Kochworkshop oder Tanzen vor allem Angebote für jüngere Kinder (und fast ausschließlich in niederländischer Sprache). Aber auch ohne Animation gibt es auf dem Campingplatz inmitten (abgelegener) Natur am Ufer des Flüsschens Wirft zahlreiche attraktive Sport- und Spielgelegenheiten: diverse Sportplätze, Freizeitsee mit Strand und Booten, Wasser- und Seilspielplätze, kleines Hallenbad, Indoor-Spielplatz, Mingolf u. a. Die Atmosphäre der Anlage, zu der auch Ferienhäuser und Mietunterkünfte gehören, wie auch der Sanitäranlagen ist ungezwungen-rustikal.

Wirftstr. 81, 54589 Stadtkyll,
Tel. +49 (0) 65 97/929 20, www.landal
camping.de/campingplaetze/wirfttal,
ganzjährig

Fläche	6,3 ha
Standplätze Touristen	155
Dauercamper	65
Mietunterkünfte	217
Hunde	bedingt erlaubt

Entdecken & erleben

Nürburgring & Nürburg

Berühmt ist der Ort Nürburg für die 1927 eröffnete Rennstrecke, auf der internationale Autorennen stattfinden. Weniger bekannt ist die Burg Nürburg, eine wildromantische Ruine, von der man eine tolle Aussicht auf die Nordkurve des Nürburgrings hat. An der Rennstrecke gibt es nach wirtschaftlichen Turbulenzen der Betreibergesellschaft nun einen Motorsport-Freizeitpark (das »ring°werk«) und ein Erlebnismuseum (das »ring°marks«) für kleine und große Formel-1-Fans.

www.nuerburg.de, www.nuerburgring.de

Kronenburg

Das pittoreske Burgdorf mit Burgruine und engen, gepflasterten Gassen oberhalb der Kyll hat sein mittelalterlich geprägtes Ortsbild bewahrt. Unterhalb des Dorfes liegt der als Badesee beliebte Kronenburger Stausee.

www.igkronenburg.de

Aktivi Kinder-Abenteuerland

In dem Spieleland können sich Kinder nach Herzenslust austoben. Eine 7,80 m hohe Kletterwand, ein großes Klettergerüst, Riesenrutsche, Trampoline, animierte Hüpfburgen und viele andere Attraktionen lassen keine Langeweile aufkommen. Außerdem gibt es ein großes Soccerfeld.

Auelstr. 40, 53925 Kall, Mo–Fr 14.30–19, Sa, So, Feiertage, Schulferien 10–18 Uhr, www.aktivi.info

Eifel-Therme Zikkurat

Vielfältige Möglichkeiten bietet das Freizeit- und Erlebnisbad in Mechernich. Die Anlage verfügt unter anderem über einen großen Schwimmteich, Wasserfälle, Rutsche und eine riesige Saunaanlage.

An der Zikkurat 2, 53894 Mechernich, Tel. +49 (0) 22 56/957 90, www.eifel-therme-zikkurat.de

Eifeler Wildparks

Im Wildpark Daun führt eine 8 km lange Autostraße durch offene Gehege, in denen man europäische Wildtiere wie in freier Wildbahn beobachten kann. Auch im 80 ha großen Hochwildschutzpark Mechernich-Kommern können die Besucher in einem Gelände ohne Zäune mehreren europäischen Wildarten (fast) hautnah begegnen. Außerdem gibt es Gehege mit heimischen Kleintieren, ein großes Spielgelände und einen Streichelzoo. Das Wildgehege Hellenthal bietet außerdem eine Greifvogelstation mit täglichen Flugschauen.

www.wildpark-daun.de,
www.hochwildpark-rheinland.de,
www.wildgehege-hellenthal.de

Dauner Maare

Als die blauen Augen der Vulkaneifel werden sie bezeichnet: drei kreisrunde Seen, die in ehemaligen Vulkankratern entstanden sind – glasklares, blau schimmerndes Wasser inmitten waldreicher Umgebung. Ein herrliches Revier zum Wandern, Baden und (geschützte) Natur genießen.

http://www.geopark-vulkaneifel.de

59 Camping Harfenmühle

Am Südrand des Hunsrücks mit seiner spannenden Geologie, den weiten alten Buchenwäldern und seltenen Hangmooren ist 2015 Deutschlands jüngster Nationalpark entstanden. Nicht weit vom Nationalpark Hunsrück-Hochwald liegt auch der von Bächen durchzogene Campingplatz Harfenmühle mitten im Grünen. Dass der Boden hier seltene Edelsteinvorkommen birgt, können Kinder jeden Morgen um kurz nach zehn unmittelbar erleben: Am Wasserspielplatz können sie echte Achate, Amethyste, Tigeraugen, Rosenquarze und andere Edelsteine finden. Und an einem 21 m langen Bachstück, dem »Goldgraben«, gibt es tatsächlich goldglänzende Nuggets auszuwaschen. (Dass es sich nur um »Katzengold« handelt, ist bei all dem Entdeckerglück zu verschmerzen.) Aber auch die Großen werden einmal pro Woche bei einer Führung und Besichtigung einer historischen Schleiferei in die Edelsteingeheimnisse der Region eingeweiht. Ein großer Badeweiher, verschiedene Sportareale, abenteuerliche Spielplätze für die Kinder und nicht zuletzt die reizvoll-verwunschene Natur ringsum bieten schöne Freizeitmöglichkeiten. Für genussvolle Momente sorgt das gemütliche »Restaurant Harfenmühle«, das ungeachtet lobender Erwähnungen in diversen Feinschmecker-Führern, auch leckere, familientaugliche Gerichte im Angebot hat.

Harfenmühle 2, 55758 Mörschied
OT Asbacherhütte,
Tel. +49 (0) 67 86/13 04,
www.harfenmuehle.de, ganzjährig

Fläche	7,5 ha
Standplätze Touristen	100
Dauercamper	100
Mietunterkünfte	8
Hunde	erlaubt

ADAC Inspekteur Holger Raatz:
»Kinderbespaßung wirklich ganz-
tägig, bei jeder Witterung und für
alle Altersstufen!«

60 Landal Sonnenberg

Idyllisch liegt der beschauliche Weinort Leiwen an einer der Moselschleifen.
Eine Panoramastraße windet sich in zahllosen Kehren durch die Rebflächen
hinauf auf eine bewaldete Hochebene. Der Campingplatz in Waldlage ist
Teil eines größeren Ferienparks, dessen Versorgungs- und Freizeiteinrich-
tungen den Campern zur Verfügung stehen. Dazu gehören ein Kletterpark,
Minigolf-, Bowling- und weitere Sportanlagen, gut ausgestattete Innen- und
Außenspielplätze sowie ein schönes Spaß-Hallenbad (z. T. gebührenpflichtig).
Ein zugehöriges Panorama-Freibad liegt unterhalb des Ferienparks, etwa
1,5 km entfernt. Viel Wert wird auf die Pflege der Sanitäranlagen und das
Kinder-Unterhaltungsprogramm gelegt.

Sonnenberg 1, 54340 Leiwen,
Tel. +49 (0) 65 07/936 90,
www.landalcamping.de/
campingplaetze/sonnenberg,
Mitte März–Anf. Nov.

Fläche	26,7 ha
Standplätze Touristen	136
Mietunterkünfte	230
Hunde	bedingt erlaubt

Entdecken & erleben

Trier

Vor über 2 000 Jahren wurde die älteste Stadt im deutschen Sprachraum von den Römern gegründet, und ihre Geschichte ist auf Schritt und Tritt erfahrbar. Nicht nur die Römer, sondern auch die Erzbischöfe hinterließen jahrhundertelang ihre Spuren. Neun Bauwerke sind Unesco-Welterbe, das berühmteste ist zweifellos die Porta Nigra, ein römisches Stadttor aus dem 2. Jh. Weitere imposante Baudenkmäler wie die Basilika, die Kaiserthermen und das Amphitheater prägen das Stadtbild. Äußerst lebendig werden die vergangenen Zeiten bei Erlebnisführungen, die mit ungaublich guten Geschichten aus zwei Jahrtausenden aufwarten können. Manchmal gespenstisch, oft vergnüglich, immer spannend.

Tourist Info: An der Porta Nigra, Trier, Tel. +49 (0) 651/97 80 80, www.trier-info.de, www.erlebnisfuehrungen.de

Rheinisches Landesmuseum Trier

Das Rheinische Landesmuseum Trier ist eines der bedeutendsten archäologischen Museen in Deutschland. Unverwechselbar ist die außergewöhnliche Fülle und Qualität der Fundstücke und Zeugnisse zur Römerzeit – jener Epoche, in der die Stadt Trier als Hauptstadt bzw. Verwaltungsmetropole der römischen Provinz Gallia Belgica und erst recht als Kaiserresidenz im spätrömischen Reich ihren Rang eingenom-

Die Porta Nigra ist nicht nur Triers antikes Wahrzeichen, sondern auch hervorragender Ausgangspunkt für einen Stadtrundgang.

men hatte. Die Sammlung wird laufend durch Neufunde der mit dem Museum verbundenen Archäologischen Denkmalpflege bereichert. Vorbildlich: Alle Ausstellungsräume des Museums sind mit Aufzügen bequem zu erreichen und somit auch für Menschen mit Behinderung gut zugänglich.

Weimarer Allee 1, 54290 Trier,
Tel. +49 (0) 6 51/977 40, Di–So 10–17 Uhr,
www.landesmuseum-trier.de

Bernkastel-Kues

Das »Herz der Mittelmosel« teilt eine Moselschleife: In ihrem Innern liegt Kues, gegenüber Bernkastel mit seinem schmucken Marktplatz, umringt von alten Fachwerkbauten und dem Renaissance-Rathaus. Hoch über der Altstadt thront die Burgruine Landshut, von der man den Fluss schön überblickt.

Tourist Info: Gestade 6, 54470 Bernkastel-Kues, Tel. +49 (0) 65 31/50 01 90, www.bernkastel.de

Unterwelt Traben-Trarbach

In der zweiten Hälfte des 19. Jh. gab es in Traben-Trarbach mehr als 100 Weingüter und Weinkellereien im Ort – und unter dem Ort ein Labyrinth aus teilweise mehrstöckigen Gewölben, die man besichtigen kann.

Tourist Info: Am Bahnhof 5, 56841 Traben-Trarbach, Tel. +49 (0) 65 41/839 80, Führungen nach Anm., www.unterwelt-ausflug.de

Edelsteinminen

Die Edelsteinmine Steinkaulenberg ist die einzige in Europa, die für Besucher

Die Wege des Soonwaldsteigs führen durch intakte Natur. Die malerischen Wälder sind Orte der Erholung und Entschleunigung.

zugänglich ist. Durch die Dunkelheit funkeln die angestrahlten Achate, Bergkristalle, Amethyste und Rauchquarze.
Tiefensteiner Str. 87, 55743 Idar-Oberstein, Tel. +49 (0) 67 81/474 00, Mitte März–Mitte Nov. tgl. 10–17 Uhr, www.edelsteinminen-idar-oberstein.de

Spiel, Sport & Action

Soonwaldsteig

Der Soonwaldsteig gehört zu den Geheimtipps unter den Wanderwegen des Hunsrücks. Beginnend in Kirn führt er, bestens markiert, auf 83 km quer durch das Mittelgebirge bis nach Bingen am Rhein. Die Route ist in sechs Etappen unterteilt. Jede ist zwischen 13 und 15 km lang und verläuft teils fernab von Ortschaften durch abgelegene Täler und über malerische Höhenzüge. Auf den ersten vier Etappen sind Einkehrmöglichkeiten eher rar gestreut. Für die bessere Planung bietet die Region auf ihrer Webseite eine Liste mit Adressen für die Einkehr an.
www.soonwaldsteig.de

Moseltherme

Von Ayurvedischen Massagen über Saunen bis hin zu Thermebecken reichen die Wellness-Angebote in der Mosel-Therme.
Wildsteiner Weg 5, 56841 Traben-Trarbach, Tel. +49 (0) 65 41/830 30, Mo 14–21, Di–Fr 9–21, Sa, So 9–18 Uhr, www.moseltherme.de

Bärensteig

Rheinland-Pfalz profiliert sich etwa seit dem Jahr 2000 als Vorreiter des modernen Wandertourismus. An der Mosel kann man das beispielhaft erleben. In Bernkastel-Kues wurde im Frühling 2015 der Bärensteig eröffnet – als »Seitensprung« des bereits etablierten Fernwanderwegs Moselsteig. Los geht's beim Doppelkreuz in der Kallenfelsstraße östlich des Marktplatzes auf etwa 120 m Höhe. Hoch über den Dächern der Altstadt erschließt er wunderschöne Ausblicke auf Stadt, Land und Fluss. Die Pfade hinauf zu den weiten Wiesen über dem Moseltal (auf ca. 400 m) sind meist schmal und naturbelassen, ihre Begehung verlangt daher feste Schuhe mit Profilsohle und durchaus auch etwas Kondition und gilt offiziell als mittelschwierig. Die insgesamt 6,5 km lange Strecke schafft man bequem in 3 Std.
Kallenfelsstr., 54470 Bernkastel-Kues, www.bernkastel.de, www.moselsteig.de

Natur erleben

Ölmühlenweg Morbach

111 »Traumschleifen« strukturieren den Saar-Hunsrück-Steig. Das sind Rundwege, meist zwischen 6 und 18 km lang, die größtenteils auf schmalen, naturnahen Pfaden verlaufen. Manche Routen führen vorbei an idyllischen Wasserläufen und imposanten Felsformationen hin zu Aussichtspunkten oder Natur- und Kulturdenkmälern. Eine der Traumschleifen liegt bei Morbach. Die Tour beginnt beim Kulturdenkmal »Historische Ölmühle«. Abwechslungsreich geht es über Stege durchs Moor aufwärts durch verschiedene Waldformationen auf den Höhenkamm des Idarwaldes. Von dort oben bieten sich tolle Ausblicke auf die Hunsrücklandschaft.
www.saar-hunsrueck-steig.de, www.morbach.de

61 Camping Donnersberg

Das von Wald, Wiesen, Feldern und Weingärten umgebene Donnersbergmassiv ist mit 687 m die höchste Erhebung der Pfalz. Zu Füßen des pfälzischen Naturmonuments spielen auf dem vom Wald umgebenen Campingplatz Natur und Naturerleben eine Hauptrolle. In der Mitte ein Naturteich, der Anglern, kanufahrenden Kindern und badenden Hunden Freude bereitet. Auch das Bio-Schwimmbad kommt ohne Chlor aus. Neben großzügigen terrassierten Stellplätzen entlang von Teich und Bach gibt es eine ganze Reihe von Glamping-Angeboten, etwa »schwebende«, hängemattenartige Baumzelte. Im Vordergrund der Freizeitangebote stehen Outdooraktivitäten – für Kinder, Erwachsene sowie gemeinsame Familienunternehmungen. Auch für Hunde gibt es besondere Angebote, wie beispielsweise ein Trainingsplatz mit Agility-Parcours.

Kahlenbergweiher 1, 67813 Gerbach,
Tel. +49 (0) 63 61/82 87,
www.campingdonnersberg.com,
Apr.–Sep.

Fläche	10 ha
Standplätze Touristen	130
Dauercamper	128
Mietunterkünfte	60
Hunde	willkommen

Entdecken & erleben

Ruine Altenbaumburg

Die Burgruine auf einem Bergrücken oberhalb von Altenbamberg (sic) ist eine der größten der Pfalz; zur eigentlichen Burg gehörten einst, deutlich erkennbar, auch noch zwei Vorburgen. Die alten Mauern der stimmungsvollen Ruine zu erkunden, lässt Gedanken an Ritter und Burgfräulein aufkommen. Das Burg-Abenteuer kann man im Burgrestaurant genussvoll beschließen, das in den 1980er-Jahren im historischen Stil erbaut wurde.

Burgrestaurant: Altenbaumburg 1, 55585 Altenbamberg, Tel. +49 (0) 67 08/35 51, www.altenbaumburg.de

Bad Münster am Stein-Ebernburg

Die Kulisse ist grandios: Vom Ufer der Nahe ragt 136 m hoch der schroffe Rheingrafenstein steil empor – direkt gegenüber, am anderen Nahe-Ufer der Kurpark von Bad Münster, gesäumt von den Fachwerkhäusern und den pittoresken historischen Gradierwerken der ehemaligen Saline. Auf der Felsenspitze des Rheingrafensteins sind die Reste der gleichnamigen Burg aus dem 11. Jh. zu sehen, etwas unterhalb die Vorburg-Ruine Affenstein. Auf steilem Fußweg kann man hinaufwandern, nachdem man vom Kurpark aus mit einer handgezogenen Fähre über die Nahe gesetzt wurde. Wer den Aufstieg scheut, kann sich am Ufer auch ein Boot leihen und den Burgfelsen von der Nahe aus bewundern.

Von der Burgruine Rheingrafenstein blickt man hinunter auf Bad Münster.

Tourist Info: Berliner Str. 60, 55583 Bad Münster am Stein-Ebernburg, Tel. +49 (0) 67 08/64 17 80, Mo–Fr 9–17, März–Okt., Dez. Sa 10–17 Uhr, www.bad-muenster-am-stein.de

Meisenheim am Glan

Weder durch Brände, Kriege oder andere Ereignisse wurde die 1154 erstmals erwähnte Kleinstadt je zerstört. In Meisenheim sind vergangene Jahrhunderte daher lebendig. Bemerkenswerte Baudenkmäler sind neben zahlreichen Adelshöfen und bürgerlichen Fachwerkhäusern insbesondere das gotische Rathaus, die spätgotische Schlosskirche

und Reste des mittelalterlichen Mauer-
rings mit dem Untertor. Idyllisch fließt
die felsengesäumte Glan unmittelbar
an der Altstadt vorbei. Der Charme
des Städtchens mit gerade einmal
3 000 Einwohnern beruht auch darauf,
dass es nicht von weiten Neubau- und
Gewerbegebieten umgeben ist.

Tourist Info: Untergasse 16, 55590 Meisenheim
(Glan), Tel. +49 (0) 67 53/12 15 00,
Mo–Sa 10–12.30, 14–16.30, So 14–16 Uhr,
www.stadt-meisenheim.de, www.pfalznah.de

Kirchheimbolanden

Die ehemalige Residenzstadt der
Grafen und Fürsten von Nassau-Weil-
burg wurde im Barock herausgeputzt.
Elegante Straßenzüge und Palais, das
Schloss und der Schlosspark zeugen
davon. Älter sind die beeindruckenden
Reste der Stadtmauer aus dem 14. Jh.

mit Wehrgängen, drei Türmen und
zwei – im barocken Stil umgestalteten –
Stadttoren. Es lohnt sich ein Besuch
im Stadtmuseum, untergebracht in
einem für den Nassauischen Erbprin-
zen errichteten Prachtpalais. Prachtvoll
ist auch die Orgel der (äußerlich eher
unscheinbaren) Paulskirche, eine der
besterhaltenen Barockorgeln Deutschlands. Berühmt ist sie aber nicht zuletzt
deshalb, weil Wolfgang Amadeus Mo-
zart 1778 auf ihr spielte. Aber auch was
heute in Kirchheimbolanden erklingt,
kann sich hören lassen.

Tourist Info: +49 (0) 63 52/17 12,
www.kirchheimbolanden.de

Besucherbergwerk Schmittenstollen

Von drei ehemaligen Pfälzer Quecksil-
berbergwerken, die bereits seit dem

*Die Kirchheimbolandener Altstadt ist kein Museum, sondern von
lebendigem und recht gemütlichem Kleinstadtflair geprägt.*

15. Jh. betrieben wurden, kann der Schmittenstollen bei Niederhausen besichtigt werden. In dem heute für Besucher freigegebenen Stollen kann man die nur mit dem klassischen Bergmannswerkzeug (Schlägel und Bergeisen) gegrabenen Strecken aus dem späten Mittelalter genauso erkennen wie die im letzten Jahrhundert mit Maschinen und Sprengstoff bearbeiteten. Die Führung unter Tage macht deutlich, unter welchen Bedingungen Bergleute hier über Jahrhunderte dem Berg das wertvolle Erz abgerungen haben. Zum Besucherbergwerk gehört neben einem Wein- und Biergarten mit regionalen Spezialitäten auch ein Grubenerlebnisspielplatz mit »Tante-Emma-Lok« und didaktischen Elementen.

67824 Feilbingert, Besucher- u. Wanderparkplatz im Ortswald (ausgeschildert), Tel. +49 (0) 67 58/84 04, Apr.–Okt. Mi–So 10–18 Uhr, www.schmittenstollen.de

Freilichtmuseum Bad Sobernheim

Im Rheinland-Pfälzischen Freilichtmuseum bekommt das alltägliche Leben der letzten 500 Jahre neue Energie. Knapp 40 historische Gebäude, darunter eine alte Schule und eine Metzgerei mit Villeroy & Boch-Fliesen, wurden an ihren Originalstandorten ab- und auf dem Gelände des Freilichtmuseums wieder zusammengebaut. Ergänzt durch Gärten, einen Weinberg, Weiden und die zugehörigen Tiere vermitteln sie dem Besucher das Gefühl, in die Geschichte einzutauchen. Die gesamte Saison über bietet das Freilichtmuseum viele Anlässe, um das Gelände zu besuchen. Dazu gehört neben den zahlrei-

Es klappert die Mühle am rauschenden Museumsbach in Bad Sobernheim.

chen Aktionstagen auch eine spezielle Veranstaltungsreihe: An jedem Sonntag, an dem kein Aktionstag stattfindet, können die Gäste an einer Führung teilnehmen, Märchen lauschen oder den verschiedenen Handwerkern über die Schulter schauen und dabei Wissenswertes erfahren.

Nachtigallental 1, 55566 Bad Sobernheim, Tel. +49 (0) 67 51/85 58 80, Mitte März–Okt. Di–So 9–18, Anf.–Mitte Nov. Di–So 9–16 Uhr, www.freilichtmuseum-rlp.de

Spiel, Sport & Action

Draisinen-Spritztour Altenglan

Was macht man mit einer Bahnstrecke von rund 40 km Länge, die keiner mehr braucht? Zwischen Altenglan und Staudernheim wurde man erfinderisch

und brachte eine Draisine, ein von Menschen- oder Motorkraft betriebenes Hilfsfahrzeug, ins Spiel. Die eingleisige Strecke bietet zahllose landschaftliche Reize. Auch Einheimische staunen über die Idylle des Glantals, denn mit der Draisine kann der Blick plötzlich schweifen, wo man sonst mit dem Auto vorüberhuscht. Über die Strecke verteilt, befinden sich Haltepunkte, an denen die Draisine geparkt werden kann. Denn vom Museum über architektonische Kostbarkeiten bis hin zur regionalen Gastronomie oder zum Weingut gibt es auf der Strecke eine ganze Menge Gelegenheiten zur Stippvisite.
www.draisinentour.de

Kurpfalz-Park

Der Park ist eine auf Familien mit Kindern zugeschnittene, abwechslungsreiche Mischung aus Wildpark und Freizeitpark. Im wunderschön gelegenen und nicht zu weitläufigen Wildpark können Wildschweine, Rotwild, Mufflons, Damhirsche und Uhus in weitgehend natürlicher Umgebung beobachtet werden. Bei Kindern sehr beliebt ist das »Dorf der Tiere«, der Streichelzoo. Der Freizeitpark-Bereich wartet mit familientauglichen Riesenrutschen, Schwanentretbooten, »Bumperboats« und einem Schwebesessellift auf. Auch auf der knapp 600 m langen Sommerrodelbahn geht es nicht zu wild zu. Am actionreichsten ist der »Kurpfalz Coaster«, eine Achterbahn, die die Sommerrodelbahn an einigen Stellen kreuzt. Großen Anklang finden die Tiershows des Parks, insbesondere die Greifvogel-Freiflugshow und die Show im Wolfgehege mit Fütterung.

Ohne (lebende) Tiere kommen die launigen (Hand-)Puppentheater-Vorführungen aus.
Rotsteig, 67157 Wachenheim, Tel. +49 (0) 63 25/95 90 10, tgl. 9–17, Juli–Mitte Aug. bis 18 Uhr, www. kurpfalz-park.de

Eisenhüttenweg Trippstadt

Dieser rund 8 km lange Weg umfasst 12 Stationen, an denen die frühere Herstellung von Eisen im Karlstal vorgestellt und über die Zeit der Industrialisierung informiert wird. Zu sehen sind ehemalige Produktionsstätten, Arbeiterhäuser, Stauwehre, das Herren- und das Uhrenhaus sowie das alte Walzwerk. Der Weg bildet einen Teil des Pfälzer Jakobswegs. Er führt entlang der Moosalb durch die wildromantische Karlstalschlucht, vorbei am idyllisch gelegenen Walzweiher bis nach Breitenau.
www.trippstadt.de, www.jakobsweg-pfalz.de

Mountainbikepark Pfälzerwald

Der Pfälzerwald ist nicht nur Deutschlands größtes zusammenhängendes Waldgebiet und Biosphärenreservat, sondern auch ein Outdoor-Spielplatz der Superlative: Mountainbike-Fahrer finden hier ein mittlerweile 900 km langes, gut ausgeschildertes Netz von Trails in unterschiedlichen Schwierigkeitsgraden. Es geht durch eine eindrucksvolle Berg- und Tallandschaft, auf verschlungenen Naturpfaden, vorbei an romantischen Burgen und pittoresken Felsformationen. Auch für traumhafte Aussichtspunkte und urige Verpflegungsstationen ist auf den ganzjährig befahrbaren Wegen gesorgt. Um Unfälle zu vermeiden, ist jeweils eine Fahrtrichtung festgelegt. Über lohnende Strecken, Einstiegspunkte sowie Gepäck- und Rücktransport-Angebote informieren Website und lokale Informationsstellen.

Tourist Info: Pirmasenser Str. 62, 67655 Kaiserslautern, Tel. +49 (0) 6 31/201 61 31, www.mountainbikepark-pfaelzerwald.de

Lautertal-Radweg Lauterecken

Wer clever ist, der fährt den Lautertal-Radweg von Süden nach Norden, um das leichte Gefälle zu nutzen – die rund 40 km lange Radlstrecke ist aber auch umgekehrt problemlos zu bewältigen. Immer dem Lauf der Lauter durchs landschaftlich wunderschöne Tal folgend, durchquert man die Hügellandschaft zwischen Kaiserslautern und Lauterecken. Tipp: In fast jedem Ort an der Strecke gibt es einen Bahnhaltepunkt,

sodass man jederzeit bequem auf den im Stundentakt zwischen Lauterecken und Kaiserslautern verkehrenden Zug umsteigen kann.

www.radwanderland.de, www.kaiserslautern.de

Natur erleben

Auf den Rotenfels im Nahetal

Die wildromantische Landschaft mit Weinbergen und hohen Felsen im Tal der Nahe bei Bad Münster am Stein-Ebernburg begeistert! Größtes Felsmassiv ist der Rotenfels, der mit einer Höhe von 202 m und einer Länge von 1,2 km die größte Steilwand nördlich der Alpen darstellt. Dutzende Wanderwege führen durch Naturschutzgebiete auf und um die Gesteinsformationen. Der schönste Weg ist der Panora-

Das Streckennetz des Mountainbikeparks Pfälzerwald erstreckt sich über 900 Kilometer und bietet traumhafte Routen für alle Ansprüche.

maweg vom Zentrum Bad Münsters auf den Rotenfels, zunächst der Rotenfelser Straße folgend und dann, mit grandioser Aussicht, am Felsabbruch entlang. Das Massiv ist Naturschutzgebiet und bietet Lebensraum für seltene Tiere und Pflanzen, z. B. geschützte Orchideenarten.

Für Ambitionierte verbindet ein 16 km langer Rundweg mit vielen Aufs und Abs den Rotenfels, den Rheingrafenstein und weitere interessante Felsformationen miteinander. Sehr viel bequemer ist von Traisen aus die Anfahrt mit dem Pkw bis zum Wanderparkplatz »Bastei« (mit Gasthaus), von wo aus man den Rotenfels auf einem Rundweg erwandern kann, der auch für Kinderwagen gut geeignet ist.
www.bad-kreuznach-tourist.de,
www.gasthaus-zurbastei.de

Barfußpfad, Bad Sobernheim

Manche sind fest davon überzeugt: Barfußlaufen macht süchtig! Ein prickelnder Spaß ist es allemal und die Hauptattraktion des 3 500 m langen Rundwegs an der Nahe. Wie eine Fußreflexzonenmassage regt der Gang über Lehm, Gras, Sand und Steine den Organismus an. Das Lehmbecken, das man am besten mit kurzen Hosen durchwatet, die Furt durch die Nahe und die Hängebrücke, die auch Indiana Jones gefallen hätte, sind neben dem Geologiepfad die Highlights. Im angrenzenden Biergarten gilt die bayerische Tradition: Die eigene Brotzeit darf mitgebracht werden.
Staudernheimer Str. 90, 55566 Bad Sobernheim,
Tel. +49 (0) 1 60/95 46 55 05,
Mai–Anf. Okt. tgl. 9–20 Uhr,
www.barfusspfad-bad-sobernheim.de

Es kann durchaus sein, dass man den Bad Sobernheimer Barfußpfad mit ein paar Schlammspritzern absolviert. Spaß macht es dennoch.

Haus der Nachhaltigkeit, Johanniskreuz

Wer weiß schon, was Nachhaltigkeit wirklich bedeutet? Mitten im Wald steht ein moderner Bau an dem Ort, wo 1843 eine Gruppe von Förstern die Bezeichnung Pfälzerwald festlegte. Noch heute treffen alle mit einem Kreuz markierten Wege hier zusammen. Nicht weit entfernt liegt der Sandsteinklotz »Pfälzer Weltachs«. Für den Dichter Paul Münch bildete das Felsdenkmal den Nabel der Pfalz. Deren einzigartige Naturlandschaft wollte schon Münch bewahrt wissen, und genau dieser Aufgabe hat sich das Haus der Nachhaltigkeit verschrieben. Mit seiner Bauweise, Heiz- und Fotovoltaikanlage, Gartenlandschaft und Ausstellung informiert es darüber, was der Mensch im Alltag tun kann, um die Umwelt weniger zu belasten.

Johanniskreuz 1a, 67705 Trippstadt,
Tel. +49 (0) 63 06/921 01 30, www.hdn-pfalz.de

Pfälzer Keschdeweg

Im Frühsommer, wenn u. a. die Edelkastanien blühen, erfüllt ein herber Duft die Wälder der Haardt. An ihrem Rand führt ein landschaftlich reizvoller Wanderweg entlang. Er beginnt in Hauenstein, endet in Neustadt an der Weinstraße und ist das ganze Jahr über ein Erlebnis. Von der insgesamt 50 km umfassenden Route kann man beliebige Teilstücke wählen; daneben gibt es auch Rundwegvarianten. Die gesamte Strecke ist mit Kastaniensymbolen beschildert.

www.keschdeweg.de

Wildpark Potzberg

Hauptattraktion des Wildparks Potzberg ist die Falknerei. Sie liegt auf rund 562 m

Auch der König der Lüfte, der Seeadler, fliegt im Wildpark Potzberg.

Höhe mit bestem Blick in die Westpfalz. Von Ende März bis Ende Oktober (je nach Witterung auch bis November) werden dort täglich um 15 Uhr frei fliegende Adler, Geier, Falken, Bussarde und Andenkondore in Flugshows präsentiert. Weniger wild, und daher vor allem für die Kleineren spannend, geht es im Streichelzoo zu, in dem man mit Elchen, Rotwild und Hängebauchschweinen auf Tuchfühlung geht.

Am Potzberg 1, 66887 Föckelberg,
Tel. +49 (0) 63 85/62 49, tgl. 10–18 Uhr,
www.wildpark.potzberg.de

62 Fortuna Camping am Neckar

Direkt am malerischen Sonnenufer der größten Neckarschleife liegt dieser engagiert betriebene Campingplatz. Man merkt, dass die Betreiber, eine Familie mit Kindern und Hund, selbst passionierte Camper sind. In der äußerst freundlichen Atmosphäre ist Kundenorientierung mehr als nur ein Schlagwort und beweist, dass sich Familien auch ohne speziellen Sanitärbereich für Kinder gepflegt fühlen. Der übersichtliche Platz bietet geräumige Stellplätze, ein solarbeheiztes Schwimmbad (Juni bis August) sowie umfängliche Spiel- und Sportgelegenheiten. Wassersportler, ob mit Kanu, Ruder- oder Motorboot, haben auf dem Neckar beste Möglichkeiten. Fürs leibliche Wohl sorgen auf dem Platz ein Minimarkt, ein ausgezeichnetes Restaurant mit asiatisch-internationaler Küche – sowie freitags ein lokaler Bauernmarkt (Juni–September).

Neckarstr. 6, 74862 Binau,
Tel. +49 (0) 62 63/669,
www.fortuna-camping.de,
Apr.–Ende Okt.

Fläche	5 ha
Standplätze Touristen	135
Dauercamper	45
Mietunterkünfte	6
Hunde	erlaubt

Entdecken & erleben

Vier-Burgen-Wanderung, Neckarsteinach

Wie ein Kranz erheben sich rund um Neckarsteinach und seine Neckarschleife in waldreicher, bergiger Umgebung vier Burgen. Der Übersichtlichkeit wegen heißen sie Vorderburg, Mittelburg, Hinterburg – nur Burg Schadeck tanzt namentlich aus der Reihe und wird wegen Lage und Aussehen dann auch noch »Schwalbennest« genannt. Über die Schlosssteige kann man sich auf einen schönen, auch für Kinder gut geeigneten, beschilderten Rundweg zu allen vier Burgen begeben, mit der Möglichkeit verschiedenster Ausblicke von mehreren Wehrtürmen. Doch Neckarsteinach hat mehr als sein altes Gemäuer zu bieten, auch der teilweise mittelalterlich erhaltene Ortskern ist sympathisch und sehenswert.

Tourist Info: Neckarstr. 47, 69239 Neckarsteinach, Tel. +49 (0) 62 29/70 89 14, www.neckarsteinach.com, www.nibelungenland.net

Minneburg, Neckargerach

Die Burgenlegende ist hollywoodreif: Das edle Fräulein Minna liebte den Ritter Edelmut, war aber einem Grafen versprochen. Da der tapfere Ritter Edelmut außer seiner Liebe zu Minna nichts vorzuweisen hatte, zog er in einen Kreuzzug, während sie sich vergeblich mühte, der Heirat mit einem ungeliebten Grafen zu entkommen. Als Edelmut endlich heimkehrt, findet er die geliebte Minna sterbend vor, kann ihr nur noch versprechen, eine Burg zu ihren und ihrer Liebe Ehren zu errichten. So geschah es, und fortan ward sie Minneburg genannt. Zu rührselig? Wer zur hervorragend erhaltenen Burgruine wandert, durch ihre Tore und Mauern streift, von den Zinnen blickt, kann sich seinen eigenen Reim darauf machen. Der Weg lohnt sich.

69437 Neckargerach, www.neckargerach.de

Silberbergwerk Schriesheim

»Frösche«, »Hund«, »Arschleder«, »Glück auf«, »Gezähe«, »Lachter« oder »matte Wetter«, wer das alte Silberbergwerk besucht, erfährt, was genau dies alles in der Sprache der Bergleute bedeutet. Mit Helm und Umhang ausgestattet, geht es über viele Treppen und Leitern in die Tiefe.

Talstr. 157, 69198 Schriesheim, Tel. +49 (0) 62 03/681 67, Apr.–Ende Okt. So 11–16.30 Uhr, www.bergwerk-schriesheim.de

Schlossgarten Schwetzingen

Wenn die Aprilsonne den Schlossgarten zum Blühen bringt, fährt halb Heidelberg herüber, um durch die erwachende Natur zu flanieren. Aber der Besuch lohnt sich zu allen Jahreszeiten, um das satte Grün des Sommers, die goldenen Rot- und Orangetöne des Herbstes oder die weiße und reine Bilderbuchlandschaft im Winter zu bewundern. Direkt am Schloss, umarmt vom Halbrund der Zirkelbauten, befindet sich der Französische Garten, dessen Bepflanzung peinlich genau durch Geometrie geordnet wird. Dahinter befindet sich der

Englische Garten, in dessen Mitte ein See angelegt wurde und durch dessen Wäldchen sich kleine, malerische Wege schlängeln. In seiner Gesamtheit ist der Schlossgarten eine wahre Märchenwelt, in der man stundenlang umherspazieren kann, bevor man sich zu einem der Cafés und Restaurants am Schlossplatz aufmacht.

Schloss Mittelbau, 68723 Schwetzingen, Tel. +49 (0) 62 21/65 88 80, Apr.–Okt. tgl. 9–20, Nov. bis März 9–17 Uhr, www.schloss-schwetzingen.de

Technik-Museum Sinsheim

Hier wird das Abenteuer Technik in allen erdenklichen Facetten zelebriert: Oldtimer, Sportwagen und Formel-1-Fahrzeuge, Flugzeuge, Motorräder, Nutzfahrzeuge, Lokomotiven, Musik-instrumente, Motoren und Militär-technik … Es gibt an jeder Ecke etwas anderes und Außergewöhnliches zu entdecken. Sowohl die französische Concorde als auch die russische Tupolev TU 144, die auf dem Museumsdach um die Wette ihre spitzen Nasen Richtung Himmel recken, kann man von innen besichtigen. Stündlich wechselnd gibt es im Imax-Kino rasante 3D-Filme auf gigantischer Leinwand. Das einzigartige Technik-Museum Sinsheim steht nicht still, ist spannend inszeniert und immer unterhaltsam.

Museumspl., 74889 Sinsheim, +49 (0) 72 61/ 9 29 90, Mo–Fr 9–18, Sa, So 9–19 Uhr, www.sinsheim.technik-museum.de

Feste Dilsberg

Die Feste Dilsberg liegt in einem auf einem Hügel gelegenen Stadtteil von

Im Sinsheimer Technik-Museum kann ganz unterschiedliche »Technik« faszinieren. Auch für Kinder ist sie spannend inszeniert.

Neckargemünd. Auch wenn man hier bei Ausgrabungen schon Reste einer römischen Signalstation gefunden hat, so wurde die Bergfeste Dilsberg erst im 12. Jh. von den Wormser Bischöfen errichtet und später als Rückzugsort des Kurpfälzischen Hofes genutzt. Die mittelalterliche Burgruine wird von einer 16 m hohen Ringmauer umgeben. Wer den herrlichen Blick ins Neckartal genießen möchte, steigt über den Treppenturm des Palas und einen hölzernen Steg auf die Ringmauer.

Burghofweg 3a, 69151 Neckargemünd, Tel. +49 (0) 62 23/61 54, Apr.–Okt. Di–So 10–17.30 Uhr, www.burg-dilsberg.de

Histotainmentpark Osterburken

Hier wird Geschichte erlebbar gemacht. Historisch gewandete Siedler bauen eine Stadt: Handwerker- und Patrizierhäuser, Kathedrale und Köhlerhütte, Filzerei und Grubenhaus sind bereits fertig. Besucher können sich erklären lassen, wie ein Seifensieder arbeitet oder womit ein Flecksieder seinen Lebensunterhalt bestritt. Nur wenige Fragen bleiben offen. Bis auf eine: Womit hat der Park einen solchen Namen verdient?

Marienhöhe 1, 74706 Osterburken, Tel. 062 91/64 79 10, Apr.–Okt. Sa, So 11–18 Uhr, www.mittelalterpark.de

Bad Wimpfen

Die alte Staufer- und Reichsstadt hat Flair. Da ist die fachwerkreiche Altstadt mit ihren schmalen Gassen, Toren und Türmen. Turmbläserklänge erschallen sonntäglich über das Tal. Über der Stadt thront die staufische Burganlage mit dem »Blauem Turm« – der herrliche Ausblick entschädigt für den steilen

Aufstieg. Da sind viel Kunst und Kultur, Feste und Märkte rund ums Jahr, ein sehr lebendiges Stadtleben. Und da ist das moderne Soleheilbad mit Innen- und Außenbecken – und viel Entspannungspotenzial.

Tourist Info: Hauptstr, 45, 74206 Bad Wimpfen, Tel. +49 (0) 70 63/972 00, Mo–Fr 10–12, 14–17, Ostern–Ende Okt. auch Sa 10–12 Uhr, www.badwimpfen.de

Heidelberg

Aus gutem Grund zählt Heidelberg weltweit zu den bekanntesten deutschen Städten – mit ihrer Lage an den grünen Hängen des lieblichen Neckartals gilt sie als Inbegriff deutscher Romantik. Einen ersten Überblick vermittelt ein Spaziergang zur berühmten Heidelberger Schlossruine hoch über der verwinkelten Altstadt oder zum Philosophenweg am Hang des Heiligenbergs mit seinem wunderbaren Blick über die Dächer der Stadt. Schnell fühlen sich Besucher wohl in der ehemaligen kurpfälzischen Residenzstadt. Von da an kann man sich entspannen und sich an den kleinen Dingen des Lebens erfreuen, z. B. an einem Kaffee auf dem Marktplatz oder einer Skulptur auf einem Sims.

Tourist Info: Willy-Brandt-Pl. 1, 69115 Heidelberg, Tel. +49 62 21/584 44 44, www.heidelberg-marketing.de

Living History Stadtführung Heidelberg

Ob in Begleitung eines Nachtwächters oder einer Henkerstochter – die historischen Rundgänge lassen Geschichte lebendig werden. Wo Huren und Taschendiebe ihrem Gewerbe nachgingen, wo Hexen verbrannt, Finger abgehackt und Ohren abgeschnitten wurden, das wissen die Führer anschaulich zu schildern. Weniger gruselig geht es bei den Altstadtführungen für Familien mit Kindern zu. Dort stehen die Sagen und Legenden der Stadt auf dem Programm. www.heidelberg-marketing.de

Spiel, Sport & Action
Wanderung Königsstuhl

Ein Berg für Anfänger und Fortgeschrittene. Zunächst geht es mit der Bahn zur Molkenkur, von wo aus mehrere Wanderwege durch den Stadtwald führen: ostwärts zum Felsenmeer, südwärts zum Gaisbergturm und zu den Mammutbäumen. Die Bahn fährt auch zum Königsstuhl, hier ist es im Sommer angenehme 5 bis 6 °C kühler als im Tal. Hoch oben, in der hiesigen Falknerei, führt Uwe Jacob von April bis Oktober den kühnen Sturzflug seiner Falken vor. www.bergbahn-heidelberg.de

Bellamar

Das Freizeitbad mit Wassergrotten, Strömungskanal, Sportbecken und Whirlpools bietet abwechslungsreiche Erholung. Das Wellnessangebot umfasst eine Kräuter-, Bio- und eine Panoramasauna sowie einen türkischen Hamam, Schwallbrausen, Erlebnisdusche, Kneippanlage und Tauchbecken. Im Sommer öffnet das Freibad. Odenwaldring, 68723 Schwetzingen, Tel. +49 (0) 62 02/97 82 80, tgl. 10–22 Uhr, www.bellamar-schwetzingen.de

Natur erleben
Burg Guttenberg & Greifenwarte

Auf einem Bergrücken zwischen Neckar und Mühlbach liegt die in der Staufer-

zeit erbaute Burg Guttenberg. Sie wurde im Laufe ihrer 800-jährigen Geschichte nie zerstört und seit 17 Generationen durch die Freiherren von Gemmingen geführt. Auf der Terrasse mit Neckarblick lädt Europas älteste Greifenwarte zu Vorführungen. Adler, Geier und Eulen, darunter auch riesige Uhus, schweben im freien Flug über dem Neckartal oder direkt über die Köpfe der Besucher hinweg und hüpfen durch die Bankreihen. Und das bei jedem Wetter. Die Burgschenke tischt zünftige Ritterkost auf. Burgstr. 1, 74855 Haßmersheim, Tel. +49 (0) 62 66/388; Museum: Apr.–Okt. tgl. 10–18 Uhr, Greifenwarte: Vorführung März tgl. 15, Apr. bis Okt. tgl. 11, 15, Nov.–Feb. So 12 Uhr (nur bei schönem Wetter), www.burg-guttenberg.de

Lehrpfade Wiesloch

Zwei Naturlehrpfade rund um Wiesloch informieren quasi im Vorbeigehen über die heimische Tier- und Pflanzenwelt und geologische Besonderheiten. Der Naturerlebnispfad im Dämmelwald widmet sich auf einer 2,5 km langen Runde der heimischen Flora sowie Fauna und überrascht Kinder wie Erwachsene auf acht Schautafeln mit erstaunlichen Tatsachen über den Lebensraum Wald. Unweit lädt der Geologische Lehrpfad an der Gerbersruhschule zu einem anschaulichen Spaziergang durch 600 Mio. Jahre Erdgeschichte, vom Kambrium bis zum Quartär, ein. www.wiesloch.de

Eberstadter Tropfsteinhöhle

Sie ist 2 Mio. Jahre alt und 1971 im Buchener Stadtteil Eberstadt ganz zufällig zutage getreten, als eine

Steinbruchsprengung einen schmalen Spalt öffnete, hinter dem sich eine atemberaubende Schönheit offenbarte, voller Stalaktiten und Stalagmiten und von unglaublichem Formenreichtum. Mit nur ca. 1 ccm in 100 Jahren wachsen die Tropfsteine weiter. Die Eberstadter ist heute eine der größten Besucherhöhlen in Deutschland und auf gut ausgebauten Wegen begehbar (die Teilnahme an einer Führung ist obligatorisch!). Beim Besucherzentrum gibt es multimediale weiterführende Informationen rund um die Höhle – und für Kinder Spielplatz und Spielgeräte.

Höhlenweg 6, 74722 Buchen OT Eberstadt, Tel. +49 (0) 62 92/578, März–Ende Okt.

Di–So 10–16, Mai–Aug. auch Mo, Nov.–Feb. Sa, So 13–16 Uhr, Führungen i. d. R. zur vollen Std., www.tropfsteinhoehle.eu

Essen & Trinken

Schokoladenmanufaktur

In den Seminaren der Schokoladenmanufaktur Schell in Gundelsheim werden beispielsweise Schokoladen-, Wein- und Essigspezialitäten verkostet. Erstaunt wird mancher Skeptiker feststellen, dass Wein hervorragend in und zu Schokolade passen kann.

Schloßstr. 31, 74831 Gundelsheim, Tel. 062 69/350, Termine siehe Website, www.schell-schokoladen.de

Nur einen Zehntel Millimeter pro Jahr wachsen die uralten Stalaktiten der Eberstadter Tropfsteinhöhle.

63 Campingpark Breitenauer See

Am Rande des Naturparks Schwäbisch-Fränkischer Wald entstand Anfang der 1980er-Jahre der Breitenauer See als Maßnahme des Hochwasserschutzes und wurde zum reizvollen Naherholungsgebiet mit perfekter Infrastruktur. Zu dem von den beteiligten Kommunen unterhaltenen Freizeitgebiet gehört am Westufer auch der gepflegte, von Weingärten gesäumte Campingplatz. Der weitläufige Platz ist komfortabel und umfassend ausgestattet, einschließlich Kinder- und Familienbädern. Natürlich lädt hier der See mit breitem Sandstrand und Liegewiesen zu sommerlichen Badefreuden. Wer über Wasser bleiben will, kann sich Tret- oder Ruderboot leihen. Entspanntes Rekeln mit Strandkiosk-Versorgung ist genauso möglich wie aktive Freizeitgestaltung. Für Kinder gibt es viel Raum zum Toben und Spielen, für Sportfreunde diverse Spielfelder. In den Sommerferien sorgen zusätzlich Teams von »Kirche unterwegs« für Kinder- und Jugendanimation. Die abwechslungsreichen Programme warten mit Malstunden bis hin zu Piratenabenteuern am See auf. Generationenübergreifende sanfte Trainingsmöglichkeiten bietet außerdem ein Outdoor-Fitnessparcours: 4,5 km lang ist die Runde um den See für Walker und Jogger.

Breitenauer See 2, 74245 Löwenstein,
Tel. +49 (0) 71 30/85 58,
www.breitenauer-see.de, ganzjährig

Fläche	16,5 ha
Standplätze Touristen	342
Dauercamper	317
Mietunterkünfte	7
Hunde	bedingt erlaubt

Entdecken & erleben

Schloss Ludwigsburg

1704 begann Herzog Eberhard Ludwig von Württemberg (1693–1733) mit dem Bau eines Jagdschlösschens, 14 km nördlich von Stuttgart. Bis 1733 entstand ein verstreutes Ensemble von 18 Gebäuden in einem insgesamt 32 ha großen Park. Mag das mit Stuckschnörkeln, Porzellanblumen, Spiegeln und Putten prunkende Residenzschloss auch als eine der größten Barockanlagen Europas gelten – die kleineren Lustschlösser Favorite und Monrepos, wunderbar in der weitläufigen Parklandschaft gelegen, sind vielleicht noch schöner. Für die Kinder gibt es im Schlosspark einen großen Märchengarten.

Schlossstr. 30, 71634 Ludwigsburg, Tel. +49 (0) 71 41/18 20 04, tgl. 10–17 Uhr, www.schloss-ludwigsburg.de

Hohenloher Freilandmuseum, Wackershofen

Für einen Besuch auf dem riesigen Gelände des Freilandmuseums sollte man genug Zeit einplanen. Zwischen Streuobstwiesen und Weinbergen liegen rund 70 historische Gebäude, in denen man in breiter Vielfalt Lebens- und Arbeitsbedingungen der vergangenen fünf Jahrhunderte kennenlernen kann. Vom stattlichen Bauernhof über Handwerkerhäuser bis zum Taglöhnerhäuschen, von der Mühle über Weinbauernhäuser bis zum Bahnhofsgebäu-

Zum Park von Schloss Ludwigsburg gehört auch ein zauberhafter Märchengarten mit über 30 Szenen aus bekannten Märchen und Sagen.

Der Landgasthof »Zum Roten Ochsen« wurde 1715 erbaut. Heute steht er im Hohenloher Freilandmuseum und verköstigt Besucher umgeben von historischem Flair.

de, vom Schulhaus über die Kapelle bis zum Gefängnis und vielem mehr reicht die Palette. Die Bauwerke stammen aus der ländlichen Region von Nordwürttemberg und wurden mit Hilfe einer aufwendigen Technik, in Segmente zerlegt, hierher verbracht. Dabei blieben sogar die Gebrauchsspuren im Original erhalten. Tägliche Schauvorführungen einstiger Handwerkstechniken, traditionelle Bauerngärten, der Anbau historischer Getreidesorten und die Haltung alter Haustierrassen versetzen die Besucher in die Zeit der Vorfahren. Regelmäßig gibt es Aktionstage, Märkte und Veranstaltungen, mehrere historische Gastwirtschaften laden auf dem Gelände zur Einkehr ein. Und mit Kinderführungen, Streichelzoo und stilechtem Kinderspielplatz wird auch für die Jüngeren viel geboten.

Dorfstr. 53, 74523 Schwäbisch Hall OT Wackershofen, Tel. +49 (0) 791/97 10 10, Mitte März–Apr. Di–So 10–17, Mai–Sep. tgl. 9–18, Okt.–Mitte Nov. Di–So 10–17 Uhr, www.wackershofen.de

Spiel, Sport & Action

Salzbergwerk Bad Friedrichshall

Das Friedrichshaller Besucherbergwerk bietet einen beeindruckenden Einblick in 200 Mio. Jahre Erdgeschichte und Jahrhunderte der Bergbautechnik. Nur 30 Sek. dauert es mit dem Förderkorb, 180 m tief in die faszinierende Welt des »weißen Goldes« einzutauchen. Wo der Salzabbau gewaltige unterirdische Kammern geschaffen hat, werden Besucher mit modernster Multimedia-Technik mit den Zusammenhängen der Salzentstehung und der vielfältigen Geschichte der bergmännischen Salzgewinnung vertraut gemacht. Besucher können interaktiv Experimente durchführen und sogar effektvolle Schausprengungen selbst auslösen. Es beeindrucken raffinierte Lichtinstallationen und eine Lasershow im grandiosen Salz-Kuppelsaal. Handfester ist das Erlebnis auf einer 40 m langen alten Grubenrutsche. Etwa 2 Std. dauert ein Rundgang.

Bergrat-Bilfinger-Str. 1, 74177 Bad Friedrichshall, Tel. +49 (0) 71 36/83 21 06 (Stadt), Mai–Sep. Sa, So 9.30–17.30, letzte Einfahrt 15.30 Uhr, Ende Mai–Ende Juli auch Fr, www.friedrichshall-tourismus.de, www.salzwerke.de

Freizeitbad Aquatoll, Neckarsulm

Das schöne Familienbad unter einer riesigen Glaskuppel lockt mit tropischen Pflanzen, natürlichem Felsgestein und selbstverständlich zahlreichen Wasser-attraktionen. Kinder können in einer großen »Piratenwelt« tolle Wasserabenteuer erleben. In den Sommermonaten gibt es auch noch einen großen Außenbereich.

Wilfenseeweg 70, 74172 Neckarsulm, Tel. +49 (0) 71 32/200 00, tgl. 9–22 Uhr, www.aquatoll.de

Erlebnispark & Wildparadies Tripsdrill

»Tripsdrill« im Kreis Heilbronn ist Deutschlands erster und ältester Freizeitpark. Bereits 1929 begann alles mit einem kleinen Mühlenturm und einer Rutsche. Jahr für Jahr kamen mehr Attraktionen hinzu. Heute gibt es hier auf 77 ha über 100 originelle Vergnügungsgelegenheiten, die sich an das Motto »Schwaben anno 1880« anlehnen. Neben dem »Erlebnispark« gibt es seit den 1950er-Jahren aber auch noch einen

Bambi lebt! In Tripsdrill kann man nicht nur jungem Rotwild begegnen, sondern auch live erleben, dass es zwischen Rehen und Hirschen große Unterschiede gibt.

großen Wildpark: Im »Wildparadies« tummeln sich auf 47 ha über 40 Tierarten in den weitläufigen und artgerechten Gehegen: Polarwölfe, europäische Wölfe, Bären, Luchse, Wildkatzen und Rotfüchse, Wildpferde, Waschbären u. a. Sehr beliebt sind Rundgänge und Fütterungen mit Wildhütern sowie Flugvorführrungen in der Falknerei.

74389 Cleebronn OT Treffentrill, Tel. +49 (0) 71 35/99 93 33, Ende März–Anf. Nov., tgl. 9–17 Uhr, www.tripsdrill.de.

Natur erleben

Falknerei Beilstein

An die hundert Nacht- und Taggreifvögel aus vier Kontinenten werden in der romantischen Umgebung nahe der mittlelalterlichen Gemäuer von Hohenbeilstein gehalten. Viele der Greifvögel leben nicht in Volieren, sondern in Anbindehaltung auf Greifensitzen mit Schutzhäuschen. Die Vorführungen sind atemberaubend – besonders bei gutem Wetter! Die Falkner kümmern sich heute vorrangig um den Schutz der Vögel, von denen viele vom Aussterben bedroht sind.

Burg Langhans 2, 71717 Beilstein, Tel.+49 (0) 70 62/52 12, Di–So 9–17, Vorführungen Di–Fr 15, Sa, So 11, 15 Uhr, www.falknerei-beilstein.de

Naturerlebnispfad Mainhardt

Kinder sind begeistert! Ausgerüstet mit ihrer eigenen Naturpfadkarte, die es kostenlos im Mainhardter Rathaus gibt, ziehen sie mit den Erwachsenen im Schlepptau auf den Fuxi-Naturerlebnis-Pfad. Idyllisch angelegt auf einer Strecke von rund 8 km, warten dort 22 lehrreiche und unterhaltsame Stationen auf die Kids. Das Motto der ca. 5-stündigen Tagestour lautet: Natur mit allen Sinnen

erleben. Wem das zu lang ist, läuft die kleine Runde, die etwa 1,5 Std. dauert. www.mainhardt.de

Leintalzoo Schwaigern

Im Tierpark der Stadt Schwaigern lebt die größte Schimpansengruppe Deutschlands. Derzeit tummeln sich 33 Tiere in den Innengehegen und Außenanlagen – vom Schimpansenkind bis zur betagten Affendame. Mehrmals täglich gibt es Schaufütterungen Aber auch andere Affenarten wie flinke Gibbons, bunte Mandrills und seltene Meerkatzen haben im Leintalzoo ihr Zuhause. Es gibt auch einen größeren Haustierbereich – mit etlichen Möglichzum Tiere streicheln und füttern. Ein weiterer Schwerpunkt sind Vögel, einheimische und exotische, denen man z. B. in einer begehbaren Flugvoliere sehr nahe kommt. Auch für zusätzliche Kinderbespaßung ist mit einem großen Erlebnisspielplatz inkl. Rutschen, Seilbahn, Klettergerüst und Wasserpumpen in Schwaigern gesorgt.

Freudenmühle 1, 74193 Schwaigern, Tel. +49 (0) 71 38/52 25, Ende März–Ende Okt. 10–18, Ende Okt.–Ende März 10–16 Uhr, www.tierpark-schwaigern.de

Essen & Trinken

Burg Stettenfels

Breit, mächtig und weithin sichtbar thront die Fugger-Burg, ungeben von mit Wehrtürmen bestückten Mauern und einem breiten Burggraben. Bei schönem Wetter kann man auf Burg Stettenfels in herrlichem Flair und mit grandioser Aussicht speisen und zechen – im Burg-Biergarten oder der »Schirm-Bar«.

Burg Stettenfels 4, 74199 Untergruppenbach, Tel. +49 (0) 71 31/977 00, www.burg-stettenfels.de

LIEBLINGS-
PLATZ

ADAC Inspekteur Holger Raatz:
»Bei der Belegung der Plätze wird
hier mitgedacht: Familien werden
getrennt von etwaigen Feiermeiern
untergebracht.«

64 Waldcamping am Brombachsee

So wenig es überrascht, dass der »Waldcampingplatz« im mittelfränkischen Kiefernwald liegt, so verwundert sind dann doch manche Campinggäste, dass man vom Platz bis zum Brombachsee durch den lauschigen (und duftenden) Wald doch 20 Min. zu Fuß unterwegs ist. Kein Manko, sondern Teil einer abgeschiedenen, äußerst erholsamen Urlaubswelt mit viel Platz zur Selbstentfaltung. Dazu gehören neben den üblichen, hier geräumigen Standplätzen etliche unterschiedliche Glamping-Unterkünfte: Trollhütten, Hexenhäuschen, Fässer, Zirkuswagen oder Safarizelte. Auf Kinder wartet ein großzügiger Abenteuer- und ein Kleinkinderspielplatz, ein Niedrig-Seilgarten und in den bayerischen Sommerferien ein umfangreiches Animationsprogramm. Zusätzlich zu den komfortablen Sanitäranlagen und der Biergarten-Gastronomie des Campingplatzes können sich Camper auch im Wellnessbereich und Restaurant des zugehörigen benachbarten Hotels verwöhnen lassen. Und auf der anderen Seite des Waldes wartet der Brombachsee mit Bade-, Boots- und Wassersportfreuden.

Sportpark 13, 91785 Pleinfeld,
Tel. +49 (0) 91 44/60 80 90,
www.waldcamping-brombach.de,
ganzjährig

Fläche	14 ha
Standplätze Touristen	390
Dauercamper	140
Mietunterkünfte	40
Hunde	erlaubt

65 Mohrencamp

Erlebniscamping zwischen Badesee und Bauernhof ist das Konzept im mittelfränkischen Weiler Lauterbach. Dabei ist der See eher ein sehr überschaubarer, recht flacher Weiher mit Badesteg und »kleiner Seekneipe«, einschließlich urigem Biergarten (sowie prima fränkischer Landküche!). Und der »Mohrenhof« ist ein Bilderbuchhof, auf dem ernsthaft Landwirtschaft betrieben wird. In den Ställen stehen Kühe, Schweine und Pferde, gehören Hühner, Kaninchen und Katzen auch zu den Mitbewohnern. So gibt es im Hofladen Milch, Eier, Wurst und Fleisch aus eigener Produktion. Kinder dürfen die Eier selbst aus dem Stall holen, beim Melken zuschauen oder auch beim Ausmisten helfen. Animation gibt es keine, aber mit Spiel- und Bolzplatz, Ponyreiten, Leih-Kettcars, Lagerfeuerabenden bzw. bei Schlechtwetter der schönen »Spielscheune« droht keine Langeweile. Dennoch sind weitere Spieleinrichtungen in Vorbereitung.

Lauterbach 2–3, 91608 Geslau OT
Lauterbach, Tel. +49 (0) 98 67/949 44,
www.mohrenhof-franken.de/camping,
ganzjährig

Fläche	3 ha
Standplätze Touristen	70
Dauercamper	22
Mietunterkünfte	4
Hunde	bedingt erlaubt

Entdecken & erleben

Eichstätt

Am besten folgt man dem Lauf der Altmühl nördlich von Ingolstadt radelnd oder paddelnd. Die Szenerie ist bezaubernd: Uferwiesen, bewaldete Höhen, Kalkzinnen und postkartenschöne Orte. Kultureller Höhepunkt ist Eichstätt. Neben dem großartigen Dom (1350–1396), der Fürstbischöflichen Residenz und dem Residenzplatz zieht vor allem die auf einem Felssporn errichtete Willibaldsburg das Interesse auf sich: Hier sind im Juramuseum neben anderen Fossilien im Solnhofer Plattenkalk ein Urvogel der Gattung Archaeopteryx und ein Juravenator Starki in bestem Zustand zu sehen.

Tourist Info: Dompl. 8, 85072 Eichstätt, Tel.+49 (0) 84 21/600 14 00, www.eichstaett.de; www.altmuehltal-radweg.de; Juramuseum: Burgstr. 19, Tel. +49 (0) 84 21/29 56, Apr.–Sep. Di–So 9–18, Okt.–März 10–16 Uhr, www.jura-museum.de

Rothenburg ob der Tauber

Hoch über dem Taubertal liegt das pittoreske Städtchen, von einer 3 km langen Mauer umzogen. Innen zeigt sich ein einladendes Bild, geprägt von Gotik und Renaissance, verwinkelten Gassen und idyllischen Plätzen. Zur vollen Stunde versammelt man sich auf dem Marktplatz, wenn die beiden Fenster der Kunstspieluhr aufgehen und der Bürgermeister ein ums andere Mal den Dreiliterhumpen Frankenwein in einem Zug leert und damit einer Legende nach die Stadt rettet. Auch wenn die Geschichte historisch nicht belegt ist, wird der »Meistertrunk« jedes Jahr an Pfingsten groß gefeiert. Tourist Info: Marktpl. 2, 91541 Rothenburg (Tauber), Tel.+49 (0) 98 61/40 48 00, www.rothenburg.de

Freilichtmuseum Bad Windsheim

Um die Erinnerung an die ländliche Kulturgeschichte der Region zu bewahren, wurde 1976 das Fränkische Freilandmuseum in Bad Windsheim gegründet, eines der eindrucksvollsten in Europa. Nur wenige Meter südlich der Altstadt erstreckt sich das etwa 50 ha große Museumsgelände, auf dem rund 100 historische Gebäude aus Franken in Ensembles originalgetreu wiederaufgebaut wurden.

Eisweiherweg 1, 91438 Bad Windsheim, Tel.+49 (0) 98 41/668 00, März Di–So 9–18, Apr.–Okt. tgl. 9–18, Nov., Dez. Di–So 10–16 Uhr, www. freilandmuseum.de

Dinkelsbühl & 3D-Museum

Mit seinen Giebeln und Winkeln ist Dinkelsbühl nicht nur der Inbegriff deutscher Romantik, sondern auch der angehaltenen Zeit: Alle Ladenschilder sind in Frakturschrift gesetzt. Für gemütliche Stadterkunder ist die Kutsche das angemessene Fortbewegungsmittel. Doch nicht überall herrscht Mittelalter, drinnen manchmal auch moderne Illusion. Das freut gerade auch Kinder. Die wollen gar nicht mehr raus aus dem »Museum 3. Dimension« in der Dinkelsbühler Stadtmühle, wo man so viel anfassen darf und das Gehirn trotzdem hinters Licht geführt wird. Die überraschenden Effekte

Das Dinkelsbühler »Museum 3. Dimension« in der alten Stadtmühle (erbaut um 1400) liegt direkt neben dem Nördlinger Tor der mittelalterlichen Stadtbefestigung.

bringen nicht nur die Kleinen zum Staunen. Die sichtbar gemachte räumliche Tiefenwirkung begeistert auch die Großen, vor allem weil thematisch für jeden etwas dabei ist: klassische 3D-Techniken, die in der Werbung der 1970er-Jahre verwendet wurden, Aktfotos, archäologische Grabungen und Wetterphänomene.

Tourist Info: Altrathauspl. 14, 91550 Dinkelsbühl, Tel.+49 (0) 98 51/90 24 40, www.dinkelsbuehl. de; 3D-Museum: Nördlinger Str. 62, Tel. +49 (0) 98 51/63 36, Jan.–März, Nov., Dez. Sa, So 11–17, Apr.–Juni, Sep., Okt. tgl. 11–17 Uhr, www.3d-museum.de

Ansbach

Die ehemalige Residenzstadt der hohenzollerschen Markgrafen von Brandenburg-Ansbach gilt als Musterbeispiel des fränkischen Rokoko. Das malerische Zentrum ist voller Prunkbauten von Rang, wie die Markgräfliche Residenz und ihr Hofgarten. Hier kann man in formvollendetem barockem Lebensgefühl schwelgen: Architektur, Fassaden, Inneneinrichtungen, Parkanlagen: alles stilecht und vom Feinsten. Am lebendigsten werden die barocken Zeiten bei Führungen; auch spezielle Kinderrundgänge werden angeboten.

Tourist Info: Johann-Sebastian-Bach-Pl. 1, 91522 Ansbach, Tel. +49 (0) 981/512 43, Mo–Fr 9–17, Sa 10–14 Uhr, www.ansbach.de

Wolframs-Eschenbach

Die ehemalige Deutschordensstadt in Mittelfranken hat einen wunderschönen historischen Kern mit vollständig erhaltener Stadtmauer, Deutschordensschloss, alten Kirchen, Fachwerkhäusern und reich mit Steinmetzarbeiten verzierte Bauten. Der (Vor-)Name der Stadt

Die Drei-Turm-Fassade von St. Gumbertus prägt das Bild der Ansbacher Altstadt.

bezieht sich auf den im Ort geborenen Dichter Wolfram von Eschenbach, der im 12. und 13. Jh. mit dem Versroman »Parzival« berühmt wurde. Das Stadtmuseum informiert ebenfalls über den großen Meister.

Tourist Info: Wolfram-von-Eschenbach-Pl. 1, 91639 Wolframs-Eschenbach, Tel. +49 (0) 98 75/ 97 55 32, www.wolframs-eschenbach.de; Museum: Wolfram-von-Eschenbach-Pl. 9, Tel. +49 (0) 98 75/97 55 34, Apr.–Okt. So 10.30–12, Di–So 14–17 Uhr, Nov.–März Sa, So 14–17 Uhr

Sonnenuhrenweg

Immer der Sonne nach! Auch bei bedecktem Wetter lohnt sich der 2 km lange Sonnenuhrenweg in Röttingen. 25 einzigartige Modelle des historischen Zeitmessers hat ein Mergentheimer Schlossermeister hier erbaut. Wer den Weg begehen möchte, sollte sich im wahrsten Sinne des Wortes Zeit nehmen, um es nicht bei einem kurzen Blick auf die Uhr zu belassen. Denn wer hat schon mal von einer zusammenklappbaren Taschensonnenuhr gehört? Start: Rathaus am Marktpl., 97285 Röttingen, ganzjährig, Führungen:+49 (0) 93 38/98 00 33, www.roettingen.de

Spiel, Sport & Action
Franken-Therme
Als ob man auf der Wasseroberfläche schwebt, so fühlt es sich an im Salzsee in der Franken-Therme. 26,9 % Salzgehalt hat die natürliche Sole. Ein ungewöhn-

liches Erlebnis ist auch die Mitternachtssauna jeden ersten Freitag im Monat. Erkenbrechtalle 10, 91438 Bad Windsheim, Tel.+49 (0) 98 41/403 00, tgl. 9–22, Sauna & Wellness tgl. 10–22 Uhr, www.franken-therme.net

Solnhofen
Stein ist hier das beherrschende Thema. Den Solnhofener Plattenkalk haben schon die Römer als Baumaterial genutzt, und er erfreut sich bis heute großer Beliebtheit. Dabei ist das Material nicht nur schön, sondern auch interessant: Sein hoher Salzgehalt bewahrte Pflanzen und Tiere vor der Verwesung, davon zeugen jede Menge Fossilienfunde. Im Besuchersteinbruch Solnhofen kann man sich Werkzeug leihen und selbst nach versteinerten Fischen und Ammoniten

Der 750 qm große Salzsee der Franken-Therme ist von Kakteen gesäumt und von einer transparenten Kuppelkonstuktion überwölbt.

fahnden. Wer weiß, vielleicht befindet sich hier ein weiterer Archaeopteryx? Die zwölf bisher entdeckten Exemplare des kleinen Flugsauriers stammen alle aus dieser Gegend. Einen guten Überblick über die Erdgeschichte, den berühmten Urvogel und andere Fossilien bietet das Bürgermeister-Müller-Museum.

Tourist Info: Bahnhofstr. 8, 91807 Solnhofen, Tel. +49 (0) 91 45 83 20 20, www.solnhofen.de; Steinbruch: 91804 Mörnsheim, Tel. +49 (0) 160/91 42 91 82, Apr.–Okt. tgl. 10–16 Uhr, www.besuchersteinbruch.de; Museum: Bahnhofstr. 8, Tel. +49 (0) 91 45/83 20 30, Apr.–Okt. tgl. 9–17, Nov.–März So 13–16 Uhr, www.museum-solnhofen.de

Natur erleben

Urdonautal

Die etwas technischere Bezeichnung lautet Wellheimer Trockental, heute stellt sich die Gegend aber als Urdonautal vor. Vor Millionen Jahren floss hier die Donau. In der Riss-Eiszeit gerieten die Wasserläufe ordentlich durcheinander, sodass das Tal zwischen Dollnstein und Rennertshofen fast gänzlich austrocknete. An den Flanken des Tals ragen immer wieder steile Felsen aus den mageren Rasenflächen, was viele Kletterer hierher zieht. Im Sommer 2014 wurde der Urdonautalsteig »eröffnet«, ein 60 km langes Wanderwegenetz. Wer ihn einmal testen möchte, kann südlich von Dollstein parken und geradewegs nach Osten gehen, wo man gleich auf die charakteristische Wanderbeschilderung stößt. In Richtung Norden gelangt man bald zu Wacholderheiden mit markanten Felsnasen.

Parkpl. südl. von Dollstein, www.urdonautalsteig.de

Ammoniten sind die meistgefundenen Fossilien des Solnhofener Plattenkalks.

Naturpark Frankenhöhe

Der mittelfränkische Naturpark ist die die am dünnsten besiedelte Region Bayerns und gehört zu den sonnenreichsten Gebieten Süddeutschlands. In der abwechslungsreichen, von schönen Rad- und Wanderwegen erschlossenen Hügellandschaft trifft man auf eine ungeahnte Vielfalt seltener Tier- und Pflanzenarten. In zahlreichen Teichen und Weihern wächst die kulinarische Spezialität der Region heran: der Karpfen.

Informationszentrum: Am Kirchberg 4, 91598 Colmberg, Mo–Do 8–12, 13–17, Fr 8–12, 13–16, Apr.–Okt. auch Sa, So 13–17 Uhr, www.naturpark-frankenhoehe.de

66 Camping Monte Kaolino

Der gewaltige weiße Berg wirkt auf den ersten Blick wie eine Fata Morgana: Skifahren, Snowboarden und Rodeln im Sommer? Eine Wüstendüne mitten in der Oberpfalz? Der 120 m hohe Kegel aus etwa 32 Mio. Tonnen feinem Quarzsand war einst nur Abraum der lokalen Kaolin-Produktion, ist aber längst ein weltweit einzigartiges, ganzjähriges »Wintersportparadies«. Der Campingplatz am Fuß des Sandbergs wartet mit einem schönen »Dünenfreibad«, einem Erlebnisspielplatz und den Angeboten des benachbarten Freizeitparks auf (Klettergarten, Adventure-Minigolf). Die Sanitäranlagen sind schlicht und kommen ohne Kinder- oder Familieneinrichtungen aus. Für Gastronomie und Partystimmung ist gesorgt, Einkaufsmöglichkeiten gibt es vor Ort allerdings keine.

Wolfgang-Droßbach-Str. 114, 92242 Hirschau,
Tel. +49 (0) 96 22/815 02,
www.montekaolino-hirschau.de/campingplatz,
ganzjährig

Fläche	3,5 ha
Standplätze Touristen	200
Dauercamper	123
Mietunterkünfte	6
Hunde	erlaubt

Entdecken & erleben

Kemnath

Die nördliche Oberpfalz wird gerne das »Land der tausend Teiche« genannt. Daher ist es kaum verwunderlich, dass hier traditionell Fisch auf dem Teller landet. Ganz besonders stolz ist man auf die »Oberpfälzer Karpfen«, die sich durch sehr mageres und festes Fleisch auszeichnen. In Kemnath schwimmen die Fische nicht nur im Teich oder später im Backfett: Sie zeigen sich Spaziergängern als künstlerisch gestaltete Skulpturen auf dem fast 3 km langen Rundkurs »Phantastischer Karpfenweg«, der von der »Arge Fisch« (ja, auch so etwas gibt es hier!) initiiert wurde.

Tourist Info: Stadtpl. 38, 95478 Kemnath, Tel.+49 (0) 96 42/707 24, Mo–Do 8–12.30, Fr bis 12 Uhr, www.kemnath.de

Weiden in der Oberpfalz

Die »Perle im Oberpfälzer Wald« mit ihrer malerischen Altstadt vereint historischen Charme mit lebhaftem Treiben. Nicht zuletzt wird hier leidenschaftlichtlich gerne gegessen, getrunken und gefeiert. Die Weidener verstehen das Leben zu genießen.

Tourist Info: Oberer Markt 1 (Altes Rathaus), 92637 Weiden (Oberpfalz), Tel. +49 (0) 961/81 41 31, Mo–Sa 9–13, Mo–Do 14–16 Uhr, www.weiden-tourismus.info

Amberg

Schon die »Verpackung« der Altstadt ist sehenswert: Die mittelalterliche Amberger Stadtmauer ist zum größten Teil erhalten, mit doppeltem Mauerring (Wehr- und Zwingermauer), dem Stadtgraben und vier Stadttoren. Damit die Vils durch den Ort fließen konnte, wurden große Wassertorbauten errichtet. Wahrzeichen Ambergs ist die sogenannte »Stadtbrille«, ein imposanter mittelalterlicher Torbrückenbau, der die Vils überspannt.

Sehenswert ist das ganze, historisch gewachsene Stadtzentrum mit dem gotischen Rathaus, dessen Renaissanceanbau, »Alter Veste«, dem Neuen Schloss sowie zahlreichen Kirchen und Profangebäuden aus mehreren Jahrhunderten. Nicht umsonst war Amberg bis 1810 Hauptstadt der »oberen Pfalz«. Nicht verpassen sollte man eine Fahrt auf der Vils mit dem ortstypischen Kahn, der sogenannten Plätte, die spannende Perspektiven auf den Ort eröffnet. Die Vilskähne steuern auch das Landesgartenschaugelände von 1996 mit seinem Skulpturenweg an.

Tourist Info: Hallpl. 2, 92224 Amberg, Tel. +49 (0) 96 21/10 12 39, Mo–Fr 9–18, Okt.–Apr. bis 17, Sa 10–13 Uhr, www.tourismus.amberg.de

Luftmuseum, Amberg

In einem Museum zum Thema »Luft« ist klar, dass man vom wichtigsten Exponat nicht allzu viel sehen wird. Dennoch lohnt sich der Besuch in dieser ungewöhnlichen, weltweit einzigartigen Amberger Institution. Man lernt viel Neues über die Eigenschaften und Eigenheiten dieser alltäglichen Substanz. Und man sieht, was Künstler, Designer, Ingenieure

und Architekten mit der unsichtbaren Materie alles anstellen können – und wie sie sichtbar gemacht wird.
Eichenforstgäßchen 12, 92224 Amberg, Tel. +49 (0) 96 21/42 08 83, Di–Fr 14–18, Sa, So ab 11, Okt.–März bis 17 Uhr, www.luftmuseum.de

Spiel, Sport & Action

Felsenkeller-Labyrinth Schwandorf

Schlauen Brauern aus dem 16. Jh. und frechen Dieben ist es zu verdanken,

Die 130 Schwandorfer Felsenkeller haben überraschende Dimensionen. Etwa 60 Räume sind miteinander verbunden.

dass die Kleinstadt Schwandorf in der Oberpfalz Besucher heute mit einer besonders spannenden Geschichte locken kann. In den sogenannten Felsenkellern der Stadt erstreckt sich ein weites Netz an Tunneln und Gewölben, die seit einigen Jahren im Rahmen einer Führung erkundet werden können. Die gleichbleibend geringe Temperatur unter der Erde bot ideale Bedingungen für die Gärung und Lagerung von Bier – lange vor der Erfindung von elektrisch betriebenen Kühlapparaten. Vor gut 80 Jahren trieben dann drei geschickte Langfinger ihr Unwesen im Untergrund Schwandorfs. Um ihr Diebesgut besser aus den dunklen Kellern zu schmuggeln, vernetzten sie die Räume, sodass heute ein wahres Labyrinth für ein einzigartiges Erlebnis sorgt.
Tourist Info: Kirchengasse 1, 92421 Schwandorf, Tel.+49 (0) 94 31/455 50, www.felsenkeller-labyrinth.de

Natur erleben

Geozentrum Windischeschenbach

Jedes Kind lernt hierzulande, dass es, wenn es im heimatlichen Sandkasten lang genug gräbt, in der Gegend von Australien wieder an die Oberfläche gelangt. In Windischeschenbach wurde im Rahmen einer wissenschaftlichen Studie 9 100 m tief in die Erdkruste eingedrungen. Doch von Kängurus keine Spur. Was tatsächlich ans Tageslicht gelangte, erfahren Besucher im Geozentrum.
Am Bohrturm 2, 92670 Windischeschenbach, Tel.+49 (0) 96 81/40 04 30, www.geozentrum-ktb.de

67 Knaus Campingpark Lackenhäuser

Wo sich Bayerischer und Böhmerwald treffen, im deutsch-tschechisch-österreichischen Dreiländereck, liegt der Campingplatz in 850 m Höhe an einem sonnigen Südhang. Ringsum Natur. Die reizvolle Wald- und Mittelgebirgslandschaft lädt im Sommer zum Wandern, Walken und (E-)Radfahren ein, in der kalten Jahreszeit zum Wintersport. Für alle Aktivitäten liegt der Platz günstig, hält Leih-Ausrüstung bereit und liefert Anleitungen mit – sogar eine platzeigene Skischule und einen Kinderskilift gibt es. Vor Ort stehen außerdem ein Hallenbad, ein kleines Kinderfreibad, diverse Sport- und Unterhaltungsmöglichkeiten zur Verfügung, außerdem zwei schöne Spielplätze und das Kleintiergehege. Im der Hauptsaison gibt es Freizeitprogramm mit spannenden Familienaktivitäten, wie dem gemeinsamen Holzhüttenbau im Wald.

Lackenhäuser 127, 94089 Neureichenau,
Tel. +49 (0) 85 83/311,
www.knauscamp.de/lackenhaeuser,
ganzjährig

Fläche	15 ha
Standplätze Touristen	205
Dauercamper	100
Mietunterkünfte	63
Hunde	erlaubt

Entdecken & erleben

Villa sinnenreich – Museum der Wahrnehmung

In diesem außergewöhnlichen Museum kann man seine Wahrnehmung auf die Probe stellen. Ob man den Unterschied zwischen Realität und Illusion erkennen, seinen Sinnen noch trauen kann, wird sich hier erweisen.

Villa Sinnenreich, Bahnhofstr. 19, A–4150 Rohrbach, Tel. +43 72 89/224 58 20, Di–Sa 10–16, So 13–18 Uhr, www.villa-sinnenreich.at

Keltendorf Gabreta

Im niederbayerischen Ringelai darf man in die geheimnisvolle Welt der Kelten eintauchen: ein spannendes Erlebnis für die ganze Familie. Das Keltendorf Gabreta verdankt seinen Namen der antiken Bezeichnung für das heute bayerisch-böhmische Waldgebirge. Das Dorf ist ein archäologischer Erlebnispark, der mehr als bloßen Anschauungsunterricht zu bieten hat. Insgesamt sechs frühgeschichtliche Bauten stellen das Leben der alten Kelten sowohl plastisch als auch praktisch vor. Besucher können dabei aktiv mitarbeiten und z. B. beim Töpfern, Weben, Filzen, Schmieden oder Brotbacken helfen. Auf Weiden, Wiesen und Äckern wird die ehemalige keltische Landwirtschaft gezeigt. Auch hier dürfen Besucher aktiv werden, bei Aussaat, Ernte oder Tierbetreuung.

Nur nicht irritieren lassen! Die oberösterreichische »Villa sinnenreich« lädt zu einer faszinierenden Entdeckungsreise ins Reich der (eigenen) Sinne.

Früh übt sich, wer keltischer Bauer werden will – und stellt dabei schnell fest, dass die Bedienung des frühgeschichtlichen Hakenpflugs eine sehr mühsame Sache ist.

Regelmäßig finden zudem Veranstaltungen statt, bei denen Keltengruppen aus ganz Europa die keltischen Traditionen wieder aufleben lassen.

Lichtenau 1a, 94160 Ringelai, Tel.+49 (0) 85 55/40 73 10, Anf. Apr.–Mitte Dez. Di–So 10–18, Mitte-Dez.–Anf. Apr. Do–So 11–17 Uhr, www.keltendorf.com

Freilichtmuseum Finsterau

Im Freilichtmuseum Finsterau stehen Bauernhöfe und Häuser aus dem Bayerischen Wald, die detailgetreu wieder aufgebaut wurden. Unter freiem Himmel entfaltet sich ein begehbares Stück Vergangenheit. Verschiedene Programmpunkte und Ausstellungen runden die Zeitreise perfekt ab.

Museumsstr. 51, 94151 Finsterau, Tel.+49 (0) 85 57/960 60, Ende Dez.–Apr. tgl. 11–16, Mai–Sep. 9–18, Okt. 9–17 Uhr, www.freilichtmuseum.de

SteinWelten Hauzenberg

Die SteinWelten im Granitzentrum Bayerwald stellen auf eindrucksvolle Weise die lange Geschichte der Granitgewinnung und dessen Verarbeitung in dieser Region dar. Besucher sind besonders von der monumentalen Architektur und den spannenden Ausstellungen begeistert. Auf diese Weise lernt man alles Wissenswerte über die Geschichte des Granits sowie dessen Gewinnung. Kulisse für all dies bildet dabei ein aufgelassener Steinbruch mit einem romantischen See. Besucher begeben sich in den Steinwelten auf eine Zeitreise von der Vergangenheit bis in die Gegenwart des Granitabbaus.

Passauer Str. 11, 94051 Hauzenberg, Tel.+49 (0) 85 56/22 66, Jan.–Apr. tgl. 10–16, Mai–Okt. 10–18 Uhr, www.stein-welten.de

Babalu Funpark

Der Babalu Funpark ist eine bärenstarke Indoorerlebniswelt und die optimale Lösung, um (auf Socken) auch bei schlechtem Wetter Spaß zu haben. Das Spiel- und Unterhaltungsprogramm ist vielfältig. Für Stärkungen nach Kindergeschmack ist ebenfalls gesorgt.
Freyunger Str. 57, 94481 Grafenau, Tel.+49 (0) 85 52/97 42 27, Mo–Fr 14–19, Sa, So 10–19 Uhr, www.babalu-funpark.de

Kletterwald Waldkirchen

Gar nicht weit vom Waldkirchener Zentrum kann man (in wunderschönem altem Bestand) die Bäume hochgehen. Sechs Parcours, die sich in Höhe und Schwierigkeitsgraden unterscheiden, bieten Möglichkeiten für alle Altersgruppen (Mindestgröße 1,10 m) und

Temperamente. Jeder Teilnehmer erhält zunächst eine Sicherheitseinweisung und klettert eine erste Runde unter Anleitung, bevor er auf eigene Faust klettern darf. Festes Schuhwerk ist Voraussetzung, Helm und Sicherheitsausrüstung werden gestellt.
Jandelsbrunner Str. 36, 94065 Waldkirchen, Tel. +49 (0) 85 81/98 90 10, Apr.–Juni, Sep., Okt. Mi–Fr 14–18, Sa, So 10–18, Juli, Aug. tgl. 10–19 Uhr, nur mit Voranm., www.kletterwald-waldkirchen.de

Sommerrodelbahn Grafenau

Die längste Sommerrodelbahn im Bayerischen Wald bietet 1 250 m Rodelspaß mit vier waghalsigen Kreiseln. Am Fuß der Bahn warten dann noch ein »Funpark« (mit Trampolin, Hüpfburg etc.) und die »Rodelhüttn« zum gemütlichen Einkehren.

Eine 500-Meter-Rampe windet sich den Turm des Nationalparkzentrums Lusen empor – aber es gibt auch einen Aufzug.

Spitalstr. 44, 94481 Grafenau,
Tel+49 (0) 85 52/973 99 99, Apr.–Okt.
tgl. 10–17 Uhr, im Übrigen siehe
www.sommerrodelbahn-grafenau.de

Natur erleben

Bayerische Schaukel-Tour

In Breitenberg gibt es eine Familien-
Wanderung, die garantiert auch den
Kindern Spaß macht: der Schaukelweg,
ein 5,3 km langer kinderwagengeeig-
neter Rundweg. Auf 18 originellen
Schaukel-Stationen schwingen sich die
Kleinen durch die Natur. Und während
der Nachwuchs Schaukelelefanten und
Wippen erobert, pausieren die Eltern an
idyllischen Rastplätzen, von denen man
die herrliche Aussicht ins Mühlviertel
und den Böhmerwald genießen kann.
Im Winter werden die Schaukeln allerdings abmontiert.

Ausgangspunkt: Nordisches Zentrum/Blutwurz-
hütte, Obernstein 10, 94139 Breitenberg,
Tel.+49 (0) 85 84/961 80, www.breitenberg.de

Tierfreigelände im Nationalparkzentrum Lusen

Wisent, Wolf und Wildschwein. Marder,
Luchs und Braunbär. Tierisch wilde
Eindrücke warten im großen Freigelände bei Neuschönau. In den großzügigen
Gehegezonen des Nationalparks leben
rund 40 heimische Tierarten, die man –
fast wie in freier Wildbahn – beobachten
kann. Ein 7 km langer Rundweg mit
Abkürzungsmöglichkeiten führt durch
das 250 ha große Terrain, das von den
beiden Eingängen bei Neuschönau und
Altschönau gleichermaßen gut erschlossen ist. Die Wege sind kinderwagen-
und rollstuhlgeeignet und im Winter
von Schnee geräumt. Das Tierfreigelän-

de ist ganzjährig geöffnet und stets frei
zugänglich. Ein Fernglas leistet hier gute
Dienste.

94556 Neuschönau,
www.nationalpark-bayerischer-wald.de

Nationalpark-Infozentrum & Baumwipfelpfad

Der Nationalpark Bayerischer Wald
präsentiert sich bei Neuschönau aus
allen Perspektiven äußerst spektakulär und nicht zuletzt auf »höchstem
Niveau«. Das Besucherzentrum im
Hans-Eisenmann-Haus liefert spannendes Hintergrundwissen – unterhaltsam
aufbereitet, gerade auch für Kinder.
Kleineren Tieren des Waldes begegnet
man hier schon in Terrarien und Aquarien. Die größeren Arten der hiesigen
Tierwelt kann man im Tierfreigelände
(s. o.) treffen.

Höhepunkt ist sicherlich das
»Baum-Ei«: Von der Aussichtsplattform in 44 m Höhe eröffnet sich
ein einzigartiger Ausblick über die
bayerisch-böhmische Waldlandschaft.
Zugleich gelangt man von hier auf den
längsten Baumwipfelpfad der Welt: Auf
1,3 km spaziert man (8–25 m) hoch
über dem Waldboden durch unberührte Natur und genießt einzigartige
Einsichten in die Lebenswelt zwischen
den Wipfeln. Alle Einrichtungen sind
behindertengerecht und auch mit
Kinderwagen begehbar. Gut gemachte
Lehrtafeln und Erlebnisstationen steuern unterwegs Wissenswertes bei.

Besucherzentrum Hans-Eisenmann-Haus,
Böhmstr. 35 bzw. 41 94556 Neuschönau,
Tel+49 (0) 85 58/96 150,
Ende Dez.–Anf./Ende Nov. tgl.,
www.nationalpark-bayerischer-wald.de

68 Kaiser Camping

(Nicht nur) Bergblick und Gebirgsbachrauschen sind hier inklusive. Der großzügig angelegte Campingplatz auf den Voralpenwiesen am Ufer des Jenbachs bietet Campern eine komfortable und ausnehmend freundliche Rundumversorgung. Für alles ist gesorgt. Schön ist im Sommer das große beheizte Schwimmbad (das sich auch überdachen lässt). Kinder jedes Alters können sich über attraktive Spielgelegenheiten freuen, draußen auf dem Abenteuerspielplatz oder am Bach, drinnen im großen Indoor-Freizeitcenter, einschließlich zweistöckiger »Funbox« für Kleinkinder. Der zugehörige Ponyhof bietet Reiterlebnisse für Jung und Alt. In der Hauptsaison erwartet Kinder ein zusätzliches Animationsprogramm; das ganze Jahr über laden fröhliche Feste rund um die rustikale Almhütte der »Kaiser-Alm« zum Feiern ein.

Reithof 2, 83075 Bad Feilnbach,
Tel. +49 (0) 80 66/88 44 00,
www.kaiser-camping.com,
ganzjährig

Fläche	13 ha
Standplätze Touristen	390
Dauercamper	280
Mietunterkünfte	nein
Hunde	erlaubt

69 Strandcamping Waging

Kultur, Kulinarik und quicklebendiges Campingvergnügen am »bayerischen Meer«: Direkt am Chiemsee-Strand liegt einer der legendärsten deutschen Campingplätze. Hier frönt man nicht nur dem Baden, Schwimmen und Wassersport an Bayerns größtem und wärmstem See. Und lässt es auch nicht bei diversen weiteren Sportaktivitäten wie dem Bogenschießen, Montainbiken oder dem Fußballtraining unter Profianleitung bewenden. Denn auch oberbayerische Kultur und Kulinarik kommen hier nicht zu kurz: Im zugehörigen »Strandkurhaus«, wo jahrzehntelang Alfons Schuhbeck den Kochlöffel schwang, lassen sich (im Erdgeschoss) feine bayerische Schmankerln genießen und in den Stockwerken darüber (nach telefonischer Anmeldung) die prachtvolle Sammlung des privaten Barockmuseums. Wer im weitläufigen Waginger Strandpark sein Lager aufschlägt, kann sich eher schattig zwischen prächtigen alten Bäumen niederlassen oder sonnig auf der grünen Wiese, direkt am Ufer oder etwas im Hintergrund, etwa in Richtung des neuen Kinderspielhauses. Der See ist immer nah. Mit etwas Glück hat man außer Seeblick auch noch ein eindrucksvolles Gebirgspanorama. In jedem Fall lässt sich im Waginger Strandcamping bayerische Lebensart (ganzjährig) mit allen Sinnen genießen.

Am See 1, 83329 Waging am See,
Tel. +49 (0) 86 81/552,
www.strandcamp.de,
ganzjährig

Fläche	35 ha
Standplätze Touristen	680
Dauercamper	470
Mietunterkünfte	8
Hunde	willkommen

Entdecken & erleben

Prien

Nach dem Tod Ludwigs II. 1886 wurde die Herreninsel öffentlich zugänglich und Prien damit zum wichtigsten Ausgangspunkt für Besucher der Chiemseer Inseln. Dem sommerlichen Treiben des Luft- und Kneippkurorts entflieht man in die Kühle der Pfarrkirche Mariä Himmelfahrt und bewundert dort die virtuosen Fresken von Johann Baptist Zimmermann. Interessante Chiemgauer Lokalgeschichte bietet das Heimatmuseum mit dem berühmten Priener Hut, den Chiemgauer Trachten und der Volks- und Handwerkskunst.

Tourist Info: Alte Rathausstr. 11, 83209 Prien am Chiemsee, Tel.+49 (0) 80 51/690 50, www.tourismus.prien.de

Fraueninsel

Etwa 50 Häuser, vier Wirtschaften und gut 250 Einwohner auf 620 x 300 m, das ist die Fraueninsel – eine Art Geheimtipp neben der durch ihr Königsschloss berühmten Herreninsel. Weithin sichtbar: der Kirchturm des Inselmünsters mit seiner barocken Zwiebelhaube. In einer Viertelstunde kann man die Insel bequem zu Fuß umrunden, passiert dabei zahlreiche Stege, hübsch bepflanzte Gärten und im Sommer vor Blumen leuchtende Balkone. Genauso schön ist es in der Adventszeit, wenn die Insel weihnachtlich geschmückt ist und der Weihnachtsmarkt die ersten beiden Adventswochen geöffnet hat.

Gemeinde 83209 Chiemsee, Führungen: Tel.+49 (0) 80 54/322, www.fraueninsel-fuehrungen.de

Der Name der Fraueninsel bezieht sich auf die Nonnen des 782 gegründeten Benediktinerinnenklosters, denen bis heute etwa ein Drittel der Insel gehört.

Herrenchiemsee

Auf der Herreninsel im Chiemsee baute sich König Ludwig II. sein Versailles nachempfundenes Schloss. Unter den Prunkräumen stechen besonders das Paradeschlafzimmer und die Große Spiegelgalerie hervor. Das »Kleine Appartement« im Stil des französischen Rokoko diente als private Wohnung des Königs. Schloss Herrenchiemsee ist von einem weitläufigen Park mit Wasserspielen und antiken Brunnenfiguren umgeben. Leicht erreicht man die Insel mit dem Linienschiff. Vom Anlegesteg läuft man ca. 15 Min. bis zum Schloss.

83209 Chiemsee, Tel.+49 (0) 80 51/ 688 70, tgl. 9.40–16.15, Apr.–Okt. 9–18 Uhr, www.herrenchiemsee.de

Inntaler Unterwelten

Zwischen Brannenburg und dem österreichischen Kirchbichl liegen vier geheimnisvolle Höhlen über dem Inntal. Mauerreste im sogenannten Grafenloch bei Oberaudorf zeugen von einer bedeutenden ritterlichen Höhlenburg. Von Oberaudorf führt ein kleiner Pfad, vorbei am Luegsteinsee, in etwa 1 Std. hinauf zur Höhle. Die spektakuläre Lage in senkrechter Wand begeistert jeden Besucher. Zusammen mit drei weiteren Höhlen, zwei davon auf österreichischem Gebiet, zählt das Grafenloch zu den »Inntaler Unterwelten«.

www.unterwelten.com

Lokschuppen Rosenheim

Der »Lokschuppen«, eine umgebaute Lokomotiven-Remise, stellt seit einem Vierteljahrhundert das kulturelle Herz Rosenheims dar. Das hübsche halbrunde Kulturzentrum der traditionsreichen ehemaligen Salzhandelsstadt am Inn ist überregional bekannt für seine Landes- und Sonderausstellungen, die eine fundierte wissenschaftliche Basis mit einer aufwendigen, ästhetisch anspruchsvollen Gestaltung kombinieren. Ausstellungsbesucher können hier in immer neue spannende Geschichten und fremde Kulturen eintauchen. Mit bis zu 280 000 Besuchern pro Jahr zählt der Lokschuppen zu den zehn erfolgreichsten Ausstellungsorten in Deutschland.

Rathausstr. 24, 83022 Rosenheim, Tel.+49 (0) 80 31/365 90 36, wechselnde Ausstellungen, Öffnungszeiten siehe www.lokschuppen.de

Römermuseum »Bedaium«

Der römische Ort Bedaium entstand 50 n. Chr. an der Stelle des heutigen Seebruck. Er entwickelte sich rasch zum Verkehrsknotenpunkt zwischen Inn und Salzach. Kontinuierliche Bodenforschung legte faszinierende Zeugnisse einer langen, keineswegs nur »römischen« Vergangenheit frei. Mit Hilfe von mehr als 500 Ausstellungsstücken wird ein historischer Bogen von der Vorgeschichte über die Stein- und Bronzezeit bis zu den frühen Kelten geschlagen. Ein 23 km langer archäologischer Rundweg führt von Seebruck zu prähistorischen und frühgeschichtlichen Fundstätten und Bodendenkmälern in der Umgebung.

Römerstr. 3, 83358 Seebruck, Tel.+49 (0) 86 67/75 03, Di–Sa 10–16 Uhr, Winter geschl., www.roemermuseum-bedaium.byseum.de

Salzburg

Einen Ausflug nach Salzburg sollte man nicht versäumen. Die Mozartstadt an der Salzach wurde nicht ohne Grund zum Weltkulturerbe erklärt. Einen guten

Im Winter können Teile des Chiemsees auch zur Eislandschaft werden.

Überblick gewinnt man von der Festung Hohensalzburg über der Stadt. In der Altstadt prunken der atemberaubende Dom und eine unglauliche Viezahl barocker Kirchen um die Wette. Die pittoreske Getreidegasse ist nicht nur als historisches Handelszentrum berühmt, hier liegen sowohl Mozarts Geburtshaus als auch viele lohnenswerte Konditoreien und Cafés sowie schöne Gelegenheiten für Shopping-Begeisterte.
Tourist Info: Mozartpl. 5, A-5020 Salzburg, Tel. +43 (0) 662/88 98 73 30, Apr.–Juni, Sep.–Mitte Okt., Dez. tgl. 9–18, Juli bis 18.30, Aug., Festspielzeit tgl. 9–19, Mitte Okt.–Nov., Jan–März Mo-Sa 9–18 Uhr, www.salzburg.info

Spiel, Sport & Action

Chiemseebahn & Schifffahrt

Der Chiemsee ist der größte See in Bayern und immerhin der drittgrößte

Deutschlands. Man kann das »bayerische Meer« auf verschiedene schöne Weise erleben. Eine der entspanntesten beginnt z. B. am Bahnhof Prien mit einer der ältesten aktiven Dampf-Straßenbahnen. Die legendäre Chiemseebahn von 1887 legt gemütlich schnaufend (mit höchstens 20 km/h) die 1,8 km lange Strecke hinunter zum Hafen Prien-Stock zurück. Dort besteigt man dann z. B. die sympathische MS Edeltraud für eine stimmungsvolle »Seereise« – auf die Inseln oder rund um den See herum.
83209 Prien am Chiemsee, www.chiemsee-schifffahrt.de

Chiemseeradweg

Mit ein bisschen sportlichem Einsatz lässt sich der Chiemsee sehr komfortabel auf dem Fahrrad umrunden. Etwa 55 km können in zwei (in beiden Richtungen) gut ausgeschilderten Wegvarianten absolviert werden: der auch für sportlichere Radler geeignete »Chiemsee-Radweg« und der gemütlichere »Chiemsee Rundweg« für Genuss- und Familienradler. Nennenswerte Steigungen haben beide nicht, dafür stets ein imposantes See- und Alpenpanorama. Auf dem Weg passiert man alle Chiemseeorte, zahlreiche Badestellen und schöne Gasthöfe, die zu einer Rast einladen. Fahrradverleih in allen größeren Orten am See.
www.chiemsee-alpenland.de

Segeln & Schlittschuhlaufen auf dem Chiemsee

Wenn der Wind richtig bläst, tummeln sich Hunderte Segler auf dem See. Was gibt es Schöneres, als mit dem Segelboot zur Fraueninsel zu kreuzen und dort ein Stück frisch gebackenen Käsekuchen zu

vernaschen. Im Winter, wenn die Temperaturen dauerhaft deutlich unter dem Gefrierpunkt bleiben, reicht die dicke Eisschicht oft zum Schlittschuhlaufen – oder zum Segeln auf Kufen.
www.segelschule-prien.de,
www.chiemsee-alpenland.de

Kampenwand

Schroff und steil ragt die Kampenwand über Aschau auf. Wie gut, dass es die Seilbahn gibt, die einen in 14 Min. bis unter den Kamm auf 1500 m Höhe bringt. Von dort aus geht es in 30 Min. auf einem fast ebenen Panoramaweg zur urigen Steinlingalm, mit herrlichem Blick auf das Alpenvorland und den Chiemsee. Für ambitionierte Wanderer oder Kletterer hält die Kampenwand natürlich auch anspruchsvollere Wege bereit.
Bergbahn: An der Bergbahn 8,
83229 Aschau i. Chiemgau, tgl. 9–17 Uhr,
www.kampenwand.de

Kameltrekking

Sie zählen nicht zur typischen Tierwelt des Voralpenlands, doch im idyllischen Mangfalltal bekommt man Kamele nicht nur regelmäßig zu Gesicht, sondern kann sogar auf dem Rücken der orientalischen Höckertiere die oberbayerische Natur- und Kulturlandschaft erkunden. Konstantin Klages vom Kamelhof in Grub bietet eineinhalbstündige Touren mit seinen (zweihöckrigen) Trampeltieren an. Wer so über Hügel und Täler des bayerischen Oberlands schaukelt, durch Wälder, Wiesen und Wasserläufe, mag sich gelegentlich im orientalischen Märchen wähnen – aber Alpenpanorama und Kuhglocken sorgen dann doch immer wieder für Klarheit.

Rosenheimer Str. 4, 83626 Valley OT Grub, Tel. +49 (0) 80 63/99 66, www.bayern-kamele.de

Natur erleben
Moorzeremonie, Bad Aibling

Die Eiszeit hinterließ Oberbayern viele Moore, in denen man wunderbar wandern oder Rad fahren kann. Noch näher – genauer gesagt hautnah – kommt man dem Moor bei einer Moorzeremonie in der Bad Aiblinger Therme. Dort bekommt jeder eine Handvoll des heilsamen Bodens, reibt sich von oben bis unten damit ein und lässt ihn 15 Min. im Dampfbad einwirken. Der Peeling-Effekt sorgt außerdem für wunderschön weiche Haut. Noch mehr Moor für den Körper gibt es im Wellnessbereich der Therme.
Lindenstr. 32, 83043 Bad Aibling, So–Do 10–22, Fr, Sa 10–23 Uhr, www.therme-bad-aibling.de

Wendelstein

Der 1838 m hohe Wendelstein thront hoch über dem Inntal und ist dank des weithin sichtbaren Radiosendemasts auf dem Felsgipfel leicht zu erkennen. Wanderer können, in Bad Feilnbach startend, nach etwa 4 Std. das fabelhafte Panorama genießen. Viel schneller geht's mit der traditionsreichen, 1912 in Betrieb genommenen Zahnradbahn von Brannenburg, die nach 20 Min. im Bergbahnhof eintrifft. Nur die letzten, gut 100 Höhenmeter zum höchsten Punkt müssen Bahntouristen mit der eigenen Muskelkraft bewältigen. Von Bayrischzell fährt eine Seilbahn.
Bergbahnen ganzjährig: Sudelfeldstr. 106, 83098 Brannenburg, Osterhofen 90, 83735 Bayrischzell, Tel. +49 (0) 80 34/30 80, Fahrzeiten unter www.wendelsteinbahn.de

70 Via Claudia Camping

Schon die alten Römer haben es sich im Allgäu gutgehen lassen. Direkt an der antiken »Via Claudia Augusta« erstreckt sich der nach der Römerstraße benannte Campingplatz bei Lechbruck. Zwei schöne Badestrände gibt es hier – mit tollem Alpenpanorama und (auch im Hochsommer) garantiert sehr erfrischendem Nass. Nur wenige Fußminuten sind es zu einer zweiten Badegelegenheit am platzeigenen, kleinen Baderwäldlesee mit deutlich angenehmer temperiertem Moorwasser – und fast noch besserer Aussicht. Inmitten der Natur bietet der Platz eine umfassende, sehr gepflegte Infrastruktur und beste Voraussetzungen für Spiel, Spaß und Sport. Die Sanitäranlagen mit eigenem Kinderbad und Familienmietbädern sind frisch runderneuert, Kinderspielplätze gibt es für jedes Wetter und unterschiedliche Altersgruppen. Dazu kommt im Hochsommer ein Ferienprogramm mit Angeboten für Kinder, aber auch die ganze Familie. Das reicht von der Märchenstunde über die sportliche »Mini-Olympiade« bis zu gemeinsamen Naturexkursionen, Nachtwanderungen oder Lagerfeuerabenden. Zu den Sportofferten gehören Bogenschießen, Beachvolleyball, Boccia und (ganzjährig) Eisstockschießen.

Via Claudia 6, 86983 Lechbruck am See,
Tel. +49 (0) 88 62/84 26,
www.via-claudia-camping.de,
ganzjährig

Fläche	18 ha
Standplätze Touristen	469
Dauercamper	300
Mietunterkünfte	20
Hunde	erlaubt

71 Insel-Camping am See

Bilderbuchartig sind die Lage über dem Niedersonthofener See und der grandiose Blick auf die Allgäuer Alpen. Der kleine, familiäre Platz überzeugt darüber hinaus durch große Gastfreundlichkeit und schöne, ganzjährige Freizeitmöglichkeiten. Etwa 200 m sind es zum See mit Liegewiese und zwei schönen Badebuchten im Schilfgürtel. Auch Angeln und Bootfahren kann man hier, Ruderboote sind zu mieten. Etwa 7 km lang ist der idyllische Rundweg um den See. Jeden Dienstag und Donnerstag gibt es geführte Wanderungen. Im Winter ist ein Netz von Langlaufloipen gespurt. Kindern stehen auf dem Platz ein vielseitiges Spielareal, ein kleiner Streichelzoo und – wetter-sicher – ein großer »Spielraum« mit Tischfußball und -tennis zur Verfügung. Auch im sehr gepflegten Sanitärbereich gibt es ein eigenes Kinderbad (und Mietbäder). Die Einkaufsmöglichkeiten beschränken sich auf täglichen Brötchenservice und einmal pro Woche den Verkaufswagen eines örtlichen Metzgers und Bauern; die Gaststätte am Platz serviert keine Allgäuer Spezialitäten, sondern fantastische Pizza!

Insel 32¾, 87448 Waltenhofen OT Memhölz/Insel, Tel. +49 (0) 83 79/881, www.insel-camping.de, ganzjährig

Fläche .... 1,6 ha
Standplätze Touristen 70
Dauercamper 44
Mietunterkünfte 4
Hunde .... bedingt erlaubt

72 Camping Hopfensee

»Fantastisch« ist eine der meistgebrauchten Vokabeln, wenn von diesem Platz die Rede ist. Was mehrere Generationen der Betreiberfamilie hier mit viel Liebe zum Detail auf die Beine gestellt haben, ist wirklich überbordend: ein äußerst komfortabler Platz mit vollwertigem Badekurbetrieb (alle Kassen), großzügigen Wellness- und Spa-Bereichen sowie herausragenden Familieneinrichtungen. Da sind u. a. ein großes Hallenbad (31 °C, im Preis enthalten) mit extra »Zwergerl-Bad« (0–5 Jahre), diverse Saunen und Therapien, ein mehrstöckiges »Spielhaus« für verschiedene Altersgruppen, für die Kleinsten der »Zwergerl-Pavillon« und für die Teens die »Babbel-Box« mit abendlicher Disco. Für die Jüngeren (3–9) wird Montag bis Freitag vormittags Betreuung angeboten. Und sommers wie winters locken vielfältige Sportmöglichkeiten. Bei all diesen Angeboten sollte man nicht vergessen, dass direkt »vor der Tür« der idyllische Hopfensee mit Liegewiese, Badebuchten und Wassersport wartet – und das vor einer eindrucksvollen Bergkulisse.

Fischerbichl 17, 87629 Füssen OT Hopfen am See, Tel. +49 (0) 83 62/91 77 10, www.camping-hopfensee.de, Mitte Dez.–Anf. Nov., keine Zelte, Reservierung obligatorisch

Fläche	8 ha
Standplätze Touristen	373
Dauercamper	4
Mietunterkünfte	4
Hunde	willkommen

Entdecken & erleben

Puppentheater & Museum, Kaufbeuren

Der Nachwuchs ist enttäuscht über unerwarteten Dauerregen? Die Kaufbeurer Welt des Puppentheaters wäre eine Alternative. Auf der Bühne sind (Oktober–April) Stücke mit Marionetten und Stabfiguren zu sehen. Im stimmungsvollen Museum taucht man ganzjährig in die Welt der Märchen, Theaterpuppen und deren Fantasien ein.

Theater: Wagenseilstr. 14a, 87600 Kaufbeuren, Tel. +49 (0) 83 41/143 29; Museum: Ludwigstr. 41a (Spielbergerhof), Tel. +49 (0) 83 41/141 21, Do–Sa 10–12, 14.30–17 Uhr, www.puppenspielverein.de

Archäologischer Park Kempten

Vor rund 2 000 Jahren wurde Kempten als Römersiedlung Cambodunum gegründet und war anfangs sogar Hauptstadt der Provinz Rätien. Seit 1983 sind der gallorömische Tempelbezirk, die »Kleinen Thermen« und das Forum der antiken Stadt als »Archäologischer Park Cambodunum« Besuchern zugänglich. Besonders anschaulich wird die Römerzeit bei eineinhalb- bis dreistündigen Workshops, z. B. zu antiken Düften, Specksteinbearbeitung, Schreiben oder Brotkultur der Antike, römische Mode. Im Workshop »Spielen wie die Römer«

lernt man etwa, dass Tauziehen und das Mühlespiel schon vor 2 000 Jahren bekannt und beliebt waren.

Cambodunumweg 3, 87437 Kempten (Allgäu), +49 (0) 831/797 31, März–Nov. Di–So 10–17 Uhr, www.apc-kempten.de

Bergbauerndorf Gerstruben

Sie ist gewissermaßen das Freilicht-museum von Oberstdorf: die idyllische Alpsiedlung Gerstruben (1145 m) hoch über dem Trettachtal. Schon im 14. Jh. wurde hier dauerhaft gesiedelt, doch am Ende des 19. Jh. verkauften die letzten Bewohner ihre Häuser an die Kemptner Elektrizitätsgesellschaft, die dort einen Speichersee errichten wollte – was sie aber zum Glück nicht tat.

Heute ist das denkmalgeschützte Ensemble der sorgfältig gepflegten Holz-häuser eines der klassischen Postkarten-motive der Region. Der schönste Zugang von Oberstdorf führt vom Westufer der Mühlenbrücke, unweit der Talstation der Nebelhornbahn, auf dem Jäger-standweg über Dietersberg und vorbei am kleinen, verträumten Christlessee nach Gottenried. Dem Rautweg folgt man dann durch dichten Wald hinauf in die Alpsiedlung, wo sich nach ca. 2 Std. Gehzeit eine beeinduckende Aussicht eröffnet – und man den Tag mit einer genussvollen Einkehr im gemütlichen Berggasthof Gerstruben abrundet.

Berggasthof: Gerstruben 1, 87561 Oberstdorf, Tel. +49 (0) 83 22/95 92 90, tgl. 9–18 Uhr, www.gerstruben.de

Neuschwanstein & Hohenschwangau

Neuschwanstein ist globale Marke, eine der meistbesuchten Sehenswürdigkeiten

Bis heute führt keine öffentliche Fahr-straße hinauf nach Gerstruben.

Bayerns – und lange nicht so traditions-reich, wie es den Anschein hat. Mit (damals) modernster Technik ließ sich Bayerns König Ludwig II. (1845–86) ab 1868 im Ostallgäu seinen Fluchtort aus der ungeliebten Moderne errich-ten: hoch über der Pöllatschlucht als seltsames Imitat einer mittelalterlichen Ritterburg. Nach seinem Tod wurden die Arbeiten am Schloss eingestellt. Fer-tig waren da nur Torbau und Haupthaus (Palas). So stößt man heute zwar auf viel Marmor, Wand- und Deckengemälde mit Motiven der germanischen My-thenwelt, aber auch viel Unvollendetes.

Zu sehen sind die Schlossküche, die Wohnräume des Königs, sein Thronsaal und die künstliche Grotte hinter dem Wohnzimmer. Mehr über den tragischen Monarchen ist in Schloss Hohenschwangau (quasi auf dem Berg gegenüber), wo Ludwig II. nicht nur Kindheit und Jugend, sondern als König auch seine Sommer verbrachte, zu erfahren. Hat man nur Zeit für eines der Schlösser, ist Hohenschwangau das lohnendere. Den vielleicht schönsten Blick auf Neuschwanstein (und die atemberaubende Landschaft) genießt man von der filigranen Marienbrücke über die Pöllatschlucht.

Ticket-Center Neuschwanstein & Hohenschwangau, Tel. +49 (0) 83 62/93 08 30, Apr.–Mitte Okt. 9–18, Mitte Okt.–März 10 bis 16 Uhr, www.neuschwanstein.de

Hammermühlen, Bad Oberdorf

In Bad Oberdorf hat sich ein uraltes Handwerk erhalten, das andernorts schon verschwunden ist: Dort sind noch drei Hammerschmieden in Betrieb, rund 500 Jahre alt und von der Wasserkraft der Ostrach angetrieben. In der Unteren Schmiede stellt Franz Scholl hauptsächlich Eisenpfannen für Kochprofis her. Er arbeitet eng mit seinem Cousin Albert Scholl zusammen, der die Obere Schmiede betreibt. Beide Traditionsbetriebe können besichtigt werden und haben auch Verkaufsräume, in denen man außer den begehrten Pfannen auch die nach historischen Vorbildern gefertigten Traditionswerkzeuge kaufen kann.

Untere Schmiede: Schmittenweg 17, 87541 Bad Oberdorf, Tel. +49 (0) 83 24/12 30, www.hammerschmiede-badoberdorf.de;

Traumbild oder Wirklichkeit? Das »Märchenschloss« Neuschwanstein gibt es tatsächlich und ist einen Besuch wert. Nur alleine wird man hier niemals sein.

Obere Schmiede: Hornweg 3 (beim Parkpl. Grüebplätzle), Tel. +49 (0) 83 24/581, www.hammerschmiede-scholl.de

Allgäuer Volkssternwarte

Das moderne Observatorium in Otto-beuren dient sowohl der Volksbildung als auch der amateurastronomischen Arbeit. Lehrreich und anschaulich sind ein Modell unseres Sonnensystems im Maßstab 1:1 Milliarde sowie Folientafeln über die Sonne und über weit entfernte Objekte wie Nebel, Kugelsternhaufen und Galaxien. Bilder vom Teleskop lassen sich über den Videoprojektor projizieren und und multimedial präsentieren.

Dr.-Friedrich-Kuhn-Weg, 87724 Ottobeuren, Tel. +49 (0) 83 32/936 60 58, Führungen: Fr 19.30 Uhr oder nach Voranm., www.avso.de

Spiel, Sport & Action

»Schiefer Turm von Oberstdorf«

Eigentlich heißt der 1973 im Stillachtal erbaute Turm »Heini-Klopfer-Ski-flugschanze« und zählt zu den größten Sprungschanzen weltweit. Waghalsig ragt die 139 m lange Spannbetonkonstruktion der Anlaufspur diagonal in den Him-mel – nur gehalten von 40 jeweils 14 m tief im Fels verankerten Stahlankern am Schanzenfuß. Benannt ist das Wun-der der Statik nach dem erfolgreichen Oberstdorfer Skispringer und Architek-ten Heini Klopfer, der 1950 hier die erste Skisprungschanze aus Holz erbaut hatte. Vom Skiflugstadion erreicht man den Sprungturm mit einem neuen Pano-rama-Schrägaufzug, kann dann in den Turmaufzug umsteigen – und hat einige Treppenstufen höher von der Plattform eine wahrhaft atemberaubende Weit-(und Tief-)sicht. Da sich der »Schiefe

Turm« nicht weit vom Südufer des schö-nen Freibergsees erhebt, kann man die Schanzenexkursion prima mit Natur- und Badefreuden verbinden. In einem gepflegten Naturbad mit Café-Restaurant sowie Ruder- und Tretbootverleih ist für sommerliche Annehmlichkeiten gesorgt.

87561 Oberstdorf; Schanze: Tel. +49 (0) 83 22/70 05 10, Apr.–Okt. tgl. 9.30-17.30, Nov.–März 9.30–16.30 Uhr, www.skiflugschanze-oberstdorf.de; Naturbad: Freibergsee 2, Tel. +49 (0) 83 22/606 94 95, www.naturbad-freibergsee. de (Lokal: Mitte Dez.–Ende Nov. tgl. 10–20 Uhr)

Allgäuer Wildwasser

»Wildwasser«-Vergnügen erlebt man im Allgäu in unterschiedlichen Auspra-gungen. Auf der Iller bei Sonthofen gibt es vom »Outdoorzentrum Allgäu« Wildwassertouren für Abenteuerlustige mit viel Spaß und Naturerlebnis. Dabei kann man die quirlige Iller ganz tradi-tionell in einem schmalen Schlauchka-nadier bezwingen (»Canadier-Rafting«) oder sich auf Spezialreifen mit Doppel-paddeln den Fluss hinab treiben lassen (»Tubing«). Bedeutend entspannter und vor allem wohltemperiert ist der »Wildwasserkreisel« im attraktiven Oberstaufener Erlebnisbad »Aquaria«. Dort können sich kleine und große Wasserratten alternativ auch mit einer 100 m langen Wasserrutsche, Sprung-türmen sowie Innen- und Außenbecken vergnügen. Auch ein schönes Kinder-planschbecken fehlt nicht.

Outdoorzentrum: An der Marienbruecke, 87544 Bihlerdorf, Tel. +49 (0) 83 21/67 57 57, www.raftingzentrum.de; Aquaria: Alpenstr. 5, 87534 Oberstaufen, Tel.+49 (0) 83 86/931 30, tgl. 9–22, Nov.–März Fr, Sa bis 23 Uhr, www.aquaria.de

Natur erleben

Schmetterling-Erlebniswelt

Wer noch nicht erlebt hat, wie aus einer Puppe ein neuer Schmetterling schlüpft oder sich eine Raupe verpuppt, hat hier beste Chancen. In Pfronten kann man tief in die faszinierende Welt der filigranen Falter eintauchen und beispielsweise feststellen, dass der chinesische Atlasspinner bis zu 26 cm groß werden kann. Zum Schmetterlingsgarten gehört auch ein schönes Café.

Gernweg 5, 87459 Pfronten OT Weißbach, Tel.+49 (0) 83 63/393, März–Sep. Di–So 10–16, Okt.–Feb. Mi–So 11–16 Uhr, www.schmetterling-erlebniswelt.de

Forggensee

In den 1950er-Jahren wurde bei Füssen der Lech aufgestaut und die Stadt bekam zu Bergkulisse und Kulturschätzen auch noch den größten Stausee Deutschlands. Heute ist der Forggensee eines der schönsten Erholungsreservate am bayerischen Alpenrand, höchst beliebt bei Schwimmern, Anglern, Wanderern und Wassersportlern. 32 km misst der Weg rund um den See, was Radlern gerade recht ist. Unterwegs kommt man immer wieder zu schönen und ruhigen Badeplätzen. Wer zu Fuß unterwegs ist oder sich nicht selbst bewegen möchte, kann sich im Sommer der Forggensee-Schifffahrt bedienen. Auch abendliche Fahrten mit Livemusik werden angeboten. Wunderschön ist eine geführte Kanutour zum Sonnenuntergang, mit Blick auf die Schlösser des »Kini«.

Tourist Info: Tel. +49 (0) 83 62/9 38 50, www. fuessen.de; Schifffahrt: Tel. +49 (0) 83 62/93 85 22, www.forggenseeschifffahrt.de; Kanus: Tel. +49 (0) 83 62/939 69 69, www.kanu-kini.de

Kräuterdorf Stiefenhofen & Artemisia-Kräutergarten

Stiefenhofen im Westallgäu hat sich als »Kräuterdorf« der wohltuenden Welt heimischer Kräuter verschrieben. Die kommen (nicht nur) beim renommierten »Kräuterwirt« auf dem Tisch, finden Eingang in Allgäuer Käsespezialitäten und werden natürlich als Heil- und Kosmetikpflanzen, als Gewürze und Tees verwendet. Kräuter werden hier auch professionell angebaut und Kräuterbildung leidenschaftlich vermittelt. Im Ortsteil Hopfen steht der große, liebevoll angelegte Kräutergarten »Artemisa« allen Interessierten rund um die Uhr offen. Man kann ihn eigenständig erkunden oder sich führen lassen. Der Hofladen im alten Bauernhaus bietet Kräuter und Kräuterprodukte in diversen Formen an. In der Teestube (mit Sonnenterrasse) kann man frisch aufgegossene Kräutertees zum hausgemachten Kuchen auch gleich genießen. Nebenan verkauft die Gärtnerei über 300 Kräuter- und Gewürzpflanzen aus eigener Zucht.

Tourist Info: Tel. +49 (0) 83 83/72 00, www.stiefenhofen.de; Kräuterwirt: Hauptstr. 14, 88167 Stiefenhofen, Tel. +49 (0) 83 83/920 90, www.roessle.net; Artemisia: Hopfen 29, www. artemisia.de; Öffnungszeiten s. jeweils Website

Bergtour auf den Stuiben

Eine Tour entlang der Nagelfluhkette gehört nicht zuletzt wegen der sich häufig bietenden fantastischen Aussicht zu den Klassikern im Allgäu. Eine beliebte Tageswanderung führt auf den 1 750 m hohen Stuiben. Dabei schwebt man von Immenstadt mit der Sesselbahn bis fast auf den 1 450 m hohen Mittag und quert in westlicher Richtung über den Steine-

Freizeitparadies mit Panorama: Majestätisch erheben sich die Lechtaler Alpen hinter dem Forggensee.

berg zum Stuiben. Hinab ins Tal geht es entweder über die Alpe Gund oder – die Kniegelenke schonend – wieder mit der bequemen Sesselbahn.

Mittagbahn: Mittagstr. 30, 87509 Immenstadt, Tel. +49 (0) 83 23/61 49, www.mittagbahn.de, www.immenstadt.de

Eistobel, Grünenbach

Schluchten werden im Allgäu »Tobel« genannt, und einer der schönsten ist der Eistobel (auch: Argentobel) rund 7 km südlich von Isny. Im Winter ist die dann nur für Bergsteiger begehbare Schlucht eine wahre Kunstgalerie bizarrer Eisskulpturen, die dem Tobel seinen Namen eingebracht haben. Im Rest des Jahres rauscht hier das Wasser der Oberen Argen über mehrere Nagelfluh-Felsstufen zwischen teilweise 100 m hohen Felswänden den Tobel

hinab, spritzt über Kaskaden und strömt durch Gletschertöpfe. Ein gut gesicherter, familienfreundlicher Pfad führt ohne große Steigungen durch das 3,5 km lange Naturschutzgebiet. Wer mag, kann den Weg durch die Schlucht zur (insgesamt etwa 4-stündigen) Rundwanderung erweitern, indem man über den sanften Berg der Riedholzer Kugel (mit schöner Aussicht) und den Ort Riedberg zum Ausgangspunkt zurückkehrt.

Beginn am Parkpl. der Eistobel-/Argentobel-brücke (Hauptstr. 81–83, 88167 Grünenbach) zwischen Maierhöfen und Grünenbach, www.eistobel.de

Nesselwanger Symbolwege

Rund um Nesselwang reiht sich ein schöner Weg an den anderen – und sie haben viel zu bieten: abwechslungsreiche Landschaften, seltene Pflanzen,

Tradition und Geschichte. Nesselwang bietet seinen Gästen eine Reihe thematisch orientierter, gut gepflegter und ausgeschilderter Wanderwege, gekennzeichnet mit verschieden Symbolen. Dazu gibt es bei der Touristinformation einen »Wanderbegleiter«, der für jede Tour eine praktische Wanderkarte mit Beschreibung der Strecke und von allem Sehens- und Berichtenswerten enthält, einschließlich Höhenprofil und Rastmöglichkeiten

Tourist Info: Hauptstr. 20, 87484 Nesselwang, Tel. +49 (0) 83 61/92 30 40, www.nesselwang.de

Sturmannshöhle, Obermaiselstein

Der Besuch der Sturmannshöhle ist ein spannendes Erlebnis für die ganze Familie, bei dem man sich warm anziehen sollte. In der einzigen Spalthöhle des Allgäus ist es nämlich auch an einem Sommertag mit einer konstanten Temperatur von 4 °C recht kühl. Ausgangspunkt ist der Parkplatz an der Engstelle der Straße zwischen Obermaiselstein und Tiefenbach, dem sogenannten »Hirschsprung«. Von hier gelangt man auf einem bequemen Wald- und Wiesenweg in rund 30 Min. zum Höhleneingang. Auf diesem »Sagenweg« begegnen einem unweigerlich etliche lokale Sagengestalten (von der Künstlerin Hildegard Simon in der Natur harmonisch und elegant in Szene gesetzt). Auf Tafeln werden die alten Sagengeschichten referiert. Am Höhleneingang folgt man, im Rahmen einer etwa 45-minütigen Führung, zunächst einem waagrechten Stollen, bevor es am »Drachentor« über gesicherte Stufen fast 300 m in die Tiefe geht. Man steigt durch faszinierende Gesteins- und Tropfsteinformationen und erreicht schließlich im untersten Stockwerk der Höhle den

Der Baumkronenweg des Füssener Walderlebniszentrums bietet sowohl spektakuläre Ausblicke als auch spannende Einblicke in die Welt der Baumwipfel.

gurgelnden und tosenden Höhlenbach. Vom kundigen Höhlenführer erfährt man derweil jede Menge über Drachen und andere hiesige mythische Gestalten, aber auch über mutige Höhlenforscher und die Oberallgäuer Bergwelt.

Haubenegg, 87538 Obermaiselstein, +49 (0) 83 26/383 09, www.obermaiselstein.de

Walderlebniszentrum Füssen

Wo gleich südlich von Füssen die deutsch-österreichische Grenze verläuft, können Familien mit Kindern leicht einen ganzen Tag in der Natur verbringen. Das Walderlebniszentrum zwischen dem Lech und den Steilhängen des Allgäuer Bergwaldes – auf beiden Seiten der Staatsgrenze – bietet aufwendige Erlebnispädagogik vom Feinsten. Auf mehreren Erlebnispfaden erfahren Kinder mit allen Sinnen Interessantes über Wasser, Wald, Topographie, Körpergefühl. Der »Auwaldlehrpfad« führt sie durch einen Weidentunnel, sie überqueren den Bach per Floß, auf der Hängebrücke oder an einem Seil hangelnd. Auf dem »Bergwaldlehrpfad« klettern sie im Netz der Riesenspinne und schwingen an der Affenschaukel. Im »Tal der Sinne« geht es barfuß durch den Matsch, über Baumstämme und durchs Wasser. Der 480 m lange Baumkronenweg in 21 m Höhe vermittelt ungeahnte neue Perspektiven auf Baumwipfel, Berge und den Fluss. Im Ausstellungsgebäude gibt es weitere Angebote und Informationen.

Tiroler Str. 10, 87629 Füssen OT Ziegelwies, Tel. +49 (0) 83 62/938 75 50, Außengelände frei zugängl.; Ausstellung: Mai–Sep. tgl. 10–17, Apr., Nov. tgl. 10–16, Dez.–März Di–Do 10–16, Fr 10–13 Uhr, www.walderlebniszentrum.eu, www.baumkronenweg.eu

Essen & Trinken

Frisches Bergbauerneis

In Ofterschwang gibt es nicht einfach nur Allgäuer Bergkäse – hier wird Allgäuer Eis täglich frisch aus Ofterschwanger Kuhmilch hergestellt. Regional hat die kleine, aber sehr feine Eisdiele von Ofterschwang schon eine gewisse Berühmtheit erlangt und kredenzt leckere Sorten wie Alpen-Karamell und Zartbitter.

Dorfstr. 12, 87527 Ofterschwang, Tel. +49 (0) 83 21/821 57, Mai–Mitte Okt. tgl. 13–18 Uhr, www.ofterschwang.de/der-eisladen

Naschen wie Sisi

Wenn die österreichische Kaiserin Elisabeth ihren Cousin Ludwig II. in Hohenschwangau besuchte, verweilte sie mit Freuden im »Kurcafé« in Füssen. Speziell für das gekrönte Leckermäulchen schuf der Urgroßvater des heutigen Inhabers Norbert Schöll die bis heute servierte »Sisi-Torte«. Das Gebäck ist nicht nur mit dem Konterfei Sisis, sondern auch mit hübschen Veilchen verziert, denn diese Blumen liebte die Kaiserin besonders.

Prinzregentenpl. 2–4, 87629 Füssen, Tel. +49 (0) 83 62/93 01 80, www.schlosskrone.de

Käseschule, Oberstaufen

Wer im Allgäu leckeren Käse nicht bloß genießen will, kann im geschindelten Dorfhaus von Thalkirchdorf auch selbst aktiv werden und am eigenen Kupferkessel lernen, aus frischer Milch köstlichen Käse zu produzieren. Bis der dann verkostet werden kann, dauert es dann allerdings noch einige Reifezeit.

Kirchdorfer Str. 7, 87534 Oberstaufen OT Thalkirchdorf, Tel. +49 (0) 172/890 87 38, Anm. erforderlich, www.kaeseschule.de

73 Alb-Camping Westerheim

Umgeben von Wacholderheiden liegt der große Platz landschaftlich sehr reizvoll auf einer Kuppe der Schwäbischen Alb (820 m) oberhalb von Westerheim. Die Infrastruktur kann sich sehen lassen: Das große, beheizte Freibad verfügt neben dem Schwimmer- auch über ein Nichtschwimmerbecken – mit breiter Wellenrutsche – und für die Kleinsten ein Planschbecken. Auch die geräumigen Sanitäranlagen sind jeweils mit Mutter-Kind-Dusche, Babybad und Kleinkindbad familiengerecht ausgestattet. Der »Camper-Treff« ist sozusagen das Freizeitzentrum für Jung und Alt. Hier gibt es u. a. Veranstaltungen für alle Altersgruppen, Lesestoff, Spielgeräte und -materialien, z. B. die sehr beliebten Tretautos, mit denen sich der von Dauercampern dominierte Platz unsicher machen lässt. In den baden-württembergischen Ferien gibt es zusätzlich ein gesondertes Kinderanimationsprogramm.

Beim Campingplatz 1, 72589 Westerheim,
Tel. +49 (0) 73 33/61 40,
www.alb-camping.de,
ganzjährig

Fläche	20 ha
Standplätze Touristen	80
Dauercamper	950
Mietunterkünfte	11
Hunde	erlaubt

Entdecken & erleben

Sehenswert & interessant

Blautopf & Blaubeuren

Der Blautopf, diese mystische runde Quelle und ihr Farbenspiel beeindruckten schon vor Tausenden von Jahren die Menschen, die ringsherum siedelten. Ein Zeugnis dieser frühen Kultur auf der Schwäbischen Alb ist die 40 000 Jahre alte »Venus vom Hohlen Fels«. Diese kleine, aus Mammutelfenbein geschnitzte Frauenfigur, die wohl einst ein urzeitlicher Schwabe um den Hals trug, gilt als die älteste Menschendarstellung der Welt. Gefunden wurden sie und andere steinzeitliche Kunst in mehreren Höhlen der Alb. Zu sehen sind diese ältesten Kunstwerke im Blaubeurer Urgeschichtlichen Museum (im ehemaligen Spital zum Heiligen Geist). Gleichzeitig wird dort auch über Natur und Kultur des steinzeitlichen Eiszeitalters informiert – und wie es war, als Neandertaler und moderner Menschn aufeinandertrafen.

In Blaubeuren gibt es aber auch sonst einiges zu sehen: Direkt neben dem Blautopf liegt eine weiträumige Klosteranlage. Das 1085 gegründete, ehemalige Benediktinerkloster hat sein mittelalterliches Erscheinungsbild weitgehend gewahrt. Neben dem sehenswerten Chor der Klosterkirche, dem Kapitelsaal und dem Kreuzgang lohnt auch ein Besuch des Heimatmuseums im ehemaligen klösterlichen Badhaus.

Tourist Info: Kirchpl. 10, 89143 Blaubeuren, Tel. +49 (0) 73 44/96 69 90, Mitte März–Nov. tgl. 10–17, sonst Mo–Sa 10–12, So 10–17 Uhr

Sagenumwoben ist der »Blautopf«, gleich hinter dem Blaubeurer Kloster.

Schloss & Abenteuerpark Lichtenstein

Inspiriert durch Wilhelm Hauffs Roman »Lichtenstein«, ließ sich Wilhelm Graf von Württemberg um 1840 ein Schloss erbauen, das den Idealvorstellungen einer mittelalterlichen Ritterburg entsprach. Begehbar sind die neugotischen Räumlichkeiten im Rahmen einer Führung. Wem das zu wenig abenteuerlich ist, tobt sich anschließend oder stattdessen im nahe gelegenen Kletterpark aus.

Schloss: 72805 Lichtenstein, Tel. +49 (0) 71 29/410, Feb., März, Nov. Sa, So 10–16, Apr.–Okt. tgl. 9–17.30 Uhr, www.schloss-lichtenstein.de; Kletterpark: Tel. +49 (0) 71 29/69 43 95, www.abenteuerpark-schlosslichtenstein.de

Freilichtmuseum Beuren

Vieles haben sie erlebt, die Gebäude auf dem Gelände des Freilichtmuseums. Und vieles können sie uns erzählen – Geschichten von ihren Bewohnern und über den Alltag auf dem Land im Mittleren Neckarraum und der Schwäbischen Alb. Verschiedene Aktionen ergänzen das Programm, wenn z. B. an den »Schäfertagen« im April Hirten, Schafe und Wolle im Mittelpunkt stehen.

In den Herbstwiesen, 72660 Beuren, Tel. +49 (0) 70 25/91 19 00, Ende März–Anf. Nov. Di–So 9–18 Uhr, www.freilichtmuseum-beuren.de

Stadtbesichtigung Ulm zu Fuß und per Boot

Weithin sichtbar steht das berühmte Ulmer Münster, in dem sich auch ein Denkmal für den »Ulmer Spatz« befindet, jenes Vögelchen, das der Legende nach für die Lösung eines Transportproblems beim Münsterbau sorgte. Der Spatz, das inoffizielle Wappentier der Stadt, begegnet dem Besucher in Ulm immer wieder. Rathausbau und alter Marktplatz sind ebenfalls Zeugen der Vergangenheit. Die modern gestaltete Stadtmitte setzt dazu markante architektonische Akzente. Wer Ulm vom Wasser aus erkunden möchte, kann dies mit einem Solarboot tun, das von Sonnenenergie und einer umweltfreundlichen Brennstoffzelle angetrieben wird.

www.tourismus.ulm.de; www.solarstiftung.de

Museum Ulm

Die Wiege der Menschheit mag in Afrika liegen, die Wiege der Künste aber liegt auf der Schwäbischen Alb: 2008 fand man hier die 40 000 Jahre alte »Schwäbische Venus«, die älteste figürliche Darstellung der Menschheit. Im Ulmer Museum kann man zwar nicht sie, aber andere der frühesten Kunstwerke der Menschheit betrachten, darunter den »Löwenmensch«. Er entstand in einer Zeit, als Mammuts, Löwen und Höhlenbären die Schwäbische Alb bevölkerten. Außerhalb der Archäologischen Sammlung ist im Museum neben etwas Spätgotik viel moderne Kunst zu sehen.

Marktpl. 9, 89073 Ulm, Tel.+49 (0) 731/161 43 30, Di–So 11–17 Uhr, www.museum.ulm.de

Urweltmuseum, Holzmaden

In Holzmaden stapfen acht Saurier durchs Gras. Sie beißen nicht, sie spielen nicht mal, sie sind nur die lebensgroßen Rekonstruktionen sehr urtümlicher Schwaben. Das einzigartige Museum in Holzmaden ist das größte private Naturkundemuseum in Deutschland. Berühmt ist es nicht zuletzt für seine ausgezeichnet präparierten Fossilien, unter ihnen ein riesiger Ichthyosaurier.

Aichelberger Str. 90, 73271 Holzmaden, Tel.+49 (0) 70 23/28 73, Di–So 9–17 Uhr, www.urweltmuseum.de

Legoland, Günzburg

Städtebau für alle: 30 km östlich der »Neuen Mitte« in Ulm ist in Günzburg eine Architekturausstellung der anderen Art zu bestaunen. Sie nennt sich Miniland, sie wurde errichtet aus mehr als 25 Mio. Legosteinen, und ihr Besuch ersetzt gleich mehrere Reise-Wochenenden: Den Hamburger Hafen, Berlin mit dem Reichstag, die Frankfurter Skyline, Venedig, Schloss Neuschwanstein – hier erreicht man sie alle bequem zu Fuß. Spektakulär gelungen ist die Münchner

Die Welt ist viereckig: Das Günzburger Legoland beweist, dass es (fast) nichts gibt, was nicht aus Legosteinen gebaut werden könnte.

Allianz-Arena im Maßstab 1:50, mit über 30 000 Figuren und vielen Lichteffekten. Auch der Flughafen München mit Start- und Landebahnen (und einem Airbus A380) ist zu sehen. Sämtliche Modelle im Legoland werden übrigens mit handels- üblichen Legosteinen gebaut – eine Anre- gung für die Freizeitgestaltung zu Hause. Die Achterbahn, der Wellenreiter und die Techno-Schleuder auf dem Gelände bestehen aus Gründen der Sicherheit aber nicht aus Legosteinen. Gut so. Noch mehr Spiel und Spektakel gibt es u. a. im Knights' Kingdom, in der Lego City, im Land der Abenteuer und im 5 000 qm großen Land der Piraten.
Legoland-Allee, Günzburg,
Ende März–Anf. Nov. tgl. 10–18 Uhr,
z. T. längere Öffnungszeiten siehe
www.legoland.de

Märklin-Museum, Göppingen

Ein Querschnitt von wertvollen, teilweise einmaligen Exponaten der Modell- eisenbahnfirma Märklin, die auch Kinder begeistern. Der Eintritt ist frei.
Reutlinger Str. 2, 73037 Göppingen,
Tel. +49 (0) 71 61/60 82 89, Mo–Sa 10–18 Uhr,
www.maerklin.de

Barbarossa Thermen, Göppingen

Es gibt zwei Bereiche: zum einen die Badearena mit Erlebnisbecken, Riesen- rutsche und Kinderbereich und zum anderen die Saunawelt mit Wellness- oase und Gesundheitspark. So können Kinder und Familien Spaß haben und andere Besucher relaxen.
Lorcher Str. 44, 73033 Göppingen, Tel. +49 (0)
71 61/610 16 30, So–Do 8–22, Fr, Sa bis 23 Uhr,
www.barbarossa-thermen.de

Tierpark Göppingen

Er nennt sich »kleiner Tierpark« und hat
auf 1,5 ha doch überraschend viel zu bieten: 200 heimische und exotische Vögel,
größere und kleinere Säugetiere sowie
Reptilien. Besondere Aufmerksamkeit
erregen die farbenprächtigen Kanarien-
vögel, Papageien und Sittiche in ihren
großzügigen Volieren und die vielen
Affen: Mandrills, Paviane, Rhesusäffchen.
Aber auch Raubkatzen, Zebras, Drome-
dare, Kängurus und tropische Fische sind
zu bewundern.
Lorcher Str. 99/Schickhardtstr. 25, 73033
Göppingen, Tel. +49 (0) 71 61/257 60, tgl. 10 bis
19 Uhr bzw. im Winter bis Einbruch der Dunkelheit, www.tierpark-goeppingen.de

Spiel, Sport & Action

Familienpark Westerheim

Der Freizeitpark bietet einiges, das
Kinderherzen höher schlagen lässt. Da
ist ein Wildpark mit einheimischen und
exotischen Tieren, ein Vergnügungspark
mit Karussells und Eisenbahn sowie noch
eine Sommerrodelbahn.
Donnstetterstr. 99, 72589 Westerheim, Tel. +49
(0) 73 33/49 90, tgl. 10–18 Uhr,
www.familienpark-westerheim.de

Ponyhof & Märchenpark Zwergental, Laichingen

Wer eine Mischung aus Ponyhof, Märchenpark und Abenteuerspielplatz sucht,
wird im Laichinger Ortsteil Machtols-
heim fündig: Es gibt einen Rundweg mit
13 animierten Märchenmotiven, einen
Streichelzoo, zwei Kindereisenbahnen
und natürlich Ponys. Eltern können die
kleinen Pferde mit ihren Kindern (bis
45 kg) über das weite Gelände führen.
Beim Ponyhof 1, 89150 Laichingen OT Machtols-
heim, Tel. +49 (0) 73 33/56 00, Ostern–Nov.
9–18 Uhr, www.ponymaerchenpark.de

*Im Laichinger Märchenpark erzählen bewegliche Figuren – hier die sieben Zwerge
beim fröhlichen Kartenspiel – auf Knopfdruck ihre Geschichte.*

Schneckenexkursion im Lautertal

Im Zeitlupentempo bewegt sich »Helix pomatia«, besser bekannt als Weinbergschnecke, voran. Vor allem Kinder wollen alles über die kleinen Weichtiere erfahren. Wer weiß z. B. schon, dass sich an den Jahrringen ihres Gehäuses das Alter ablesen lässt? Viele Fragen werden geklärt – und natürlich will jeder beim »Schneckenrennen« zusehen.
www.alb-guide.de

Bobbahn, Donnstetten

Die Bobs sind entgleisungssicher und meistern Höchstgeschwindigkeiten von bis zu 40 km/h. Sie können einzeln oder zu zweit besetzt werden, Kinder ab drei Jahren können daher problemlos mitfahren. Die 1 km lange Abfahrt überwindet rund 50 Höhenmeter. Steilkurven und Wellen entlocken den Fahrern dabei so manchen Jauchzer.
Böhringer Str. 18, 72587 Römerstein, Tel. +49 (0) 73 82/609, Apr.–Okt. Mi–Fr 13–18, Sa, So 10–18, BW-Schulferien tgl. 10–18 Uhr,
Nov.–März Sa, So nur bei schönem Wetter,
www.bobbahn-donnstetten.de

Museumszug Neuffen–Nürtingen

Eine kleine Reise in die Vergangenheit gefällig? Dann bitte einsteigen und Türen schließen – Vorsicht bei der Abfahrt! Immer wieder sonntags starten das Sofazügle und der Feurige Elias zu ihren Fahrten zwischen Neuffen und Nürtingen. Wer sich aus dem Fenster beugt und nicht aufpasst, bekommt eine Portion Ruß ab. Dieses Risiko nimmt man als Eisenbahnromantiker gerne in Kauf. Für eine Generation, die Dampfloks nur aus der Augsburger Puppenkiste oder im H0-Format kennt, sind die kurvenreichen Fahrten mit den Museumszügen eine aufregende und sehr kurzweilige Angelegenheit.
www.ges-ev.de

Natur erleben
Höhlen im Geopark, Ehingen

Nordwestlich von Ehingen verstecken sich drei jeweils nur wenige Meter große Schauhöhlen: Die Kätheren-Küche bei Briel, die Schuntershöhle nahe Dachingen und das Felsställe beim Dorf Mühlen dienten – wie Grabungen beweisen – vor etwa 10 000 Jahren Jägern und Sammlern als Unterschlupf. Die Gegend ist ein wichtiger Teil des Geoparks Schwäbische Alb, in dem sich Einblicke in die Entstehung der Erde gewinnen lassen. Das Ehinger Stadtmuseum zeigt interessante Zusammenhänge und Höhlenfunde.
www.geopark-alb.de; Museum Ehingen: Am Viehmarkt 1. 89584 Ehingen (Donau), Tel. +49 (0) 73 91/50 35 31, Mi 10–12, Mi, Sa, So 14–17 Uhr, www.museum.ehingen.de

Biosphäre Münsingen–Auingen

Gleich hinter Ulm erhebt sich die Schwäbische Alb mit Buchenwäldern, Trockentälern, bizarren Felsen und weiten Wacholderheiden. Seit Mai 2009 ist das Gebiet um den ehemaligen Truppenübungsplatz Münsingen als Biosphärengebiet gelistet. Landschaftsschutz, extensive Bewirtschaftung und sanfter Tourismus sollen sich zum Wohl für Mensch und Natur miteinander verbinden. Auch Gourmetköche haben das Gebiet entdeckt: Das Alblamm macht bei ihnen Karriere. Tolles Wandergebiet!
Biosphärenzentrum, Von-der-Osten-Str. 4 (Altes Lager), Tel.+49 (0) 73 81/93 29 38 31,
www.biosphaerengebiet-alb.de

74 Camping Kleinenzhof

Schwarzwald pur! Lang streckt sich das Campinggelände im Tal der Kleinen Enz – in Alleinlage: ringsum nur Wald, Wiesen, Wasser und nochmals Wald. Der familiengeführte Platz bietet viel Komfort (Frei- und Hallenbad, moderne Sanitäranlagen mit Kinder- und Familienbädern), schöne Unterhaltungsangebote (Innen- und Außenspielplätze, Sporthalle, Kino) und für Kinder wunderbare Waldabenteuer: vom Floßfahren über das Hirschgehege bis zum abendlichen Lagerfeuer mit Stockbrotbacken.

Kleinenzhof 1, 75323 Bad Wildbad,
Tel. +49 (0) 70 81/34 35,
www.kleinenzhof.de,
ganzjährig

Fläche	6 ha
Standplätze Touristen	126
Dauercamper	180
Mietunterkünfte	4
Hunde	erlaubt

75 Höhencamping Königskanzel

Der Name kommt nicht von ungefähr: Von der Anhöhe, auf der der Platz liegt (728 m), hat man in der Tat einen königlichen Blick über den Schwarzwald – den man dank teilweiser Terrassierung auch von den meisten Standplätzen genießen kann. Der umweltbewusst betriebene Campingplatz ist großzügig und naturnah angelegt. Familien- und behindertengerechte Ausstattung liegt der engagierten Betreiberfamilie am Herzen. So werden Gäste auf Wunsch auch vom Bahnhof abgeholt bzw. dorthin gebracht. Freizeit- und Sanitäreinrichtungen sind top-gepflegt, so das schöne Freibad, der weitläufige, gut ausgestattete Abenteuerspielplatz, Kinderwaschraum und Mietbadezimmer. Im Sommer gibt es ein Kinderferienprogramm. Das kulinarische und Einkaufsangebot beschränkt sich auf Brötchenservice und Selbstbedienungsrestaurant. Aber das Dornstettener Ortszentrum ist fußläufig erreichbar.

Freizeitweg 1, 72280 Dornstetten OT Hallwangen, Tel. +49 (0) 74 43/67 30, www.camping-koenigskanzel.de, März–Okt.

Fläche	4,5 ha
Standplätze Touristen	60
Dauercamper	90
Mietunterkünfte	2
Hunde	erlaubt

Entdecken & erleben

Hauffs Märchenmuseum, Baiersbronn

Wilhelm Hauff hat nicht nur unterhaltsame Märchen geschrieben, sondern in den farbigen Erzählungen gleichzeitig detailgenaue Bilder vergangener Welten und Zeiten entworfen. In »Hauffs Märchenmuseum« in Baiersbronn können Familien den Spuren Hauffs folgen und sich in andere Welten entführen lassen. Im vielleicht bekanntesten Märchen »Das kalte Herz« erzählt Hauff viel über das Leben der Flößer, Köhler, Glasmacher und Holzhändler in den Schwarzwaldtälern. Auch die Geschichten rund um den kleinen Muck, den Kohlenmunk Peter und das Glasmännlein werden im Museum (wieder) lebendig. Während die Eltern sich im literarischen Bereich in Hauffs Erzählungen vertiefen bzw. Video- oder Hörstationen nutzen, können Kinder im eigenen Lesebereich in Märchenbüchern schmökern oder sich die Geschichten an der Videostation von der »Augsburger Puppenkiste« erzählen lassen. Der Aktivbereich animiert auch zum Basteln, Spielen und Malen.
Alte Reichenbacher Str. 1, 72270 Baiersbronn, Tel.+49 (0) 74 42/841 40, Mitte Dez.–Mitte Nov. Mi, Sa, So 14–17 Uhr, www.baiersbronn.de

In Hauffs Märchenmuseum nehmen Märchenfiguren plastische Gestalt an.

»Experimenta«, Freudenstadt

Unter dem Motto »Sehen – Staunen – Verstehen« stehen in dem Experimentiermuseum die spannende Praxis und der Spaß am Lernen im Vordergrund. Eine Vielzahl von Stationen zu den Bereichen Luft und Wasser, Wellen und Schall, Licht und Schatten, Kraft und Masse sowie Magnetismus laden Kinder zum Mitmachen ein – und dabei ist nicht nur das Anschauen und Mitdenken gemeint, sondern auch das Mitanfassen. So kann z. B. der eigene Schatten eingefroren, kann ein Tornado »miterlebt« oder eine Riesenseifenblase produziert werden.
Musbacher Str. 5, 72250 Freudenstadt, +49 (0) 7441/89 29 23, Öffnungszeiten siehe www.experimenta-freudenstadt.de

Maximilian Ritterspiele, Horb am Neckar

Jedes Jahr am dritten Juniwochenende wandelt sich Horb in eine Hochburg mittelalterlichen Lebens und Feierns. Die Kulisse dafür bilden die prunkvolle Stadtkirche, das historische Rathaus und der alte Marktplatz. So also wurde damals gearbeitet, gegessen, getanzt und gekämpft. Das Mittelalter entfaltet sich in Umzügen mit Turnieren, Ritterlager und Märkten. Gaukler, Hexen, Bauern, Ritter und Mägde versetzen die Stadt ins Mittelalter zurück.

Tourist Info: +49 (0) 74 51/90 12 00, www.horb.de, www.ritterspiele.com

Wasserschloss Glatt

Schloss Glatt in Sulz am Neckar ist eins der ältesten Renaissance-Schlösser Baden-Württembergs. In den ehrwürdigen Mauern sind ein Schloss- und Adelsmuseum, ein Bauernmuseum sowie eine Galerie mit zeitgenössischen Künstlern aus der Region untergebracht. Einen Besuch kann man mit Kaffee und Kuchen im Schlosscafé mit Gartenterrasse ausklingen lassen.

Schloss 1, 72172 Sulz-Glatt am Neckar, Tel. +49 (0) 74 82/80 77 14, Apr.–Okt. Di–Fr 14–17, Sa, So 11–18, Nov–März Sa, So 14–17 Uhr, www.schloss-glatt.de; Café: Tel. +49 (0) 74 82/18 64, Fr–So 12.30–18.30, Ende März–Anf. Okt. tgl. 12.30 bis 18.30 Uhr, www.schlosscafeglatt.de

Sport & Action

Entspanntes Schwarzwaldradeln

Unbeschwert die oft doch recht steilen Schönheiten des Schwarzwalds genießen: Dafür sorgt die Bequemlichkeit von E-Bikes. In den Sommermonaten kann man, von einem Elektromotor unterstützt, die sonst schweißtreibenden Anstiege mühelos bezwingen. Verleih- und Akkuladestationen sind auf der Webseite von Schwarzwald Tourismus einzusehen; ein offizieller Tourenplaner ergänzt das Angebot.

www.schwarzwald-tourismus.de, www.touren-schwarzwald.info

Bergwerk Hallwangen

Vor allem für kleine Abenteurer ist es ein unvergessliches Erlebnis, mit Helm und Grubenumhängen versehen, bei spärlichem Licht in dunkle, schmale unerirdische Gänge vorzudringen. Bei der knapp 45-minütigen Führung durch den historischen Stollen des Silber-, Kupfer- und Schwerspatbergwerks erfahren große und kleine Besucher alles Wissenswerte über Erzvorkommen und Bergbaugeschichte. Bei einer Temperatur von 8 °C im Stollen ist ganzjährig warme Kleidung erforderlich und festes Schuhwerk angeraten.

Parkpl. Silberwaldstr., 72280 Dornstetten OT Hallwangen, Tel. +49 (0) 74 43/96 20 30, Mai–Okt. Di 14 Uhr sowie 1. u. 3. So im Monat, 14–18 Uhr, www.bergwerk-hallwangen.de

Freizeitpark Rotfelden

Auf dem Gelände des ehemaligen Kamelhofs in Rotfelden hat in diesem Jahr der Freizeitpark Rotfelden seine Tore geöffnet: Dazu gehört ein Tierpark mit Streichelzoo (Kamele, Alpakas, Lamas, Häschen, Ziegen & Co.), eine Spielscheune, die nicht nur bei schlechtem Wetter riesigen Spaß macht, eine 18-Loch-Fußballgolf-Anlage (lässt nicht nur Kickerherzen höher schlagen!), ein idyllisch gelegenes Spielgelände mit Wasserspielplatz, Barfußpark und

Keine Angst vor ungewohnten Fuß-Gefühlen! Der Dornstettener Barfußpark vermittelt neue und vergessene Sinneseindrücke – und macht Spaß!

Kletterparcours. Eltern, die es ruhiger mögen, können einen Biergarten mit herrlicher Aussicht genießen.
Kamelweg 1, 72224 Ebhausen OT Rotfelden, Tel. +49 (0)173/595 08 60, Mi–So, in BW-Ferien tgl. 10 Uhr bis Sonnenuntergang, www.freizeitpark-rotfelden.de

Kanufahren auf dem Neckar

Eine Kanutour bietet ein idyllisches Naturerlebnis zwischen den steilen Felsen. Mit ein bisschen Glück beobachtet man unterwegs Graureiher, Blesshühner und Eisvögel. Die Strecke ist sehr abwechslungsreich und beinhaltet ruhige Passagen, aber auch schneller fließendes Gewässer. Nach gut 2 Std. Paddeln kommt man bei der Verleihstation in Fischingen an, wo ein angefeuerter Grill bereitsteht. Nach der Anstrengung hat man sich das Picknick auch verdient.

Kanusport Neptun: Burg-Wehrstein-Str. 55, 72172 Sulz OT Fischingen, Tel. +49 (0) 74 54/96 74 55, Mai–Sep. Di–So 10–18 Uhr, www.kanusport-neptun.com

Natur erleben
Barfußpark, Dornstetten

Erst mal raus aus den Schuhen! Mit den verschiedensten Materialien unter den Fußsohlen beginnt die Strecke: Holz, Stein, Rindenmulch, Gras, Lehm und Wasser – mal kalt, mal warm, feucht oder trocken, mal anregend und belebend. Hat man sich daran gewöhnt, den Untergrund mit den bloßen Fußsohlen zu erspüren, fängt die Sache an, richtig Spaß zu machen. Und Barfußgehen ist auch noch gesund.
Parkpl. Silberwaldstr., 72280 Dornstetten, Tel. +49 (0) 74 43/96 20 30 (Tourist Info), Mai–Mitte Okt. tgl. 9–20 Uhr, www.barfusspark.de

76 Rastatter Freizeitparadies

Am Rande des Naturschutzgebiets liegt der Campingplatz in den idyllischen Rastatter Rheinauen. Aber nicht der Rhein, sondern ein Baggersee mit breitem Sandstrand sorgt hier für Badefreuden. Dazu bietet das »Freizeitparadies« diverse sportliche Betätigungsmöglichkeiten, etwa Tauchkurse, Minigolf, Tennis, Tischtennis, Beach-volleyball oder Boule. Gleich angrenzend gibt es einen 9-Loch-Golfplatz, der auch Golfneulingen offensteht. Es gibt am Platz immer wieder Unterhaltungsveranstaltun-gen und in Ferienzeiten Animationsprogramme für Kinder. Die Sanitäranlagen sind nicht neuesten Datums, aber gut ausgestattet und gepflegt. Auf Sauberkeit und Regel-einhaltung legt die Leitung des von Dauercampern geprägten Platzes großen Wert.

Im Teilergrund 1, 76437 Rastatt OT
Plittersdorf, Tel. +49 (0) 72 22/101 50,
www.rastatter-freizeitparadies.de,
ganzjährig

Fläche	50 ha
Standplätze Touristen	50
Dauercamper	350
Mietunterkünfte	7
Hunde	bedingt erlaubt

77 Freizeitcenter Oberrhein

In Deutschlands wärmster Region ist es nicht verwunderlich, dass sich viele Freizeit-freuden am Wasser abspielen, das hier früh im Jahr angenehme Temperaturen erreicht. Zum »Freizeitcenter« in den Rheinauen bei Rheinmünster gehören nicht nur zwei große Badeseen (insgesamt 8 ha) mit schönen Stränden, sondern auch ein Wasser-sportzentrum mit Surfschule, Kanu- und Elektrobootverleih am benachbarten Oberr-heinsee/Kriegersee. Aber auch an Land bieten sich verschiedene Sportangebote – von Minigolf bis Tennis. Für Kinder gibt es neben Wasserspaß, Hüpfburg und Spielplätzen in den baden-württembergischen Ferien auch noch ein breit gefächertes Animations-programm der »Campingkirche«. Hinzu kommen für Jung und Alt regelmäßige abendliche Live-Konzerte und Unterhaltungsveranstaltungen auf dem Platz.

Am Campingpark 1, 77836 Rheinmünster
OT Stollhofen, Tel. +49 (0) 72 27/25 00,
www.freizeitcenter-oberrhein.de,
ganzjährig

Fläche	36 ha
Standplätze Touristen	285
Dauercamper	460
Mietunterkünfte	40
Hunde	erlaubt

Entdecken & erleben

Schloss Rastatt

»Versailles am Rhein« wird es genannt: Das französische Vorbild ist unverkennbar. Dennoch ist Schloss Rastatt ein »Original«. Als einzige barocke Schlossanlage am Oberrhein hat es den Krieg unbeschadet überstanden. Die 1705 bezogene Residenz beeindruckt mit ihrer 230 m langen Gartenfront und prunkvollen Räumen.

Herrenstr. 18–20, 76437 Rastatt, Tel.+49 (0) 72 22/97 83 85; April–Okt. Di–So 10–17, sonst bis 16 Uhr, www.schloss-rastatt.de

Baden-Baden & Battert

Die mondäne Kurstadt Baden-Baden ist in jedem Fall einen Ausflug wert. Das Angebot reicht von römischen Ruinen über entspannende Thermen bis zu exklusiven Shopping-Möglichkeiten – und nicht zu vergessen das weltberühmte Casino. Den besten Blick auf die Stadt genießt man von der Ruine Hohenbaden (Altes Schloss) und dem Berg Battert. Man sollte sich die Zeit für einen Spaziergang durch das Naturschutzgebiet und die außergewöhnliche Felsenwelt nehmen. Grandios ist von dort oben der Panoramablick über Baden-Baden, den Schwarzwald und die Rheinebene.

Tourist Info: Tel +49 (0) 72 21/27 52 00, www.baden-baden.com, www.battertfelsen.de

Straßburg

Die elsässische Kapitale ist eine wahrhaft europäische Stadt, zum Teil deutsch, zum Teil französisch und unübersehbar demonstriert das imposante

Anders als Versailles leuchtet Schloss Rastatt in frischem Rosa.

Europa-Parlament Straßburgs Rang als eine der europäischen Metropolen. Noch imposanter ist das berühmte Münster – immerhin bis ins 19. Jh. das höchste Bauwerk der Christenheit. Aber Straßburg hat weit mehr als politische Bedeutung und monumentale Bauwerke zu bieten. Die malerische Altstadt, zahlreiche hochrangige Museen, elsässische Lebensart mit jugendlich-kosmopolitischem Elan und viel Gutes zum genussvollen Essen und Trinken machen Straßburg zu einem so beliebten Ausflugsziel, dass man seinen

Stadtbesuch, so es geht, nicht auf ein Wochenende legen sollte.

Tourist Info: Tel. +33 (0) 3/88 52 28 28, www.tourisme-alsace.com

Spiel, Sport & Action

E-Biken in und um Baden-Baden

Fahrrad fahren im Schwarzwald? Klingt anstrengend und wäre es auch, gäbe es nicht die E-Bikes, mit denen sich selbst Gelegenheitsradler zu neuen Höhen aufschwingen können. Aufsteigen, losfahren, entdecken – alles geht so leicht, dass man glatt vergessen könnte, in die Pedale zu treten. Und dies sollte man schon tun, denn es gibt einfach viel zu viel zu sehen und zu erleben. Die reizvollen Landschaften rund um Baden-Baden sind dabei ebenso vielseitig wie die Stadt selbst. Exponierte Schwarzwaldhöhen gehen in die mit Reben bedeckten Hänge des Baden-Badener Reblandes über, flache Passagen in der Rheinebene wechseln sich ab mit aufregenden Panoramaaufstiegen zu Baden-Badens Schlössern und Burgen – und immer wieder finden sich dazwischen herrliche Aussichtsplattformen, Plätze zum Entdecken und Einkehren oder einfach nur zum Innehalten und Genießen. Im Anschluss an die Radtour bieten die am Rande der Altstadt gelegene moderne Caracalla Therme und das historische Römisch-Irische »Friedrichsbad« entspannende Stunden.

Tourist-Info: Tel. +49 (0) 72 21/275 20 00, www.baden-baden.com

Unter der beeindruckenden Kuppel der Caracalla Therme hat das naturwarme Thermalwasser des zentralen Innenbeckens eine Temperatur von 34 °C.

Per Katapultstart beschleunigt der »blue fire Megacoaster« im Europa-Park in 2,5 Sekunden auf über 100 km/h und rast dann durch ein 32 Meter hohes Looping.

Caracalla Therme

Aus dem Friedrichsstollen sprudelt Thermalwasser aus 2 000 m Tiefe ins zentrale Becken unter der hohen Kuppel. Es fließt durch den Strömungskanal, und es füllt diverse weitere Pools, innen wie außen. Auf 4 000 qm bieten Heiß- und Kaltwassergrotten, Whirlpools, Massagedüsen, Wasserfälle und eine große römisch inspirierte Saunalandschaft vielfältige Spa-Erlebnisse. Säulen, Mosaiken und Museumsstücke sorgen für klassisches Flair. Kinder unter 7 Jahren dürfen nicht in die Therme, werden aber (ab 1,5 Jahren) im Kinderparadies professionell betreut.

Römerpl. 1, 76530 Baden-Baden, tgl. 8–22 Uhr, www.carasana.de

Europa-Park, Rust

Als einer der meistbesuchten Freizeitparks im deutschsprachigen Raum ist der »Europa-Park« kein Geheimtipp, aber nicht umsonst beim Publikum so beliebt. 15 Themenwelten europäischer Länder zielen auf einer Fläche von rund 94 ha mit typischer Architektur, Gastronomie und Vegetation auf das Urlaubsflair des jeweiligen Landes (ergänzt von drei Fantasiewelten). Bespaßung auf dem neuesten Stand der (Freizeitpark-)Technik mit über 100 Fahrgeschäften und diversen Shows inklusive. So sausen durch Island die Holzachterbahn »Wodan« sowie die Katapult-Achterbahn »blue fire«, durchs antike Griechenland rast die Wasserachterbahn »Poseidon« –

allesamt mit technischen Rekordleistungen. Wo sonst kann man so viel Europa an einem einzigen Tag erleben (und so viele genussvoll-gellende Achterbahnschreie vernehmen).

Europa-Park-Str. 2, 77977 Rust, Tel. +49 (0) 822/77 66 88, Ende März–Anf. Nov. tgl. 9–18, Ende Nov.–Anf. Jan. 11–19 Uhr, www.europapark.de

Natur erleben

Katz'scher Garten, Gernsbach

Ein Besuch im Gernsbacher Katz'schen Garten ist eine Reise auf die Südseite der Alpen. In dem Barock- und Skulpturgarten, der Anfang des 19. Jh. für die Murgschifferfamilie Katz angelegt wurde, gibt es jedes Jahr, von März bis Oktober, eine zauberhafte Kombination aus Blüten, Kunst und exotischen Pflanzen zu bewundern. Dank des besonders milden Klimas am Wasser gedeihen außergewöhnliche Pflanzen, die dem Garten ein mediterranes Flair verleihen. Mit blühenden Bananenstauden, verschiedensten Palmen und Säulenzypressen, Passionsblumen mit goldgelben Früchten, Granatapfelbäumen sowie zweimal im Jahr tragenden Feigenbäumen und vielem mehr ist er ein botanisches Kleinod, das an Gärten an den oberitalienischen Seen erinnert. Hier stehen auch die ältesten Magnolienbäume nördlich der Alpen.

Bleichstr. 9, 76593 Gernsbach, Tel. +49 (0) 72 24/644 44, Apr.–Okt. tgl. 10–18 Uhr, www.katzscher-garten.de

Zoologischer Stadtgarten, Karlsruhe

Die grüne Lunge Karlsruhe atmet im Herzen der Stadt zwischen Hauptbahnhof und Kongresszentrum. Halb Zoo und halb Park, bietet der Stadtgarten nicht nur Einwohnern und Touristen, sondern auch Pflanzen und Tieren jede Menge Platz zum Leben und zur Erholung. Man spaziert zwischen dem historischen Baumbestand, vorbei an bunten Blütenarrangements und Wasserflächen, und macht nebenbei eine kleine Weltreise: Die Bewohner der verschiedenen »Tiererlebniswelten« stammen aus der afrikanischen Savanne, dem südamerikanischen Regenwald, der Bergwelt des Himalaja und dem australischen Outback. 2015 kamen ein neues Gehege für die Nasenbären und das Exotenhaus mit Aquarien dazu. Das Gelände ist über drei Eingänge zugänglich und täglich bis zum Einbruch der Dunkelheit geöffnet. Die Tierhäuser schließen im Winter um 17 Uhr, im Sommer um 18 Uhr.

Bahnhofpl. 4 (Mai–Sep. ab 8, sonst ab 9 Uhr), Am Festpl. 9 (Feb.–Sep. ab 9, sonst ab 10 Uhr), Ettlinger Str. 23 (Mai–Okt. ab 10, sonst ab 11 Uhr), 76137 Karlsruhe, www.karlsruhe.de/zoo

Baumwipfelpfad, Bad Wildbad

In Bad Wildbad geht es mit der Sommerbergbahn bequem hinauf auf den Sommerberg und von der Bergstation in 5 Min. zum Beginn des Baumwipfelpfades. Gut 1,2 km weit wandert man kurzweilig durch den Wald, vorbei an Spaß-, Spiel- und Infostationen, und endlich hoch über die Wipfel hinaus: Mit seiner Höhe von 40 m ist der Schneckenturm nicht nur ein sagenhafter Aussichtspunkt, sondern auch eine architektonische Skulptur. Der Weg über die sanft ansteigende, spiralförmig in die Höhe geschraubte Rampe ist sogar barrierefrei – bis ganz hinauf, wo man

Auf etwa 8 Meter ist die Torfschicht des Kaltenbronner Hochmoors seit der letzten Eiszeit vor 10 000 Jahren angewachsen – und wächst weiter, ganz langsam.

das 360-Grad-Panorama genießt. Vom Turm hinunter geht es auf demselben Weg – oder (gegen Gebühr) auch durch eine 55 m lange Tunnelrutsche.
Bad Wildbad, Mai–Sep. tgl. 9.30–19.30 Uhr, im Herbst u. Winter nur bis 18 bzw. 15.30 Uhr, www.bad-wildbad.de/baumwipfelpfad

Kaltenbronn

Seen, Wälder, Moore – so sieht es nicht nur in Kanada aus, sondern auch in einigen Teilen des Schwarzwalds, etwa beim kleinen Ort Kaltenbronn südöstlich von Baden-Baden. Die dortigen Hochmoore, die zu den letzten intakten Mitteleuropas zählen, sind geprägt von einer subarktisch-alpinen Fauna und Flora. Urwüchsig und unberührt ist die Moorlandschaft mit den offenen Wasserflächen und lichten Wäldern.

Im Infozentrum Kaltenbronn in einem ehemaligen Jagdhaus werden Besucher sehr anschaulich und unterhaltsam über den Naturpark und dessen Besonderheiten informiert. Kinder können hier experimentieren und die Natur spielerisch erfahren, unter anderem an Riech- und Taststationen. Den abenteuerlichen »Troll-Pfad« und den Auerwildsteig kann man selbst erkunden (teilweise vom Smartphone unterstützt), bei Führungen auf Bohlenstegen geht man den Geheimnissen der Landschaft und ihrer Bewohner auf den Grund, etwa den Torfmoosen oder dem fleischfressenden Sonnentau.
Infozentrum: Kaltenbronner Str. 600, 76593 Kaltenbronn, Tel. +49 (0) 72 24/65 51 97, Mi–Fr 13–15, Sa, So 10–17 Uhr, www.infozentrum-kaltenbronn.de

78 Camping Ferienparadies Schwarzwälder Hof

Im Tal und direkt am Ufer des Flüsschens Schutter kommt das volle Schwarzwald-gefühl auf. Wald bedeckt die Höhenzüge ringsum, alle Gebäude des Campingplatzes und des zugehörigen Landhotels sind im rustikalen Blockhausstil errichtet. Drinnen kann man erstklassige Sanitäranlagen (mit schönen Kinder- und Mietbädern) sowie hervorragende Spa- und Wellness-Landschaften genießen (mehrere Saunen mit Außenbereich, Whirlpools, Hallenbad mit Wasserfall und Gegenstromanlage etc.). Gleich an den Platz grenzt zudem (und ist ebenfalls im Preis inbegriffen) das neu sanierte Seelbacher Freibad mit mehreren Schwimm- und Spaßbecken. Während der Hauptferienzeit gibt es für Familien und Kinder ein vielseitiges Animationsprogramm.

Tretenhofstr. 76, 77960 Seelbach,
Tel. +49 (0) 78 23/96 09 50,
www.spacamping.de,
ganzjährig

Fläche	....	4,8 ha
Standplätze Touristen	....	210
Dauercamper	....	20
Mietunterkünfte	....	11
Hunde	....	erlaubt

79 Camping Münstertal

Was will man mehr? Ein äußerst kinder- und familienfreundlicher Platz mit exzellenten Spa- und Wellnesseinrichtungen (einschließlich Kassenzulassung), hervorragender badischer Küche und stimmungsvollem Schwarzwaldpanorama. Zur großflächigen Anlage gehören ein geheiztes Frei- und Hallenbad und komfortable Sanitäranlagen, die keine Wünsche offen lassen, ein Reitstall mit Ponys und Islandpferden und diverse Sport- und Freizeitangebote für alle Altersgruppen. Auf dem fabelhaften Abenteuerspielplatz können Kinder Felsen erklimmen, eine Burg erobern, klettern, rutschen, schaukeln, sich verstecken und entdecken, turnen, balancieren, hopsen, wippen oder Sand schippen. In der Ferienzeit kommen Kino und Animation hinzu.

Dietzelbachstr. 6, 79244 Münstertal OT
Untermünstertal, Tel. +49 (0) 76 36/70 80,
www.camping-muenstertal.de,
ganzjährig

Fläche	11 ha
Standplätze Touristen	344
Dauercamper	1
Mietunterkünfte	4
Hunde	willkommen

Entdecken & erleben

Sehenswert & interessant
Schwäb'sche Eisenbahn

Die »Modellbahn Hausach« im Kinzigtal ist Europas größte Modelleisenbahn: Nach realem Vorbild fahren in einer riesigen Halle 40 bis 50 Züge auf einer insgesamt über 1,3 km langen Gleisstrecke durch eine filigrane Schwarzwaldlandschaft. Junge und jung gebliebene Lokomotivführer im Geiste kommen hier so richtig in Fahrt.
Eisenbahnstr. 52 a, 77756 Hausach, Tel.+49 (0) 78 31/96 60 10, Apr.–Okt. Di–So 10–18, Nov. bis März Mi–So 10–17 Uhr, Mitte Nov–Mitte Dez. geschl., www.schwarzwald-modell-bahn.de

Freilichtmuseum Vogtsbauernhof, Gutach

Das Schwarzwälder Freilichtmuseum Vogtsbauernhof in Gutach an der Schwarzwaldbahn (nicht zu verwechseln mit Gutach im Breisgau!) ist das älteste Freilichtmuseum Baden-Württembergs. 1963 begann man damit, rund um den prachtvollen historischen Vogtsbauernhof von 1612, vom Verfall oder Abriss bedrohte Höfe aus dem mittleren und südlichen Schwarzwald »zusammenzutragen«. Das heißt, die Anwesen (samt Nebengebäuden und Innenaustattung) wurden an ihrem ursprünglichen Stand-

Der Erhalt des Gutacher Vogtsbauernhofs von 1612 war Ausgangspunkt für die Gründung des Freilichtmuseums.

ort sorgfältig ab- und in Gutach originalgetreu wieder aufgebaut. Heute sieht man insgesamt sechs Schwarzwaldbauernhöfe aus dem 16. bis 18. Jh. sowie ihre Nebengebäude wie Speicher, Kapelle, Backhaus, Mühle, Schmiede, Sägemühle und ihre Buchsbaum umrahmten Bauerngärten. Im Innern sind typisch eingerichtete Bauernstuben und Schlafkammern, Ställe und damalige bäuerliche Gerätschaften zu sehen. So entsteht ein faszierend plastisches Bild Leben, Wohnen und Arbeiten der Menschen im Schwarzwald in den letzten Jahrhunderten.
Wählerbrücke 1, 77793 Gutach (Schwarzwaldbahn), Tel. + 49 (0) 78 31/935 60, Ende März–Anf. Nov. tgl. 9–18, Aug. bis 19 Uhr, www.vogtsbauernhof.org

Besucherbergwerk, Münstertal

Tief im Belchenmassiv liegt das uralte Bergwerk »Teufelsgrund«. Als erstes Besucherbergwerk im Schwarzwald wurde 1970 ein Teil der Anlage der Öffentlichkeit zugänglich gemacht. Ein etwa 600 m langer Stollen führt ebenerdig in den Berg. Gut ausgeleuchtet sieht man alte Bergbaugeräte, wird mit unterschiedlichen Mineralien vertraut gemacht und erkennt die Dimensionen des hiesigen Abbaus. In weitere und tiefer liegende Stollen kann man zumindest Blicke werfen. Für Menschen mit Bronchialleiden wurde wegen der beschwerdelindernden staubfreien Luft ein Seitengang als Asthmastollen eingerichtet.
Mulden 71, 79244 Münstertal, Tel. +49 (0) 76 36/14 50, Apr.–Okt. Di, Do, Sa, 10–16, So 13–16, Juli, Aug. zusätzl. Mi, Fr 13–16 Uhr, www.besucherbergwerk-teufelsgrund.com

Freiburger Münster & Turm

Erst vor wenigen Jahren wurde der Name des Mannes wiederentdeckt, dem die Freiburger ihren weltbekannten und identitätsstiftenden Münsterturm zu verdanken haben. Erwin von Steinbach (ca. 1244–1318) hieß der Steinmetz und Baumeister, der den für seine Eleganz gerühmten, 116 m hohen und 1330 vollendeten Turm konstruierte: Aus dem quadratisch massiven Sockel strebt in 37 m Höhe eine zunächst zwölfeckige, dann achteckige Galerie gen Himmel. Bis 70 m Höhe ist sie begehbar – und wer keine Höhenangst hat, sollte sich die Gelegenheit nicht entgehen lassen: Bei einer Führung des Münsters mit Besteigung des Turms erfährt man sehr viel Wissenswertes über die Entstehung, das luftige, in den Himmel strebende

Maßwerk, die unzähligen Schätze im Inneren u. a. m. Aber auch wer Münster und Turm nur von unten bewundert, kann sich der Meisterschaft und Faszination des mittelalterlichen Baus nicht entziehen.

Münsterpl., 79098 Freiburg (Breisgau), Tel. +49 (0) 761/20 27 90, Besichtigungen: Mo–Sa 10–17, So 13–19 Uhr (außer Gottesdienstzeiten); offene Führungen: Mo, Sa, So 14 Uhr, www.freiburgermuenster.info

Historix Stadtrundgänge, Freiburg

Amüsant und munter sind die von »Historix-Tours« geführten Rundgänge. Mysteriöse und skurrile Begebenheiten von anno dazumal werden den Teilnehmern kreuz und quer durch die Innenstadt vermittelt, oft auch in den Abendstunden bei Laternenschein. Wie es die Freiburger während der Inquisition mit den Hexen hielten, was die Zähringer auf dem Schlossberg trieben, wie es in der Stadt zu Zeiten eines Joß Fritz und der Bauernkriege zuging oder warum es am Greiffenegg-Schlössle zuweilen spukt: Geschichten vom Mittelalter bis ins 19. Jh. gibt es satt. Mag manch Fantastisches hier oder dort hinzugemogelt werden, unterhaltsam ist das allemal.

Tel. +49 (0) 761/217 04 88, www.historix-tours.de

Schlossbergturm, Freiburg

Nur 3 Min. dauert die Fahrt mit der Bahn auf den Freiburger Schlossberg unmittelbar am Ostrand der Altstadt. Oben steht seit 2002 der eigenartige Schlossbergturm. 33 m hoch, bietet er nicht nur einen grandiosen Blick auf die 185 m tiefer gelegene Stadt mit dem genau gegenüber aufragenden Turm des Münsters. Beim Aufstieg kann man auch die avant-

Vom Turm des Freiburger Münsters hat man nicht nur die gesamte Altstadt im Blick, sondern auch die bis an die Stadt heranreichenden Ausläufer des Schwarzwalds.

gardistische Bauweise bestaunen: Wie
überdimensionale Mikadostäbe wurden
Douglasienstämme aus dem Stadtforst
(Opfer von Orkan Lothar) rund um die
schmale, zentrale Wendeltreppe aus Stahl
verdrillt. Der Kanonenplatz auf dem
Schlossberg ist übrigens einer der schönsten Plätze, um den Sonnenuntergang
über der Stadt zu erleben.
Stadtgarten, 79098 Freiburg, Mi–Mo 9–22,
Di 9–18 Uhr, www.schlossberg-bahn.de

Spiel, Sport & Action
Steinwasen-Park, Oberried
Der in grandioser Natur gelegene Freizeitpark südöstlich von Freiburg lockt
Familien mit Sommerrodelbahnen,
Wildwasserfahrten, Tiergehegen und
der mit 218 m Länge weltgrößten Erleb-
nisseilbrücke. In der »Eiswelt« sorgen
eine Bobkartbahn und eine Achterbahn
für Adrenalinschübe.
Steinwasen 1, 79254 Oberried,
Tel.+49 (0) 76 02/94 46 80, Apr.–Nov.
tgl. 10–17, Juli–Mitte Sep. 9–18 Uhr,
www.steinwasen-park.de

»Hasenhorn Coaster«
Der schienengeführte Schlitten der
Ganzjahresrodelbahn in Todtnau sorgt
mit steilen Kurven, wilden Wellen und
drei Kreiseln für jede Menge Aufregung
auf der fast drei Kilometer langen Strecke hinab ins Tal. Das Tempo bestimmt
man selbst. In Begleitung dürfen Kinder
ab 3 Jahren (und einer Mindestgröße
von 95 cm) mitfahren. Ab 8 Jahren
(mind. 1,40 m Körpergröße) dürfen sie
alleine fahren. Zum Startpunkt geht es
mit der Doppelsesselbahn.
Lindenstr. 9, 79674 Todtnau, Tel.+49 (0) 76 71/
508, Mai–Okt. tgl. 11–17 Uhr mit Wettervorbe-

halt, Öffnungszeiten Nebensaison siehe
www.hasenhorn-rodelbahn.de

»Action Forest Kletterwald«
Im Kletterwald in Titisee-Neustadt gibt
es abwechslungsreiche Parcours aller
Schwierigkeitsstufen. Zwei Seilrutschen-
parcours sorgen für ein rasantes Tempo.
Kinder unter 1,30 m Körpergröße
dürfen sich in Begleitung eines Erwach-
senen im Kinderparcours bewegen.
Neustädter Str. 41, 79822 Titisee-Neustadt,
Tel.+49 (0) 76 51/9 33 11 70, Juli, Aug. tgl. 13–19
Uhr, Öffnungszeiten Nebensaison siehe
www.action-forest-kletterwald.de

»Badeparadies Schwarzwald«
Das riesige Erlebnisbad in Titisse-Neu-
stadt wird wirklich unter einem Dach
allen Bedürfnissen gerecht: Die Eltern
können in der tropischen »Palmenoase«
ganz gepflegt entspannen (im Hochsommer kann über den 200 echten Palmen
das Glasdach geöffnet werden). Wer
will, kann auch in der »Wellness-
oase« mehrere Saunen mit Tauchbecken auf der Dachterrasse genießen.
Währenddessen können sich Kinder
und Unternehmungslustige aber auch
im schallisolierten Bereich »Galaxy
Schwarzwald« austoben – mit großem
Wellenbad und einer gigantischen High-
tech-Rutschenanlage. 22 Rutschen sind
es insgesamt.
Am Badeparadies 1, 79822 Titisee-Neustadt,
Tel. +8000/444 43 33,
Öffnungszeiten der Abteilungen siehe
www.badeparadies-schwarzwald.de

Rollerfahrt vom Schauinsland
746 Höhenmeter fährt man mit der
Seilbahn von der Talstation bei Horben

Die 22 Wasserrutschen im »Badeparadies Schwarzwald« erreichen insgesamt eine Länge von sage und schreibe 680 Metern.

zur Bergstation neben dem Gipfel des Schauinsland (1 284 m) hinauf. 746 Höhenmeter saust man auf modernen Hightech-Rollern wieder hinunter – über präparierte und ausgewiesene Waldwege. Der Freiburger Hausberg hat nicht nur einen schönen Namen. Beim »Aufstieg« in den Kabinen der denkmalgeschützten Seilbahn (Baujahr 1930) genießt man das Retro-Feeling, beim Blick vom Turm auf dem Gipfel das Panorama der Schweizer Alpen und Vogesen und bei der Abfahrt einen sehr zeitgeistigen Freizeitspaß: Auf der längsten Downhill-Rollerstrecke Europas ist man etwa 1 Std. unterwegs.

Seilbahn: Bohrerstr. 11, 79289 Horben, tgl. 9–17, Juli–Sep. 9–18 Uhr, www.schauinslandbahn.de; Rollerstrecke: Mai, Juni So, Juli, Sep., Okt. Sa, So, Aug. Mi–So, Start jeweils 14 u. 17 Uhr an der Bergstation, www.rollerstrecke.de

Natur erleben

Sinnesweg & Baumkronenweg Waldkirch

Der Aufstieg zum Waldkircher Baumkronenweg ist etwas beschwerlich, lohnt sich aber ungemein. Denn der etwa 1 km lange »Sinnesweg« bietet zahlreiche »Erlebnisstationen«, die Jung und Alt über viel Interessantes in Wald, Flora und Fauna informieren und gerade Kindern zahlreiche kurzweilige Aufgabenstellungen und Anregungen mit auf den Weg geben. Außerdem hat man beste Aussicht auf die pittoreske Ruine der Kastelburg. Der 200 m lange Baumkronenpfad führt dann, auf Stelzen gestützt, über unterschiedlichste Hängebrücken (mal wacklig, mal stabil) und Plattformen in Wipfelhöhen von 23 m durch den Wald. Das eröffnet ungewohnte Perspektiven und – da der Weg entlang des Waldrandes verläuft – herrliche Ausblicke auf Waldkirch und das ganze Elztal. Der Abstieg aus Wipfelhöhen geht am Ende ganz mühelos: über eine 190 m lange Röhrenrutsche.

Erwin-Sick-Str., 79183 Waldkirch,
Tel. +49 (0) 78 23/96 12 79,
Mai–Sep. 10.30–19, Apr., Okt. 12–18 Uhr,
www.baumkronenweg-waldkirch.de

Imkerei und Museum Münstertal

Warum eine Königin im Strohkorb haust (sofern ein Bienenvolk nicht »weisellos« ist), was Bienen mit ihrem Rüssel an der »Trachtquell« treiben, wie Met schmeckt und sich der Schwarzwälder Tannenhonig zusammensetzt: Nichts aus der Welt der Imker bleibt hier im Dunkeln. Älteste Biene ist übrigens ein in Bernstein verewigtes Exemplar – seit 50 Mio. Jahren von Harz umschlossen.

Spielweg 55, 79244 Münstertal, Tel. +49 (0) 76 36/79 11 05, Mi, Sa, So 14–17 Uhr,
www.bienenkundemuseum.de

Todtnauer Wasserfälle

Zwischen den Ferienorten Todtnauberg und Aftersteg stürzt einer der höchsten Naturwasserfälle Deutschlands zu Tal, 97 m, in jedem Fall baden-württemberger Rekord. Damit kann der Todtnauer Hauptfall mit den Niagara-Fällen konkurrieren – was die Gesamthöhe angeht, erreicht aber natürlich die Wassermenge bei Weitem nicht. Ein kostenloser Parkplatz ermöglicht barrierefreien Zugang. Wanderwege führen auch hinauf zu Kaskaden des Wasserfalls (ausgeschildert).

Zufahrt: von Todtnau Richtung Todtnauberg (kurz nach Aftersteg rechts abbiegen), dann Parkpl. rechts, www.hochschwarzwald.de, www.wasserfallsteig.de

In ingesamt fünf Stufen stürzen die Todtnauer Wasserfälle in die Tiefe. Die vorletzte Stufe ist mit 60 Metern die höchste.

80 Hegi Familien-Camping

Das Campingvergnügen im ländlichen Hegau müssen sich Familien mit einem Drachen, Fröschen und Fischen teilen: »Hegi«, der blaue Drache, ist das namensgebende Maskottchen, Fische und Frösche bevölkern – neben den großen und kleinen Badegästen – den schönen, naturnahen Espelsee. Wetterunabhängigen Badespaß garantiert daneben das lichtdurchflutete Hallenbad; hier auch der Wellnessbereich mit Saunen. Der Campingplatz bietet eine perfekte Freizeit-Infrastruktur in lässiger Atmosphäre, ausgerichtet auf Familien mit Kindern bis etwa 12 Jahren: moderne Sanitäranlagen mit Familien-Mietbädern (einschließlich Badehäusern am Stellplatz), 1 000-qm-großes »Vulkan«-Spielzelt, Kinderkino, Animationsprogramme in den Pfingst- und Sommerferien. Und »Hegi« ist immer dabei.

An der Sonnenhalde 1, 78250 Tengen,
Tel. +49 (0) 77 36/924 70,
www.hegi-camping.de,
ganzjährig

Fläche	12 ha
Standplätze Touristen	175
Dauercamper	55
Mietunterkünfte	17
Hunde	erlaubt

Entdecken & erleben

Sehenswert & interessant
Rheinfall bei Schaffhausen

In den Schweizer Alpen entsprungen, macht der Rhein in der Schweiz seinen größten Sprung. War der Rheinfall einst ein einkömmliches Hindernis, wurde er ab dem 19. Jh. zum touristischen Besuchermagneten. Auch dies nicht zum Nachteil Schaffhausens, obwohl der »Rhyfall«, wie er schwyzerdütsch heißt, ca. 2,5 km flussabwärts auf dem Gebiet der Nachbargemeinde Neuhausen liegt. Gleichwie: Vor ca. 15 000 Jahren, in der Würmeiszeit entstanden, jagen sommers pro Sekunde 600 000 l Wasser über die 23 m hohe, 150 m breite Klippe. Spektakulär ist die Betrachtung des Falls aus seiner Mitte. Der größere der beiden Felsen lässt sich besteigen, wobei man sich wundert, dass der Stein dem Wasserdruck standhält. Schiffe bringen einen ans untere Ende des Felsens: eine doch leicht unheimliche Anfahrt direkt bis vor den wild tobenden Rhein.
www.rheinfall.ch

Sauschwänzlebahn, Blumberg

Ein Erlebnis für Freunde der Technikgeschichte ist die 1890 fertiggestellte »Sauschwänzlebahn«. Mit restaurierten Dampfloks und Waggons verkehrt sie zwischen Blumberg und Weizen. Den Namen trägt sie wegen der vielen Kringel, die der Streckenverlauf beschreibt, ein Meisterwerk der Ingenieurskunst, darunter auch ein Kreiskehrtunnel von 1,7 km – in Europa zweitlängster seiner Art. Das Erlebnis der Museumsbahn ergänzt das Bahnmuseum im ehemaligen Güterschuppen des Bahnhofs Blumberg-Zollhaus mit zahlreichen Exponaten aus der Geschichte der Bahn.

Bahnhofstr. 1, 78176 Blumberg OT Zollhaus, Tel. +49 (0) 77 02/513 00, Apr.–Okt., Fahrzeiten siehe www.sauschwaenzlebahn.de

Heimatmuseum Hüsli

Das Haus wurde 1912 als Sommersitz der aus Lörrach stammenden Berliner Sängerin Helene Siegfried erbaut und dient seit ihrem Tod im Jahr 1966 als Museum des Kreises Waldshut. Die Ausstattung stammt ausnahmslos aus Bauernhöfen der Region und präsentiert eine überaus sehenswerte Sammlung Schwarzwälder Volks- und Alltagskunst, vor allem des 18. und 19. Jh. Berühmt-

heit erlangte das Hüsli als Drehort für die TV-Serie »Schwarzwaldklinik«, wo die Fassade als Wohnhaus von »Professor Brinkmann« diente.

Am Hüsli 1, 79865 Grafenhausen OT Rothaus, Tel.+49 (0) 77 48/212, Jan.–Okt. Di–So 13.30–17, Mi–So auch 10–12 Uhr, www.landkreis-waldshut.de

Museumsmühle im Weiler

Im Weilergraben bei Stühlingen-Blumegg steht eine der ältesten, nahezu vollständig erhaltenen Mühlen Deutschlands. Sie diente zum Getreide und Ölfrüchte mahlen, Früchte und Knochen wurden gestampft, Gipsgestein zu Düngegips zermahlen. Die Entstehungsgeschichte der Mühle mit ihren drei Mühlrädern und fünf Mahl- und Stampfwerken reicht bis ins 14. Jh. zurück.

Zur Alten Mühle 1, 79780 Stühlingen OT Blumegg, Tel. +49 (0) 77 03/520, Öffnungszeiten siehe www.museumsmühle.de

Im Gegensatz zur Außenansicht hat das Innere des Schwarzwald–Hüsli keine Fernsehprominenz erlangt. Hier scheint die Zeit stehen geblieben zu sein.

Engen, Tengen, Blumenfeld ...

»... sind die schönsten Städt' der Welt«, reimt man selbstbewusst im Hegau. Aber tatsächlich strahlen die vom Krieg verschonten Hegau-Perlen einen fast südländischen Charme aus: die mustergültig sanierte, komplett denkmalgeschützte Engener Altstadt, das mittelalterlich gepägte Tengen mit dem schönen Stadtor und Blumenfeld mit seinem Deutschordensschloss. Die drei »schönsten Städt' der Welt« lassen sich sogar auf einer schönen Wanderroute (18 km) miteinander verknüpfen – wenn man einmal davon absieht, dass Blumenfeld seit 1972 keine selbstständige Stadt mehr ist.

Tourist Info: Tel. + 49 (0) 77 31/852 62, www.hegau.de; www.engen.de, www.tengen.de

Spiel, Sport & Action

Schluchsee

Der Schluchsee (930 m) ist die höchste deutsche Talsperre und der größte See im Schwarzwald (5 qkm, bis zu 61 m tief). Vor Errichtung der Staumauer bei Seebrugg lag der Wasserspiegel des einstigen Gletschersees 30 m tiefer. Der Schluchsee ist ein perfektes Revier zum Baden, Windsurfen, Segeln oder Tauchen. Vor allem im Hochsommer ist es angenehm, dass seine Ufer, anders als der Titisee, fast überall leicht zugänglich sind. Die Uferwege laden auch zu schönen Walking- und Jogging-Runden oder Wanderstrecken ein. Ganz mühelos kann man den malerischen Schwarzwaldsee an Bord der »MS Schluchsee« genießen, die im Sommer täglich ihre Runden dreht. 75 Min. dauert eine Fahrt, an den drei Zwischenstationen

kann man von Bord gehen und wieder zusteigen, was schöne Kombinationen aus Bade-/Wanderaktivitäten und Schiffspassagen ermöglicht.

Seerundfahrten: Tel. +49 (0) 171/772 72 37, Mai–Okt. tgl., Fahrzeiten siehe www.seerundfahrten.de

»Schwarzwald-Copter«

Den Südschwarzwald und den Bodensee von oben zu sehen, macht der Hubschrauberpilot Stefan Kaiser möglich. Mit quietschgrünen, wendigen zweisitzigen Gyrocoptern (Tragschraubern) bietet er Rundflüge für jeweils eine Person an. Familienmitglieder können natürlich direkt nacheinander fliegen. Gyrocopter sind sehr sichere und sehr leichte Rotor-Flugeräte. Der leichten und z. T. offenen Bauweise wegen werden sie auch als »Cabrios der Lüfte« bezeichnet. Rundflüge können in unterschiedlicher Länge (ab 15 Min.) mit Streckenführung nach Wunsch gebucht werden.

Anm. erforderlich, 30 Min. ca. 100 €; Abflug u. a. ab Flugpl. Blumberg, Tel. +49 (0) 176/62 01 18 66, www. schwarzwaldcopter.de

Natur erleben

Planeten-Lehrpfad Engen

Wer eine Vorstellung von den Dimensionen unseres Sonnensystems bekommen will, ist in Engen genau richtig: Im Maßstab eins zu einer Milliarde kann man dort auf Planetenbahnen spazieren. Die Sonne ist als weithin sichtbare goldene Kugel mit 1,40 m Durchmesser auf dem Stadtkirchturm platziert. Der Neptun mit nur 49 mm Durchmesser liegt 4,5 km entfernt. Ehrenamtliche haben die drei Lehrpfade entwickelt.

78234 Engen, www.planetenlehrpfad-engen.de

CAMPINGPARK
*****
GITZENWEILER HOF
Lindau – Bodensee

Die perfekte Urlaubs-heimat.

Camping in Ihrer Urlaubsheimat

Der GITZ ist Ihr „Place to be" - fühlen Sie sich hier wie zu Hause.

Genießen Sie erfüllte Campingtage in der Vierländerregion Bodensee im Herzen von Wäldern, Wiesen und Weihern.

Weitere Angebote finden Sie unter www.gitzenweiler-hof.de

Campingpark Gitzenweiler Hof GmbH
Gitzenweiler 88
D-88131 Lindau – Bodensee

☎ +49 (0) 83 82 / 94 94 - 0
✉ info@gitzenweiler-hof.de
🌐 www.gitzenweiler-hof.de

81 Campingpark Gitzenweiler Hof

In hügeliger Landschaft am Waldrand, umgeben von Wiesen mit alten Bäumen, ist ein Elefant allgegenwärtig: »Fany«, das launige Maskottchen des »Gitz«. Im Kinderwaschland (Sanitärgebäude 4) steht er mannshoch als Dusche, aus Rüssel und Armen kommt der Wasserstrahl; daneben stehen Waschbecken, die aus Bäumen wachsen und ein Tipi-Zelt als WC. Aber nicht nur die Waschräume sind fantasie- und liebevoll auf die Bedürfnisse junger Camper ausgerichtet. Mit großzügig angelegten (Natur-) Spielplätzen, Kanu- und Floßweiher, Streichelzoo, Ponyhof, Sportanlagen, Jugendraum und dem allseits beliebten, beheizten Pool ist viel geboten. Damit nicht genug: Von Ende April bis Ende September gibt es ganztägige, abwechslungsreiche Animationsprogramme. Beileibe nicht nur für die Kleinsten, gerade auch für Jugendliche bieten sich viele spannende Möglichkeiten. Doch Erwachsene müssen nicht fürchten, dass ihnen langweilig wird, auch Familienpläsier und -unternehmungen stehen auf der Agenda.

Gitzenweiler 88, 88131 Lindau OT Oberreitnau, Tel. +49 (0) 83 82/949 40, www.gitzenweiler-hof.de, ganzjährig

Fläche	14 ha
Standplätze Touristen	340
Dauercamper	310
Mietunterkünfte	53
Hunde	erlaubt

82 Campingplatz Horn

Gegenüber der Insel Reichenau ragt eine Halbinsel in den unteren Bodensee, die Höri. An deren Spitze, »Kap Horn« genannt, befindet sich der schöne Campingplatz und das Strandbad der Gemeinde Gaienhofen in sehr ruhiger und »aussichtsreicher« Lage. Hier ist Camping eine runde Sache: Auf dem großzügig angelegten Wiesengelände am See sind sämtliche Standplätze in 17 kreisförmigen Nachbarschaften angeordnet: Etwa ein Dutzend Wohnwagen, Wohnmobile und Zelte gruppieren sich jeweils wagenburgartig um einen zentralen Freiraum. Autos müssen außerhalb des Platzes abgestellt werden. Der Campingplatz ist umfassend und modern ausgestattet (mit Duschmünzen!), neben Spiel- und Sportmöglichkeiten gibt es in den Sommermonaten für Kinder und Jugendliche ein spezielles Animationsprogramm. Und natürlich lockt stets das schöne Strandbad mit Steg und Schwimminsel.

Strandweg 3–18, 78343 Gaienhofen
OT Horn, Tel. +49 (0) 77 35/685,
www.campingplatz-horn.de,
Apr.–Anf. Okt.

Fläche	6 ha
Standplätze Touristen	175
Dauercamper	85
Mietunterkünfte	2
Hunde	bedingt erlaubt

83 Camping-Park Gohren

In unmittelbarer Nähe zu den Jacht- bzw. Seglerhäfen Langenargen/Kressbronn bietet der größte Campingplatz am Bodensee eine günstige Lage für zahlreiche Freizeitaktivitäten. Der Bodenseeradweg führt direkt am Gelände vorbei – Fahrräder werden auch vermietet. Auf dem gerade in der Hochsaison stark frequentierten und umfassend ausgestatteten Platz spielt natürlich der eigene Seestrand (Kies) eine Hauptrolle. Spiel- und Sportplätze, Ponykutschen oder Bootsfahrten, Streichelzoo und Trampolin stehen dem Nachwuchs zur Verfügung. Im Sommer kommt ein vielfältiges Ferienveranstaltungsprogramm (z. T. »Kirche unterwegs«) hinzu, von der Bastelstunde über Schnuppertauchen bis zu Ausflügen. Die beiden Sanitärhäuser unterschiedlichen Baujahrs sind mit Familienbädern und kindgerechten Waschgelegenheiten ausgestattet.

Zum Seglerhafen, 88079 Kressbronn
OT Gohren, Tel. +49 (0) 75 43/605 90,
www.campingplatz-gohren.de,
Woche vor Ostern–Mitte Okt.

Fläche	32 ha
Standplätze Touristen	850
Dauercamper	980
Mietunterkünfte	39
Hunde	willkommen

Entdecken & erleben

Sehenswert & interessant

Seepanorama im Zug

Die herrlichsten Ausblicke auf den See genießt man ganz entspannt vom Zug aus. Einfach einen Sitzplatz an der See- und Flussseite wählen, entspannt zurücklehnen und die Landschaft vorüberziehen lassen. Nach Lust und Laune aussteigen ist dabei kein Problem, denn »Hop on, hop off« lautet die Devise. Schon in einer halben Stunde kommt der nächste Zug. Die Tageskarte »Euregio Bodensee« ist für einzelne Zonen oder die gesamte Bodenseeregion erhältlich.
www.euregiokarte.com

Burg Meersburg

Die Burg über dem Bodensee wurde im 7. Jh. von den Merowingern begründet. Vom 13. bis ins 16. Jh. diente sie, prächtig ausgebaut, als Sommerresidenz der Konstanzer Bischöfe. 1838 erwarb ein Baron von Lassberg das herrschaftliche Anwesen: Seine Schwägerin, die bedeutende Schriftstellerin Annette von Droste-Hülshoff (1797–1848) wohnte und arbeitete daraufhin mehrere Jahre in der Burg, ihre Wohnräume sind ganz im Stil des Biedermeier gehalten. Doch der Burgcharakter blieb bestehen, weiterhin gibt es einen Rittersaal, unterirdische Tunnel, Türme und Folterkammer. Die Besichtigung von alten Gemäuern soll für Kinder langweilig sein? Nicht so in Burg Meersburg, wo sich die Kleinen wie Ritter verkleiden können. Im Rittershop gibt es bunte Ritterkostüme, Dekorationswaffen, Kinderholzschwerter und Schilde sowie Literatur über die Ritterzeit.

Schlosspl. 10, 88709 Meersburg, März–Okt. 9–18.30, Nov.–Feb. 10–18 Uhr, www.burg-meersburg.de

»Omas Kaufhaus«

Eigentlich ist ja ganz Meersburg eine Puppenstube, aber die Schauanlage »Omas Kaufhaus« setzt noch eins drauf: Große Spielzeugeisenbahnen aus Blech drehen tutend und pfeifend ihre Runden, durch einen extra dafür angelegten Wasserkanal fahren handgefertigte Sammler-Blechschiffe, es gibt Kinder-grammofone, Wilesco-Dampfmaschinen, Hummel-Figuren, alte Modellflugzeuge, Stofftiere von anno dazumal und ein wunderschönes Puppenhaus im Jugendstil.

Kirchstr. 1/Steigstr. 2, 88709 Meersburg, Tel.+49 (0) 75 32/433 96 11, Mo–Sa 10–18 Uhr, in der Saison auch So

Junges Theater Konstanz

»Komm, wir spielen!«, lautet das Motto des Konstanzer Jungen Theaters, das regelmäßig Stücke für Kinder und Jugendliche aufführt, zum Beispiel »Robinson Crusoe« oder »Tschick«. Für die ganz Kleinen gibt es ein Figuren- und Puppentheater. Kinder dürfen auch bei den Proben zugucken und manchmal sogar spontan mitspielen, z. B. bei »Pinocchio«.

Spiegelhalle, Hafenstr. 12, 78462 Konstanz, Tel. +49 (0) 75 31/90 01 50, www.theaterkonstanz.de

Der Meersburger Burgberg erhebt sich 40 m über den Bodensee. Sie gilt als älteste bewohnte Burg Deutschlands.

Insel Mainau

Die »Blumeninsel« Mainau ist einer der Hauptanziehungspunkte der Region. Trotz touristischer Erschließung gibt weiterhin die Natur den Rhythmus vor. Im Frühling sind es die blühenden Orchideen, Tulpen und Narzissen, im Sommer bildet die Blüte der 1200 Rosenarten einen Höhepunkt des Mainau-Jahres. Im Herbst ist neben den prächtigen Dahlien das Arboretum mit 250 Arten von Laub- und Nadelbäumen herbstlich gefärbt. Und selbst im Winter gibt es etwas zu sehen: zum einen winterblühende Gehölze wie Zaubernuss und Winterjasmin, zum anderen das Schmetterlingshaus mit unzähligen Faltern. Ganzjährig bietet das Palmenhaus einem tropischen Garten Schutz.

Inselbesuch ganzjährig von Sonnenaufgang bis Sonnenuntergang möglich, www.mainau.de

Pfahlbaumuseum Unteruhldingen

Das Pfahlbaumuseum zählt zu den größten Freilichtmuseen Europas. Jährlich folgen rund 300 000 Besucher einer Rundtour von etwa 30 Min. Dauer, die ihnen das Alltagsleben am Bodensee in der Stein- und Bronzezeit näherbringt. Der Gang durch das Museum und den angeschlossenen Steinzeitparcours macht Archäologie auch für Laien sicht- und erlebbar. Museumsführer betreuen die Besucher, die auf langen Holzstegen über dem Wasser von Häuserensemble zu Häuserensemble wandern. Der Rundweg ist zugleich ein Gang durch die über 90-jährige Geschichte des Museums, von den ersten Rekonstruktionen 1922 bis zur Eröffnung des Neubaus 1996 mit weiteren Pfahlbauhäusern.

Strandpromenade 6, Apr.–Sep. 9–18.30, Okt. bis 17, März, Nov. Sa, So 9–17 Uhr, www.pfahlbauten.de

Hörspielkirche Sipplingen

Sollte das Zelt gerade von einem Sommergewitter unter Wasser gesetzt werden, gibt es in der evangelischen Jakobuskirche in Sipplingen ein trockenes warmes Plätzchen, an dem vielleicht gerade ein tolles Hörspiel in eine andere Welt entführt. In Zusammenarbeit mit den Radiomachern von SWR2 und vielen Hörspielverlagen bietet das Projekt »Hörspielkirche« im Hochsommer jeden Werktag nachmittägliche Hörspiele im Kirchenraum für jedermann: Jung und Alt lümmeln sich gemütlich in Sitzsäcke und lauschen einem abwechslungsreichen Programm für verschiedene Geschmäcker. Es gibt auch Live-Lesungen, Konzerte und andere Klangerlebnisse.

In der Brëite, 78354 Sipplingen, Tel. +49 (0) 77 73/55 88, Mitte Juli–Anf. Sep., Mo–Fr ab 14 Uhr, www.hoerspielkirche-sipplingen.de

Schulmuseum

In den Ferien vielleicht ein etwas heikles Thema – aber das Schulmuseum hat viel Spannendes zu bieten: Es wartet eine spielerische Zeitreise in die Schulstuben vergangener Jahrhunderte. Was war früher drin im Ranzen? Lernten Mädchen und Jungen dasselbe? Was haben Kinder damals nach der Schule gemacht? Im Museumsshop gibt es Schiefertafeln und Schwammdöschen zu erwerben.

Friedrichstr. 14, 88045 Friedrichshafen, Tel.+49 (0) 75 41/326 22, Apr.–Okt. tgl. 10–17 Uhr, Nov.–März Di–So 14–17 Uhr, www.schulmuseum-fn.de

So alt die Pfahlbaurelikte und so akkurat die Rekonstruktionen im See sind, so modern ist die Gestaltung des Pfahlbaumuseums in Unteruhldingen.

Spiel, Sport & Action

Bodensee-Therme

Schon so manchen verregneten Ferientag hat die »Bodensee-Therme« gerettet – und wenn die Sonne wieder lacht, springt man direkt in den See. Besonders beliebt sind die 90 m lange Reifenrutsche und der Kinderbereich, in dem sich kleine Wasserratten mit Wasserläufen und Schleusen ihre eigene Wasserwelt aufbauen können.

Bahnhofstr. 27, 88662 Überlingen, Tel.+49 (0) 75 51/30 19 90, So–Do 10–22, Fr, Sa 10–23 Uhr, www.bodensee-therme.de

Surfschule Wasserburg

Die windgeschützte Meersburger Bucht bietet ideale Bedingungen für Surfanfänger. Daher ist die Surfschule Wasserburg speziell auf junge Schüler ausgerichtet. Das Alter ist egal, nur 20 Kilo muss man mindestens wiegen. Übrigens ist der Bodensee nicht zu unterschätzen: An stürmischen Tagen sind Wellen bis zu zwei Metern möglich.

Reutener Str. 12, 88142 Wasserburg, Tel.+49 (0) 83 82/99 80 97, März–Okt. Mo–Fr 8–18, Sa, So 8–20 Uhr, www.surfschule-wasserburg.de

Wilde Flotte

Schon ab 6 Jahren können junge Freizeitkapitäne in der Konstanzer Segel- und Wassersportschule »Wilde Flotte« mit einem »Optimist« – das ist ein Segelboot speziell für Kinder – das Segeln lernen. Die Älteren ab 12 Jahren dürfen schon die etwas größere Jolle nehmen.

Uferstr., Steg 3, 78465 Konstanz OT Wallhausen, Tel.+49 (0) 75 33/997 88 02, in den baden-württembergischen Sommerferien 9.30–12, 13 bis 15.30 Uhr, www.wilde-flotte.de

AbenteuerPark Immenstaad

Die Besucher fühlen sich wie echte Bergsteiger beim Erklimmen von mehr als 160 Bäumen, die mit einem 7 000 m langen Stahlseil verbunden sind und somit einen der größten Natur-Hochseilgärten Europas bilden.

Am Klötzenen Forst, 88090 Immenstaad, Tel. +49 (0) 75 45/94 94 62, Apr.–Okt., Öffnungszeiten siehe www.abenteuerpark.com

Ravensburger Spieleland

Ravensburger, die bekannte Spielemarke, betreibt seit 1998 einen eigenen Freizeitpark. Hier gibt es Spiel-Hits wie »Das verrückte Labyrinth« im XXL-Format, dazu Themenwelten, Rafting, Schokoland, eine Kinder-Fahrschule sowie ein Stelldichein mit Maus, Elefant und Käpt'n Blaubär.

Am Hangenwald 1, 88074 Meckenbeuren OT Liebenau, Tel. +49 (0) 75 42/40 00, März–Okt., Öffnungszeiten siehe www.spieleland.de

Fußballgolf in Pfullendorf

Für Balljungs und -mädchen und alle, die gern mit dem Runden ins Eckige zielen: In Pfullendorf wird seit dem Jahr 2012 mit Fußbällen Golf gespielt. Dabei ist nicht Bolztalent, sondern vielmehr gefühlvolles Reinzirkeln gefragt. 18 zwischen 30 und 130 m lange Bahnen warten auf Könner am Ball. Die Bahnen sind mit Sound-Effekten ausgestattet und thematisch dekoriert – von Tipp-Kick über Hattrick bis zur Fankurve. Auf demselben Areal gibt es auch eine Abenteuer-Golfanlage (separates Eintrittsgeld).

Meßkircher Str. 30/2, 88630 Pfullendorf, Tel. +49 (0) 75 52/9 28 13 00, Öffnungszeiten siehe www.seepark-golf.de

Schaukelweg Deggenhausertal

Och nööö, nicht schon wieder Spazierengehen! Wanderungen kommen bei den Kleinsten meist nicht so gut an, doch zu einem Ausflug nach Deggenhausertal lassen sie sich vielleicht doch überreden. Entlang einem knapp 5 km langen, mit Kinderwagen gut befahrbaren Rundweg warten 14 verschiedene fantasievolle Schaukeln – von Schaukelpferd bis Fassschaukel – auf denen sich Kinder nach Herzenslust austoben können. So macht Spazierengehen ja doch Spaß!

Parkpl.: Ecke Gehrenbergstr./Urnauer Weg, 88693 Deggenhausertal OT Roggenbeuren, Tel. +49 (0) 75 55/920 00, Ostern–Okt., www.deggenhausertal.de

Natur erleben

Sea Life Konstanz

Auf einem Rundgang durch die riesigen Aquarien lernen die Besucher die Unterwasserwelt von der Rheinquelle in den Alpen bis zu den Tiefen der Meere kennen. In einem Berührungsbecken darf man Krebse, Miesmuscheln, Seesterne, Seeigel und See-Anemonen sogar anfassen. Schwarzspitzen-Riffhaie, Ammenhaie und Meeresschildkröten tummeln sich im Ozeanaquarium.

Hafenstr, 9, 78462 Konstanz, Tel +49 (0) 180/666 69 01 01, tgl. 10–17, Juli, Aug. bis 18 Uhr, www.sealife.de

Wild- und Freizeitpark Allensbach

Direkt am Bodensee sind auf 75 ha Luchse, Wölfe, Braunbären und andere Tiere in Freigehegen zu bestaunen. In der Falknerei finden – außer montags – zweimal täglich um 11 und 15 Uhr spannende Flugshows statt. Weitere Attraktionen

Mit den Affen auf Du und Du: Auf dem Salemer Affenberg kommt man den Tieren sehr nah und darf sie mit speziell zubereitetem Popcorn (gratis) sogar füttern.

sind der große Abenteuerspielplatz sowie die amerikanische Parkeisenbahn.
Gemeinmärk 7, 78476 Allensbach, Tel. +49 (0) 75 33/93 16 19, Mai–Sep. 9–17, Okt.–Apr. 10–17 Uhr, www.wildundfreizeitpark.de

Affenberg Salem

Das mit 20 ha Waldfläche größte Affengehege Deutschlands, etwa 5 km von Salem entfernt, umfasst neben Damwild und Störchen v. a. 200 Berberaffen, die sich in einem 20 ha großen Freigehege völlig frei bewegen.
Mendlishauser Hof 1, 88682 Salem, Tel.+49 (0) 75 53/381, Mitte März–Okt. tgl. 9–18 Uhr. www.affenberg-salem.de

Essen & Trinken
Hegestrand, Wasserburg

Ein Tag am Wasser: Das lichte Gebäude mit seinen modernen Innenräumen bietet viele Plätze direkt am See. Die Karte versammelt Klassiker, Schwäbisches und Flammkuchen. Ein Lokal für den ganzen Tag, mit Spielplatz und naher Minigolf-Bahn.
Mooslachenstr. 3, 88142 Wasserburg (Bodensee), Tel.+49 (0) 83 82/2 74 98 85, tgl. 9–24 Uhr, www.hegestrand3.de

Hafenhalle, Konstanz

Schöner Biergarten! Die Tische erstrecken sich bis zur Hafenkante, Bäume sorgen für Schatten. Zu essen gibt's Biergartenklassiker wie Hendl und Haxe sowie Regionales und Mittelmeer-Küche. Auch innen gibt es viel Platz, ausgekleidet mit viel Naturholz.
Hafenstr. 10, 78462 Konstanz, Tel.+49 (0) 75 31/211 26, Mo–Fr 10–1, Sa, So 10–2 Uhr, www.hafenhalle.com

84 Camping Manor Farm

Welch eine Lage: direkt am Thunersee mit atemberaubendem Blick auf die Drei- bzw. Viertausender des Berner Oberlands, auf Eiger, Mönch und Jungfrau. Am kristallklaren See gibt es gleich mehrere schöne Badestellen sowie diverse Wassersportmöglichkeiten. Zu beachten ist, dass der Flachwasserbereich des Thunersees relativ schmal ist. Einen dazu noch wettersicheren Nichtschwimmerbereich bietet dafür das ca. 3 km entfernte Frei- und Hallenbad Bödeli. Im Campingpreis ist der Eintritt ebenso enthalten wie die Nutzung von Ortsbus und Linienschiff. Beide Haltestellen sind am Platz, etwa 20 Min. dauert es bis Interlaken (West). Der Campingplatz erstreckt sich beiderseits der Uferstraße, beide Teile sind durch einen Fußgängertunnel miteinander verbunden. Er verfügt über gepflegte Sanitäranlagen älterer Bauart, mehrere Spielplätze und in der Hauptsaison (April–September) über gute Gastronomie und Einkaufsmöglichkeiten.

Seestr. 203, CH-3800 Unterseen OT Neuhaus (Interlaken), Tel.: +41 (0) 33/822 22 64, www.manorfarm.ch (im Raum Interlaken als #1 ausgeschildert), ganzjährig

Fläche	8 ha
Standplätze Touristen	280
Dauercamper	130
Mietunterkünfte	92
Hunde	erlaubt

Entdecken & erleben

Sehenswert & interessant
Brienz & Brienzer Rothorn

Am Nordufer des gleichnamigen Sees gelegen, bietet Brienz Postkartenmotive erster Güte – am schönsten in der Brunngasse mit ihren blumengeschmückten Holzhäusern aus dem 18. Jh. Absoluter Höhepunkt, im wahren Wortsinn, ist jedoch die historische Zahnradbahn, die seit dem Jahr 1892 über die steile, grüne Alplandschaft zur Station mit Berggasthaus auf dem Rothorn-Kulm (2244 m) hinaufdampft. (Es gibt heute auch dieselbetriebene Züge.) Wem der Tiefblick auf den See bis dahin noch nicht den Atem geraubt hat, der kann noch zum nahen Gipfel des Brienzer Rothorns (2349 m) aufsteigen und einmal mehr ins Grübeln kommen, warum es in der Schweiz eigentlich so viele »einmalige« Panoramapunkte gibt.

Tourist Info: Hauptstr. 143, CH-3855 Brienz, Tel. +41 (0) 33/952 80 80, www.brienz-tourismus. ch; Zahnradbahn: Anf. Juni–Ende Okt., Auffahrt 8.36–16.36 Uhr, 8 Kurse, www. brienz-rothorn-bahn.ch

Per Schiff über den Brienzersee

Wie ein Fjord liegt der 14 km lange Brienzersee eingebettet zwischen mächtigen Flanken: Vom Wasserspiegel auf 564 m steigen die Hänge unmittelbar

hinauf zu den Bergketten auf beiden Seiten, bis weit über 2 000 m Höhe – und unter dem Wasser bis in 259 m Tiefe. Fünf Schiffe sind im Einsatz, absolutes Schmuckstück ist der Schaufelraddampfer »Lötschberg«, Baujahr 1914. Auf der Fahrt entdeckt man unzählige Wasserfälle, die sich in den See ergießen, am eindrucksvollsten die rund 500 m hohen Giessbachfälle. Wer von der Schiffsanlegestelle am Fuß der Wasserfälle gut 100 m aufsteigt, sieht sie vom wunderschönen und prächtig gelegenen Grand Hotel Giessbach (1875 erbaut) aus der ersten Reihe. Mit der ältesten Standseilbahn Europas, 1879 eröffnet, schafft man den Aufstieg zum Hotel übrigens in 5 Min. Zurück nach Bönigen empfiehlt sich der beliebte 12-km-Wanderweg entlang dem Südufer des Brienzersees.
Anlegestellen Interlaken Ost oder Bönigen; BLS Schifffahrt Berner Oberland, Lachenweg 19, CH-3604 Thun, Tel. +41 (0) 58/327 48 11, www.bls.ch

Der historische Schaufelraddampfer »Lötschberg« ist das einzige Dampfschiff auf dem Brienzersee.

Harder Kulm & Interlaken

Dass Interlaken tatsächlich »zwischen den Seen« liegt, wie der Name besagt, sieht man am besten vom Harder Kulm. Auf den Hausberg des Städtchens kommt man mit der Drahtseilbahn westlich des Bahnhofs Interlaken-Ost, am anderen Ufer der Aare. Im putzigen Jugendstilschlösschen auf dem Bergsporn neben der Bergstation befindet sich ein Bergrestaurant, spektakulärer Höhepunkt auf 1 322 m Höhe ist jedoch der Zweiseensteg mit seiner tollen Sicht auf Eiger, Mönch und Jungfrau, auf Thuner- und Brienzersee. Man kann hier oben zu aussichtsreichen Wanderrunden starten; ansonsten geht

es mit der Bahn oder zu Fuß hinab zur Talstation, wo ein Alpenwildpark eingerichtet wurde. In Interlaken selbst kann man im ehemaligen Augustinerkloster durch den gotischen Kreuzgang im ehemaligen Klosterhof wandeln und die Kapelle von 1452 besichtigen (Schlossstraße). An der Aare entlang und über eine der Aare-Schleusen kommt man nach Unterseen mit dem Stadthausplatz und dem Touristik-Museum.
Harderbahn, Brienzstr., CH-3800 Interlaken, Tel. +41 (0) 33/828 72 33, Ende Apr.–Ende Okt. ab 9.10, So ab 8.10 Uhr, alle 30 Min., Abendfahrten bis 20.55 Uhr, www.jungfrau.ch; Museum: Obere Gasse 28, Mai–Okt. Do–So 14–17 Uhr, www.touristikmuseum.ch

Bei Thun verlässt die Aare den Thunersee, das Ufer ist von zahlreichen Bars und Cafés gesäumt.

Thun

Prädikat: sehr sehenswert! Dominiert wird das Zentrum der 43 000-Einwohner-Stadt von der großartigen Kulisse des Schlosses. In dem mehr als 800 Jahre alten Wehrturm sind ein prunkvoller Rittersaal sowie die Sammlungen des historischen Museums zu sehen, die vier spitzen Ecktürmchen bieten einen tollen Ausblick. Direkt darunter befindet sich die gute Stube der Stadt, der schmucke Rathausplatz. Von ihm zieht die Obere Hauptgasse durch die mittelalterliche, touristisch herausgeputzte Altstadt. Bemerkenswert sind hier die Hochtrottoirs mit Ladengeschäften auf zwei Ebenen –

die dazwischen liegende Straße ist wie eine Bobbahn tiefer gelegt. Wunderschön ist ein Bummel entlang der Aare-Ufer, vorbei an zahlreichen Restaurants und Cafés, und über die mitten im Fluss gelegene Insel Bälliz (mittwochs und samstags Wochenmarkt), wo sich auch viele Designerläden niedergelassen haben.
Tourist Info: Bahnhof Thun, Tel. +41 (0) 332/25 90 00, www.thunersee.ch;
Schloss: Apr.–Okt., www.schlossthun.ch

Simmental & Diemtigtal

Das Simmental ist eine der großen Schweizer Bilderbuchlandschaften – Heimat der mindestens 1 400 Jahre alten Rinderrasse des Simmentaler Fleckviehs, berühmt für die prächtigen, mit Schnitzereien und Malereien verzierten Bauernhäuser in Dörfern wie Boltigen, Oberwil oder Erlenbach. Bei Oey geht es nach Süden ins Diemtigtal, das noch mal eine Steigerung der Heidiland-Idylle bietet. Wanderer finden hier gleich mehrere sagenhaft schöne Wege.

Wer weit sehen möchte, sollte von Erlenbach mit der Seilbahn aufs Stockhorn fahren. Die Aussicht ist schon am Panoramarestaurant toll und steigert sich, wenn man zu Fuß zum Gipfel (2 190 m) hinaufsteigt. Dieser Blick ist sogar noch zu toppen, wenn man vom Restaurant durch einen Tunnel auf den Aussichtssteg hinaustritt, der frei über dem Abgrund schwebt – mit Glasboden!
www.diemtigtal.ch; Stockhornbahn: Mitte Apr.–Mitte Nov. 7.50–16.50 Uhr, alle 30 Min., www.stockhorn.ch

Jungfraujoch & Grindelwald

Das ganz große Gletscherspektakel! Die Fahrt von Interlaken mit der Zahnrad-

bahn – 1912 eröffnet – zum höchstgelegenen Bahnhof Europas auf dem
Jungfraujoch auf 3 454 m Höhe ist richtig
teuer: 210,80 CHF (Stand: 2017) für die
Berg- und Talfahrt. Die Reise lohnt sich
darum nur bei wirklich gutem Wetter.
Oben angekommen, kann man Schnee-
bälle werfen, auf den längsten Gletscher
der Alpen schauen und in knapp 1 Std.
zur bewirtschafteten Hütte auf dem
Mönchsjoch (3 624 m) stapfen. Zwei
Zahnradbahnen fahren von Grindel-
wald-Grund bzw. Lauterbrunnen hinauf
zur Station Kleine Scheidegg (2 061 m).
Weiter geht es überwiegend durch einen
Stollen im Berg mit zwei Zwischenstopps
hinauf zum Jungfraujoch. Der schnellste
Aufzug der Schweiz bringt einen dann
zur verglasten Aussichtshalle auf dem
Felszahn der Sphinx. Es gibt Restaurants
und Souvenirshops, eine künstliche Glet-
schergrotte und die »Alpine Sensation«,
einen Rundgang, der angesichts der wahren Sensationen unter freiem Himmel
ziemlich albern erscheint ...
www.jungfrau.ch

Beatushöhlen

Unterirdische Wunderwelten! Dieses in
Zigtausend Jahren entstandene Grot-
tensystem ist nach dem Wandermönch
Beatus benannt, der im 6. Jh. n. Chr. die
Schweiz christianisierte. Er verjagte in
den Höhlen einen Drachen mit seinem
Kreuz auf Nimmerwiedersehen. In dem
Höhlensystem beeindrucken vor allem
die unterirdischen Wasserfälle sowie
die Spiegelgrotte: Hier reflektieren sich
die Tropfsteine auf der Oberfläche eines
kleinen Sees.
CH–3800 Beatenberg-Sundlauenen, März–Okt.,
www.beatushoehlen.ch

Schloss Hünegg, Hilterfingen

Am Nordufer des Thunersees, inmitten
eines Parks mit hohen, alten Bäumen,
steht das hübsche Schlösschen mit
seinen Türmchen und Giebelchen und
Erkerchen. Überhaupt darf man das
»-chen« getrost an nahezu alles hängen,
was Hünegg – erbaut zwischen 1861
und 1863 – betrifft. Seit 1900 ist die
sehenswerte Ausstattung unverändert
geblieben. Sie bildet den Rahmen
für Zeitreisen in die untergegangene
Wohnwelt der Belle Époque – aber
auch für beschauliche Kammermusik-
konzerte.
Staatsstr. 52, CH–3652 Hilterfingen, Tel. +41 (0)
33/243 19 82, Museum: Mai–Okt.,
www.schlosshuenegg.ch

Panoramabrücken-Rundweg

Seit 2011 in ständigem Ausbau, entsteht
um den Thunersee ein Rundweg von
56 km Länge, der insgesamt sieben
Schluchten und Gräben mit Hängebrücken überquert. 95 % der Wege bestehen
bereits, sind zum Teil aber nur mit
steilen Auf- und Abstiegen zu meistern.
Die Brücken liegen 200 bis 300 m über
Seeniveau und weisen Spannweiten bis
zu 340 m auf. Ihr Passieren bietet atemberaubende Perspektiven auf die Natur
in der Region. Der Weg führt an den
Auengebieten Weissenau und Kander-
delta und am Wasser- und Zugvogel-
reservat Unteres Thunerseebecken
vorbei. Am besten startet man seine
Wanderung an den ganzjährig geöffneten Panoramabrücken Sigriswil (erhebt
Eintritt) oder Leissigen.
CH–3655 Sigriswil: Parkpl. Ende Raftstr.,
CH–3706 Leissigen: Parkplätze Stoffelberg,
www.brueckenweg.ch

Schloss Oberhofen

Das zauberhafte Bauwerk, knapp 5 km hinter Thun am östlichen Ufer des Thunersees gelegen, erinnert spontan an die Lustbauten des bayerischen Märchenkönigs Ludwig II. Hier ein Turm, da ein Erker, fantasievolle Fassadenverzierungen und vor allem – das kleine Seetürmchen mit dem spitzen Helm in das Wasser gebaut und über eine gedeckte Brücke mit dem Schloss verbunden. An die ehemalige Residenz ist eine reizende englische Parkanlage mit einem Laubengang aus Hainbuchen angegliedert. Wunderbar ist die Sicht vom Turm auf den Ort und den Thunersee. Heute laden von Mai bis Oktober ein Wohnmuseum mit Interieurs aus dem Mittelalter sowie ein orientalischer Rauchsalon zur Besichtigung ein.

Schloss, CH-3653 Oberhofen, Tel. +41 (0) 33/243 12 35, www.schlossoberhofen.ch

Schweizerisches Freilichtmuseum Ballenberg

Der Landschaftspark, auf dem das Freilichtmuseum entstanden ist, umfasst 660 000 qm. In Ballenberg sieht man gewissermaßen ein volkskundliches Inventar: So lebten und arbeiteten die Schweizer vom 14. bis ins 19. Jh. Mittlerweile stehen ca. 100 historische Objekte auf dem Gelände, Hofgebäude, alte Werkstätten, Schmieden und Kornspeicher. An ihren alten Standorten fachgerecht abgetragen, wurden die Gebäude regional gegliedert, in neuen Ensembles wiederaufgebaut, sodass man nun quasi zu Fuß durch die Schweiz spazieren kann: vom Jura ins Mittelland, über Wallis und Tessin in die Zentralschweiz und hinüber nach Graubünden.

Museumsstr. 131, CH-3858 Hofstetten bei Brienz, Tel. +41 (0) 33/9 52 10 30, Apr.–Okt., www.ballenberg.ch

Brienzer Holzschnitzkunst

Das am Nordostufer des Brienzer Sees auf 571 m Höhe gelegene, 3 000 Einwohner zählende Brienz ist ein Zentrum der Holzschnitzkunst. In der Schule für Holzbildhauerei, der einzigen Einrichtung in der Schweiz, in der das Handwerk gelehrt wird, kann man dem Nachwuchs bei der Arbeit zusehen.

Schleegasse 1, CH-3855 Brienz, Tel. +41 (0) 33/9 52 17 51, www.holzbildhauerei.ch

Spiel, Sport & Action

Schynige Platte

Den wohl schönsten Blick auf das »Dreigestirn« der Berner Bergriesen – Eiger (3 970 m), Mönch (4 107 m) und Jungfrau (4 158 m) – hat man von der Schynigen Platte, genau gegenüber. Beim Bergrestaurant oberhalb der Zahnradbahnstation (1 967 m) beginnt ein Panoramaweg zum Aussichtspunkt Tuba und weiter zum Oberberghorn (2 069 m). Nach etwa 1,5 Std. erreicht man wieder die Bergstation. Vor der Talfahrt sollte man den Alpengarten besuchen. Es blüht dort ab Ende Mai – am schönsten aber von Mitte Juni bis Mitte August.

Bahnhof Wilderswil, Tel. +41 (0) 33/828 72 33, Auffahrt (gut 50 Min.) Ende Mai–Mitte/Ende Okt. tgl. 7.25–16.45 Uhr, alle 40 Min., www.jungfrau.ch

Natur erleben

Lauterbrunnental

Den fotogenen Staubbachfall hat anno 1779 schon Goethe beschrieben (und gemalt). Fast 300 m tief stürzt das Wasser südlich von Lauterbrunnen über die überhängende Felswand. Und es gibt noch 70 weitere Wasserfälle! Eine noch recht neue Attraktion sind dagegen Basejumper, die hier ebenfalls über die Klippen springen. Am besten erlebt man das Tal mit seinen himmelhoch aufragenden Felswänden und der Gletscherkulisse zu Fuß, auf dem Weg von Lauterbrunnen nach Stechelberg (1,5 Std.). Auf halber Strecke, bei Trümmelbach, zweigt links der Weg zu den Trümmelbachfällen ab. Die verstecken sich als einzige Gletscherwasserfälle Europas im Inneren des Bergs – sind aber mittels Tunnellift zugänglich und beleuchtet. Zurück von Stechelberg nach Lauterbrunnen nimmt man den Bus.

Tourist Info: Stutzli 460, CH-3822 Lauterbrunnen, Tel. +41 (0) 33/8 56 85 68, www.mylauterbrunnen.com; Wasserfälle: Apr.–Anf. Nov. tgl. 9–17, Juli, Aug. 8.30–18 Uhr, www.truemmelbachfaelle.ch

Giessbachfälle

Am Südufer des Brienzer Sees stürzen die Wasser mehrerer Gebirgsbäche in 14 Kaskaden 400 m über eine teilweise baumbestandene Felswand hinab. 500 m tiefer landen sie dann im See. Den schönsten Zugang hat man über den Schiffsanleger »Giessbach See«, von wo aus die 1879 eröffnete Giessbachbahn (älteste Standseilbahn Europas) an die Fälle führt. Der dortige, einst mit der Seilbahn errichtete, schnörkelreiche Hotelpalast des »Grandhotel Giessbach« ist ebenfalls sehr sehenswert.

Tourist Info: Hauptstr. 143, CH-3855 Brienz, Tel. +41 (0) 33/952 80 80, www.brienz-tourismus.ch

Nachts werden die Giessbachfälle sehr effektvoll illuminiert.

Aareschlucht

Östlich von Brienz hat sich die Aare eine Klamm von spektakulären Ausmaßen gegraben. 1400 m lang und bis zu 200 m tief ist die Schlucht. An ihrer engsten Stelle ist sie nur 1 m breit, während die höchste Seitenwand 180 m hoch über den Fluss ragt. Bereits 1888 wurde die Aareschlucht für die Öffentlichkeit gangbar gemacht und sofort zum touristischen Hotspot. Ab dem Eingang West bis zur Mitte ist sie sogar barrierefrei zugänglich. Gerüchte, dass in der Schlucht ein Tatzelwurm zu Hause ist, wollen bis heute nicht verstummen.

Eingang Innertkirchen: Tel. +41 (0) 33/971 10 48; Eingang Meiringen: Tel. +41 (0) 33/971 40 48; Apr./Mai–Nov., www.aareschlucht.ch

Lago Maggiore (CH)

85 Camping Tamaro

Südlich des Gotthardpasses ist im Tessin das italienische Flair unverkennbar. Am Nordufer des Lago Maggiore blickt man von Camping Tamaro den See entlang nach Italien – und genießt ein traumhaftes Panorama. Aber natürlich ist der See nicht allein zum Anschauen da. Am Lido laden feiner Sand- bzw. Kiesstrand und eine weitläufige Liegewiese mit altem Baumbestand zu stimmungsvollen Badefreuden. Ein großer Holzgerätespielplatz, ein Bungee-Trampolin, bei Regen auch ein Spielzimmer sind für Kinder da. Jung und Alt wird außerdem ein vielfältiges Animations- und Freizeitprogramm geboten (z. T. kostenpflichtig), das von Yoga über Pizzabacken bis zum Segelkurs reicht. Am Platz kann man sich nicht nur Tretboote oder Ausrüstung fürs Stehpaddeln ausleihen, sondern auch E-Bikes und sogar ein vierrädriges E-Mobil für zwei Personen. Von der Anlegestelle am Platz kann man mit dem Kursschiff kostenlos nach Locarno fahren. Das mit dem Aufenthalt erworbene »Ticino Ticket« berechtigt darüber hinaus zu freier Fahrt im gesamten öffentlichen Verkehr des Kantons, z. B. dem Bus nach Tenero-Zentrum oder einem Zug vom nahegelegenen Bahnhof. Die verkehrsgünstige Lage des Campingplatzes ist mit einer gewissen Geräuscheinwirkung verbunden. Die sanitären Anlagen sind zweckmäßig und stets sauber.

Via Mappo 32, CH–6598
Tenero-Contra OT Tenero, Tel. +41
(0) 91/745 21 61, www.camping
tamaro.ch, Mitte März–Anf. Nov.

Fläche .... 5 ha
Standplätze Touristen 290
Dauercamper 120
Mietunterkünfte 31
Hunde .... nicht erlaubt

86 Camping Campofelice

Wo die in ihrem Oberlauf so wilde Verzasca ganz zahm in den Lago Maggiore mündet, zieht sich ein fast 500 m langer, flacher und breiter Sandstrand vom See in die Flussmündung hinein. In dieser traumhaften Lage verbindet Camping Campofelice Schweizer Werte durchdachter, umfassender Organisiertheit und höchster Qualitätsansprüche mit südländischem Flair. Der Strand ist top-gepflegt, für kleine Kinder gibt es eine extra gesicherte Badezone. Die Sanitäranlagen sind auf dem neuesten Stand, die Freizeitmöglichkeiten überbordend. Am Bootshafen lassen sich diverse Wasserfahrzeige ausleihen (vom SUP-Board bis zum kleinen Motorboot); Sporteinrichtungen reichen von der Bocciabahn über die Mountainbike-Piste bis zu Tennisplätzen. Nicht nur in den Sommermonaten gibt es für alle Altergruppen eine Vielzahl von Sportkursen, Animations- und Freizeitveranstaltungen, z. T. im wettersicheren Pavillon. Auch Livemusik, Film oder Sportübertragungen oder Partys finden hier statt. Die Nachbarschaft zu einem Militär- und Privatflugplatz ist tagsüber gelegentlich zu hören.

Via alle Brere 7, CH-6598
Tenero-Contra OT Tenero,
Tel. +41 (0) 91/745 14 17,
www.campofelice.ch, Apr.–Okt.

Fläche	150 ha
Standplätze Touristen	600
Dauercamper	130
Mietunterkünfte	94
Hunde	nicht erlaubt

Entdecken & erleben

Centovalli-Bahn

Ob es jetzt wirklich 100 Täler sind oder nicht: Landschaftlich sind die Centovalli über jede Statistik erhaben. Es handelt sich zunächst einmal um den tiefen Taleinschnitt, der sich westlich von Locarno zur italienischen Grenze zieht – und um sehr viele kleinere und größere Seitentäler. Die wilde, ursprüngliche Berglandschaft mit üppiger Vegetation kann man ganz bequem im Sitzen bestaunen: in der berühmten Centovalli-Bahn von Locarno nach Domodossola in Italien. Es ist eine der spektakulärsten Eisenbahnstrecken in den Alpen mit 83 Viadukten, 34 Tunneln und sehr vielen engen Kehren. Auf schmaler Spur (1 000 mm) erlebt man eine grüne Bergwildnis mit Kastanienwäldern, Schluchten und Wasserfällen, in der immer wieder alte Bergdörfer auftauchen. Die ganze Strecke beansprucht ca. 2 Std. Fahrzeit (einfach), man kann aber auch nur einzelne Teilstrecken fahren. Bahnhof Locarno, CH-6600 Muralto, Tel. +41 (0) 91/7 56 04 00, www.centovalli.ch

Burgen in Bellinzona

Bellinzona ist wahrlich eine Burgenstadt. Es sind gleich drei – und was für welche! Die drei mittelalterlichen Burgen und ihre Wehranlagen gehören seit 2000

Mit ihren zahllosen Brücken und Tunneln ist die 1923 fertiggestellte Centovalli-Bahn eine technische Meisterleistung ersten Ranges – und mitzufahren ein Erlebnis.

Die »Swissminiatur«-Ausgabe der Schweiz umfasst 130 detailgetreue Modellbauten und ein Modelleisenbahnnetz von insgesamt 3,5 km (!) Länge.

zum Unesco-Welterbe: »Castelgrande«, die größte und älteste Burg (12. Jh.), »Castello di Montebello« (die kleinste, 13. Jh.) und als höchstgelegene und »jüngste« Burg »Castello di Sasso Corbaro« aus dem 15. Jh. Alle Burgen sind zu besichtigen (von der Piazza Sole kann man mit einem Lift hinauffahren), bieten herrliche Ausblicke (an klaren Tagen bis zum Lago Maggiore) sowie sehr lohnenswerte Museen und Restaurants.
www.bellinzonaturismo.ch

Swissminiatur

Vor fast 60 Jahren wurde die Schweiz geschrumpft: Seit 1959 gibt es in Melide alles, was an der Schweiz wichtig ist, im Miniaturformat, genauer gesagt im Maßstab 1:25. Auf 14 000 qm sind Modelle der bekanntesten Schweizer Bauten und Berge zu bestaunen, zwischen denen Modell-Eisenbahnen, -Autos, -Schiffe und natürlich auch Modell-Seilbahnen verkehren.
Via Cantonale 3, CH-6815 Melide, Tel. +41 (0) 91/640 10 60, Mitte Jan.–Mitte März tgl. 13–16, Mitte März–Ende Okt. 9–18 Uhr, www.swissminiatur.ch

Museo in Erba

Endlich einmal ein Museum, das Kindern wirklich Spaß macht. In Bellinzona können sie auf spielerische Art und Weise etwas über Kunst lernen, Kunst leibhaftig erfahren, Kunst selbst ausüben – und das auch noch in deutscher Sprache. Denn: Wer möchte, kann sich eine deutschsprachige Kunstpädagogin buchen. Ein toller Ort für Regentage!
Riva Caccia 1 (1. Stock), CH-6900 Lugano, Tel. +41 (0) 91/835 52 54, Mo–Fr 8.30–11.45, 13.15–16.30, Sa, So, Ferien 14–17 Uhr, www.museoinerba.com

★ ★ ★ ★ ★
campofelice
CAMPING VILLAGE

NEU AB JULI 2018
POOL-LANDSCHAFT

www.campofelice.ch
Tenero • Ticino • Switzerland
T +41 91 745 14 17

Q Quality.
Our Passion.

F FAMILY
Destination

Swiss
Family
Hotel &
Lodging
recommended by Switzerland Tourism

ECO
CAMPING

Parco Botanico del Gambarogno

Der St. Gallener Otto Eisenhut entdeck-
te schon früh sein Interesse an Pflanzen,
zog ins Tessin und baute den Park sowie
die Gärtnerei in den 1950er-Jahren auf.
Das Grundstück liegt zwischen zwei Bächen, die der Wasserversorgung dienen.
Sohn Reto führt heute den Betrieb. Eine
der weltweit größten Magnoliensamm-
lungen, 1000 Kameliensorten, etwa
400 verschiedene Azaleen, Rhododen-
dren, Koniferen, Palmen, Pfingstrosen,
Glyzinien, Schneeglöckchen – ein
Paradies für Liebhaber. Besonders
attraktiv ist das in den Monaten März
bis Juni, wenn sich der 20 000 qm große
botanische Garten in ein Blütenmeer
verwandelt. Dann blickt man durch die
Blütenpracht auf den funkelnden See
und schneebedeckte Alpengipfel. Die
Natur und die Familie Eisenhut haben
hier alles gegeben. Ein Sinnesrausch und
Genuss! Sohn Reto pflegt neben dem
botanischen Garten auch die Gärtnerei
und hat großes Interesse an Zitronen,
etwa 200 Sorten kann man besichtigen.
Die selbst gemachte Marmelade der
Zitrusfrüchte wird verkauft.
Via Parco Botanico, CH-6575 San Nazzaro
(oberhalb des Ortes), Tel. +41 (0) 91/795 18 67,
tgl. 7–22 Uhr, www.parcobotanico.ch

Brissago-Inseln

So warm ist es sonst nirgends in der
Schweiz: Die beiden Brissago-Inseln
genießen ein subtropisches Mikroklima.
Ende des 19. Jh. kaufte die schillernde
Baronesse de Saint Léger die Inseln und
legte auf der größeren einen botanischen
Garten an, die kleinere blieb (bis heute)
der Natur überlassen. Zwischenzeitlich
gehörten die Inseln einem Hamburger

Kaufmann, ehe sie 1949 in öffentlichen
Besitz übergingen. Seitdem ist der Insel-
garten mit seiner faszinierenden Flora
jedermann zugänglich. Über 1 700 verschiedene Pflanzen- und Blumenarten
aus allen Kontinenten kann man hier
bewundern und so einen ganzen Tag
vertrödeln. Per Schiff ist der botanische
Garten von allen Anlegestellen aus leicht
erreichbar.
Per Schiff ab Locarno, Ascona, Porto Ronco und
Brissago, März–Okt., www.isolebrissago.ch

Spiel, Sport & Action

Gokart-Piste

Eine traditionsreiche Kartbahn; Kinder
dürfen ab 8 Jahren ans Steuer. Vom
mitunter griesgrämigen Betreiber sollte
man sich nicht verschrecken lassen.
Via al Pizzante, CH-6600 Locarno (gegenüber
dem Flugpl.), Tel. +41 (0) 91/859 24 56,
Nov.–Feb. 14–17, März, Apr., Sep., Okt. 14–18,
Mai–Aug. 14–19 Uhr, www.karts.ch

Indoor-Minigolf

In Quartino, einem unspektakulären
Ort zwischen Magadino und Cadenazzo,
gibt es den einzigen Indoor-Minigolf-
platz des Tessins. Er ist ganzjährig
geöffnet und verfügt auch über ein
Restaurant und einen Spielplatz.
Zona Industriale 3, CH-6572 Quartino,
Tel. +41 (0) 91/795 26 27, Mo–Do 8.30–22,
Fr–Sa 8.30–24, So 9–22 Uhr,
www.miraflores.ch

Ascona Lido

Flacher Sandstrand, an dem man bud-
deln und Burgen bauen kann; warmes,
weiches Wasser, das nur langsam tiefer
wird: ein Badeparadies für Eltern mit
Kindern. Aber damit nicht genug. Der

Die Vegetation der größeren der beiden Brissago-Inseln schafft eine bezaubernde Atmosphäre: Duftende Blumen, seltene, majestätische Bäume, üppige Sträucher und Farne versetzen in eine subtropische Traumwelt.

Lido von Ascona, und zwar der gebührenpflichtige Teil, wartet mit einer Überraschung auf, die nicht nur Kinder erfreut, sondern auch Erwachsene: einer 10 m hohen und 96 m langen Wasserrutsche. Auch ohne Sprösslinge ist es eine Freude, dort hinunterzurutschen. Müde wird man dieses Spaßes nicht so schnell. Via Lido 81, CH-6612 Ascona, Tel. +41 (0) 91/ 780 55 70, www.lidoascona.ch

Natur erleben
Falconeria Locarno

Verschiedene Adler-, Eulen- sowie Falkenarten und sogar ein Kolkrabe sausen dicht über die Köpfe der begeisterten Zuschauer hinweg, es wird gelacht und viel applaudiert: Die Flugvorführungen der Falknerei in Locarno sind sehr beeindruckend! Das ganze Jahr über können die jeweils 45 Min. dauernden Shows besucht werden. Via delle Scuole 12, CH-6600 Locarno, Tel. +41 (0) 917 51 95 86, Öffnungszeiten siehe www.falconeria.ch

Essen & Trinken
Ticino Experience

Ein Fest für alle Sinne: Auf der Leinwand läuft ein Film, der einen Streifzug durch Tessiner Täler zeigt, auf der Suche nach einheimischen Produkten. Alles, was man im Film sieht, bekommt man zugleich auf den Teller zum Schmecken. Der Film ist ein Stummfilm im Genre der Komödie. La Casa Rustica, Via di Pioppi 14, CH-6616 Losone, Tel. +41 (0) 91/785 70 02, März–Okt. Mo–Do 18, Fr, Sa 17 Uhr, www.ticinoexperience.ch

87 Alpencamping Nenzing

Ganz große Kulisse! Von den zentralen Versorgungsgebäuden zieht sich der Campingplatz auf einer Waldlichtung in Terrassen den Hang hinauf. Die Aussicht ist grandios: Von überall genießt man den weiten, gänzlich ungestörten Blick in die eindrucksvolle Bergkulisse des Vorarlberger Rätikon. Mit herzlicher Gastfreundschaft bietet die engagierte Betreiberfamilie höchst stilvollen Campingkomfort. Maßstäbe setzen sowohl die Sanitär- und Wellnesseinrichtungen (Bäderhaus mit einzelnen Badezimmern, Hallen- und Freibad, verschiedene Saunen) als auch die Angebote für Kinder und Jugendliche (Trampoline, Hüpfburg, »Indianerwald«, Indoor-Spielplatz, »Jugendlodge«, Abenteuerprogramme). Die hervorragende Regionalküche des Restaurants ist das Tüpfelchen auf dem »i«.

Garfrenga 1, A-6710 Nenzing,
Tel. +43 (0) 55 25/62 49 10,
www.alpencamping.at,
ganzjährig

Fläche		3 ha
Standplätze Touristen		162
Dauercamper		20
Mietunterkünfte		94
Hunde		willkommen

Entdecken & erleben

Bartholomäberg

Mit den meisten Sonnenstunden ist Bartholomäberg der Sonnenbalkon im Montafon. Gleich oberhalb von Tschagguns erstreckt sich auf der sonnigen, wenig bewaldeten Bergflanke zwischen 600 und 1 300 m Höhe die Gemeinde Bartholomäberg mit ihren weit verstreuten Häusern. Schon vor 5 000 Jahren dürften Menschen hier gelebt haben, und von der Bronzezeit bis weit über das Mittelalter hinaus holten sie Eisen, Kupfer und Silber aus dem Berg. Das behutsam restaurierte Bergwerk kann man besichtigen. Der Aufstieg zum Bergwerk oberhalb des Ortes dauert zu Fuß ca. 50 Min., er beginnt bei der berühmten Hallenkirche St. Bartholomäus, einem barocken Wunderwerk mit herrlichen Altären – darunter der gotische Knappenaltar von 1525 unter einer hölzernen Kassettendecke.

Tourist Info: Dorf 16, A-6781 Bartholomäberg, Tel. +43 (0) 50/668 62 20; Bergwerk: Mitte Juni–Mitte Okt. Mi, Fr, So 13–17 Uhr, www.montafon.at/bartholomaeberg

Silbertal & Kristberg

Hinter Bartholomäberg, von Tschagguns aus auch direkt zu erreichen, führt das Silbertal fast 20 km weit in das Verwallgebirge. Auch die gleichnamige Gemeinde ist, der Name verrät es, historisch vom Bergbau geprägt. Im Gemeindeamt ist das Montafoner Bergbaumuseum untergebracht. Die Seilbahn auf den langgezogenen Höhenrücken des Kristbergs erschließt neben der schönen Aussicht

auch einen 2,7 km langen »Silberpfad« – sowie im Winter eine wunderbare Panoramaloipe. Das kunsthistorische Kleinod auf dem Kristberg ist die gotische Knappenkirche St. Agatha.

Tourist Info: Zentrum 256, A-6780 Silbertal, Tel. +43 (0) 50/668 62 30; Bergbaumuseum: Juni–Okt. Di–Fr, So 14–18 Uhr, www.montafon.at/silbertal; Kristbergbahn: Dorfstr. 19, www.kristbergbahn.at

Feldkirch

In der gut erhaltenen Altstadt prägen enge kopfsteingepflasterte Gassen, Laubengänge und Fachwerkbauten das Bild. Der spätgotische Dom St. Nikolaus, von außen unscheinbar, birgt im Inneren kunsthistorische Schätze. Über der Stadt wacht die Schattenburg, Stammsitz der Grafen von Montfort. Der mit einer Aussichtsplattform versehene Bergfried beherbergt heute ein Museum, das neben sakralen und profanen Kunstwerken eine Waffensammlung zeigt.

Tourist Info: Montfortpl. 1, A-6800 Feldkirch, Tel. +43 (0) 55 22/734 67, www.feldkirch.at

Rolls-Royce Museum, Dornbirn

In einer ehemaligen Baumwollspinnerei von 1862 haben Fans der berühmten Automarke Gelegenheit, die Prachtkarossen von Königen und Multimillionären aus nächster Nähe zu bewundern. Im Erdgeschoss wurde die Werkstatt von Sir F. H. Royce rekonstruiert, in einer Schauwerkstatt kann man dabei zusehen, wie automobile Raritäten restauriert werden. Anschließend stärkt man sich stilecht im English Tea Room.

Gegenüber des Bartholomäberger Sonnenbalkons sorgen die Tschaggunser Mittag-spitze (2 168 m) und die Drei Türme (2 830 m) für ein prächtiges Panorama.

Gütle 11 a, A-6850 Dornbirn, Tel. +43 (0) 55 72/526 52, www.rolls-royce-museum.at

Lustenau

Lustenau entwickelte sich um 1900 zu einem Zentrum der Vorarlberger Stickereiindustrie – das Stickereimuseum zeigt die Entwicklung dieser textilen Technik von der Handarbeit ins Maschinenzeitalter. Im kleinen Museumsshop verkaufen auch junge Nachwuchs-Designer. Das Museum »Rhein-Schauen« dokumentiert Geschichte und Auswirkungen der Rheinregulierung. Zum Museumsprogramm gehören auch Fahrten mit dem Rheinbähnle, der ehemaligen Baubahn der Rheinregulierung

Tourist Info: Rathausstr. 1, A-6890 Lustenau, Tel. +43 (0) 55 77/818 10, www.lustenau.at, www. rheinschauen.at

Bludenz

Von jeher ein wichtiger Verkehrsknotenpunkt, ist die Stadt heute wirtschaftliches Zentrum des Vorarlberger Oberlandes. Brände zerstörten Bludenz mehrfach, erhalten blieb die mittelalterliche Stadtbefestigung. Das heutige, sehr reizvolle Stadtbild mit kopfsteingepflasterten Gassen und südländisch anmutenden Laubengängen entstand nach 1682. Wahrzeichen der Stadt ist die Pfarrkirche St. Laurentius mit ihrem weithin sichtbaren, 50 m hohen Zwiebelturm. Aussichtsreich ist eine Fahrt mit der Gondelbahn auf den Muttersberg, den Sonnenbalkon der Stadt, wo auch mehrere schöne Rundwanderwege beginnen.

Tourist Info: Werdenbergerstr. 42, A-6700 Bludenz, Tel. +43 (0) 55 52/63 62 12 60, www.bludenz.at

Aktivpark Montafon
Manchmal will man einfach nur Spaß haben. Im Aktivpark Montafon bekommt man ihn, auf mehr als 80 000 qm Fläche, outdoor und indoor, zu jeder Jahreszeit – was bedeutet, dass man im Sommer eislaufen und im Winter (im Alpenbad) baden kann. Unter dem Zeltdach springt man Trampolin, saust auf Minicars, spielt Tischfußball und macht viele andere Sachen, draußen vergnügt

Seit 1956 führt eine Seilbahn auf den Karren, die heutige Kabinenseilbahn wurde 1996 errichtet.

man sich im Erlebniswald auf Hängebrücken, Seilbahnen, Rutschen und Schaukeln, in der Halfpipe im Skatepark oder – ganz oldschool, aber zeitlos nett – beim Minigolfen. Das Alpenbad Montafon bietet neben Naturbadeteich samt Sprungfelsen auch ein Erlebnisbecken mit Strömungskanal und einer 70 m langen Röhrenrutsche.
Schwimmbadstr. 1, A-6774 Tschagguns, Tel. +43 (0) 55 56/72 43 52 01, Öffnungszeiten siehe www.aktivpark-montafon.at

Karren
Der Karren ist der 975 m hohe Hausberg von Dornbirn. Eine Kabinenseilbahn verkehrt zum Gipfel hinauf, wo mehrere lohnende Wanderungen beginnen, etwa zur wildromantischen, von der Dornbirner Ache durchströmten Rappenlochschlucht zum Staufensee oder zum Alploch mit dem 120 m hohen Wasserfall. Über den Kühberg und die Schönemannalpe gelangt man ins malerische Bergdörfchen Ebnit. Die Karrenrunde hat die im Sommer bewirtschaftete Staufenalpe zum Ziel. Unvergessliche Eindrücke beschert ein Abendessen im gläsernen Panoramarestaurant mit Blick auf das Alpenglühen der umliegenden Gipfel. Natürlich kann man hier auch tagsüber auf der Terrasse sitzen und sich bei herrlicher Aussicht und einer Tasse Kaffee die Sonne ins Gesicht scheinen lassen.
Talstation Karrenseilbahn: Gütlestr. 6, A-6850 Dornbirn, Tel. +43 (0) 55 72/221 40, Fahrzeiten siehe www.karren.at

Damüls
Im Winter bildet Damüls zusammen mit dem ehemaligen Weltcup-Ort

Mellau ein Skigebiet für Genießer mit vornehmlich leichten Pisten. Fast noch ein Geheimtipp ist das Nachtrodeln: Die Damülser Naturrodelbahn wird immer mittwochs und freitags nach Einbruch der Dunkelheit für zwei Stunden mit Flutlicht beleuchtet. Im Sommer kann man das beschauliche Walserdorf auf dem Damülser Rundkurs umwandern – der gut beschilderte Weg führt vom Hochblanken (Sesselliftstation) über den Ragazer Blanken zum Sünser Joch und über die bewirtschaftete Oberdamülser Alpe zurück. Auch für Nordic Walker gibt es ein abwechslungsreiches Streckennetz. Adrenalinjunkies finden im Waldseilgarten Damüls Parcours aller Schwierigkeitsgrade.

Tourist Info: Kirchdorf 138a, A-6884 Damüls, Tel. +43 (0) 55 10/62 00, www.damuels.at

Wälderbähnle Bregenzerwald

Das Wälderbähnle ist eine sorgsam gepflegte Nostalgiebahn, die von Mai bis Oktober zwischen Bezau und Schwarzenberg verkehrt. Von Dampflokomotiven gezogen, auf Holzbänken sitzend, zuckelt man gemächlich durch die schöne Landschaft, vorbei am blumengeschmückten gründerzeitlichen Haltestellenhäuschen in Reutte, an der wildromantischen Bregenzerache entlang und über die 68 m lange Sporeneggbrücke. Unterwegs sorgt ein Buffetwagen für die richtige Stärkung. In der Adventszeit werden auch Nikolausfahrten durchgeführt.

Tel. +43 (0) 664/466 23 30, Mitte Mai–Anf. Okt. Sa, So, Fahrzeiten siehe www.waelderbaehnle.at

Natur erleben

Naturschau Inatura, Dornbirn

Ein Naturmuseum, aber kein gewöhnliches, denn durch den Einsatz moderner Technologien gerät der Museumsbesuch zu einem besonderen Erlebnis. Spiele und Experimente machen mit der Tier- und Pflanzenwelt sowie der Geologie Vorarlbergs vertraut, neben lebenden Kleintieren und Tierpräparaten zum Anfassen finden Besucher in den »Science Zones« 40 interaktive Stationen, die sich auf unterhaltsame Weise technischen und physikalischen Phänomenen widmen.

Jahngasse 9, A-6850 Dornbirn, Tel. +43 (0) 55 72/23 23 50, www.inatura.at

Lamatrekking Montafon

Die Region Bartholomäberg-Innerberg oberhalb von Schruns gehört zu den sonnigsten Ecken im Montafon, wartet mit eindrucksvoller Bergkulisse auf – und manchmal kann man sich in den Anden wähnen. Denn hier lebt und arbeitet Horst Kuster mit seinen Lamas. Er züchtet die Tiere nicht nur, sondern veranstaltet zu jeder Jahreszeit Trekkingtouren mit Lamas und Alpakas durch das Montafon. Eine große Auswahl verschiedenster Tages- und Halbtagestouren bietet er an. Nicht zuletzt für Kinder ist das Wandern mit Lamas ein unvergessliches Erlebnis. Da die Lamas als erfahrene Lastentiere so nett sind, den Wanderern ihr Gepäck abzunehmen, können sich Groß und Klein ganz auf die Natur konzentrieren. Und darauf, was Horst Kuster über Land, Leute und Tierwelt zu erzählen weiß. Bei der Beladung der Lamas mit bis zu 30 kg greift er auf uraltes Know-how der Inka

zurück, so ist das Gepäck bestens gegen Verrutschen gesichert und für die Tiere angenehm zu tragen.
Mühleweg (gegenüber Gasthaus Mühle), A-6781 Bartholomäberg OT Innerberg, Tel. +43 (0) 664/342 65 20, www.mymontafon.com

Wildpark Feldkirch
Das Beobachten der heimischen Tierwelt in freier Natur ist gar nicht so einfach, zu gut sind die meisten Tiere getarnt. Im Wildpark lassen sich die Tiere in ihrer natürlichen Umgebung entdecken (notfalls auf den zweiten oder dritten Blick). Auf 10 ha leben hier über 150 Tiere: Wölfe, Murmeltiere, Schneehasen, Adler, Mufflons, Luchse. Eine Führung verrät mehr über die einzelnen Arten. Allerlei Wissenswertes über den Wald vermittelt ganz in der Nähe auch ein Waldlehrpfad mit über 70 Info-Tafeln.

Ardetzenweg 20, A-6800 Feldkirch, Tel. +43 (0) 55 22/741 05, www.wildpark-feldkirch.at/

Essen & Trinken

Käsestraße Bregenzerwald
Wie Käse hergestellt wird, wie verschieden er schmecken und zu was man ihn weiterverarbeiten kann – all das erfährt man auf der Käsestraße, einem Netzwerk von Erzeugern und Vermarktern. Eine der Stationen ist z. B. der moderne Käsekeller in Lingenau, wo 32 000 Laibe Bergkäse lagern und von Robotern mit Salzlake gebürstet und gewendet werden. Im Rehmer Sennhaus in Au geschieht dies noch »händisch«. Die ganze Bandbreite an lokalen Käsen kann man im Andelsbucher Käsehaus probieren, ein Senner erläutert den Entstehungsprozess.
Info: Tel. +43 (0) 55 13/4 28 70 41, www.kaesestrasse.at

Jahrtausendelang wurden Lamas in Südamerika als Lasttiere gezüchtet und sind daher perfekt auf die Bedingungen schmaler Bergpfade, auch bei Schnee, eingestellt.

ALPENCAMPING NENZING

LIEBLINGS-
PLATZ

88 Alpen-Caravanpark Tennsee

Die Voralpenlandschaft des oberen Isartals ist wie aus dem Bilderbuch, die
herzliche bayerische Gastfreundschaft der Betreiberfamilie wie aus dem
Werbefilm. Aber das Rundum-Urlaubsgefühl am Tennsee ist echt. Da macht
es auch nichts, dass Letzterer kein Badesee ist (sondern ein Biotop, das im
Sommer auch einmal austrocknen kann), denn drei herrliche Badeseen
sind in unmittelbarer Nähe (1–1,5 km). Und auch, dass die Burg beim
Campingplatzeingang weder bayerisch noch antik ist, tut dem Hüpfspaß der
jüngsten Campinggeneration garantiert keinen Abbruch.

Am Tennsee 1, 82494 Krünn
OT Klais, Tel. +49 (0) 88 25/170,
www.camping-tennsee.de,
Mitte Dez.–Mitte Nov.

Fläche	5,2 ha
Standplätze Touristen	268
Dauercamper	nein
Mietunterkünfte	nein
Hunde	erlaubt

89 Zugspitze Resort

Auf der Tiroler Sonnenseite der Zugspitze campt man mit einem Hauch von Luxus. So bietet das »Badehaus«, ungeachtet seines schlichten Namens, im modisch-modernen Alpinstil Sanitäranlagen vom Feinsten: private familientaugliche Baderäume auf neuestem Stand, z. T. sogar mit Badewanne. Aber auch ein Gemeinschaftsraum mit mehreren bestens ausgestatteten Kochgelegenheiten, Geschirrspülern, Kühlschränken und gemütlichen Esstischen steht hier zur Verfügung. Außerdem kommen Camper grundsätzlich in den Genuss sämtlicher Annehmlichkeiten des zugehörigen Hotel-Resorts. Das sind insbesondere die Badelandschaft mit Innen- und Außenpool, Sauna und Wellnessbereich, ein großer zweistöckiger Indoor-Spielplatz, ein gut ausgestatteter Jugendraum sowie Freizeit- und Betreuungsangebote für Kinder ab 3 Jahren. All das allerdings, wie auch Shop und Restaurant, erst wieder nach Abschluss von Umbaumaßnahmen im Hotelbereich Ende 2018. Natur und Infrastruktur der Zugspitze locken indes nonstop und ganzjährig: Gleich vor dem Campingplatz gibt es eine (Ski-)Bushaltestelle und nur wenige Schritte sind es zur Talstation der Tiroler Zugspitzbahn, Fahrräder und Schlitten werden am Platz kostenlos verliehen, E-Mountainbikes und Vesparoller kosten etwas.

Obermoos 1, A-6632 Ehrwald,
Tel. +43 (0) 56 73/23 09,
www.zugspitze-resort.at,
ganzjährig

Fläche	5 ha
Standplätze Touristen	115
Dauercamper	71
Mietunterkünfte	nein
Hunde	erlaubt

Entdecken & erleben

Ehrwald & Tiroler Zugspitzbahn

Vom schmucken Ehrwald auf der österreichischen Seite des Wettersteingebirges führte 1926 die erste Bergbahn in Richtung des Zugspitzgipfels, endete allerdings an der Kammstation, auf einem Grat unterhalb des Gipfels (2 805 m); durch einen Fußgängertunnel erreichte man das Zugspitzplatt. Erst 1964 kam eine zusätzliche Gipfelbahn hinzu. Von 1989–91 entstand dann ein kompletter Neubau der »Tiroler Zugspitzbahn«, die direkt auf den Westgipfel (2 962 m) von Österreich aus führt. Aber von Ehrwald aus kann man nicht nur den Zugspitzgipfel erreichen: Mit der »Ehrwalder Almbahn« gelangt man bequem in das Gebiet der »Ehrwalder Alm«, im Winter ein Skigebiet zwischen 1 100 und 1 900 m, im Sommer Ausgangspunkt zahlreicher Wanderungen; eine der schönsten führt zum traumhaft gelegenen Seebensee (1 657 m) und weiter zur Coburger Hütte.

Tourist Info: Am Rettensee 1, A-6632 Ehrwald, Tel. +43 (0) 56 73/200 00, www.ehrwald.com; Zugspitzbahn: Obermoos 1, Tel. +43 (0) 56 73/23 09, Anf. Mai–Anf. Nov. und Anf. Dez.–Anf. Apr. 8.40–16.40 Uhr, www.zugspitze.at, www.ehrwalderalmbahn.at

Zugspitze & Bayerische Zugspitzbahn(en)

Mit ihren 2 962 m ist die Zugspitze nicht nur der höchste Berg Deutschlands, sondern auch ein Sehnsuchtsort der Deutschen (selbst wenn zum Dreitausender 38 m fehlen und über den Gipfel die Staatsgrenze zu Österreich verläuft): Eine halbe Million Menschen erreicht jährlich den Gipfel mit den bayerischen Zugspitzbahnen. Seit 1930 fährt die Zahnradbahn der »Bayerischen Zugspitzbahn«: von Garmisch erst über schöne Wiesen zum Eibsee, dann durch den Bergwald mit herrlicher Aussicht zum Haltepunkt Riffelriß und schließlich durch einen langen Tunnel zur Endhaltestelle auf dem Zugspitzplatt beim Bergrestaurant Sonnalpin (2 576 m). Für das letzte Stück zum Gipfel muss man dann noch in die »Gletscherbahn«, eine Großkabinenbahn umsteigen. Direktverbindungsalternative ist seit 1963 eine Gipfelseilbahn vom Eibsee aus, 2017 als technisch ausgefeilte »Seilbahn Zugspitze« völlig neu errichtet.

Das Panorama von der Aussichtsplattform reicht bis zum 250 km weit entfernten Horizont. Was einem aber vor allem den Atem raubt, das sind die schwindelerregenden Tiefblicke, etwa hinunter zum Eibsee. Ansonsten versorgt man sich in der Gipfelalm oder im Panoramarestaurant mit Verpflegung, geht hinüber zum österreichischen Gipfel, kauft Andenken (oder nicht) – und wagt sich vielleicht, wenn man absolut schwindelfrei ist und kein Schnee liegt, über den mit Seilen versicherten kurzen Klettersteig hinüber zum eigentlichen Gipfel, auf dem das schöne, vergoldete Kreuz steht. Man sollte diesen Ausflug allerdings nur bei gutem Wetter unternehmen, denn er ist alles andere als billig. Alternativ kann man die Zugspitze auch zu Fuß besteigen – entweder

Die 19 km lange Fahrt mit der Bayerischen Zugspitzbahn beginnt ganz sacht: Erst nach 7,5 km nimmt sie Steigung auf, und es kommt die Zahnradtechnik zum Einsatz.

auf dem schwierigen Weg durch das Höllental oder auf dem einfacheren, aber sehr langen durch das Reintal. Beide Touren sind sagenhaft schön, aber keine Familienwanderungen.

Zahnradbahn: Olympiastr. 27, D-82467 Garmisch-Partenkirchen, 8.15–18.15 Uhr, stdl.; Seilbahn: Seefeldweg 1, 82491 Grainau OT Eibsee, Tel. +49 (0) 88 21/79 70, tgl. 8.30–16.45 Uhr, www.zugspitze.de

Reutte

Stattliche Bürgerhäuser mit reichem Fassadenschmuck prägen das Erscheinungsbild dieses am spätmittelalterlichen Salztransport reich gewordenen Ortes. Das Grüne Haus am Untermarkt beherbergt ein sehenswertes Heimatmuseum.

Tourist Info: Untermarkt 34, A-6600 Reutte, Tel. +43 (0) 56 72/623 36, www.reutte.com, www.museum-reutte.at

Imst

Von jeher ein wichtiger Verkehrsknotenpunkt, hat sich Imst zur Metropole des Tiroler Oberlandes gemausert. Auffällig im Stadtbild sind die historischen Brunnen. Das alte Widum, ein sorgsam restaurierter Barockbau, beherbergt heute das Haus der Fasnacht. Hier wird der Brauch des Schemenlaufens erklärt, für den Imst berühmt ist. Der Stadtgeschichte widmet sich das Museum im Ballhaus, einem ehemaligen Lager für Stoffballen. Nur wenige Gehminuten vom Zentrum liegt die Rosengartenschlucht, wo sich der Schindelbach durch die Imster Mittelgebirgsterrassen gräbt. Von Mai bis Oktober kann das Naturjuwel auf Holzstegen durchwandert werden.

Tourist Info: Johannespl. 4, A-6460 Imst, Tel. +43 (0) 54 12/691 00, www.imst.at

Nicht nur im Winter kann man an der 2007 neu errichteten Großen Olympiaschanze oberhalb von Garmisch-Partenkirchen spannende »Flugmanöver« erleben.

Almdorf Fallerschein

Wie im Bilderbuch sieht es hier aus: Kühe grasen auf saftigen Wiesen zwischen steilen Berghängen, am rauschenden Bach drängen sich urige Tiroler Blockhütten um eine Sennerei. Rund 40 Almhütten machen Fallerschein (1 304 m) zum größten Almdorf in Tirol. Man erreicht die romantische Alpe nur zu Fuß, vom Wanderparkplatz an der Bundesstraße zwischen Stanzach und Namlos aus gemütlich in ca. 45 Min. auf einem bequemen, auch für Kinderwagen geeigneten Weg. Zwei Jausenstationen versorgen hungrige Wanderer mit guter Almküche und Lechtaler Hausmannskost.

Fallerschein Alpe, A-6642 Stanzach, Tourist Info: Tel. +43 (0) 56 32/282 30, www.stanzach.at; bewirtschaftet ca. Mai–Okt., www.alpe-fallerschein.at, www.fallerschein.com

Spiel, Sport & Action

Sport- & Freizeitpark Bichlbach

Der 1400 qm große Badesee mit Sprungturm und Rutsche ist nicht die einzige Attraktion des Bichlbacher Freizeitparks. Kinder können im flachen Kinderbadebecken planschen und spielen sowie z. B. eine 260 m lange Wildwasserstrecke mit Schlauchbooten befahren, einen Cross-Parcours mit Elektroquads bewältigen oder sich auf dem Trampolin austoben. Familien können sportlich aktiv werden (von Minigolf bis Beachvolleyball) oder es sich vor grandioser Zugspitzkulisse auf der Liegewiese gemütlich machen und vom Angebot des Cafés verwöhnen lassen.

Hinterbichl 170, A-6621 Bichlbach, Tel. +43(0) 650/863 60 81, Mitte Mai–Anf. Sep. tgl. ab 10, Anf. Sep.–Anf. Okt. Do–So 12–18 Uhr, www.badesee-bichlbach.at

Tier- & Spielpark Bichlbach

Märchenhafte Begegnungen faszinieren hier vor allem kleinere Kinder: Da sind zum einen die vielen Tiere, die meisten davon können und wollen gestreichelt werden: Haustiere wie Kaninchen, Ziegen, Schafe, Esel, aber auch etliche Wildtiere und Exoten, von Wildschweinen bis Waschbären. Dazwischen verschiedenste Spielgelegenheiten: klassische Spielplatzgeräte, Modelleisenbahnen und -autos sowie eine kleine Kartbahn. Dazu kommt außerdem noch eine »Märchenwelt« mit figürlichen Märchendarstellungen und ein von zipfelmützigen Zwergenfiguren bevölkerter »Zwergelberg«.

Sämerhof 47, A-6621 Bichlbach, Tel. +43 (0) 56 74/52 09, Ende Apr.–Anf. Nov. tgl. 10–18 Uhr (witterungsabhängig), www.streichelzoo.com

2 x Kletterwald

Auf beiden Seiten der Zugspitze lässt sich das Erlebnis der erhabenen Alpinkulisse noch dadurch steigern, dass man das Bergpanorama vom Kletterwald aus bewundert, aus luftiger Höhe bis zu 17 m über dem Grund. Sowohl im bayerischen Garmisch-Partenkirchen als auch im Tiroler gibt es Kletterparks mit fantastischer Aussicht, die sich nicht nur an passionierte Kraxler richten, sondern auch besonders auf Familien mit Kindern ab 5–6 Jahren zugeschnitten sind. Kinder werden über einfache und verspielte Kletterelemente, Einsteiger schrittweise an gemächliche Höhen herangeführt. Vorkenntnisse und eigene Ausrüstung sind nicht vonnöten. Die Parcours sind so angelegt, dass sich jeder langsam steigern kann. So lassen sich Gleichgewicht und Geschicklichkeit schulen, Kraft trainieren, Ängste überwinden und Erfolgserlebnisse in faszinierender Natur genießen – von professionellen Kräften stets bestens gesichert und betreut. In Bichlbach stehen fünf, in Garmisch-Partenkirchen 13 unterschiedliche Parcours mit fantasievollen Kletterelementen zur Verfügung.

Wankbahnstr. 3, D-82467 Garmisch-Partenkirchen, Tel. +49 (0) 170/634 96 88, Ostern–Ende Okt. tgl. 10–18, Ende Okt.–Anf. Nov. tgl. 10–17 Uhr, www.kletterwald-gap.de; Hinterbichl 170, A-6621 Bichlbach, Tel. +43 (0) 676/708 71 50, Ende Mai tgl., Anf.–Mitte Juni, Anf. Juli bis Mitte Sep. Di–So, Mitte–Ende Juni, Mitte Sep. bis Anf. Okt. Sa, So, 10–18 Uhr, www.kletterwald-bichlbach.at

Große Olympiaschanze

Mit den Winterspielen von 1936 wurde Garmisch-Partenkirchen zur Olympiastadt. Die Skisprungschanze am Olympia-Skistadion – alljährlich Austragungsort des Neujahrsspringens der Vierschanzentournee – wurde immer wieder um- und neu gebaut. 2007 entstand der heutige Anlaufturm, der sich mit elegantem Schwung 62 m über den Gudiberg erhebt. Das Skistadion und die Außenanlagen können täglich kostenlos besichtigt werden, die Schanze selbst nur im Rahmen einer Führung. Wer wissen will, wie es sich anfühlt, vom Schanzentisch hinunter in den Zielraum des Stadions zu fliegen: Der »Flyingfox« macht's möglich! Mit dieser 270 m langen Seilrutsche kann jeder ganz real das atemberaubende Gefühl nachvollziehen, 75 Höhenmeter im rasanten Sturzflug zu überwinden – im Unterschied zu den Skispringern allerdings ganz gefahrlos.

Olympiastadion, Karl-und-Martin-Neuner-Pl.,
D-82467 Garmisch-Partenkirchen; Schanzenfüh-
rung: Tel. +49 (0) 88 21/18 07 00 (Tourist Info),
Sa 15, Mai–Mitte Okt. auch Mi 18 Uhr (Anm.
bis Vortag 15 Uhr nötig); Flyingfox: Tel. +49 (0)
170/634 96 88, Anf. Apr.–Mai Mi, Sa, So 15–18,
Juni–Ende Okt. tgl. 14–18, Ende Okt.–Anf. Nov.
Mi, Sa, So 14–17 Uhr, www.flyingfox-gap.de

Sommerrodelbahn

In Garmisch-Partenkirchen kann man
nicht nur im Winter und nicht nur
auf Skiern die Berge heruntersausen.
Gleich neben dem Olympia-Skistadion
bietet eine Sommerrodelbahn rasanten
Fahrspaß mit steilen Kurven und einem
vielstöckigen Megakreisel auf 850 m.
Dabei kann auch noch ein überwältigen-
des Panorama genießen, wer einen Blick
dafür hat. Kinder dürfen ab 3 Jahren
mitfahren (ab 9 auch ohne erwachsene
Begleitung) und können, wenn sie nicht
gerade rodeln, sich auch mit einem Rut-
schenturm, einem Kletterturm, diversen
Schaukeln und einem Bungee-Trampolin
beschäftigen.

Karl-und-Martin-Neuner-Pl. 3, D-82467
Garmisch-Partenkirchen, Tel. +49 (0) 88 21/566,
Mitte Apr. Nov. 10–18 Uhr (nur bei Trockenheit),
www.sommerrodelbahn-gap.de

Natur erleben

Garmischer Kramerplateauweg

Einer der schönsten und besonders
erholsamen Wanderwege rund um die
Zugspitze ist der Kramerplateauweg:
Er verläuft am Westrand von Garmisch
ohne nennenswerte Steigungen vom
schönen Pflegersee (845 m) oberhalb
der Ruine Werdenfels nach Untergrainau – breit, bequem und gut beschildert,
mit schönster Aussicht und mehreren

Einkehrmöglichkeiten. Man kann auch
beim Schmölzersee nahe dem Grand
Hotel Sonnenbichl in Burgrain einsteigen
und die Tour beliebig verkürzen, man
kann aber von Untergrainau auch noch
am Badersee vorbei zum Eibsee (973 m)
aufsteigen. Der wunderbare Rundweg um
das überaus romantische Gewässer beansprucht 1,5 Std. Vom lockeren Halbtages-
programm bis zur ausgefüllten Tagestour
ist also alles möglich.

Ausgangspunkt: Parkplatz Pflegerseestr.,
D-82467 Garmisch-Partenkirchen bzw. mit
Ortsbus Linie 4 (Richtung Farchant) bis Schwaig-
wang (Aufstieg zum Pflegersee) oder Sonnenbichl (Aufstieg zum Schmölzersee),
www.gapa.de

Partnachklamm

Bis zu 80 m tief hat sich die grüne, wild
gischtende Partnach zwischen Eckbauer
und Hausberg ins Gestein geschnitten.
Vom Olympia-Skistadion erreicht man
das 700 m lange, romantische Naturdenkmal zu Fuß bequem in 25 Min. (oder mit
bereitstehenden Pferdekutschen). Der
Gang durch die atemberaubend enge,
Anfang des 20. Jh. gangbar gemachte Schlucht offenbart vor allem nach
längeren Regenfällen das ganz große
Spektakel. In dichten Vorhängen fallen
Wassertropfen über die Felswände, ver-
einzelt dringen Sonnenstrahlen ein und
projizieren Regenbögen auf die Wasser-
nebel über der tosenden Partnach. Kapu-
ze auf und durch! Man kann denselben
Weg zurück nehmen oder kurz hinter
der Klamm links aufsteigen und über
das Berggasthaus Graseck zurück zum
Eingang wandern. Die Partnachklamm
ist auch im Winter geöffnet und dann
mit mächtigen Eiswänden, meterlangen

Eiszapfen und hübsch eisüberzogenen Steinen im weiter gurgelnden Wildwasser von ganz eigener Schönheit.

Ausgangspunkt: Parkplatz Olympia-Skistadion, Karl-und-Martin-Neuner-Pl. 1 (erreichbar mit Ortsbus Linien 1 u. 2, Richtung Klinikum), D-82467 Garmisch-Partenkirchen, Tel. +49 (0) 88 21/910 53 77, tgl. Mai, Okt. 8–18, Juni–Sep. 6–22, Nov., Apr. 9–18 Uhr, witterungsbedingte Schließungen mögl., www.partnachklamm.eu

Höllentalklamm

Wer von Klamm-Romantik nicht genug bekommt, kann sich auch an die Durchwanderung der Höllentalklamm heranwagen. Man beginnt am besten in Hammersbach (Haltestelle der Zugspitzbahn, 758 m) und geht zunächst entlang des Hammersbachs bis zur Höllentaleingangshütte (1047 m, ca. 1–1,5 Std.) Dann geht es auf einem höchst abenteuerlichen, 1902–05 angelegten Steig über Holzstege, Treppen und Tunnels durch die enge, über 1 000 m lange Klamm. Besonders erfrischend ist das an heißen Sommertagen, denn hier bleibt keiner trocken. Nach ca. 1 Std. hat man den Ausgang der Klamm erreicht (1 193 m), um über den Stangensteig (mit toller Brücke über die Klamm) zum Startpunkt zurückzugehen. Oder man wandert noch 20–30 Min. weiter zur herrlich gelegenen, neuen Höllentalangerhütte (1 387 m), die ambitionierten Bergfexen als Basis für den Gipfelsturm der Zugspitze dient.

Ausgangspunkt: Hammersbach, D-82491 Grainau, Höllentaleingangshütte, Tel. +49 (0) 88 21/88 95, Ende Mai/Anf. Juni-Ende Okt. tgl. 0–24 Uhr, witterungsbedingte Schließungen mögl., www.hoellentalklamm-info.de; Höllentalangerhütte: Tel. +49 (0) 88 21/943 85 48, www.davplus.de/hoellentalangerhuette

1912 wurde die Partnachklamm begehbar gemacht und zum Naturdenkmal erklärt. Der Weg verläuft stets auf der rechten Seite der Partnach.

LIEBLINGS-
PLATZ

90 Camping Hell

Es fängt schon beim herzlichen Empfang mit Handschlag
an: Wohlfühlcamping bei Gastgebern aus Leidenschaft. Der Campingplatz
am Eingang ins Zillertal ist in jeder Hinsicht durchdacht konzipiert, perfekt
ausgestattet und äußerst stilvoll gestaltet – besser geht es kaum. Es gibt zwei
beheizte Schwimmbäder mit Kinderbecken (im Freien und in der Halle),
eine großzügige Sauna-/Wellnesslandschaft und Sanitärräume, die (mit allen
erdenklichen familienfreundlichen Annehmlichkeiten) ihresgleichen suchen.
So außerordentlich wie die Ausstattung ist übrigens auch die Reinigungs-
intensität. Das Freizeitangebot ist ebenfalls enorm. So finden Kinder und
Jugendliche bestens ausgestattete Spiel-, Kletter- und Abenteuergelegenheiten
sowohl draußen als auch drinnen. Im Juli und August organisieren Luca und
Lea dazu noch ein buntes Ferienprogramm für Kinder ab 4 Jahren. Dass eine
Bundesstraße am Gelände vorbeiführt, ist an einigen Plätzen hörbar – wer
lärmempfindlich ist, wählt einen Standort im Hintergrund.

Gageringerstr. 1, 6263 A-Fügen OT
Gagering, Tel. +43 (0) 52 88/622 03,
www.hells-ferienresort.at/wohl
fuehlcamping, Anf. Dez.–Anf. Nov.

Fläche	5 ha
Standplätze Touristen	165
Dauercamper	35
Mietunterkünfte	4
Hunde	willkommen

91 **Alpen-Caravan-Park Achensee**

Idyllisch liegt der Platz am Nordufer des größten Tiroler Sees zwischen Wiesen und Wald. Im Sommer kann man vom Wohnwagen gleich in den See hüpfen oder sich in eines der Mietboote schwingen, im Winter sind vom Platz aus die Langlaufloipen gespurt, der kostenlose Skibus fährt zu den Liften von Christlum. Wer von draußen auf den Campingplatz zurück-kehrt, kann sich über luxuriöse Sanitäranlagen freuen, Kinder über gut ausgestattete, großzügige Reviere zum Spielen, Klettern, Rutschen – drin-nen genauso wie draußen. (Nur gebastelt wird vorzugsweise drinnen und der schön matschige Wasserspielpark beschränkt sich auf sommerliches Freiluftvergnügen.) Angenehm ist nicht zuletzt die herzliche Freundlich-keit, mit der die Betreiberfamilie sich um ihre Gäste kümmert.

Achenkirch 17, A-6215 Achenkirch,
Tel. +43 (0) 52 46/62 39,
www.camping-achensee.com,
ganzjährig

Fläche	3 ha
Standplätze Touristen	120
Dauercamper	60
Mietunterkünfte	3
Hunde	willkommen

92 Erlebnis-Comfort-Camping Aufenfeld

Erlebnis und Komfort werden nicht nur im Namen geführt. Die auf dem Platz vorhandene Freizeitinfrastruktur ist bemerkenswert. Nicht selten sind es die Kinder, die ihre Eltern drängen, hier Urlaub zu machen, weil sie am Platz so viel erleben – und Eltern, die freudig zustimmen, weil sie, während die Kinder sich amüsieren, so komfortabel entspannen können. Das funktioniert sommers wie winters. Im Sommer konkurriert ein malerisch angelegter, riesiger Badeteich (inkl. Wasserfall) mit dem platzeigenen Western- und Freizeitpark. Kinder lockt außerdem eine Wasserspielanlage mit tollen Möglichkeiten zum Sandburgen bauen, Staudämme konstruieren und einander nass machen. Letzteres geht ganzjährig natürlich auch im großen Hallenbad, einschließlich Riesenrutsche und Wildwasserkanal. Komplettiert wird die Zillertaler Badewelt von einer großzügigen Sauna- und Wellnesslandschaft im Westernstil. Während im Sommer der »Kids Club« und ein Aktivprogramm umfangreiche Freizeitangebote machen, fährt im Winter ein Gratisbus zu den nahen Skigebieten.

Aufenfeldweg 10, A-6274 Aschau OT
Distelberg, Tel. +43 (0) 52 82/29 16,
www.camping-zillertal.com,
Mitte Dez.–Anf. Nov.

Fläche	14 ha
Standplätze Touristen	370
Dauercamper	50
Mietunterkünfte	35
Hunde	willkommen

93 Ferienparadies Natterer See

Hier treffen Naturidyll und modernste Komfortbauten, beschauliches Froschquaken und umtriebige Freizeitangebote aufeinander. Vor dem atemberaubenden Gebirgspanorama liegt der Natterer See auf einer sonnigen Terrasse oberhalb von Innsbruck (830 m). Der schilfgesäumte Moorsee bietet mit Sandbadebucht, Nichtschwimmer- und Kinderbereich nicht nur angenehm temperierte Badefreuden, sondern als »Mega-Aquapark« auch zahllose Wasserspiel- und -sportgeräte (von Rutschplattformen bis Wasserschaukeln). Ganz konventionell kann man sich natürlich auch diverse Boote und Boards ausleihen. Auf dem Campingplatz am Ufer sorgt ein ultramodernes Multifunktionsgebäude für erstklassige Sanitäranlagen (mit Kinderland, »Blitz- & Donnergrotte«, Familien- und Mietbädern), aber z. B. auch für ein Großleinwandkino. Unterhaltungsangebote und Freizeitaktivitäten werden ebenfalls großgeschrieben. Mehrsprachige Kinderbetreuung, Jugend- und Sportprogramme, Ausflüge, Events und Shows gehören dazu. Nicht nur im Sommer, sondern auch im Winter.

Natterer See 1, A-6161 Natters,
Tel. +43 (0) 512/54 67 32,
www.natterersee.com,
ganzjährig

Fläche	11 ha
Standplätze Touristen	190
Dauercamper	45
Mietunterkünfte	48
Hunde	bedingt erlaubt

94 Camping Seeblick Toni

Der Reintaler See ist der größte der Kramsacher Seen und garantiert angenehm temperierte Badefreuden vor reizvoller Bergkulisse. Der mit dem Nachbarplatz eng verzahnte Campingplatz bietet zwei schöne, wenn auch etwas steile Badezugänge (und ungeachtet des Namens nur von wenigen Standplätzen Seeblick). Flachen Strand mit Liegewiese gibt es (gegen Gebühr) beim Nachbarplatz. »Camping Seeblick Toni« überzeugt durch äußerst gast- und familienfreundlichen Komfort. Der Nachwuchs hat im »Kinderclub«, »Räuberland«, »Funpark« oder in den Outdoor-Anlagen eine Menge »zu tun« – im Juli und August mit professioneller Betreuung. Ganzjährig haben die Kleinen Gelegenheit, sich im »Aquarium« zu reinigen, dem fantasievollen Kinderwaschland. Für die Großen gibt es ebenfalls erstklassige Sanitäranlagen und alpine Wellness.

Moosen 46, A-6233 Kramsach,
Tel. +43 (0) 53 37/635 44,
www.camping-seeblick.tirol,
ganzjährig

Fläche	4,5 ha
Standplätze Touristen	172
Dauercamper	20
Mietunterkünfte	16
Hunde	willkommen

Entdecken & erleben

Sehenswert & interessant
Innsbrucker Altstadt

Die Hauptstadt Tirols hat für jeden Geschmack etwas zu bieten. Die Altstadt ist einerseits von studentischem Leben, andererseits von ihren alten, reich mit Stuck, Reliefs und Fresken verzierten Häusern geprägt. Hofburg, Goldenes Dachl oder die Kathedrale St. Jakob, eine der schönsten Barockkirchen Tirols, sind ideale Kulisse für ein quicklebendiges Stadtleben. Zahlreiche Museen, Kinos, Theater, Kneipen, die »Olympia World« mit ihrem Riesensportangebot und unzählige Shoppinggelegenheiten stehen zur Freizeitgestaltung bereit.

Tourist Info: Burggraben 3,
A-6020 Innsbruck,
Tel. +43 (0) 512/598 50,
www.innsbruck.info

Kristallwelten, Wattens

Achtung, Funkelalarm! Die von André Heller und anderen Künstlern gestalteten Swarovski-Kristallwelten in Wattens sind die mit Abstand meistbesuchte Sehenswürdigkeit Tirols. Und die jüngste Erweiterung von 2015 hat den Besucherstrom noch weiter anschwellen lassen. Es gibt ja auch viel zu sehen: Der in eine Parklandschaft mit Kunstinstallationen und einem bezaubernden Birkenwäldchen eingebettete Wasserfall- und Funkel-Riese am Eingang besitzt nun fünf neue Wunderkammern. Mittelpunkt des Gartens ist eine mystische Wolke aus 800 000 handgesetzten Swarovski-Kristallen. Zu den Highlights gehören die 3-D-Projektion »Planet der Kristalle«, die in kristallenen Metaphern die Geschichte der Welt erzählt; im Kristalldom spiegelt sich das Innere eines Kristalls in 590 Facetten; im Kristalloskop, einem überdimensionalen Kaleidoskop, wirkt die Kraft besonderer, heilender Kristalle (heißt es). Bei Swarovski funkeln jedoch nicht nur Kristalle, sondern auch Kinderaugen: Ein spannender Spielturm mit vier Etagen entführt in eine unvergessliche Wunderwelt, wo sogar das Schweben nicht unmöglich ist.

Kristallweltenstr. 1, A-6112 Wattens,
Tel. +43 (0) 522/45 10 80,
Juli–Aug. tgl. 8.30–22,
Sep.–Juni tgl. 8.30–19.30 Uhr,
www.kristallwelten.swarovski.com

Museum Tiroler Bauernhöfe, Kramsach

Auf dem weitläufigen Bergplateau bei Kramsach wurden historische Bauten aus allen Talschaften Tirols zusammengetragen – neben Bauernhöfen auch Dreschtennen, Sägen, Schmieden und Mühlen. An Wochenenden gibt es Handwerksvorführungen, bei denen Besucher beim Korbflechten, Spinnen, Goldsticken oder Gamsbartbinden selbst Hand anlegen können. Ebenfalls sehenswert ist der Museumsfriedhof mit skurrilen Grabinschriften aus dem Alpenraum.

Angerberg 10, A-6233 Kramsach,
Tel. +43 (0) 53 37/626 36, Palmsonntag–Apr.,
Okt. tgl. 9–17, Mai–Sep. bis 18 Uhr,
www.museum-tb.at

Der Achensee verdankt seine türkis–blaue Farbe dem hellen Kalkgestein des Unter-grunds und hat Trinkwasserqualität. Beste Voraussetzungen für sorglosen Badespaß.

Fügen

Der beliebte Wintersportort war Aus-gangspunkt des Weihnachtsliedes »Stille Nacht, heilige Nacht«. Dessen Entste-hung und Verbreitung dokumentiert neben anderen Themen das sehenswerte Heimatmuseum. Fügen ist auch ein Zentrum der Zillertaler Käseproduktion. Wellenbecken, Strömungskanal und zwei Rutschen mit je 130 m Länge halten in der »Erlebnistherme Zillertal« den Nach-wuchs bei Laune, während die Eltern im Sauna- und Wellnessbereich unbesorgt relaxen dürfen.

Tourist Info: Hauptstr. 58, A–6263 Fügen, Tel. +43 (0) 52 88/622 62, www.zillertal.at

Schwaz & Silberbergwerk

Die historische Bergwerksstadt besitzt einen hervorragend erhaltenen mittelal-terlichen Ortskern mit Häusern aus dem 15. und 16. Jh. Überragt wird sie vom steilen Kupferdach der Stadtpfarrkirche (1460–76), der größten gotischen Hallen-kirche Tirols. Vom prächtigen Fugger-haus aus leitete Ulrich Fugger zeitweise sein weltumspannendes Unternehmen. Südöstlich thront auf steilem Hügel das sehenswerte Schloss Freundsberg; der mächtige Bergfried beherbergt heute das Stadtmuseum. Etwa 1 km östlich der Stadt verbirgt sich deren bedeutsame Vergangenheit unter der Erde. Denn vor 500 Jahren war Schwaz die weltgrößte Bergbaumetropole mit über 85 % der Weltsilberproduktion. Im größten Berg-werk des Mittelalters schürften damals täglich bis zu 10 000 Knappen nach Silber (und Kupfer) und machten Tirol zu ei-nem der reichsten Länder Europas. Heute kann man sich hier über das harte Leben der Bergleute, über die durch das Silber mächtigen Handelsfamilien und über faszinierende Bergbautechniken hautnah informieren: Mit der Grubenbahn fährt man 800 m tief in den Berg.

Tourist Info: Münchnerstr. 11, A-6130 Schwaz, Tel. +43 (0) 52 42/632 40, www.silberregion karwendel.at, www.freundsberg.com; Bergwerk: Alte Landstr. 3a, Tel. +43 (0) 52 42/723 72, Mai–Sep. tgl. 9–17, Okt.–Apr. 10–16 Uhr, www.silberbergwerk.at

Schloss Tratzberg

Der majestätische, von Spätgotik und Renaissance geprägte Bau ist das einzige Tiroler Schloss mit original erhaltener Innenausstattung. Sie stammt großteils aus der Zeit, in der sich das Schloss im Besitz der Fugger befand (ab 1590). Höhepunkte einer Führung sind der Arkadenhof mit prachtvoller Renaissancemalerei sowie das reich mit Schnitzwerk und kostbaren Tapisserien geschmückte Königinnenzimmer. Im Habsburgersaal stellt ein einzigartiges, 46 m langes Wandgemälde mit 148 Figuren den Stammbaum der Habsburger dar.

Tratzberg 1, A-6200 Jenbach, Tel. +43 (0) 52 42/635 66, Ende März–Anf. Nov., Führungen tgl. 10–16, Juli, Aug. bis 17 Uhr, www.schloss-tratzberg.com

Spiel, Sport & Action

Mayrhofen

Da das Zillertal eines der großen Ferien- und Freizeitzentren in Tirol ist, werden im Hauptort Mayrhofen zwar keine Berge versetzt, aber neue Berge geschaffen: Ihren Hausberg, den Penken (2 095 m), haben die Mayrhofener zum »Actionberg« gemacht. Wer mit der hochmodernen Penkenbahn zur Funsportstation hinaufgondelt, kann dort oben z. B. in »Funballz«, großen durchsichtigen Bällen, über den Speicherteich für die

winterliche Beschneiung kugeln. Oder auf geländegängigen Bergrollern den Hang hinabbrettern. Es gibt auch einen »Klettersteig für Jedermann«, was bedeutet: Die Schwierigkeiten bewegen sich im mittleren Bereich, und die erforderliche Sicherheitsausrüstung kann vor Ort kostenlos ausgeliehen werden. Auch für Mountainbiker – mit oder ohne Elektro-Upgrade – ist das Gebiet um den Penken ein Dorado. Gegenüber, auf der anderen Talseite, fährt man mit der Ahornbahn in den größten Seilbahnkabinen Österreichs (160 Plätze) auf den »Genießerberg Ahorn«, wo man oberhalb von 1 900 m Höhe einen kinderwagentauglichen Rundweg, einen »Sinnespfad« und einen Bergspielplatz vorfindet sowie fünf verschiedene Bergrestaurants, darunter das schicke, moderne Café-Bistro Freiraum. Spektakulär und lohnend sind die Greifvogelvorführungen auf der »Adlerbühne«.

Tourist Info: Dursterstr. 225, A-6290 Mayrhofen, Tel. +43 (0) 525/67 60, www.mayrhofen.at; Bergbahnen: Tel. +43 (0) 528 56 22 77, www.mayrhofner-bergbahnen.com; Adlerbühne: Mitte Juni–Mitte Okt. Sa–Do 14 Uhr

Achensee-Dampf-Zahnradbahn

Seit 1889 dampft die nostalgische »Achensee-Bahn« von Jenbach nach Seespitz am Achensee und bewältigt Steigungen bis 16 %. Unterwegs gibt man sich genüsslich dem Reisegefühl vergangener Zeiten hin und bewundert die eindrucksvolle Bergwelt. Wer möchte, kann eine Bootsfahrt auf dem Achensee anschließen.

Bahnhof A-6200 Jenbach, Tel. +43 (0) 52 44/622 43, Mai–Okt., www.achenseebahn.at, www.tirol-schiffahrt.at

Achensee

Spannung und Entspannung liegen am Achensee dicht beieinander. Nach schweißtreibenden Kletter-, Wander- und Gleitschirmtouren lindern See-Pools und Steinölmassagen – typisch für die Region! – aufkommenden Muskelkater. Familien mit Kindern entspannen sich bevorzugt im südlich gelegenen Strandbad Buchau mit seinem flachen, türkisfarbenen Uferbereich, wo das Wasser bis zu 22 °C erreicht. Im Norden wiederum wurde eigens eine Landzunge aufgeschüttet, um für angenehme Temperaturen im geschützten Badebereich zu sorgen. Nach einer Bergtour, etwa zum Gschöllkopf, oder einer rasanten Fahrt mit der »Air Rofan«-Seilrutsche, kommt so ein Seebad besonders gut an. Viele erfrischen sich auch nach einer Rad- oder Inlineskate-Tour auf der alten Achenseestraße, die sich am Ufer entlangschlängelt. Gut zu wissen: In kurzen Abständen stehen Dampferfahrten über das »Tiroler Meer« auf dem Fahrplan, inklusive Zwischen-stopp bei der »Gaisalm«, die nur zu Fuß oder eben per Schiff erreichbar ist.

Tourist Info: Im Rathaus 387, A-6215 Achenkirch (Tirol), Tel. +43 (0) 52 46/530 00, www.achensee.com

Natur erleben

Nordkette & Alpenzoo

Mit der Stadtbahn direkt Richtung Berg-gipfel? Das gibt's in Innsbruck: In weni-gen Minuten gelangt man aus dem Stadt-zentrum auf die von den Innsbruckern heiß geliebte »Nordkette«, die eigentlich die südlichste Bergkette des Karwendel-gebirges ist. Hier finden Stadtbewohner und Gäste ein Freizeitparadies mit Lauf- und Wanderwegen, Mountainbiketrails, Klettersteigen und wilden Skiabfahrten, mit Almen und Hütten, mit einer tollen Aussicht und architektonischen High-lights. Die Fahrt hinauf beginnt in der hypermodernen Talstation der 2007 eröffneten Hungerburgbahn. Zaha Hadid hat das irre Gebilde entworfen. Über eine Innbrücke fährt die Standseilbahn auf die Hungerburg – nicht ohne vorher beim berühmten Alpenzoo zu halten: Der höchstgelegene Zoo Europas zeigt in naturnahen Freigehegen und -terrarien, in Volieren und im Aquarium, was in den Alpen auch in freier Wildbahn lebt, dort aber meist nicht zu sehen ist. Berühmt ist der Alpenzoo für die Nachzucht seltener und gefährdeter Tierarten, allen voran der Bartgeier, der größte Alpenvogel, oder Publikumslieblinge wie Braunbär, Luchs und Wolf. Kleine Tierfreunde lieben den Abenteuer-Spielplatz mit »Bärenhöhle«.

Mit der Seegrube(-Seil)bahn geht es von der Hungerburg weiter hinauf zur Seegrube (1 905 m) und von dort zum Hafelekar (2 256 m), dem Aussichtshö-hepunkt. Nicht selten kann man hier nicht nur das einzigartige Panorama von Stadt und Bergen bewundern, sondern auch einen Blick auf die sonst so scheuen Wildtiere erhaschen. Alle Verbindungen sind kinderwagengeeignet.

Talstation Hungerburgbahn: Rennweg 3, A-6020 Innsbruck, Tel. +43 512/29 33 44, Mo–Fr 7.15–19.15, Sa, So ab 8 Uhr, alle 15 Min., www.nordkette.com; Zoo: Weiherburggasse 37, Tel. +43 (0) 512/29 23 23, Apr.–Okt. tgl. 9–18, Nov.–März 9–17 Uhr, www.alpenzoo.at

Bergisel & Sillschlucht

Seit die Tiroler Freiheitskämpfer hier 1809 drei Schlachten gegen bayerische und französische Truppen gewannen, die vierte und letzte aber verloren, ist der Bergisel ein Tiroler Mythos. Heute trägt der 746 m hohe Waldhügel ein höchst modernes Gipfelzeichen: Die von Zaha Hadid entworfene, 2003 fertiggestellte Skisprungschanze ist nicht nur innovativ gestaltete Sportstätte, sondern auch kraftvolle moderne Skulptur. Die gesamte Anlage, in der 1964 und 1976 das olympische Feuer entzündet wurde, ist zwar in erster Linie dem Sport gewidmet, doch auch touristisch interessant für Panoramagenießer, Kaffeehausbesucher, Technikfreunde, Architekturfans ...

Etwas unterhalb zeigt das zum Tiroler Landesmuseum gehörende »Tirol Panorama« ein Riesenrundgemälde von 1896 mit dem blutigen Tiroler Freiheitskampf. Hier beginnt auch ein Rundweg mit der spektakulären Aussichtsplattform Drachenfelsen hoch über der Sillschlucht. Sehr schön ist der Abstieg in die ein-

drucksvolle Schlucht. Unten angekommen, kann man auf dem Pfad entlang der Sill zurück nach Innsbruck wandern.

Tourist Info: Burggraben 3, A-6020 Innsbruck, Tel. +43 (0) 512/598 50, www.innsbruck.at; Schanze: Bergisel 3, Tel. +43 (0) 512/58 92 59, Juni–Okt. tgl. 9–18, Nov.–Mai Mi–Mo 10–17 Uhr, www.bergisel.info; Tirol-Panorama: Bergisel 1–2, Tel.+43 (0) 512/59 48 96 11, Mi–Mo 9–17 Uhr, www.tiroler-landesmuseen.at

Essen & Trinken
Zillertaler Heumilch-Sennerei

In der Schaukäserei kann man sich nicht nur im Museum informieren, die gläserne Produktion beobachten und sich bei der Führung durch den Betrieb die Herstellung lokaler Käsesorten erläutern lassen, sondern diese dann auch probieren (und natürlich ggf. erwerben).

Sennereistr. 22, A-6263 Fügen, Tel. +43 (0) 52 88/623 34, Mo–Fr 8–18, Sa bis 14 Uhr, www.heumilch.tirol

Der »König der Alpen« war fast ausgerottet. Auch die Steinbock-Nachzuchten des Innsbrucker Alpenzoos haben zur Wiederansiedlung im Alpenraum beigetragen.

95 Euro-Camp Wilder Kaiser

Ja, die Aussicht ist wahrhaft kaiserlich. Flankiert von Wald liegt der Campingplatz auf einem Plateau am Fuße des Unterberg-(horn)s. Von vielen Standplätzen hat man das majestätische Kaisergebirge im Blick, abseits vom Trubel und doch ganz zentral gelegen. Nur 350 m sind es zur Talstation der Kössener Bergbahnen, 140 km umfasst das am Platz vorbeiführende Loipennetz, auch 60 km geräumte Wanderwege gibt es dort. Die sommerlichen (Berg-)Wanderwege sind schier unbegrenzt. Außerdem ist auch Raum für anderen Sport, von Tennis über Beach-volleyball bis zum Schwimmen im schönen beheizten Freibad. Eldorado der Kinder ist sicherlich der riesige Abenteuerspielplatz. Von der Terrasse eines der beiden Lokale am Platz können Eltern ihre Sprösslinge ganz bequem beobachten, wie sie schaukeln, rutschen, klettern, Röhren bezwingen oder raffinierte Kanal- und Schleusensysteme betreiben. In den Sommermonaten kommen Kinder außerdem in den Genuss eines Animationsprogramms. Und auch für Erwachsene gibt es Veranstaltungsangebote. Sanitäranlagen und Sauna des Platzes sind sehr sauber und gepflegt, wenn auch nicht neuester Bauart.

Kranebittau 18, A-6345 Kössen, Tel. +43 (0) 53 75/64 44, www.eurocamp-koessen.com/ campingplatz, ganzjährig

Fläche	5,2 ha
Standplätze Touristen	180
Dauercamper	110
Mietunterkünfte	9
Hunde	willkommen

96 Camping Schwarzsee

Er versteckt sich zwar hinter einem Waldstreifen, aber es sind nur 50 m vom Campingplatz zum namensgebenden Schwarzsee. Der idyllische Moorsee gilt als allerwärmster der Tiroler Seen. Mit Badeplattformen, 3-m-Sprungturm, breiter Wasserrutsche – und gigantischem Panorama – ist er ein traumhaftes Baderevier. Stehen dem Wetter oder Jahreszeit entgegen, ist das schöne kleine Hallenbad mit Whirlpool des zugehörigen Hotels eine Alternative. Auch der großzügige Fitness- und Wellnessbereich steht den Campern (ohne Aufpreis) zur Verfügung. Die zweckmäßigen Sanitäranlagen des Platzes bieten auch Familienbäder. Familientaugliche Spiel- und Sportmöglichkeiten findet man ebenfalls.

Reitherstr. 24, A-6370 Kitzbühel,
Tel. +43 (0) 53 56/628 06,
www.bruggerhof-camping.at,
ganzjährig

Fläche	7 ha
Standplätze Touristen	180
Dauercamper	140
Mietunterkünfte	nein
Hunde	erlaubt

97 Tirol-Camp

Sensationell viele Möglichkeiten bietet der Platz zu jeder Jahreszeit. Er liegt unmittelbar an der Talstation der Fieberbrunner Bergbahnen. Das ist im Sommer der direkte Einstieg in ein weitläufiges, seilbahn-erschlossenes Wanderparadies (mit tollen Spielplätzen an den Bergstationen) und im Winter in das größte Skigebiet Österreichs. Direkt am Platz gibt es dann Skischule, Skiverleih und Loipenanschluss. Ganzjährig kann man sich in einer begeisternden Bade- und Wellnesslandschaft aalen: Die umfasst nicht nur ein Panoramahallenbad, von dem man hinausschwimmen kann ins beheizte Ganzjahresfreibad, sondern auch noch einen riesigen Wellnessbereich (allein sechs Saunen). Die umfassenden Freizeiteinrichtungen und -programme vergessen auch Jugendliche nicht. Klasse ist z. B. die coole »Chill-Basis« in einem umgebauten, alten Gelenkbus.

Lindau 20, A-6391 Fieberbrunn,
Tel. +43 (0) 53 54/56 66 60,
www.tirol-camp.at, Anf. Dez. bis
Mitte März, Mitte Mai–Anf. Nov.

Fläche	7 ha
Standplätze Touristen	208
Dauercamper	112
Mietunterkünfte	nein
Hunde	erlaubt

Entdecken & erleben

Kufstein

Gleich hinter der deutsch-österreichi-
schen Grenze richten sich alle Blicke auf
die martialische Festung der 17 000-Ein-
wohner-Stadt. Bayern errichtete Ende
des 12. Jh. auf dem Felskopf über dem
Inn eine erste Burg. Was man heute
sieht, ist ein »Neubau« aus den Jahren
1504–22, mit dem mächtigen, 90 m
hohen Kaiserturm und bis zu 7,5 m
dicken Mauern. Vom Unteren Stadtplatz
kommt man auf dem Treppenweg oder
mit dem Panoramalift hinauf, um die
Bastionen, Batterien, Türme, Gänge und
Höfe zu inspizieren. Außerdem sind drei
Museen zu besichtigen: das Festungs-
und Heimatmuseum, das Staatsgefäng-
nis im Kaiserturm, das während der
k.-u.-k.-Zeit prominente Insassen hatte,
und das Museum im Bürgerturm – für
Freunde der Tiroler Kaiserjäger und
Schützen. Ansonsten ist die
Kufsteiner Festung eine beliebte Event-
location (Ritterspiele, Konzerte u. a.)
und Standort der größten Freiorgel der
Welt mit 65 Registern und 4948 Pfeifen.
Die »Heldenorgel« erklingt täglich um
12 Uhr, Juli, August auch um 18 Uhr.

*1205 wurde die Festung Kufstein das
erste Mal urkundlich erwähnt.*

Tourist Info: Unterer Stadtpl. 8, A–6330 Kufstein,
Tel. +43 (0) 53 72/6 22 07, www.kufstein.com;
Festung: Tel.+43 (0) 53 72/665 25, Ende März bis
Anf. Nov. tgl. 9–18, sonst 10–17 Uhr,
www.festung.kufstein.at

Kitzbühel

Viele nennen die Tiroler Bezirkshaupt-
stadt mit ihren 8 300 Einwohnern einen
Vorort von München. Das ist nicht ganz
richtig und nicht völlig falsch. Vor allem
im Winter präsentiert sich Kitzbühel mit
seinen teuren Boutiquen und Restaurants und seinem berühmten Skigebiet
als Treffpunkt des internationalen Jetsets – oder was sich dafür hält.
Schon im 16. Jh. kamen die Kitzbüheler
durch Kupfer- und Silberfunde zu einem
Wohlstand, von dem viele prächtige
Bürgerhäuser in der sehr sehenswerten
Altstadt zeugen. Über deren Dächern
bestimmen zwei Kirchtürme die Silhouette: Der schlanke Turm gehört der
gotischen Stadtpfarrkirche St. Andreas,
der massige, quadratische Turm wurde

Vom Kitzbüheler Horn hat man so viele Gipfel im Blick – hier Loferer Steinberge und Steinernes Meer –, dass man die Bestimmungshilfe der Panoramatafeln gern annimmt.

1566 der benachbarten Liebfrauenkirche (Ende 14. Jh.) spendiert – für die gewaltige neue Glocke. Einen Besuch verdient das Heimatmuseum, das neben Exponaten zu Volkskunde und Wirtschaftsgeschichte auch Gemälde des berühmten Kitzbüheler Malers Alfons Walde zeigt. Wo es aber eine Hahnenkamm-Seilbahn und überhaupt ein weltberühmtes Skigebiet mit 170 km Pisten gibt, spielt die Kunst nur eine Nebenrolle. Vor allem im Sommer empfiehlt sich der Ausflug mit der Seilbahn aufs Kitzbüheler Horn (1 996 m). Das 360-Grad-Panorama ist umwerfend.
Tourist Info: Hinterstadt 18, A-6370 Kitzbühel, Tel. +43 (0) 53 56/666 60, www.kitzbuehel. com; Heimatmuseum: Hinterstadt 32, tgl. 10–17, Do bis 20 Uhr, www.museum-kitzbuehel.at; Seilbahn: Hornweg 23a, 8.30–17 Uhr, www.bergbahn-kitzbuehel.at

St. Johann in Tirol

Der vom Kitzbüheler Horn überragte Ort ist sommers wie winters gut besucht. Das Skigebiet am Harzbichel bietet überwiegend leichte bis mittelschwere Pisten, ein weitverzweigtes Loipennetz führt nach Kössen und Ellmau. Beliebte Wanderziele sind die Griesbachklamm und der Eifersbacher Wasserfall. St. Johann selbst prunkt mit schön bemalten, alten Häusern und der barocken Pfarrkirche.
Tourist Info: Poststr. 2, A-6380 St. Johann in Tirol, Tel.+43 (0) 53 52/63 33 50, www.st.johann.tirol.at

Spiel, Sport & Action
Mountainbiken

In den Kitzbüheler Alpen bietet Österreichs erste Mountainbike-Schule Fahrtechnikkurse und geführte Mountainbike-Touren an – von leichten Strecken in den großen Talkesseln über Ausfahrten in mittlere Höhen bis hin zu extremen Touren auf die höchsten Gipfel und Übergänge. Ob Genuss-Biker, Marathonfahrer oder Freerider, das Wochenprogramm berücksichtigt alle Könnensstufen. Auch an Leih-Mountainbikes gibt es eine große Auswahl.

Klausen 10 (Okt.–Apr.) bzw. Haupstr. 15 (Mai bis Sep.), A-6365 Kirchberg (Tirol), Tel.+43 (0) 664/88 51 30 97, www.bikeacademy.at

Abheben im Kaiserwinkel

Mit seinem Gebirgsrelief bietet Tirol für Paragleiter und Drachenflieger beste Voraussetzungen. Kössen im Kaiserwinkel kann als Wiege dieses Sports gelten. Die Flugschule Kössen bietet nicht nur Kurse für alle Könnensstufen, sondern auch Tandemflüge für (fast) jedes Alter; Vorkenntnisse sind nicht erforderlich. Für nicht-fliegende Kinder gibt es direkt am Landeplatz einen schönen Spielplatz.

Thurnbühel 40, A-6345 Kössen, Tel.+43 (0)6 64/3 55 01 18, Mai–Sep., www.fly-koessen.at

Wilder Kaiser

Sie hat schon Auszeichnungen als das beste und als das familienfreundlichste Skigebiet der Welt erhalten: die »Wilder Kaiser Skiwelt«. Nicht weniger als 90 Lifte und Bahnen überziehen die sanften Höhen zwischen Scheffau, Ellmau und Going auf der Nord- und dem Brixental auf der Südseite. 284 km Pisten ergibt das, Glühwein und Germknödel genießt man in 77 Skihütten.

Wo im Winter Ski gefahren wird, bis der Bergdoktor kommt, erstreckt sich im Sommer ein gigantischer Spielplatz. 13 Bahnen führen aus den Tälern

hinauf, wo sich der Betrieb dann auf ein halbes Dutzend »Erlebniswelten« konzentriert: das »Hexenwasser« bei Söll, das »Alpinolino« auf dem Talkaser bei Westendorf, der Filzalmsee bei Hochbrixen, »Ellmi's Zauberwelt« am Hartkaiser bei Ellmau und die »Kaiserwelt« auf dem Scheffauer Brandstadl. Während die Kinder Spielgeräte ausprobieren, auf dem Floß oder im Segelboot über Wasserspeicher für die winterliche Beschneiung fahren und natur- und erlebnispädagogische Lehrpfade absolvieren, dürfen die Eltern chillen. Das alles hat mit Natur nur am Rand zu tun, ist aber faszinierend.

Auch die Gipfelkuppe der Hohen Salve (1 829 m), höchster Punkt im Gebiet und einer der heiligen Orte Tirols, ist heute eine »Erlebniswelt«. Die Wallfahrtskapelle steht schon seit 1641 hier oben, das große Panoramarestaurant ist neuer. Von beiden ist die Fernsicht himmlisch.

Tel. +43 (0) 53 33/400, www.skiwelt.at, www.wilderkaiser.info

E-Biken im Sölllandl

Das »Sölllandl« bezeichnet im lokalen Sprachgebrauch die Talschaft zwischen Wörgl und St. Johann in Tirol – nach der namengebenden Ortschaft Söll. Die Talorte gehören zur weltweit größten E-Bike-Region »Kitzbüheler Alpen-Kaisergebirge«. An ca. 90 Verleihstationen stehen mehr als 300 Elektrofahrräder zur Verfügung. Über 1 000 km bestens ausgebaute Radwege, 80 Gratis-Lade- und Akkutausch-Stationen sowie zahlreiche Servicebetriebe sorgen für entspanntes Radeln vor aufregendem Alpenpanorama.

www.wilderkaiser.info,
www.kaiserwinkl.com

Natur erleben

Kaisertal

Der Kaiser hat eine gespaltene Persönlichkeit: Es gibt den »Wilden Kaiser« im Süden und den »Zahmen Kaiser« im Norden. Zwischen beiden verläuft das Kaisertal, das im Rennen um das schönste Hochtal Österreichs mit Sicherheit einen der vorderen Plätze belegt. Es ist bis heute eine Fußgängerzone geblieben – nur die wenigen Anlieger dürfen auf dem schmalen Natursträßchen mit dem Auto hineinfahren. Hat man die vielen steilen Stufen der »Sparchenstiege« am Nordrand Kufsteins (500 m) geschafft, betritt man das Paradies.

Der Weg führt durch eine bäuerliche Bilderbuch-Kulturlandschaft mit malerischen Bauernhöfen wie dem Veiten- und dem Pfandlhof (beide mit wunderbaren Biergärten), mit steilen Wiesen und einer fantastisch-zackigen Bergkulisse, die vom höchsten Kaisergipfel, der Ellmauer Halt (2 344 m), gekrönt wird. Anfangs hoch über dem Taleinschnitt verlaufend, erreicht der Weg später im Wald den Kaiserbach und hinter einem Tunnel bald das bewirtschaftete Anton-Karg-Haus in Hinterbärenbad (829 m). Weiter oben steht das Hans-Berger-Haus (936 m), traditionelle Unterkunft der Kletterer. Die Wände ragen hier so hoch und steil über dem Dach empor, dass man unwillkürlich den Kopf einzieht.

Auf dem Rückweg sollte man unbedingt ab dem genannten Tunnel die obere Wegvariante nehmen. Sie führt zur Antoniuskapelle, sicher einer der romantischsten Plätze in ganz Tirol, und über den Hinterkaiserhof zurück zum Pfandlhof. Die reine Gehzeit nach Hinterbärenbad und zurück beträgt insgesamt gut 5 Std., aber die Tour kann nach Belieben verkürzt oder verlängert werden.

Ausgangspunkt: Parkplatz Sparchner Str./Kaiseraufstieg, A-6330 Kufstein, www.kaisertal.at

Hintersteiner See

Wenn es im Sommer zu heiß ist, um auf die sonnigen Höhen des Kaisers zu steigen, erfrischt man sich gern an seinem Fuß, nämlich im Hintersteiner See. Der liegt auf 883 m Höhe im Naturschutzgebiet Wilder Kaiser und gilt als einer der schönsten und saubersten Naturbadeseen Tirols. Das mit dem Erfrischen sollte man aber ernst nehmen: Wärmer als 19 bis 20 °C wird das Wasser nie. Am Nordufer führt eine kleine Straße entlang, hier liegt auch der Hauptbadestrand beim Café Seestüberl. Beim gemütlichen Spaziergang rund um den See – er dauert gut 1 Std. – lernt man auch das unverbaute, waldige Südufer kennen, das mit seinem Prachtblick über den See auf die Kaisergipfel begeistert.

Tourist Info: Dorf 28, A-6351 Scheffau, Tel. +43 (0) 50/ 50 93 10, www.wilderkaiser.info

Wochenbrunner Alm

Von Ellmau führt eine kleine, zuletzt mautpflichtige Straße hinauf zur Wochenbrunner Alm auf 1 085 m Höhe. Abgesehen vom Gastbetrieb mit Sonnenterrasse, Wildgehege, Kneippanlage und Almladen ist sie der beste Ausgangspunkt für Bergtouren. Hier beginnt u. a. eine der großartigsten Wanderungen im ganzen Gebiet: auf dem Höhenweg über die Kaiser

Umgeben von Weiden liegt die Wochenbrunner Alm zu Füßen des Ellmauer Halts, der höchsten Erhebung des Wilden Kaisers (2 344 m).

Hochalm hinüber zum Seestüberl am Hintersteiner See (4,5 Std.). Allerschönste Aussicht bietet auch die Wanderung über die nahe Gruttenhütte zur Wildererkanzel, zum Baumgartenköpfl (1 572 m) und weiter zur romantischen, nicht bewirtschafteten Ackerlhütte (1 455 m) – hier lernt man den stilleren Ostteil des Kaisergebirges kennen. Wer sportlich, klettergeübt und schwindelfrei ist sowie über die nötige Ausrüstung verfügt (Helm, Klettersteigset), kann auf dem Gamsängersteig oberhalb der Gruttenhütte auf den höchsten Kaisergipfel steigen, die Ellmauer Halt (2 344 m; hin und zurück ca. 7 Std.) – ein echter Tiroler Höhepunkt!
Wochenbrunnweg 44, A-6352 Ellmau, Tel. +43 53 58/21 80, www.wochenbrunn.com

Wildpark Aurach

Über 200 Tiere leben in Tirols größtem Freigehege auf 1 100 m Höhe vor eindrucksvollem Bergpanorama: Man sieht Rot- und Damwild, Steinböcke und Widder, Luchse, Wildschweine, Murmeltiere und Fasane, aber auch Yaks, Zebus und Pfauen. Für Kinder ist indes meist der Streichlstadl noch interessanter. Dort wohnen Ziegen, Esel, Schafe, Lamas, Mini-Shetlandponys, Hasen und Meerschweinchen – und können jedes Wochenende betreut gefüttert werden. Außerdem gibt es auch einen großen »Wildspielplatz« und ein gemütliches Gasthaus.
Wildparkweg 6, A-6371 Aurach, Tel. +43 (0) 53 56/652 51, März–Juni, Sep.–Dez. Mi–So 10–17, Juli, Aug. tgl. 10–17 Uhr, www.wildpark-tirol.at

98 Seecamp Zell am See

Man hat sie gleich im Blick, die Zutaten, die diese Region so attraktiv machen: Vom Platz am Nordufer des Zeller Sees blickt man über die herrlich blaue Wasserfläche auf die Zeller Altstadt vor dem Grün der Pinzgauer Grasberge, dahinter die majestätischen, von Gletschern gezierten Gipfel der Hohen Tauern. Die reizvolle Landschaft ist nicht nur Postkartenmotiv, sondern zu jeder Jahreszeit ein vielfältiges Freizeitrevier. Gleich hinter dem Campingplatz kann man beispielsweise die Hänge über dem See erwandern. Näher liegt natürlich der See selbst, nur ein paar Schritte sind es über die Seepromenade. Der eigene Badestrand (mit Badeinsel, Kajakschule und Bootsvermietung), aber auch sämtliche Strandbäder laden zu sommerlichen Badefreuden oder Wassersport. Im Preis inbegriffen ist auch der Eintritt in das neu gestaltete Zeller Hallenbad. Im Winter hält auf der anderen Seite des Platzes der kostenlose Skibus zu den Pisten von »Zell am See-Kaprun« – und auch die Zeller Eishalle ist inklusive. Der überschaubare Campingplatz selbst ist in jeder Hinsicht gut ausgestattet, mit vielen gepflegten Spiel- und Spaßeinrichtungen für Kinder (im Juli und August auch mit Animation). Man genießt eine sehr familiär-freundliche Atmosphäre – und eine außergewöhnlich leckere Küche im Restaurant.

Thumersbacherstr. 34, A-5700 Zell am See, Tel. +43 (0) 65 42/721 15, www.seecamp.at, ganzjährig

Fläche	3,2 ha
Standplätze Touristen	130
Dauercamper	30
Mietunterkünfte	1
Hunde	erlaubt

99 **Sportcamp Woferlgut**

Ja, es gibt schöne Sportgelegenheiten am Woferlgut, doch eigentlich handelt es sich um einen »Sport-, Spiel- und Freizeit-Camping-platz«. Denn das Angebot beschränkt sich nicht auf die ganzjährigen geführten Berg-, Wander- und Radtouren, das Fitnessstudio und die Tennisplätze. Der Platz bietet auch umfas-sende Möglichkeiten »spielerischer« Freizeit-gestaltung (bis auf die Adventure-Golf-An-lage alle kostenlos). Auf der anderen Seite einer den Platz tangierenden Bundesstraße (Lärmschutzwand und Unterführung) gibt es einen 15 000 qm großen, ausnehmend schön angelegten Badeteich mit Insel und Stegen – sowie einen über Wasser führenden Niedrigseilgarten. Dazu kommen auf dem Hauptgelände ein Freibad mit Planschbecken, ein gut ausgestatteter Außenspielplatz, aber auch ein großes Indoor-Kinderland mit Baby-corner, Bällebad und Kletterwand, täglichen Kinderfilmen im Piratenschiff-Kinderkino, einem Bastelraum mit Kinderküche und für die Größeren einem »Fun & Action«-Raum plus »Chill out«-Bereich. Von Mai bis September gibt es eine professionelle Kinderbetreuung und täglich auch Fahrten mit einem Kinderzug sowie Ponyreiten.

Kroessenbach 40, A-5671 Bruck an der Großglocknerstraße,
Tel. +43 (0) 65 45/730 30,
www.sportcamp.at, ganzjährig

Fläche	18 ha
Standplätze Touristen	200
Dauercamper	70
Mietunterkünfte	82
Hunde	erlaubt

Entdecken & erleben

Salzburg

Nicht umsonst ist Salzburg die Landeshauptstadt – uns auf jeden Fall einen
Abstecher wert: Hier trifft die Stadt aufs
Land. Urbanes Treiben ko-existiert mit
ländlicher Lebensart. Tradition und
Kultur treffen auf Moderne, jahrtausen-
dealte Geschichte auf hippen Lifestyle.
Salzburg ist Kulturhochburg, Kunst-
metropole und Zentrum klassischer
Musik. Zwischen Mozarts Geburtshaus, der Festung Hohensalzburg, der
Residenzgalerie, dem Domquartier und
dem Tiergarten Hellbrunn warten viele
hübsche Plätze, alte Gebäude, nette Restaurants, coole Bars und ein allgegen-
wärtiges Shoppingerlebnis.
Tourist Info: Mozartpl. 5, A-5020 Salzburg, Tel.
+43 (0) 662/88 98 70, Mo–Sa 9–18, Aug. bis
19 Uhr, Apr.–Okt. auch So, www.salzburg.info

Bergbaumuseum & Schaustollen

Im Berg- und Bergbaudorf Mühlbach
am Hochkönig haben ehemalige Bergleute im früheren »Knappenheim« ein
anschauliches Museum aufgebaut. Zeugnisse aus 4 000 Jahren (!) des hiesigen
Kupferbergbaus geben einen eindrucksvollen Einblick in Arbeitsweisen und
Alltag. Dazu gehört auch ein Schaustollen im Berg (nur mit Führung), der
Fördertechniken und Arbeitsbedingungen plastisch vor Augen führt.
Nr. 237, A-5505 Mühlbach am Hochkönig, Tel.
+43 (0) 676/773 31 82; Museum: Mai, Juni, Sep.
Mi–Fr 13–17, Juli, Aug. auch Di, Okt. nur Mi;
Führungen Schaustollen: 14, Juli, Aug. auch
15.30 Uhr, www.museum-hochkoenig.com

Felberturm Museum

Das Mittersiller Museum beherbergt
eine reichhaltige Sammlung, die sich
den Themen Handwerk, Volkskunst,
Brauchtum, Geschichte, Alpinismus,
Mineralien und Bergbau widmet. Der
Wehr- und Wohnturm aus dem 12. Jh.
gehörte einst den Herren von Felben.
1425 geriet er in die Hände der Salzburger Erzbischöfe, die ihn als Getrei-
despeicher nutzten. 1936 kaufte die
Gemeinde den verfallenden Turm und
richtete 1969 das Museum ein.
Museumsstr. 2, A-5730 Mittersill, Tel. +43 (0)
65 62/44 44, Anf. Juni–Sep. Di–Fr 10–17, Sa, So
13–17, Mai, Okt. Sa, So 13–17 Uhr,
www.museummittersill.at

Keltendorf

Bereits vor über 50 Jahren wurden
bei Uttendorf Reste einer prähistorischen Siedlung gefunden. Im Jahr
2001 schließlich begann man auf dem
Steinerbichl oberhalb von Uttendorf
mit dem Nachbau eines Keltendorfs,
aus dem ein aktives Erlebnismuseum
samt Gemeinschaftshaus, Webhaus
und Baumkreis wurde. Dabei können
die Besucher erfahren, wie die Kelten
seinerzeit gelebt haben, die sich mit dem
Kupferbergbau und dem Tauschhan-
del bis nach Oberitalien beschäftigten.
Führungen, bei denen man auch selbst
Hand anlegen kann, gibt es im Sommer
jeden Donnerstag; von außen kann das
Dorf jederzeit besichtigt werden.
Quettensberg 93, A-5723 Uttendorf,
Tel.+43 (0) 65 63/82 79, Führungen: Mai–Okt.
Do 13, 15, 17 Uhr. www.uttendorf.com

Beim dreitägigen Kapruner Burgfest versetzen alljährlich über 500 stilecht agierende Mitwirkende das alte Gemäuer zurück ins Mittelalter.

Kaprun & Kapruner Burg

Kaprun war in erster Linie ein Bergbauerndorf, dessen Bewohner von der Viehzucht lebten. Anfang des 20. Jh. erlangte es einen Namen als Bergführerdorf. Einen enormen Aufschwung erlebte der Ort dann in den 1950er- und 60er-Jahren mit Fertigstellung der Tauernkraftwerke und dem Bau einer Gletscherbahn auf das Kitzsteinhorn (3 202 m), der Kaprun zum Ganzjahresskigebiet machte.

An die Anfänge des Ortes, der im Jahre 931 erstmals urkundlich erwähnt wurde, erinnert die auf das 12. Jh. zurückgehende Burg Kaprun. 1526 war sie von aufständischen Bauern niedergebrannt und dann um 1600 in ihrem heutigen Grundriss wiederaufgebaut worden. Die adeligen Besitzer wechselten über die Jahrhunderte, bis im 20. Jh. zunehmender Verfall einsetzte, bevor sich

der rührige Kapruner Burgverein um die Renovierung des alten Gemäuers kümmerte. Heute ist die Burg imposante Kulisse für zahlreiche Veranstaltungen, wie dem großen Burgfest. Jedes Jahr im Juli lebt dann für mehrere Tage das Mittelalter wieder auf, mit historischem Festzug, Burgkonzerten, buntem Markttreiben, Ritterturnier und vielen Mitmachangeboten. Sogar ein Kinderturnier findet statt. Außerhalb von Veranstaltungen kann man die Kapruner Burg bei einer wöchentlichen Führung kennenlernen. Schloßstr. 55, A-5710 Kaprun, Tel. +43 (0) 676/565 30 12, Führung: ganzjährig Mo 16 Uhr, www.burg-kaprun.at

Spiel, Sport & Action

Sommerrodelbahn Biberg

Mit 61 Kurven, drei Jumps und zwei Tunnel auf einer Wegstrecke von 1 632 m

Es kommt nicht allzu oft vor, dass technische Großprojekte neue Naturschönheiten zum Vorschein bringen. Die Kapruner Hochgebirgsstauseen gehören allerdings dazu.

gilt die Sommerrodelbahn am Biberg als die längste Europas. 345 Höhenmeter werden dabei überwunden. Den Start der Rodelbahn an der Bergstation Biberg erreicht man in einer etwa einstündigen Wanderung – oder mit dem Sessellift. Dabei kann man sich nicht nur ganz bequem zurücklehnen, sondern gleichzeitig sogar »Meerblick« genießen, das Bergpanorama des Steinernen Meeres. Nach der Fahrt können sich Kinder an der Talstation der Bahn auch noch in einem Fahrrad-Hindernisparcours austoben.

Kehlbach 55, A-5760 Saalfelden am Steinernen Meer, Tel. +43 (0) 65 82/721 73, Anf.–Mitte Juli, Ende Aug.–Anf. Okt. tgl. 9–17, Mitte Juli–Ende Aug. bis 18 Uhr, www.sommerrodeln-saalfelden.at

Tauern Spa Kaprun

Sieht von außen aus wie ein modernes Fußballstadion und bietet innen alles, was sich Sport- und Wellnessfreunde wünschen: Saunawelt, Ruheräume, Hallen- und Außenbecken – und dies mit Blick auf die Kulissen der Hohen Tauern.

Tauern-Spa-Pl. 1, A-5710 Kaprun, Tel.+43 (0) 65 47/20 40 20 12, Sa–Do 9–22, Fr bis 23, Sauna ab 10 Uhr, www.tauernspakaprun.com

Natur erleben
Mittersill & Umland

Im Oberpinzgau und seinem Hauptort Mittersill kreuzen sich die Wege von Mensch und Natur. Während das Wasser der Salzach von Westen nach Osten fließt, quert die wichtige Alpenverbindung der Felbertauernstraße das Tal von Norden nach Süden. Die Region ist ein günstiger Ausgangspunkt für Bergwanderungen und hochalpine Touren – sowohl auf die Dreitausender des Nationalparks Hohe Tauern als auch auf die sanften Grasberge der

Kitzbüheler Alpen. Das Felbertal und das Hollersbachtal stecken voller Naturimpressionen. Nationalpark-Ranger und Bergführer freuen sich, bei sechs geführten Wanderungen pro Woche im Sommer und bei drei geführten Wanderungen pro Woche im Frühling und Herbst, Naturinteressierten die Besonderheiten der Region zu zeigen. Ein kostenloser Wandershuttle bringt Gäste zum Ausgangspunkt der Touren und zurück in die Unterkunft.

Tourist Info: Stadtpl. 1, A-5730 Mittersill, Tel.+43 (0) 65 62/42 92, www.mittersill.info

Wildpark Ferleiten

Mitten im Familienwandergebiet Fusch liegt der Wildpark Ferleiten, in dem über 200 Tiere, darunter Steinböcke, Murmeltiere, Bisons, Wölfe, Luchse und auch ein paar Bären, zu Hause sind. Es gibt Greifvogelvorführungen, außerdem einen großen Erlebnisspielpark.

Taxenbacher Fusch 85, A-5672 Ferleiten, Tel. +43 (0) 65 46/220, Mai–Okt. tgl. 8 Uhr bis Einbruch der Dunkelheit, Greifvogelshow: Di–So 11 u. 15 Uhr, www.wildpark-ferleiten.at

Kraftwerk & Stauseen Kaprun

Die beeindruckenden Stauanlagen der Kapruner Kraftwerksgruppe auf 2040 m Höhe sind eine Attraktion. Die »Erlebniswelt Strom und Eis« gewährt u. a. Einblick in die Maschinenhalle. Mit einem offenen Schrägaufzug gelangt man zu den Stauseen sowie zur gigantischen Staumauer und kann auch deren Innenleben erkunden.

Besucherzentrum: Ende Jan.–Mitte Dez. tgl. 8–18, Aufzug: Ende Mai–Anf. Okt., Staumauerführung: Ende Mai–Anf. Okt. tgl. 10–15.15 Uhr, www.tauerntouristik.at/de/kaprun

Lamprechtshöhle

Sie ist die tiefste wasserführende Höhle Österreichs und gehört zu den größten Höhlensystemen Europas und der Welt. Eine Länge von 51 km ist bislang erforscht; für Besucher erschlossen sind ca. 700 m. Jahrhundertelang ging die Sage, in diesem Höhlenlabyrinth sei der Schatz des sagenhaften Ritters Lamprecht verborgen. Vielen der Abenteurer, die des Ritters Tauerngold suchten, wurde der durch die Höhle fließende Wildbach zum Verhängnis: 146 Skelette hat man seit dem 19. Jh. hier gefunden, schwarze Kreuze markieren die Stellen.

Gut gesichert, können Besucher heute über Treppengerüste gut 70 m in Richtung des am Höhlenboden gurgelnden Wildbachs vordringen und schließlich einen atemberaubenden Blick in die schier unendliche Tiefe des Höhlensystems werfen. Die Hobbyhöhlenforscher können sich nach Rückkehr an die Erdoberfläche im unmittelbar benachbarten Gasthaus stärken.

Obsthurn 28, A-5092 St. Martin bei Lofer (an der B 311 zwischen Lofer und Saalfelden), Tel. +43 (0) 676/448 07 91, Mai–Okt. tgl. 8.30–19, Nov.–Apr. Fr–So 10–17 Uhr, www.lamprechtshoehle.at

Seisenbergklamm

Seit 1831 ist diese Klamm in Weißbach bei Lofer begehbar. Damals errichteten Holzknechte einen Weg durch die steilwandige Gebirgsschlucht, um Holz transportieren zu können. Die etwa 600 m lange Klamm gehört zweifellos zu den schönsten in Österreich. Über tosende Wasserfälle hinweg spaziert man auf hölzernen Stegen bis zur Dunkelklamm, deren enge Felswände kaum Sonnenlicht hindurch lassen. Eine Be-

*Einst wurde sie zum riskanten Holztransport genutzt, heute machen bestens aus-
gebaute hölzerne Stege die pittoreske Seisenbergklamm sicher begehbar.*

gehung ist auch für Kinder ab 3 Jahren (in Begleitung Erwachsener) möglich. Der historisch bezeugte Klammgeist beschränkt sich heutzutage darauf, Wissenswertes zu vermitteln.

Unterweißbach 36, A-5093 Weißbach, Tel. +43 (0) 65 82/824 24, Anf. Mai–Ende Okt. tgl. 8.30 18.30 Uhr, www.seisenbergklamm.com

Gold & Geier im Raurisertal

Insbesondere zwei Dinge unterscheiden das Raurisertal, das 30 km lange Hochtal im Nationalpark Hohe Tauern, von anderen Alpentälern: Gold und Geier! Seit 1986 ziehen wieder Bartgeier ihre Kreise über dem Tal, gemeinsam mit großen Populationen von Gänsegeiern und Steinadlern. Wer die majestätischen Vögel nicht nur aus der Ferne erspähen will, kann ihnen auf der Hochalm ganz nahe kommen. Daran, dass der Gold-bergbau jahrhundertelang die Geschichte des Tals bestimmte, erinnern in Rauris Bauten aus dem 15./16. Jh. und zahlrei-che historische Bergbaurelikte in der Tal-landschaft. Zwei Bergwander-Rundwege widmen sich den Spuren des »Tauern-golds« vor eindruckvoller Naturkulisse (Goldberggletscher). Startpunkt ist das Naturfreundehaus Neubau. Auch wenn die Zeit des kommerziellen Goldabbaus längst vorbei ist, können Besucher im Sommer an einigen Stellen das edle Metall immer noch suchen – und finden! Das Gold, das man aus den Bergbächen waschen kann, bringt kein Vermögen, aber glänzende Flitter und großes Ver-gnügen beim Entdecker.

Tourist Info: Sportstr. 2, A-5661 Rauris, Tel.+43 (0) 65 44/2 00 22, www.raurisertal.at; Greifvogelwarte: Bergstation Hochalmbahn, Tel. +43 (0) 65 44/633 43, www.hochalm-rauris.at; Goldsuchrevier: Tel.+43 (0) 65 44/70 52, Ende Mai–Ende Sep., www.goldsuchen.at

Krimmler Wasserfälle

Ganz im Westen des Salzburger Landes ist ein kleines Dorf für die größten Wasserfälle Europas, die fünfthöchsten der Welt, berühmt. Gespeist von zwölf Gletschern sürzt bei Krimml die Krimmler Ache über drei gewaltige Felsstufen, riesige Wassermassen donnern insgesamt 385 m in die Tiefe. Ein schon um 1900 vom Österreichischen Alpenverein angelegter, 4 km langer Wasserfallweg (gebührenpflichtig) führt mit zahlreichen Aussichtspunkten und -kanzeln hautnah an die tosenden Fälle heran und in ihren erfrischenden Sprühregen. Das meiste Wasser fließt im Hochsommer und in den Abendstunden.

Von den Parkplätzen in Oberkrimml aus gelangt man in 15–20 Min. zur Aussichtskanzel am unteren Fall (auch für Kinderwagen geeignet). Von dort geht es dann in Serpentinen aufwärts. Nach etwa 25 Min. erreicht man die mittlere Fallstufe und nach einer weiteren halben Std. den obersten Wasserfall. Am Fuß der Fälle gibt es auch noch ein Erlebnis- und Wasserfallzentrum »Wasserwelten« mit Ausstellung und »Aquapark«.

A-5743 Krimml OT Oberkrimml, Tel. +43 (0) 65 64/72 12, Mitte Apr.–Ende Okt. tgl. 9–17 Uhr, www.wasserfaelle-krimml.at, www.krimml-wasserfalldorf.at; Wasserwelten: Tel. +43 (0) 6564/201 13, Mai–Ende Okt. tgl. 9.30–17 Uhr, www.wasserwelten-krimml.at

Der untere Krimmler Wasserfall überwindet in zwei Stufen 140 Meter und ist damit der zweithöchste der drei Fälle bei Krimml.

100 Schluga Camping Hermagor

Wasserratten und Badefrösche haben hier die Qual die Wahl, welches schöne Nass sie ansteuern wollen. Da ist zunächst einmal der große Naturschwimmteich (500 qm), gleich ums Eck ein schönes beheiztes Freibad (120 qm) mit extra Kinderbecken (20 qm). Daneben, unter dem Dach des »AlpinSPA«, ganzjährig ein Hallenbad mit Gegenstromanlage. Damit verbunden ein stylisher Wellnesskomplex mit mehreren Saunen, Relaxzonen und Fitnesscenter. Der Blick aus der Finnischen Sauna auf das Bergpanorama der Karnischen Alpen ist unbezahlbar – aber wie all die Angebote im Campingpreis inbegriffen. Damit nicht genug, am ca. 4 km entfernten Presseger See steht den Gästen auch noch ein Privatstrand mit 3 ha großer Liege- und Spielwiese zur Verfügung (ebenfalls mit eindrucksvollem Panorama). Kostenloser Transfer wird angeboten. Die Sanitäranlagen mit Baby-, Kinder- und Behindertenausstattung, Familien- und Mietbadezimmern sind gleichfalls exzellent. Für Kinder und Jugendliche gibt es altersadäquate Spiel- und Freizeitangebote sowohl im Freien als auch indoor: Im Juni 2018 wird ein neues großes Kinderspieleland mit drei Ebenen für die verschiedenen Altersgruppen eröffnet. Auch für Winter(sport)bedürfnisse ist der Platz perfekt ausgestattet, der Skibus zum Nassfeld ist kostenlos.

Vellach 15, A-9620 Hermagor-
Presseger See OT Obervellach,
Tel. +43 (0) 42 82/20 51,
www.schluga.com, ganzjährig

Fläche	5,5 ha
Standplätze Touristen	215
Dauercamper	35
Mietunterkünfte	26
Hunde	willkommen

101 Terrassencamping Maltatal

Nicht nur der Name erinnert im Maltatal ans Mittelmeer: Südlich des Alpenhauptkamms ist auch auf 800 m Seehöhe der klimatische Einfluss des Südens spürbar. Der Campingplatz mit dazugehörigem Hotel/Restaurant ist ein traditioneller Familienbetrieb. Die Bedürfnisse von Familien, Kindern und Hunden stehen ganz oben, es geht lebhaft, aber sehr entspannt und herzlich zu. Jeden Morgen bietet der Chef den Kindern eine Rundfahrt mit Traktor und Anhänger, anschließend dürfen sie Pony reiten. Auf dem Bauernhof gibt es auch noch etliche Streicheltiere. Kinder haben auf dem Platz sehr viel Raum und Gelegenheiten zum Spielen und Entdecken, auch jenseits von Spielplatz, Spielpavillon und sommerlicher Animation. Die modernen Sanitäranlagen sind kindergerecht ausgestattet, bieten auch Sauna und Dampfbad. Das große Freibad inmitten des Platzes ist gemeindlich und kostet (einen sehr moderaten) Eintritt.

Malta 6, A-9854 Malta OT Unter-Malta,
Tel. +43 (0) 47 33/23 40,
www.camping-maltatal.at,
Ende Apr.–Mitte Okt.

Fläche	4 ha
Standplätze Touristen	239
Dauercamper	10
Mietunterkünfte	7
Hunde	willkommen

ADAC Inspekteur Robert Döll:
»Das Kindersanitär als fast lebens-
großes Piratenschiff ist eines der
ungewöhnlichsten Sanitärgebäude,
die ich je gesehen habe.«

102 Komfort-Campingpark Burgstaller

Einen »Stellplatz, der sich mit der Sonne dreht«, hatte die Welt noch nicht gesehen – bis ihn sich Herr Burgstaller einfallen ließ und in seinem Campingplatz installierte. Nicht dezente Zurückhaltung, sondern schillernd inszenierter, komfortabler Rundumservice (wie bei den exzentrischen Sanitäranlagen) ist das (erfolgreiche) Rezept. Infrastruktur und Animationsangebote für Kinder, Familien und Erwachsene sind überbordend. Hier ist immer richtig was los. Vom Millstätter See ist der Platz gut 100 m entfernt, aber am Ufer wartet nicht nur das eigene Strandbad mit beheiztem Pool. Auch der Eintritt in alle anderen Strandbäder am See (sowie weitere Freizeiteinrichtungen der Region) ist inklusive.

Seefeldstr. 16, A-9873 Döbriach,
Tel. +43 (0) 42 46/77 74,
www.burgstaller.co.at,
Anf. Apr.–Okt.

Fläche	12 ha
Standplätze Touristen	500
Dauercamper	50
Mietunterkünfte	44
Hunde	erlaubt

103 Camping am Waldbad

Bis ins Dellacher Zentrum sind es nur wenige Hundert Meter, doch fernab von Straßenlärm liegt der Campingplatz auf der anderen Seite der Drau zwischen Wiesen und Waldrand. Er ist eingebettet in eine parkähnliche Freizeit- und Sportanlage und gruppiert sich um das großzügige, gemeindliche »Erlebnisbad«, das den Campinggästen kostenlos zur Verfügung steht: Neben einem eigenen Kinderbereich gibt es ein Schwimm- und ein großes Erlebnisbecken (mit Rutsche, Wasserpilz, Strömungskanal); dazu gehören auch Sportplätze und ein gut ausgestatteter Abenteuerspielplatz (mit Seilrutschen, Slackline- und Skateranlage). Im Juli und August bietet der Campingplatz ein umfangreiches Animationsprogramm für Kinder und Familien an, das angesichts zahlreicher niederländischer Gäste deutlich international geprägt ist.

Raßnig 8, A-9772 Dellach (Drautal),
Tel. +43 (0) 47 14/288, www.urlaub-
dellach-drau.at/camping.html,
Anf. Mai–Ende Sep.

Fläche	3 ha
Standplätze Touristen	195
Dauercamper	8
Mietunterkünfte	44
Hunde	erlaubt

Entdecken & erleben

Porsche Automuseum, Gmünd

Nach der Bombardierung des Stuttgarter Werks verlegte Ferdinand Porsche die Produktion seiner Fahrzeuge nach Kärnten. Von 1944–50 wurden die berühmten Sportwagen in Gmünd entwickelt und produziert, darunter auch der legendäre Porsche 356. Als Teststrecke nutzte der Entwickler den nahen Katschberg, bis er 1951 wieder nach Stuttgart-Zuffenhausen zurückkehrte. 25 Jahre später kaufte der Porsche-Fan Helmut Pfeifhofer das Anwesen (die ehemaligen Hofstallungen der Grafen von Lodron) und richtete mit großem persönlichem Einsatz ein privates Museum ein, das neben einer Kollektion an Sportwagen auch die Porsche-Geschichte zeigt.
Riesertratte 4a, A-9853 Gmünd (Kärnten), Tel.+43 (0) 47 32/ 24 71, Mitte Mai–Mitte Okt. tgl. 9–18, sonst tgl. 10–16 Uhr, www.auto-museum.at

Hermagor

Die Gemeinde nahe des Pressegger Sees im unteren Gailtal wird im Süden von den Karnischen Alpen und im Norden von den Gailtaler Alpen begrenzt. Die spätgotische Pfarrkirche wurde nach einem Türkeneinfall neu erbaut und birgt im Chor Wandmalereien aus dem 14. Jh. Südlich von Hermagor zeigt das

Gailtaler Heimatmuseum im Schloss Möderndorf eine abwechslungsreiche, volkskundliche und kulturhistorische Sammlung.

Tourist Info: Wulfeniapl. 1, A-9620 Hermagor, Tel. +43 (0) 42 82/23 33, www.hermagor.at; Museum: Möderndorf 1, Tel. +43 (0) 42 82/30 60, Mai–Mitte Okt., Öffnungszeiten siehe www.gailtaler-heimatmuseum.at

Mölltal

Abenteuerlich kann es hier zugehen, insbesondere dann, wenn man von Obervellach, der ehemaligen Goldgräber- und heutigen Kurstadt, in die wilde Raggaklamm oder in die Groppensteinschlucht vordringt. Nicht weniger faszinierend ist eine Fahrt nach Reißeck. Die Gemeinde befindet sich am Fuße des Danielsbergs. Mit der Mölltaler Gletscher- und der Kreuzeckbahn erreicht man bequem die Bergwelt der Umgebung. Hauptort des Mölltals ist Großkirchheim (bis 1983 Döllach, wie es noch in vielen Landkarten steht). Bereits zur Zeit der Kelten und bis ins 17. Jh. wurde hier Gold abgebaut.

www.oberkaernten.info/moelltal

Sagamundo

In Döbriach am Ostufer des Millstätter Sees liegt das Sagenmuseum »Haus des Erzählens«. Auf mehreren Etagen werden Kinder und Eltern multimedial in die magische Welt der Kärntner Mythen, Märchen und Legenden entführt.

Hauptpl. 8, A-9873 Döbriach, Tel. +43 (0) 42 46/ 78 78 14, Mai–Okt. Mo–Fr 9–17, Sa, So 10–17 Uhr, www.sagamundo.at

Museum für Volkskultur

Im Spittaler Schloss Porcia ist das Museum für Volkskultur mit seinen Samm-

lungen untergebracht, die in Kärnten einzigartig sind. Präsentiert werden anhand von rund 20 000 Exponaten die Geschichte des Landes und der Einfluss des Bergbaus, des Handwerks und später auch des Wintersports. Dazu kommen noch »Rauchkuchl« und Almhütten sowie viel Krimskrams aus dem Leben in vergangener Zeit. Im Kino des Museums kann man einen 3D-Flug durch die Täler Oberkärntens, den Nationalpark Hohe Tauern oder ganz Kärnten unternehmen. Per Joystick lassen sich Flugrichtung und Flughöhe selbst bestimmen.

Burgpl. 1, A-9800 Spittal (Drau), Tel. +43 (0) 47 62/28 90, Mitte Apr.–Mitte Okt. tgl. 9–18, sonst Mo–Do 13–16 Uhr, www.museum-spittal.com

Granatium Radenthein

Die Millstätter Alpe birgt das größte Granatvorkommen der Alpen. Einige der schönsten Exemplare dieses Halbedelsteins kann man in Radenthein bewundern. Nach einer Tour durch das Granatzimmer und den Stollen gelangt man ins Schürfgelände, wo man selbst schürfen und – mit dem passenden Werkzeug – die Steine auch bearbeiten kann. Für die Wanderung durch den Stollen empfiehlt sich warme Kleidung: Im Berg beträgt die Temperatur nur 8 °C.

Klammweg 10, A-9545 Radenthein, Tel. +43 (0) 42 46/291 35, Mai–Okt. tgl. 10–18 Uhr, www.granatium.at

Frühmittelalter-Museum Carantana

Nur wenige Kilometer von Spittal entfernt, bietet dieses Museum mit seinem Freigelände einen idealen Einblick in das frühe Mittelalter – für Kärnten eine sehr bedeutende Periode, deren künstle-

rischen Wert auch die gefundenen karo-
lingischen Flechtwerksteine belegen.
Nr. 5, A-9701 Molzbichl, Tel. +43 (0) 47 67/ 666,
Mitte Mai–Mitte Okt. So–Fr 10–12, 13–17 Uhr,
www.carantana.at

Spiel, Sport & Action

Pankratium

Ein Universum der sinnlichen Wahrnehmung, nicht nur für Kinder: In der Welt
des Staunens bewegt sich alles, fließt,
rinnt, es klingt aus Rohren und Trichtern.
Es gibt die größte begehbare Geige der
Welt, Wassertrompeten und viele andere
Instrumente laden zum Musizieren oder
Lauschen ein. Im »KlangKunstGarten«
spielen Soundskulpturen aus Holz, Stein
und Metall im Einklang mit dem Wind
die schönsten Stücke. Und »Wasser-
KlangBilder« bringen das Medium
Wasser zum Schwingen.
Hintere Gasse 60, A-9853 Gmünd (Kärnten), Tel.
+43 (0) 47 32/311 44, Mai–Mitte Juli, Sep.–Ende
Okt. tgl. 10–17, Mitte Juli–Aug. bis 18 Uhr,
www.pankratium.at

Wasserspielepark Fallbach, Maltatal

Der Fallbach ist mit seinen 200 m der
höchste – frei fallende –Wasserfall
Kärntens. Zu seinen Füßen können die
Kleinen sich an Klettersteig und Kinder-
kletterfels versuchen oder sich auf einem
Wasser-Matsch-Spielplatz austoben.
Auch die Gössfälle und die Malteiner
Wasserspiele lassen sich von hier erwandern. Letztere sind eine wildromantische Schlucht- und Wasserfallland-
schaft. Von drei Aussichtsplattformen
an einem Naturerlebnisweg lassen sich
die Schluchten, Tümpel und Strudel des
Maltaflusses bewundern. Ein einfacher,

nur rund 2 km langer Rundweg kann
mit der ganzen Familie in weniger als
1 Std. begangen werden.
Brandstatt 11, A-9854 Malta OT Koschach,
Mai–Sep. tgl. 9–18, Okt. 10–17 Uhr,
www.erlebnispark-fallbach.at

Terra Mystica & Terra Montana

Einst wurde in der Bleiberger Mine Blei
abgebaut, heute ist sie ein doppeltes
Schaubergwerk: Während die Erwachsenen in der »Terra Montana« höchst
realistisch die Arbeitswelt der Bergleute
einst und jetzt erleben, können Kinder
(ab 4 Jahren) in der »Terra Mystica« auf
Abenteuerreise und Schatzsuche gehen.
Warme Kleidung und gutes Schuhwerk
empfohlen! Auch ein oberirdisches
Montanmuseum gibt es noch.
Bleiberg-Nötsch 91, A-9531 Bad Bleiberg, Tel.
+43 (0) 42 44/22 55, Öffnungszeiten siehe
www.terra-mystica.at

Weißensee

Er ist so klar und sauber, dass man sein
Wasser trinken kann. Unter den großen
Kärntner Badeseen ist er zudem der
alpinste. Nicht nur, weil sein Seespiegel
auf 930 m Höhe liegt, sondern weil gleich
hinter seinen Ufern imposante Berge
aufragen. Am Weißensee geht es eher
gemütlich und familiär zu. Die vielen
Badestellen und das im Sommer bis zu
24 °C warme, kristallklare Wasser sind
ein Paradies für Wasserratten. Natürlich
wird hier auch gefischt, getaucht, gesurft,
gesegelt – und gewandert, auf knapp
200 km markierten Wegen bis in 2 200 m
Höhe. Der gesamte Ostteil des lang
gestreckten Sees ist komplett unverbaut. Wunderschön ist die Wanderung
von Neusach am Nordufer entlang zur

Ostspitze bei Ortsee (3 Std.); zurück geht es mit der Weissensee-Schifffahrt, die auch viele andere Wandermöglichkeiten erschließt. Sportliche steigen aufs Mountainbike und freuen sich über die angebotenen Strecken und Trails, z. B. auf die Naggler Alm.

Tourist Info: Techendorf 78, A-9762 Weißensee, Tel. +43 (0) 47 13/2 22 00, www.weissensee.com

Natur erleben
Maltatal

»Das Tal der stürzenden Wasser« wird das Maltatal wegen seiner prächtigen Wasserfälle und Wildbäche auch genannt. Die mautpflichtige Malta-Hochalm-Straße ist eine der spektakulärsten Alpenstraßen. In 14,4 km führt sie von 911 m Seehöhe auf rund 1 900 m – und vorbei sowohl an den Malteiner Wasserspielen am Maltabach als auch am Melnikfall, dem höchsten Wasserfall Kärntens. Durch sechs Natursteintunnel erreicht man schließlich die Krone der Kölnbrein-Staumauer, mit 200 m die höchste Talsperre Österreichs.

Malta Hochalmstraße, nordwestlich von Gmünd: Mitte Mai–Okt. tgl. 7–18 Uhr, www.verbund.com/malta

Eselpark Maltatal

Der Familienpark im Herzen des Nationalparks Hohe Tauern beherbergt über 100 Tiere unterschiedlicher Rassen. Die verschiedenartigen Esel – von amerikanischen Miniatur- bis zu spanischen Rieseneseln – lassen sich gerne streicheln und auch Kinder auf sich reiten.

Malta 55, A-9854 Malta, Tel. +43 (0) 664/ 160 81 11, Apr., Mitte Sep.–Okt. tgl. 13–18, Mai–Mitte Sep. tgl. 10–19, Okt. Sa, So 13–18 Uhr, www.eselpark.at

Sechs unterschiedliche Eselrassen sind im Eselpark Maltatal zu sehen. Gemeinsam ist ihnen ihr ausgesprochen umgängliches Wesen.

104 Camping Arneitz

Am Ostufer des Faaker Sees (kurz vor Neuegg) liegt der Platz zwischen Uferstraße und See. Gleich am Eingang wird deutlich, dass man hier mehr als nur eine Campingunterkunft bekommt. Der frei zugängliche Spiel- und Erlebnispark des »Arneitz Village« macht v. a. kleineren Kindern zahllose attraktive Unterhaltungsangebote (teilweise kostenpflichtig): Märchenschloss, Spieleschiff, Haifischhüpfburg, Fahrgeschäfte, Show-Aufführungen ... Roller, Drei- und Laufräder werden kostenlos ausgeliehen. Der Kiesstrand am See punktet mit Steg, Badeinsel und Wasserrutsche. Auch die hervorragende Familienausstattung der Sanitäranlagen zeigt, wie viel Wert auf Kinderfreundlichkeit gelegt wird. Im Juli und August gibt es an sechs Tagen der Woche Kinderanimation. Der Rest der Familie kommt in den Genuss allabendlicher Live-Musik.

Seeufer-Landesstr. 53, A-9583 Faak am
See, Tel. +43 (0) 42 54/21 37,
www.camping-arneitz.at,
Ende Apr.–Sep.

Fläche	6 ha
Standplätze Touristen	400
Dauercamper	keine
Mietunterkünfte	nein
Hunde	bedingt erlaubt

105 Familiencamping Poglitsch

Der Campingplatz liegt am Ortsrand von Faak, östlich des breiten Schilfgürtels des Sees. Bis zum eigentlichen Ufer, der offenen Wasserfläche, sind es etwa 800 m. Doch baden kann man auch unmittelbar am Platz im 2 000 qm großen Badeteich mit Kiesstrand, großer Wasserrutsche und Liegewiese. Der Clou ist, dass dieser Teich durch einen Bach mit dem Faaker See verbunden ist – und kostenlos Kanuboote bereitstehen, um vom kleinen Teich zum großen See zu paddeln. Den herrlichen Paddelspaß auf dem verschlungenen Bachlauf durch das naturbelassene Schilf sollte man sich keinesfalls entgehen lassen. Auf dem Platz gibt es ordentliche Sanitäranlagen mit Kinderwaschraum, Sport- bzw. Spielplätze (ganz neu das »Faboland«) und einige Unterhaltungsangebote für die ganze Familie: geführte Wanderungen oder Radtouren, Hobbykurse, Kinderolympiade. Zweimal wöchentlich zieht das Kasperletheater junge Zuschauer in den Bann.

Kirchenweg 19, A-9583 Faak am See,
Tel. +43 (0) 42 54/27 18,
www.kindercamping.at,
Apr.–Mitte Okt.

Fläche	6 ha
Standplätze Touristen	210
Dauercamper	20
Mietunterkünfte	19
Hunde	erlaubt

106 **Seecamping Berghof**

Ein enorm liebevoll gestalteter und umsichtig betriebener Platz. Zwei lokalen Bergkobolden (Fittich & Wittich) wurde auf einem der drei Spielplätze
sogar ein aufwendiges Heim errichtet (in den Kinder-Sanitäranlagen kehrt
das Koboldmotiv wieder). Aber auch Camper finden auf dem mehrfach
terrassierten Gelände am Südufer des Ossiacher Sees gärtnerisch gestaltete
Standplätze mit großartigem Panorama. Nicht weniger gelungen sind die
sanitären Anlagen sowie die umfangreichen Einrichtungen und Veranstaltungsangebote für Spiel, Sport und Unterhaltung. An alle Altersgruppen
wird gedacht. Die vielfältigen Animationsprogramme reichen von geführten Waldspaziergängen (mit Kobold-Aufklärung) über Live-Musik am
Strand bis zum »Sautrog«-Wettpaddeln auf dem See.

Süduferstr. 241, A-9523 Villach,
OT Landskron, Tel. +43 (0)
42 42/411 33, www.seecamping-
berghof.at, Mitte Apr.–Mitte Okt.

Fläche	16 ha
Standplätze Touristen	390
Dauercamper	10
Mietunterkünfte	28
Hunde	bedingt erlaubt

Entdecken & erleben

Sehenswert & interessant
Villach

Villach ist die zweitgrößte Stadt Kärntens und steht in gesunder Rivalität zu Klagenfurt. Für sich allein beanspruchen kann Villach den Status der Faschingshauptstadt Österreichs. Durch die reizvolle Lage an der Drau und die Nähe zu Italien herrscht eine mediterrane Atmosphäre mit Eisdielen, schmucken Geschäften und viel Kunst. Die quirlige Altstadt vereint großzügige Plätze und verträumte Gassen, historische Substanz und moderne Blickfänge. Lohnend ist eine Schifffahrt auf der Drau, die sich durch die Stadt schlängelt und neue Perspektiven offenbahrt.

Tourist Info: Bahnhofstr. 3, A-9500 Villach, Tel. +43 (0) 42 42/205 29 00, Mai–Aug. Mo–Fr 9–18, Sa 10–14, Sep.–Apr. Mo–Fr 9–17, Dez. auch Sa 10–16 Uhr, www.region-villach.at

Fahrzeugmuseum, Villach

Nicht außergewöhnliche Modelle oder Marken sind in dem liebevoll zusammengestellten Privatmuseum zu sehen, sondern eine große Anzahl der (einst!) ganz gewöhnlichen Autos und Motorräder »des kleinen Mannes«. Hier können mehrere Generationen auf sentimentale Zeitreise gehen und Eltern oder (Ur-)Großeltern ihrem Nachwuchs endlich einmal zeigen, was ihnen damals so viel bedeutete. Im 1. Stock gibt es auch noch eine Radiosammlung zu sehen.

Ferdinand-Wedenig-Str. 9, A-9500 Villach OT Zauchen, Tel. +43 (0) 42 52/330 31, Mitte Juni bis Mitte Sep. tgl. 10–18, sonst tgl. 10–12, 14–16 Uhr, www.oldtimermuseum.at

Puppenmuseum Elli Riehl

Kärntner Idyllen für Groß und Klein zeigt das Puppenmuseum von Elli Riehl. Die 1977 verstorbene Puppenmacherin hat mit ihren handgefertigten Kreationen eindrückliche Szenen aus dem Kärntner Landleben nachgestellt.

Buchholzer Str. 4, A-9541 Winklern OT Einöde, Apr., Mai, Okt. tgl. 10–12 u. 14–17, Juni–Sep. 9–18 Uhr, www.elli-riehl-puppenwelt.at

Wachsfigurenkabinett Schloss Rosegg

Erbaut wurde das Schloss 1772 vom Fürsten Orsini-Rosenberg, einem der größten Förderer Mozarts. Seiner italienischen Geliebten ließ er ein standesgemäßes südländisches Domizil errichten. Seit 1831 ist Schloss Rosegg im Besitz der Familie Liechtenstein. Die ließ ihre eigene und die Geschichte des Hauses mit Wachsfiguren nachstellen. So kann man den früheren Schlossherren nun in ihrem angestammten Ambiente in Lebensgröße begegnen. Per Audioguide lernt man die Herrschaften dann auch näher kennen.

Schloss Rosegg 1, A-9232 Rosegg, Tel. +43 (0) 42 74/523 57, Mai–Juni, Sep. Di–So 10–18, Juli–Aug. tgl. 10–18 Uhr, www.rosegg.at

Freilichtmuseum Keltenwelt

In die Hallstattzeit vor rund 3 000 Jahren entführt dieses Freilichtmuseum die Besucher. Hier begruben die Kelten einst ihre Toten in Grabhügeln. Gefunden wurde in Frög unter anderem ein prunkvoller Totenwagen aus Blei mit zwölf Pferden, ein in Europa einzigartiges Stück. Ein zu einem Schaugrab

Der Aussichtsturm auf dem Pyramidenkogel ist eine rekordhaltende technische Konstruktion – und eine eindrucksvolle architektonische Skulptur!

ausgebautes Fürstengrab gewährt Einblicke in den Totenkult der Hallstattzeit. Vor dem Gräberfeld wurde ein keltisches Dorf rekonstuiert.
Bergweg 22, A-9232 Frög (bei Rosegg), Tel. +43 (0) 42 74/525 54, Apr.–Juni, Sep.–Okt. Mi–So 11–18 Uhr, Juli, Aug. Di–So, www.keltenwelt.at

Spiel, Sport & Action

Pyramidenkogel

Der Pyramidenkogel ist ein unauffälliges Berglein (850 m), doch der außergewöhnliche, exakt 100 m hohe Aussichtsturm auf seinem Gipfel ist ein Meisterwerk. Weltweit gibt es keinen höheren Aussichtsturm aus Holz und die überdachte Rutsche in seinem Inneren ist die höchste in Europa. Fast 52 m geht es auf einer Länge von 120 m in die Tiefe, dabei werden Geschwindigkeiten von bis zu 30 km/h erreicht. Von drei überdachten Aussichtsplattformen – der höchsten auf 71 m – kann man einen herrlichen Rundblick über den Wörthersee und den Süden Kärntens genießen. Wer sich traut, kann von der obersten Plattform auch per Seilrutsche auf den Boden zurückkehren.
Linden 62, A-Keutschach am See, März, Apr., Okt. tgl. 10–18, Mai, Sep. 9–19, Juni bis 20, Juli, Aug. bis 21, Nov., Dez., Jan., Feb. 10–17 Uhr, www.pyramidenkogel.info

Wandern am Dobratsch

Das älteste Naturschutzgebiet Kärntens liegt rund um den Dobratsch, den unmittelbar westlich der Stadt liegenden Hausberg der Villacher (2 166 m). Man gelangt zwar auch über eine Mautstraße (Villacher Alpenstraße, Mitte April–Mitte November, Gebühr) auf den Gipfel, sollte aber lieber eine der vier Wanderrouten

Etwa 150 Japanmakaken leben auf dem Affenberg Landskron in einem etwa 40 000 Quadratmeter großen, bewaldeten Freigehege, dem größten in Österreich.

wählen. Für die Mühe lohnt der Rundblick über Karawanken und Julische Alpen. Eine schöne Route führt zur Kirche Maria am Stein, der höchstgelegenen Bergkirche Europas. Beim Parkplatz 6 der Villacher Alpenstraße liegt auf 1 500 m Seehöhe der Villacher Alpengarten. Besonders üppig und blütenreich präsentiert er sich im Juni.
www.villacher-alpenstrasse.at; Alpengarten: Parkplatz 6 der Villacher Alpenstr., Juni–Aug. tgl. 9–18 Uhr, www.alpengarten-villach.at

Historisches Bauernbad Karlbad

In achter Generation pflegen Georg Aschbacher und sein Sohn Hans-Jörg eine über 300-jährige Badetradition, als ob die Zeit stillzustehen scheint. Im historischen Badehaus werden, wie im 17. Jh., Steine aus dem Karlbach stundenlang im Feuer erhitzt, ehe sie glühend in die mit eiskaltem, radonhaltigem Wasser der Karlbadquelle gefüllten Badetröge aus Lärchenstämmen gelangen. Das historische Wellnesserlebnis hat seinen Preis, ist aber ein unnachahmlicher Genuss.
St. Peter 2, A-9545 Radenthein, Tel. +43 (0) 664/968 39 26, www.badkleinkirchheim.at/karlbad

Natur erleben

Affenberg Landskron

Ja, in Kärnten gibt es frei lebende Affen! Auf dem Landskroner Affenberg kann man Japanmakaken nicht nur hinter Glas oder Gittern beobachten, sondern – bei einer 50-minütigen fachkundigen Führung – in freier Wildbahn erleben und darf sie sogar füttern und berühren.
Schlossbergweg 18, A-9523 Gratschach OT Landskron, Apr.–Okt. tgl. 9.30–18 Uhr, www.affenberg.com

Speik-Wandern im Nationalpark Nockberge

Die Nockberge sind eine rund geformte Berg- und Almlandschaft im Norden der Kärntner Seen. Der Nationalpark gilt geologisch als eine der ältesten Bergregionen Österreichs. Die Landschaft bezaubert durch ihre Vielfalt und beeindruckende Panoramen. Mancherorts blüht gar Ungewöhnliches: Die Speikpflanze etwa, eine alpine Baldrianart, betört mit ihrem intensiven Geruch. Sie gedeiht einzig auf den Kuppen der Nockberge. Ausgesuchte Speikwanderwege folgen dem Duft der Pflanzen, und eigens ausgewiesene Speikhütten bieten Naturkosmetik, die auf der Pflanze basiert: Nach einem Fußbad werden die Füße mit Speiköl gesalbt, wie es schon Maria Magdalena mit den Füßen von Jesus getan haben soll. Sehr schön: der Speik-Trail auf der Blutigen Alm, der auf verschiedenen Erlebnisstationen alles über das Pflänzchen erzählt.

Tourist Info: Tel.+43 (0) 42 75/665, www.biosphaerenparknockberge.at

Ossiacher See

Vom Volksmund manchmal geheimnisvoll als der »See des Schweigens« bezeichnet – zum Teil aufgrund seiner Lage zu Füßen der Kärntner Bergwelt und der Wälder, die sich oft bis an das Ufer erstrecken, zu einem Großteil aber auch wegen seines smaragdgrünen, tiefen Wassers, um das sich zahlreiche Legenden ranken. Aber Kärntens drittgrößter See hat ganz reale Qualitäten: beste Wasserqualität, verträumte Rückzugsmöglichkeiten, stimmungsvolle naturbelassene Ufer vor traumhafter Bergkulisse. Am See locken sämtliche Wassersportarten, die Berge sind zum Greifen nah – zum Genießen oder Erklimmen. Entspannt wird danach in den besten Wellness-Oasen der Region sowie direkt im See, im Sommer bei Badetemperaturen von bis zu 26 °C.

www.ossiachersee.info

Tierpark Rosegg

Nicht der Kärntner Tierwelt, aber bekannten Exoten widmet sich der Wildpark zu Füßen der Burgruine Rosegg: Luchse, Wapiti, Kängurus und weiße Wölfe sind bei einem Rundgang zu entdecken. Danach kann man das Schloss besuchen (siehe S. 342) oder sich im Labyrinth verlieren.

Schloss Rosegg 1, A-9232 Rosegg, Tel. +43 (0) 42 74/523 57, Tierpark: Apr.–Okt. tgl. 9–18 Uhr; Labyrinth: Mai, Juni, Sep., Okt. Di–So 10–18, Juli, Aug. tgl. 10–18 Uhr, www.rosegg.at

Brennsee

Das auch Feldsee genannte Gewässer am Fuße der Nockberge ist wegen seiner warmen Wassertemperatur und der idealen Wandermöglichkeiten ein beliebtes Ausflugsziel. Mittelpunkt des Hauptorts Feld am See ist die evangelische Pfarrkirche, zum Wahrzeichen avancierte der steinerne Mirnockriese. Im 11 ha großen Alpenwildpark kann man heimische Wildtiere aus nächster Nähe erleben. Die Erlebniswelt Afrika und die Grizzly-Welt zeigen Tierpräparate, das Fischmuseum auch ein Aquarium mit seltenen Arten, wie dem Stör. Für kleine Besucher wurde ein Streichelzoo eingerichtet.

Tourist Info: Tel.+43 (0) 42 40/82 12, www.badkleinkirchheim.at/feld-am-see; Bernliegerweg 4, A-9544 Feld am See OT Schattseite, Tel. +43 (0) 42 46/27 76, Mai–Okt., www.alpen-wildpark.com

107 **Camping Olachgut**

Inmitten bewaldeter Hügel liegt das Olachgut – Reiterhof, Campingplatz und Mietunterkünfte – direkt an der Mur, die um das Gelände idyllisch eine Schleife zieht. Auf drei Ebenen verteilen sich die Standplätze am Fluss. Aber nicht die Mur, sondern ein fast 1 ha großer Teich ist hier das Bade- und Angelrevier. Umfangreiche weitere Sport- und Freizeitangebote gibt es, im Sommer mit engagiertem Familienprogramm – von Pferde- aktivitäten über Kinderrundfahrten mit dem Traktor bis zu Lagerfeuer- abenden mit Steirer »Musi«. Äußerst einfallsreich gestaltet und vorbildlich in Schuss sind die sanitären Anlagen.

Kaindorf 90, A–8861 St. Georgen am Kreischberg, Tel. +43 (0) 35 32/21 62, www.olachgut.at/de/camping.html, ganzjährig

Fläche	10 ha
Standplätze Touristen	125
Dauercamper	40
Mietunterkünfte	8
Hunde	willkommen

Entdecken & erleben

Steirische Holzstraße

Die Steirische Holzstraße verbindet historische und moderne Holzobjekte, Bildhauerwerkstätten und sakrale Holzbaukunst aus der Region. Neun kurzweilige Touren wurden zusammengestellt, die zu den insgesamt 90 Stationen führen. Da gibt es z. B. die Tour Nr. 2 »Himmel & Holz«. Auf dieser lassen sich Holzkunstwerke und -kleinode in Murauer Kirchen und Kapellen entdecken, etwa die bemalte Kassettendecke der Pfarrkirche St. Oswald oder den »Steirischen Herrgott« in Krakauschatten. Infocenter und Ausgangspunkt der Holzwelt ist das Holzmuseum in St. Ruprecht. Es präsentiert den Roh- und Werkstoff in seiner ganzen Vielfalt. Alte Arbeitsgeräte, moderne Möbelstücke, Fassbinderwerkstätten, ein Arboretum mit seltenen heimischen Baumarten und Skulpturen heimischer Bildhauer sind zu entdecken. Besucher haben die Möglichkeit, Holz zu verarbeiten, zu zersägen oder damit zu kegeln.

Holzmuseum: Hans-Edler-Pl. 1, A-8862 St. Ruprecht-Falkendorf, Tel. +43 (0) 35 34/22 02, Apr., Mai, Okt. 10–16, Juni–Sep. 9–17 Uhr, www.holzmuseum.at

Ruine Steinschloss

Auch wenn nur noch die Mauern stehen, ist das »Steinschloss«, einst eine fünfstöckige Burg, immer noch eine imposante Anlage. 1 200 m über dem Meeresspiegel thront die Ruine auf dem Kreuzeck und ist damit die höchstgelegene Burg in der Steiermark. Von hier hat man einen weiten Blick in das Murtal und auf die umliegenden Dörfer. Die nur zu Fuß errreichbare Burg ist öffentlich zugänglich. Seit 2000 kümmert sich ein Burgverein um die Bewahrung der Ruine in ihrem jetzigen Zustand und bietet auch Führungen an. Darin erfährt man mehr über die wechselvolle Geschichte von Steinschloss: von seiner Erbauung im 10. oder 11. Jh., vom Zwangsverkauf an das Stift St. Lambrecht im 16. Jh. und von der Brandzerstörung im 17. Jh. Unterhalb des Burgfelsens befindet sich eine vom Burgverein bewirtschaftete Hütte, in der man sich bei selbst gebackenem Kuchen oder einer zünftigen Brotzeit wunderbar stärken kann.

Adelsberg, A-8812 Mariahof, Führungen: Tel. +43 (0) 664/39 22 953, Steinschlosshütte: Mitte Mai–Okt. tgl. 10–18 Uhr, www.steinschloss.at

Murau

Die selbst ernannte Holzstadt wird vom Schloss Obermurau dominiert, das sich seit fast 400 Jahren im Besitz der Fürstenfamilie Schwarzenberg befindet. Am Burgberg steht die gotische Stadtpfarrkirche mit prächtigen Fresken. Das alte Stadtzentrum überrascht mit einer Vielzahl an noch gut erhaltenen, liebevoll restaurierten Bürgerhäusern. Besonders hübsche Gebäude sind in der Anna-Neumann-Gasse sowie am Raffalt- oder Schillerplatz zu finden. Häuser mit charakteristischen Holzveranden säumen die wildromantische Murpromenade. Das sehenswerte »Handwerksmuseum« lässt die Murauer Stadt-, Kultur- und Wirtschaftsgeschichte lebendig werden.

Tourist Info: Am Bahnhof 5, A-8850 Murau,
Tel. +43 (0) 35 37/36 00,
www.murau-kreischberg.at;
Museum: Grazerstr. 19, Tel.+43 (0) 35 32/27 20,
Juni—Mitte Okt. Di–Sa 14–18 Uhr,
www.murauer-handwerksmuseum.at

Oberwölz

Die kleinste Stadt der Steiermark (1 000 Einw.) ist zugleich eine der schönsten. Sie ist noch fast vollständig von der mittelalterlichen Stadtmauer mit ihren Wehrtürmen umgeben und man betritt sie durch die Stadttore. Eine Stadtführung (auch speziell für Kinder) lohnt sich.

Tourist Info: Stadt 15, A-8832 Oberwölz,
Tel.+43 (0) 35 81/84 20, Juli, Aug. Mo–Fr 9–14,
Sa bis 12, sonst Mo–Fr 9–12 Uhr,
www.oberwoelz.istsuper.com

Spiel, Sport & Action

Murtalbahn

Eine Reminiszenz an die Anfänge der Eisenbahn ist die Schmalspurbahn, die seit über 120 Jahren das obersteirische Murtal mit dem salzburgischen Lungau verbindet. Da man sich der geplanten Stilllegung erfolgreich widersetzt hat, verkehrt auch heute noch fahrplanmäßiger Personenverkehr mit modernen Dieselloks und Triebwagen. Viel schöner sind freilich die regelmäßigen Fahrten von Uralt-Damfloks mit ebenso historischen Waggons, einschließlich eines ehemaligen Salonwagens Kaiser Franz Josephs. Gefahren wird in den Sommermonaten an jeweils einem Tag der Woche zwischen Murau und Tamsweg bzw. Stadl an der Mur.

A-8850 Murau, Dampfzugfahrten:
Tel. +43 (0) 35 32/22 33, Mitte Juni–Mitte Sep.,
www.club760.at, www.stlb.at

Der Name »Steinschloss« bezieht sich nicht auf das Baumaterial, sondern ein Adelsgeschlecht.

Natur erleben

Naturpark Grebenzen

Grebenzen im Südwesten (1 870 m) und Zirbitzkogel im Osten (2 396 m) rahmen den Naturpark ein. Der Zirbitzkogel, ein beliebter Aussichtsberg, kann in ca. 3 Std. bestiegen werden. Lohnende Wanderungen führen durch die Graggerschlucht bei St. Marein, ins Dürnberger Latschenhochmoor oberhalb von Mariahof und zum Wilden Loch, einer Karsthöhle am Grebenzen. Ein Geheimtipp für Vogelfreunde ist der Furtner Teich bei Neumarkt – hier rasten über 250 Zugvogelarten. Interessant für Kinder sind »Natur-Lese-Park« und Sommerrodelbahn.

Tourist Info: Hauptpl. 4, A-8820 Neumarkt
(Steiermark), Tel.+43 (0) 35 84/20 05,
www.naturpark-grebenzen.at

108 Camping Breznik Turnersee

Ursprünglich und unverbaut, ist der übersichtliche Turnersee ein europäisches Naturschutzgebiet. Gleichzeitig ist er als einer der wärmsten österreichischen Seen ein beliebtes Baderevier – bis zu 28 °C erreicht das Wasser im Sommer. Das Strandbad des Campingplatzes mit Steg und großer Badeplattform ist von unberührten Schilfflächen eingerahmt. Für kleinere Kinder gibt es einen abgetrennten Bereich mit flachem Einstieg. Kindern wird auf dem gepflegten Platz einiges geboten: eigene Sanitäranlagen, Spielplätze draußen wie drinnen und von Ende Juni bis Anfang September ein engagiertes Animationsprogramm (ab 3 Jahren).

Erwachsene Camper können Natur genießen, Sportmöglichkeiten nutzen oder sich auch gelegentlich an der Strandbar dem hausgebrauten süffigen Bier der Betreiberfamilie zuwenden.

Unternarrach 21, A-9123 St. Kanzian
am Klopeiner See OT St. Primus,
Tel. +43 (0) 42 39/23 50,
www.breznik.at, Anf. Apr.–Sep.

Fläche	8,5 ha
Standplätze Touristen	160
Dauercamper	210
Mietunterkünfte	30
Hunde	erlaubt

351

109 Camping Ilsenhof

Einigen Aufwand, den andere Campingplätze für Familien treiben, findet man hier nicht. Nicht Luxus, sondern eine gewisse Einfachheit und authentisches Naturerleben sind das Motto der engagierten Betreiberfamilie. Das heißt keineswegs, dass Camper auf zeitgemäße Infrastruktur wie behindertengerechte Sanitäranlagen, Kinderbad bzw. Wickelraum verzichten müssen, auch Restaurant und Brötchenservice gibt es. Aber Freizeittrubel und Halligalli sucht man vergebens. Camping Ilsenhof besteht aus einem älteren Teil, direkt am Seeufer an einem steilen, terrassierten Südhang (»Terrassencamping«), und dem neueren Platzteil, etwa 300 m oberhalb (»Panoramacamping«). Da wie dort ist die Aussicht auf den idyllischen Turnersee und die Karawanken beneidenswert. Das schöne Strandbad bietet mehrere Badebuchten mit flachem Einstieg, zwei Stege, ein Kinderplanschbecken und auch Spielplatz und Wasserrutsche. Auf dem zugehörigen Reiterhof können Kinder von 4 bis 7 Jahren spielerisch den Umgang mit Ponys lernen und es gibt weitere Angebote für Pferdefreunde. Freitags endet der Tag mit einem Märchenabend am Lagerfeuer und anschließender Fackelwanderung.

Obersammelsdorf 10 bzw. 1,
A-9122 St. Kanzian am Klopeiner See,
Tel. +43 (0) 42 39/22 85,
www.ilsenhof.at, Ende April–Okt.

Fläche	2 ha
Standplätze Touristen	100
Dauercamper	95
Mietunterkünfte	10
Hunde	erlaubt

110 Petzencamping Pirkdorfersee

Das Bergmassiv der Petzen ist die eindrucksvolle Kulisse des Pirkdorfer Sees. Der 3 ha große Badesee erreicht im Sommer schnell angenehme Temperaturen. Direkt an das Strandbad (mit Kiesstrand, Liegewiesen und Tretbootverleih) schließt der Campingplatz an sowie ein zugehöriges Hotel, das den Campern neben einem gemütlichen Restaurant mit Seeterrasse auch Spiel- und Freizeiträume für Groß und Klein anbietet. Auch draußen gibt es diverse (Ball-)Spiel- und Sportangebote, darunter einen Skaterplatz mit Halfpipe, eine BMX-Bahn und Kletterwand. Im Winter bietet das nahe gelegene kleine Skigebiet Petzen umfassende Wintersportmöglichkeiten, gerade auch für Familien oder Anfänger und weniger Ambitionierte.

Pirkdorfer See 29, A-9143 Feistritz ob Bleiburg
OT St. Michael, Tel. +43 (0) 42 30/321,
www.pirkdorfersee.at,
ganzjährig

Fläche	10 ha
Standplätze Touristen	30
Dauercamper	170
Mietunterkünfte	nein
Hunde	erlaubt

111 Camping Rosental Rož

Zwischen den schroffen Ausläufern der Karawanken und der Drau liegt der Platz einfach traumhaft in den grünen Auen. Im Zentrum ein Badesee – mit Kleinkinderbereich und großer Wasserrutsche bestens auf Familienbedürfnisse eingestellt. Auch durch die übrige komfortable Ausstattung des Campingplatzes wird mit großem Engagement auf die Ansprüche und Interessen der Kleinen eingegangen. Das gilt übrigens im selben Maß für Hunde, aber es gibt auch einen hundefreien Bereich. Umfangreich sind Spiel- und Sportmöglichkeiten, vielfältig und abwechslungsreich die Freizeitprogramme für Jung und Alt.

Gotschuchen 34, A-9173 St. Margareten im Rosental, Tel. +43 (0) 42 26/81 00, www.camping.rozweb.eu, Mitte Apr.–Anf. Okt.

Fläche	8 ha
Standplätze Touristen	400
Dauercamper	10
Mietunterkünfte	23
Hunde	willkommen

Entdecken & erleben

Klagenfurt

Italienische Baumeister haben viel zum heutigen Aussehen der Kärntner Landeshauptstadt mit ihren hübschen Palästen und Bürgerhäusern beigetragen. Aber Klagenfurt hat nicht nur eine sehenswerte Altstadt, es ist auch das pulsierende Zentrum Kärntens, hat hier doch die Landesregierung ihren Sitz. Nicht zu vergessen die Alpen-Adria-Universität und prominente Kultureinrichtungen. Noch ein Pluspunkt: die Lage am schönen Wörthersee.

Tourist Info: Neuer Pl. 1, A–9020 Klagenfurt, Tel. +43 (0) 463/537 22 23, Mo–Fr 9–18, Sa 10–17, So 10–15 Uhr, www.visitklagenfurt.at

Burg Hochosterwitz

Sie sieht aus, wie einem Märchenbuch entsprungen. Auf einem steilen Felskegel erhebt sich eine machtvolle Burglandschaft aus Mauern, Zinnen und Türmen hoch über das Land. Kein Feind konnte Österreichs wohl berühmteste Ritterburg jemals erobern. Man merkt warum, wenn man den steilen Pfad erklimmt, der durch mehrere Mauerringe in die Burg führt: 14 mit unterschiedlichsten Mechanismen bewehrte Tore sind nacheinander zu überwinden. Weil kein Gegner das Innere von Burg Hochosterwitz je antasten konnte, ist noch alles da: Burgkirche, Burgmuseum, Ahnengale-

Die Klagenfurter Fußgängerzone rund um den Alten Platz war 1961 die erste in Österreich (und zweite Fußgängerzone in Europa).

Burg Hochosterwitz thront auf der Spitze eines 175 Meter hohen Dolomitfelsens. Seit 2017 gibt es einen Schrägaufzug hinauf zur Burg.

rie, Ritterrüstungen, Waffenkammer ... und nicht zu vergessen der Rittersaal, in dem nun die Burgbesucher fürstlich speisen können.

Hochosterwitz 1, A-9314 St. Georgen am Längsee OT Launsdorf, Tel. +43 (0) 42 13/20 10, Mai–Mitte Sep. tgl. 9–18, Mitte Sep.–Okt. 10–17 Uhr, www.burg-hochosterwitz.at

Kärntner Freilichtmuseum, Maria Saal

Das Freilichtmuseum ist das älteste seiner Art in Österreich und versammelt bäuerliche Haus- und Hofformen aus allen Teilen Kärntens. Die Bauernhöfe erlauben einen Einblick in die Wohn- und Wirtschaftsweise vergangener Zeiten und unterschiedlicher Regionen. Daneben können Besucher auch traditionelle bäuerliche Techniken live erleben, von Flodermühlen über ein Sägewerk bis

Kohlenmeiler und Kalkofen. Eine traditionelle Landgaststätte sorgt für das leibliche Wohl. In den Museumsrundgang ist auch ein Naturlehrpfad integriert, der mit landestypischen Pflanzen und deren Lebensräumen vertraut macht.

Museumweg 10, A-9063 Maria Saal, Tel. +43 (0) 42 23/28 12, Mai, Juni, Sep., Okt. tgl. 10–16, Juli, Aug. So–Fr 10–18, Sa bis 16 Uhr, www.freilichtmuseum-mariasaal.at

Archäologischer Park Magdalensberg

Im Jahre 1502 fand man hier die Bronzestatue eines Jünglings, in den folgenden Jahrhunderten wurde eine der bedeutendsten keltisch-römischen Siedlungen freigelegt. Heute umfasst der Park 4 ha und zeigt mit seinen Ruinen wesentliche Bereiche der einstigen Stadt: eine Marktbasilika, in der Amts- und

Handelsgeschäfte abgewickelt wurden, einen Tempel des Kaisers Augustus und der Stadtgöttin Roma, Handwerkerviertel, Badeanlagen und eine Werkstätte zur Fertigung von Goldbarren. Eindrucksvoll wird auch die Produktion von Werkzeugen aus norischem Stahl dargestellt, der in der römischen Welt berühmt war. Im angeschlossenen Museum ist auch besagter »Jüngling vom Magdalensberg« zu sehen – als Abguss. Das Original ging in napoleonischer Zeit verloren.

Magdalensberg 15, A-9064 Magdalensberg, Tel. +43 (0) 505 36/305 99, Mai–Okt. Di So 9–17 Uhr, www.landesmuseum.ktn.gv.at

Schaubergwerk & Bergbaumuseum, Hüttenberg

Der Bergbau in Knappenberg wurde 1978 stillgelegt. Zwei Jahre später wurde in einem Erbstollen aus dem Jahre 1567 ein 900 m langes Schaubergwerk eröffnet. Bei einer etwa einstündigen Führung unter Tage werden Abbaumethoden, Werkzeuge und Maschinen gezeigt, die Bergbautechnik und Erzförderung anschaulich erläutert. Bergbau wird im wahrsten Sinne begreifbar. Das Bergbaumuseum im ehemaligen Grubenhaus erzählt dazu von der harten Arbeit, dem Leben und den Traditionen der Bergleute, aber auch von der jahrhundertelangen Geschichte des Hüttenberger Erzabbaus. Zu sehen ist u. a. auch die berühmte »Hüttenberger Bergwerksordnung« der Kaiserin Maria Theresia. Eine Mineralienschau präsentiert über 200 farbenprächtige Mineralien. Hinterher kann man vor der Tür, auf der »Albert-Halde«, selbst nach schönen Steinen suchen. Gegen-

über dem Schaubergwerk lohnt sich als Kontrastprogramm noch ein Besuch im Puppenmuseum. Die handgefertigten Stücke bringen das Brauchtum Kärntens näher. Auch ein Museum über Heinrich Harrer, den schillernden Sohn des Ortes, ist im Eintrittspreis enthalten.

Knappenberg 32, A-9376 Hüttenberg, Tel. +43 (0) 42 63/81 08 30, Mai–Okt. tgl. 10–17, Führungen um 11, 14, 16 Uhr, www.huettenberg.at

Büchsenmacher- & Jagdmuseum, Ferlach

In waldreicher Umgebung beleuchtet das Museum im Ferlacher Schloss das Jagdwesen aus verschiedenen Perspektiven. So erfahren Besucher mehr über die Fertigung eines Gewehrs und die Geschichte der Waffenproduktion, sehen Jagdtrophäen und Jagddarstellungen aus verschiedenen Epochen. Ein Highlight sind 32 000 Jahre alte Schnitzereien aus Mammutelfenbein.

Sponheimerpl. 1, A-9170 Ferlach, Tel. +43 (0) 42 27/49 20, Mai–Ende Okt. tgl. 10–18 Uhr, www.jagdmuseum-ferlach.at

Tropfsteinhöhle Griffen

Die bislang älteste Besiedlung Kärntens wurde in dieser Höhle nachgewiesen: Vor mehr als 30 000 Jahren lagerten hier bereits steinzeitliche Jäger. Der Eingang befindet sich gleich hinter der Pfarrkirche von Griffen. Die Höhle ist nur mit Führung (ca. 40 Min.) zu erkunden. An warme Kleidung und gutes Schuhwerk sollte man unbedingt denken.

Kirchgasse 4, A-9112 Griffen, Tel. +43 (0) 42 33/20 29, Führungen tgl. Mai, Juni, Sep. um 9, 10, 11, 13, 14, 15, 16 Uhr, Juli, Aug., 9–16 (stdl.), Okt. 10, 13, 15 Uhr, Führungen ab 5 bis max. 25 Pers., www.tropfsteinhoehle.at

Minimundus, Klagenfurt

In der kleinen Welt am Wörthersee schippern Eltern und Kinder mit dem Dampfschiff zum Pariser Eiffelturm und reisen nicht in 80 Tagen, sondern in 80 Minuten um die Welt: 156 Modelle der schönsten Bauwerke aus aller Welt sind im Format 1:25 zu sehen, großteils gebaut mit Originalmaterialien wie Sandstein oder Marmor. Es gibt auch einen großen Abenteuer-Spielplatz und eine Indoor-Erlebniswelt mit wechselnden Themenausstellungen.

Villacher Str. 241, A-9020 Klagenfurt, Tel. +43 (0) 463/21 19 40, Jan.–März 10–18, Apr., Okt., Nov. 9–18, Mai, Juni, Sep. 9–19, Juli, Aug. 9–20 Uhr, www.minimundus.at

Strandbad & Europapark, Klagenfurt

Bei 30°C im Schatten kennt der Klagenfurter nur ein Ziel: das Strandbad im Europapark. Mit seiner 40 000 qm großen Liegewiese ist es eines der größten in ganz Österreich. Aber es muss gar nicht immer der Wörthersee sein: Gleich hinter dem Strandbad findet Klagenfurt im frei zugänglichen Europapark alles, was Groß und Klein unterhält: einen Bootsverleih, eine Wasserskischule, Ententeiche, Vogelgehege, geologische Lehrpfade, Springbrunnen und Anlagen mit botanischen Raritäten, eine historische Pferdebahn, eine Großschachanlage und Steinskulpturen, die von internationalen Symposien für Bildhauerei in den Jahren

Petersdom und Petersplatz sind im Klagenfurter »Minimundus« deutlich geschrumpft, nehmen im Maßstab 1:25 aber doch die imposante Fläche eines Einfamilienhauses ein.

1968, 1969 und 1995 stammen. Nicht zu vergessen der neue riesengroße Spielplatz mit eigenen Segmenten für jedes Kindesalter: von der Sand-Matsch-Zone für die ganz Kleinen bis zu Slacklines oder der Skateranlage für Jugendliche. Der Europapark ist Klagenfurts sommerliches Wohnzimmer.

Tourist Info: Tel. +43 (0) 463/287 46 30, www.visitklagenfurt.at; Strandbad: Metnitzstrand 2, A-9020 Klagenfurt, Tel. +43 (0) 463/ 521 63 31, Mai–Sep., www.stw.at

Natur erleben
Tscheppaschlucht

Die wildromantische Landschaft zwischen Ferlach und der slowenischen Grenze durchzieht eine spektakuläre Schlucht: Vom Parkplatz an der Loiblpass-Bundesstraße (B 91), südlich von Unterloibl, führt ein Weg hinunter zum Loiblbach und zum Eingang in die Tscheppaschlucht. Auf abenteuerlich anmutenden, aber sicheren Stegen, Brücken und Leitern durchquert man das mehr als 1 km lange Naturwunder, umtost von Wasserfällen und Stromschnellen. Höhepunkt und Ende des Wegs ist der grandiose, 26 m hohe Tschaukofall. Wem das noch nicht genug Abenteuer war, kann auch noch dem nahe gelegenen Waldseilpark Tscheppaschlucht einen Besuch abstatten und die Schlucht beispielsweise in luftiger Höhe auf einer 300 m langen Seilrutsche überqueren. Ansonsten steht ein Shuttlebus bereit, der Schluchtenwanderer zum Ausgangsparkplatz zurückbringt.

Schlucht: Parkplatz Bundesstraße B 91, A-9163 Ferlach OT Unterloibl, Tel. +43 (0) 42 27/33 04, Ende März–Ende Okt. tgl. 8.30–17 Uhr, www. tscheppaschlucht-ferlach.at; Waldseilpark: Tel.

+43 (0) 664/135 57 43, Ende Apr.–Ende Juni Sa, So 11–17, Juli–Anf. Sep. tgl. 10–18, Anf. Sep.–Anf. Okt. 11–16 Uhr (Kinder ab 5 J.), www.waldseilpark-tscheppaschlucht.at

Kreuzbergl, Klagenfurt

Das Kreuzbergl ist der Hausberg der Klagenfurter, auch wenn er mit 517 m Seehöhe nur eine kleinere Erhebung ist. Gemeinsam mit seinen Nachbarbergen bildet er – den botanischen Garten (»Kärntner Botanikzentrum«) und die Sternwarte inklusive – ein beliebtes, 660 ha großes Naherholungsgebiet mit Wanderwegen und Teichen und der Chance, neue Pflanzen oder Sterne kennenzulernen.

Tourist Info: Tel. +43 (0) 463/287 46 30, www. visitklagenfurt.at; Botanikzentrum: Prof.-Dr.-Kahler-Pl. 1, A-9020 Klagenfurt, Tel. +43 (0)505 36/305 32, Mai–Sep. tgl. 10–18, Okt.–Apr. bis 16 Uhr (feiertags u. bei Schneedecke geschl.), www.landesmuseum-ktn.gv.at; Sternwarte: Kreuzbergl 1, www.sternwarte-klagenfurt.at

Obir-Tropfsteinhöhlen

Ein beeindruckendes Naturschauspiel sind die Tropfsteinhöhlen zu Füßen des Hohen Obir. Auf rund 1000 m Seehöhe entdeckten Bergleute um das Jahr 1870 die 200 Mio. Jahre alten Tropfsteinhöhlen und benutzten sie zuerst als Zugang, um in den Minen Blei und Zink abzubauen, bevor sie – mit dem Ende des Bergbaus – zu einer touristischen Attraktion wurden. Der unterirdische Besucherbereich ist heute rund 800 m lang. 3 Std. muss man für die Besichtigung einplanen. Man erreicht die Höhlen mit einem Bus vom Ticketbüro am Hauptplatz in Bad Eisenkappel. Der Besuch der Höhle dauert rund 1,5 Std.

Der Klagenfurter Hausberg wird von der weithin sichtbaren Kreuzberglkirche gekrönt, von der man wiederum einen schönen Blick auf die Stadt genießt.

und ist nur im Rahmen einer Führung möglich. Kinder unter 4 Jahren dürfen aus Sicherheitsgründen leider nicht hinein.

Hauptpl. 7, A-9135 Bad Eisenkappel, Anm. unter Tel. +43 (0) 42 38/82 39, Mitte Apr.–Mitte Okt., Besucherbus-/Führungszeiten siehe www. hoehlen.at

Vogelpark Turnersee

Mit 1 200 Tieren aus 340 Arten ist er der größte und artenreichste Vogelpark Österreichs. Es werden ausschließlich im Park nachgezüchtete und keine aus der Natur entnommenen Vögel gehalten. Besonders sehenswert ist die Fütterung von Jungtieren.

Vogelparkweg 8, A-9123 St. Kanzian am Klopeiner See OT St. Primus, Tel. +43 (0) 676/ 531 06 86, Mitte Apr.–Sep. tgl. 9–18, Okt. 10–16 Uhr, www.vogelpark.at

Walderlebniswelt am Klopeiner See

Hier wartet auf Kinder ein riesiger Abenteuerspielplatz (Kinder unter 14 Jahren nur in Begleitung von Erwachsenen). Genauer gesagt, ein ganzes Bündel von (Wald-)Erlebnismöglichkeiten: ganz oben ein 500 m langer, bis zu 25 m hoher Baumwipfelpfad und ein Kletterwald, ganz unten, also unterirdisch, ein begehbarer Fuchsbau, dazwischen beispielsweise ein interaktiver Waldlehrpfad sowie ein Hecken- und Baumlabyrinth. Dazu kommen diverse (Riesen-) Rutschen, Schaukeln, Mini-Tierpark, Kleinkinderbereich und manches mehr. Es gibt im Wald am Klopeiner See eine Menge zu entdecken und zu erleben.

Schulstr. 8, A-9123 St. Kanzian am Klopeiner See, Tel. +43 (0) 42 39/260 05, Ostern–Okt., Öffnungszeiten siehe www.walderlebniswelt.at

G

Register

Coverfoto: look-foto: Roetting+Pollex

8_9 Nordseecamping Schillig: M. Stöver; 10_11 Strand- & Familiencampingplatz Bensersiel: M. Stöver; 13 www.ostfriesland.de; 14 stock.adobe.com: Klaus Heidemann; 16_17 Camping Timmeler Meer; 18 Comfort-Camping Freizeitpark Am Emsdeich; 20 stock.adobe.com: sehbaer_nrw; 21 Shutterstock.com: Mor65_Mauro Piccardi; 22 Glow Images; 24 Laif: M. Kirchner; 25 stock. adobe.com: Silke G.; 26_27 Freizeit- und Campingpark Geesthof; 28 Shutterstock.com: S. Kuelcue; 29 Huber Images: C. Bäcker; 30 stock.adobe.com: powell83; 32_33 Ottmar Heinze; 35 Phänomena Flensburg: Anja Menzel; 36 Ottmar Heinze; 38_39 Damp Ostseecamping; 40_41 Ottmar Heinze; 43 Lookphotos: S. Lubenow; 44 Ottmar Heinze; 46 Naturcamping Spitzenort; 48 stock.adobe.com: hanseat; 49 Glow Images; 50_51 Camping Walkyrien; 52 Ostsee-Campingplatz Kagelbusch: Dominik Haf; 55 Lookphotos: S. Lubenow; 58_59 Camping Strukkamphuk; 60 Belt-Camping Fehmarn; 61 Camping Wulfener Hals: Andreas Sewald; 62_63 Insel-Camp Fehmarn: Dominik Haf; 66 stock. adobe.com: Holger Schultz; 67 mauritius images: W. Wirth; 68 Glow Images; 69 Ostseecamping Ferienpark Zierow; 70 Campingpark Kühlungsborn; 72 stock.adobe.com: mije shots; 74 Ottmar Heinze; 76 Camping Sternberger Seenland; 79 Shutterstock.com: mije_shots; 80 dpa Picture-Alliance: J. Büttner; 82_83 Regenbogen Prerow: Sarah Kuhn; 85 mauritius images: M. Siepmann; 86 Shutterstock.com: Traveller Martin; 87 Zoo Rostock/Gohlke; 88 Regenbogen Nonnevitz; 90 dpa Picture-Alliance: S. Sauer; 92 Ottmar Heinze; 95 Ottmar Heinze; 96 Camping Stubbenfelde; 98 Shutterstock.com: travelview; 100 stock.adobe.com: Stefan Kretzschmar; 102_103 Camping- und Ferienpark Havelberge; 104 Camping Am Dreetzsee; 105 CampingPlatz Ecktannen: Waren (Müritz) Kur- und Tourismus GmbH; 107 Huber Images: R. Schmid; 108 imago stock&people; 109 Eldorado Abenteuer GmbH; 110 Müritzeum: Werk3/Andreas Duerst/gGmbH; 114 Campingpark Buntspecht; 115 Campingplatz Rathenow am Steggel; 117 Shutterstock.com: Icrms; 118 Südsee-Camp; 119 Stefan Steimer; 121 stock.adobe.com: Thorsten Schier; 122 Campingplatz Wilsumer Berge Ost; 124 Ferien- und Campingpark Wisseler See; 126 laif: M. Trippel; 128_129 Campingplatz Hertha-See: Ralf Rosenthal; 130 Campingpark Sonnensee; 131 Alfsee Ferien- und Erholungspark; 133 Flughafen Münster Osnabrück; 134 Jahreszeiten Verlag: Arthur F. Selbach; 136 Campingpark Kalletal; 139 Ferienpark Plötzky: Christian Seifert; 140 Shutterstock.com: Marcus_Hofmann; 142 Familienpark Senftenberger See: Richard Kliche; 144 stock.adobe.com: Clarini; 145 Shutterstock.com: LianeM; 146_147 Camping Trixi Ferienpark: Tobias Ritz; 149 Caravan-Camping Sächsische Schweiz; 150 Campingpark LuxOase; 153 Saurierpark: Tobias Ritz ; 154 seasons.agency: W. Schmitz; 158 laif: P. Hirth; 160 Campingplatz Paulfeld; 163 stock.adobe.com: mbpicture; 164 Jahreszeiten Verlag: W. Schmitz; 165 Jahreszeiten Verlag: W. Schmitz; 167 Jahreszeiten Verlag: W. Schmitz; 169 Grimmwelt Kassel: Nikolaus Frank; 170 stock.adobe.com: Werner Giessing; 172_173 Eifel-Camp Freilinger See; 174_175 Prümtal-Camping Oberweis: Michael Berg; 176 Landal Wirfttal: Lennaert Ruinen; 178_179 Camping Harfenmühle; 180 Landal Sonnenberg; 181 Shutterstock.com: S-F; 182 Glow Images; 184 Camping Donnersberg; 185 stock.adobe.com: CPN; 186 seasons.agency: G. Knoll/Jalag; 187 stock.adobe.com: lotharnahler; 189 picture alliance: dpa; 190 picture alliance / Andreas Arnold; 191 stock.adobe.com: Rosemarie

Michael Bastuck ist seit 2012 ADAC Campinginspekteur und heute mit einem Wohnmobil Hymer B 514 CL unterwegs. Seine erste Camping-reise unternahm er 1994 mit einem gemieteten Wohnmobil nach Italien. 1996 legte er sich ein kleines Mitsubishi-Wohnmobil L300 zu und kam über Dethleffs und Knaus schließlich zu den vollintegrierten Hymer-Modellen. Auf seinen Reisen hat er neben seinem Lieblings-land Deutschland auch Italien und Istrien für sich entdeckt. Mit seinen eigenen Kindern hat er Campingurlaube immer in Italien (Südtirol, Gardasee, Toskana, Paestum, Sizilien) und Istrien verbracht.

Robert Döll war schon Anfang der 1970er-Jahre beim Campen. Seine erste Tour mit Kleinkraftrad und Zelt führte ihn durch den Taunus. Als junger Familienvater von vier Töchtern wählte er Reiseziele im sonnensicheren Italien. Als junger Großvater steuert er mit seinen Enkeln meist Campingplätze in Deutschland mit gutem Angebot für eine jugendliche Zielgruppe an (Sport, Wasser bzw. Strand, Disco). Seine persönlichen Lieblingsziele sind Irland und Großbritannien, sein aktuelles Fahrzeug ist ein Hobby Siesta-Wohnmobil.

Klaus Drees hat schon als Jugendlicher Ausflüge mit Luftmatratze, Schlafsack und Minizelt unternommen, während seiner Bundes-wehr-Dienstzeit hat er häufig biwakiert. Dem Zelt ist er allerdings nicht treu geblieben. Mit seinem ersten eigenen Wohnmobil unter-nahm er 2002 bis 2005 längere Ausritte nach Spanien, Frankreich, Österreich und Italien. 2006 legte er sich aufgrund der größeren Flexi-bilität einen Wohnwagen zu, heute ist er mit einem Eriba Touring 320 GT unterwegs. Klaus Drees ist seit 2008 ADAC Inspekteur. Ganz oben auf der Liste seiner Camping-Lieblingsländer steht Deutschland.

Werner Erler war als junger Mann vorwiegend im Zelt auf Camping-plätzen in ganz Europa unterwegs. Seit rund 35 Jahren verbringt er mit seiner Frau nahezu alle Sommerurlaube im Wohnmobil – erst in gemieteten Fahrzeugen, dann rund zwölf Jahre in einem eigenen Dethleffs Globetrotter und seit 2015 mit einem Hymer B 504 CL. Sein Lieblingsziel ist Griechenland – die antike Kultur, das Wandern und die Gute-Wetter-Garantie sind dafür die Hauptgründe. Für Italien und Portugal gilt das ebenfalls.
In letzter Zeit zog es Werner Erler mehrmals im Jahr nach Hamburg, wo sein Sohn seit einigen Jahren wohnt. Seither hat er den Norden Europas entdeckt, war zuletzt in Mittelschweden und plant für die nächsten Jahre eine Fahrt bis ans Nordkap.

Bernd Hansmann fährt ein vollintegriertes Frankia-Wohnmobil. Sein Lieblingsreiseziel war immer Österreich, allerdings hat er auch Dänemark neu für sich entdeckt. Schon während seiner Schulzeit in den 1960er-Jahren war er mit den Eltern in Deutschland beim Zelten. Ab 1985 hatte er für kurze Zeit einen Dauerstellplatz und unternahm einige Jahre lang Reisen mit einem Wohnwagen, unter anderem in Deutschland, Österreich und dem damaligen Jugoslawien. Mit Beginn seiner Pension im Jahr 2007 hat er sich den Traum vom Wohnmobil erfüllt. 2017 war er zum ersten Mal mit seinen Enkeltöchtern campen – in den kinderfreundlichen Niederlanden.

Dirk Hofeditz begann in den 1970er-Jahren mit dem Camping. Seine Eltern fuhren viele Jahre mit ihm nach Italien an den Comer See – erst mit dem Zelt, später mit dem Wohnwagen. Als er selbst eine Familie hatte, kaufte er das erste Wohnmobil. Frankreich, Italien, Kroatien und Deutschland standen in diesen Jahren auf der Reiseroute, wobei sich Kroatien als Lieblingsreiseziel herauskristallisierte, dort wiederum die Insel Krk. Zwischenzeitlich stieg Dirk Hofeditz auf Wohnwagen um, seit 2018 ist es wieder ein neues Wohnmobil: ein Carado T 337. Seine erste ADAC Inspektionstour führte ihn 2017 in das Allgäu, die Bodenseeregion und Tirol. Aufgrund der tollen dort kennengelernten Campingplätze wurden gleich Urlaubsreisen dorthin eingeplant.

Uwe Liebig ist seit 2013 ADAC Inspekteur und mit einem Wohnwagengespann unterwegs. Camping war schon immer seine bevorzugte Urlaubsform. Vor gut 40 Jahren gings es mit dem Zelt zu den ersten Zielen in Deutschland und im europäischen Ausland. In seinem Renault R4 lag immer ein Campingtisch im Kofferraum und die Ladeflächenkante hatte zum Sitzen die richtige Höhe. Der erste Wohnwagen folgte, als er eine Familie gründete. Mit den nicht mehr ganz kleinen Kindern zog es seine Frau und ihn in Freizeitparks, in die Berge und an die Strände Dänemarks und Südeuropas. Nachdem er zwischenzeitlich einige Jahre Wohnmobil fuhr und sich dann auf Flugreisen verlegte, kehrte er aus Passion zum Campen zurück – dieses Mal wieder mit einem Wohnwagen.
Uwe Liebig begeistert sich für viele Gegenden, von den Meteora-Klöstern in Griechenland über die Loire-Schlösser in Frankreich bis zur Bergwelt der Pyrenäen. Mit Abstand am schönsten und beeindruckendsten fand er eine ADAC Inspektionsreise nach Mittel- und Nordnorwegen, die ihn bis hinauf zum Nordkap führte. Da Fjordnorwegen im Südwesten des Landes nicht Teil dieser Reise war, ist es als eines der nächsten Campingziele fest eingeplant.

Ulli Menn ist seit 2017 ADAC Campinginspekteur und mit einem Gespann aus Citroen Berlingo und Eriba Touring Triton BSA unterwegs. Schon in seiner Kindheit in den 1960er-Jahren campte er im Zelt an der holländischen Küste – wo heute Rotterdam-Europoort liegt. Auf das Zelt folgte ein VW-Bus, später ein selbst ausgebauter Mercedes 207 D. Dann stieg Menn auf Weinsberg, Karmann Distance Wide und einen Eriba Touring um – letzterer Baujahr 1973, den er bis 2017 gefahren hat. Seine Lieblingsländer Frankreich, Norwegen und Schweden bereist er seit ca. 30 Jahren mit seiner Frau und drei Söhnen. Seine erwachsenen Söhne sind selbst begeisterte Camper geworden, und mit einem Enkel wurde 2017 gemeinsam der Frühjahrsurlaub in Venedig verbracht. Die ganze Familie liebt Campingurlaub – vor allem, wenn die Plätze altersgerechte Abenteuer möglich machen.

Holger Raatz ist seit 2017 ADAC Campinginspekteur und mit einem Knaus Südwind, gezogen von einem Mazda CX 5 unterwegs. Er begann sein Camperleben 1990 in einem Zelt. Mit diesem Zelt und den mittlerweile fünf darauf folgenden Wohnwagen hat er über 100 verschiedene Campingplätze in acht Ländern Europas bereist. Mit seinen Kindern hat er Campingurlaube immer in Spanien und Italien verbracht, inzwischen fährt er mit Frau und Hund am liebsten nach Kroatien, Deutschland und Tschechien.

Wolfgang Rapls Camperleben begann 1952, als ihn sein Vater auf einer DKW 125 nach Italien mit zu seiner Tante nahm – sie übernachteten unterwegs und am Lido von Venedig in einem Zweimannzelt. Seit er 1992 mit einer Gold Wing 1500 und dem Zelt erstmals nach Griechenland kam, ist das sein Lieblingsurlaubsland. Manchmal fuhr er dreimal im Jahr dorthin, erst mit dem Motorrad, dann mit dem VW-Campingbus und seit 2001 mit dem Wohnmobil, zurzeit ein Rimor Sailer 735. Auf seinen Reisen kreuz und quer durch Europa lernte er nicht zuletzt Deutschland schätzen. Seine älteste Tochter ist ebenfalls Camperin und reist schon mal mit ihrem Ehemann und den Kindern mit dem Wohnwagen hinter Wolfgang Rapl und seiner Frau her.

Anton Sassenberg ist seit 1999 mit seinem Caravan-Gespann als ADAC Campinginspekteur unterwegs. Den ersten Wohnwagen kaufte er 1976 – es war ein Eriba Puck, gefolgt von einem Eriba Taiga und einem Hobby Exclusive. Aktuell ist es ein Fendt Bianco, seit 2016 gezogen von einem Mazda CX. Seine Reisen plant und unternimmt er gemeinsam mit seiner Ehefrau Irmgard.

Die Sassenbergs begannen ihr Campingleben 1969 mit einem geliehenen Zweimann-Hauszelt und einem VW-Käfer. Die erste Reise führte nach Heidelberg, weiter in den Schwarzwald und dann wegen Dauerregens an den Lago Maggiore. Danach bereisten sie den meist sonnigen Süden, von der Côte d'Azur bis Portugal, von Österreich bis in die südliche und westliche Türkei, Rumänien und Bulgarien. Aber auch Schweden, Dänemark und Norwegen wurden besucht. Lieblingsländer sind Spanien und Griechenland, Frankreich und Italien.

Mit ihrer Tochter haben sie ihre Campingurlaube immer in möglichst nicht überlaufenen Gegenden verbracht – von Skandinavien bis Südspanien. Das Campingleben muss der Tochter gefallen haben, denn gemeinsam mit Mann und Baby ist sie nun im selbst ausgebauten Wohnmobil unterwegs.

Stefan Steimer ist seit 2017 Campingplatzinspekteur für den ADAC. Schon immer hatte er eine Vorliebe fürs Reisen mit dem Wohnmobil. War es in den 1970er-Jahren noch ein selbst ausgebauter Mercedes-Bus, mit dem er als Student die Kanaren bereiste, ist es heute ein Knaus Sky ti 650 meg, was die (manchmal auch stressige) Arbeit als Inspekteur erleichtert und so richtig zum Vergnügen macht. Aufgrund seiner Leidenschaft, dem Windsurfen, fährt er mehrmals im Jahr nach Tarifa an der Meerenge von Gibraltar, wo ausgesprochen viel Wind herrscht. Auf der langen Fahrt dorthin macht er zahlreiche Zwischenstopps in Frankreich, Spanien oder Portugal.

Musste er vor 30 Jahren noch mühsam über Landstraßen fahren und jede Innenstadt durchqueren, ist es heute deutlich angenehmer, sein Zielgebiet zu erreichen. Auch die Campingplätze bieten heutzutage deutlich mehr Komfort, wobei Stefan Steimer gerade in Andalusien, hier vor allem im Sanitärbereich, Nachholbedarf sieht.

Der Autor
Simon P. Hecht ist passionierter Zeltcamper. Seine Liebe zum Zelt begann mit einem Kinder-Tipi als Weihnachtsgeschenk. Sobald er konnte, brach er von der fränkischen Heimat mit dem Igluzelt auf dem Rücken in die Welt auf. Mittlerweile ist er mit dem Familienzelt bevorzugt zwischen Ostsee und Alpen unterwegs.

Herausgeber: GRÄFE UND UNZER Verlag GmbH, Postfach 86 03 66, 81630 München
Idee/Konzept: Verónica Reisenegger, Jens van Rooij, Simon P. Hecht, Eva Stadler
Weitere Autoren: Simon P. Hecht hat die Campingplätze und mehr als 330 der 630 touristischen Sehenswürdigkeiten beschrieben. Axel Klemmer hat 59, Wolfgang Rössig 29 und Christian Eder 16 touristische Beschreibungen beigesteuert. Alle übrigen Texte stammen aus der Datenbank des Gräfe und Unzer Verlags. Trotz sorgfältiger Recherche konnten nicht alle Rechteinhaber ermittelt werden. Sofern Sie eine Inhaberschaft nachweisen, erhalten Sie ein angemessenes Honorar.
Layout: Eva Stadler
Bildredaktion: Dr. Nafsika Mylona, Tobias Schärtl, Simon P. Hecht, Nora Goth
Schlussredaktion: Dr. Anita Meschendörfer
Produkt- und Projektmanagement: Eva Stadler
Produktion: Anna Bäumner
Repro: Repro Ludwig, Zell am See
Druck und Bindung: Drukarnia Dimograf, Polen

B2B-Editionen schneidern wir maß nach Ihren Wünschen. Bei Interesse: veronica.reisenegger@graefe-und-unzer.de

Ein Unternehmen der
GANSKE VERLAGSGRUPPE

Ansprechpartner für den Anzeigenverkauf:
ADAC Verlag GmbH & Co. KG
Josef Eisenberger
Tel. +49 89/76 76-60 35
josef.eisenberger@adac.de

ISBN 978-3-95689-468-8
1. Auflage 2018

© 2018 GRÄFE UND UNZER VERLAG GmbH, München
ADAC Reiseführer Markenlizenz der ADAC Verlag GmbH & Co. KG, München

LESERSERVICE
adac@graefe-und-unzer.de
Tel. 00800/72 37 33 33 (gebührenfrei in D, A, CH)
(Mo–Do: 9–17 Uhr, Fr: 9–16 Uhr)